BEIJING DIYU WENHUA TONGLAN
DONGCHENGJUAN

北京地域文化通览

东城卷

北京市文史研究馆　编

中国文史出版社

前　　言

北京市文史研究馆在完成《中国地域文化通览·北京卷》的撰写、出版工作之后，即开始着手《北京地域文化通览》的撰写工作。计划北京市行政辖区每个区编撰一卷，用十年左右的时间，完成十六卷。2021年，组织参事馆员和文史专家启动《北京地域文化通览·东城卷》的编撰工作。本书的编撰，得到了东城区委、区政府及相关部门的大力支持，市文史馆与东城区组成组织工作委员会，由市政府参事室主任李昕任主任，东城区政府副区长刘俊彩、市文史馆二级巡视员金晓军任副主任，共同推进本书的编撰工作。

本书由北京市文史馆馆员及北京市社科院、东城区的相关专家负责撰写工作，并成立了由相关专家组成的编委会，对文稿多次提出宝贵的修改意见。全书共分为七章，第一章由王岗研究员撰写；第二章由李诚助理研究员撰写；第三章由刘景地研究员撰写；第四章由章永俊研究员撰写；第五章由高福美副研究员撰写；第六章由郑永华研究员撰写；第七章由李欣研究员撰写。全书文稿三十五万余字，图片三百余幅，最后由王岗研究员统一修改。

作为首都，北京有着非常丰富的历史文化积淀，正如习近平总书记指出的，北京历史文化是源远流长的中华优秀传统文化的"历史见证"。为了深入研究北京历史文化，进一步加强全国文化中心建设，突出北京历史文化的地域特色，故出版了这套《北京地域文化通览》。

作为北京城市核心区的东城区，有着十分突出的地域特色。因此，我们在撰写《东城卷》的过程中，在梳理全区历史脉络的基础上集中体现了几个主要方面的内容。

其一是坛庙文化。北京是在元代成为全国首都的，而坛庙文化又是都城文化的标志之一。在北京，坛庙主要集中在东城和西城，而在其他各区乃至全国的其他许多城市，都是很少见到的。

其二是教育文化。教育历来受到人们的重视。在北京，从元代开始，几乎所有的重要教育机构都被设置在东城域内，如中央最高教育机构的国子监学、地方最高教育机构的顺天府学，以及专门机构的学校和其他地方学校等。这个特色，也是其他各区所没有的。

其三是科技文化。中国古代，有一些科技特别发达，如天文历法、医学、建筑等。这些科技文化，也在东城域内有着突出的表现。如从元代开始设置的主持天文历法工作的司天台及太史院、主持医学工作的太医院，以及各种宫殿、园林、仓库等建筑实体，皆在东城域内。

其四是工商文化。最早的手工业和商业是受到政府控制的，即所谓的"工商食官"。从元代开始，作为首都，城市经济特别发达的一个重要标志就是工商业的繁盛，其中的官营手工业及商业则占有相当大的比例。这种情况也在东城域内有着突出的体现。

其五是宗教文化。在中国古代，几乎所有的都城，在作为政治中心的同时，也自然成为宗教文化的中心。故而自元代开始，东城域内就成为各个宗教派别最为活跃的区域，许多著名的寺庙、道观、清真寺、教堂都建造在这里，并从事各种宗教活动。

其六是民俗文化。在中国古代，不同的地域生活着不同的民众，而不同的民众形成了不同的民俗。早在先秦时期，这里就形成了所谓的燕文化，以崇尚侠义为特色。从元代开始，作为全国的首都，四方民俗皆荟萃于此，从而逐渐形成了京味文化，东城域内这种文化体现得尤其明显。

北京地区的历史文化太丰富了，而各个区之间又有着一些不同的特色。我们希望通过这套著作，将各区的不同文化特色尽量体现出来。这部《东城卷》是这套著作中的第一部，随后我们将陆续撰写《西城卷》《通州卷》《海淀卷》……把北京历史文化的研究工作进一步深化。

北京市文史研究馆

2022 年 9 月

目　　录

插图目录

第 一 章

3

第 二 章

第 三 章

第 四 章

第 五 章

概　　述

北京作为新中国的首都,已经有七十多年的发展历程,并且很快就发展成为一座国际化的当代大都会。这里作为全中国的政治中心、文化中心、科技创新中心和国际交流中心,逐渐受到人们越来越多的关注。东城区作为北京城市的一个重要组成部分,保存了无数珍贵的历史遗迹,传承了极为丰厚的文化内涵,形成了独具特色的城市风貌。

综观东城的历史文化,有着诸多的特色文化。概括言之则主要有:

第一,皇家宫廷文化。在中国古代,皇家的宫廷文化是都城文化中最重要的组成部分,而东城位于都城的核心位置,当然有着宫廷文化的典型代表,即紫禁城的宫殿建筑。其实早在金代的中都城里,就已经有了宫廷文化的典型代表,只是东城区在当时还只是一片郊野,仅北苑的一部分属于皇家园林文化的范畴,显然无法代表金朝宫廷文化的主体。到了元代及此后的明清时期,皇城的东半部分已经属于东城域内,但是其他皇家坛庙、皇家园林、皇家陵寝等皆在东城域外,故而在东城地域文化中没有包括宫廷文化的相关内容。及清朝灭亡后,皇家的宫廷文化也随之逐渐消失。

第二,皇家坛庙文化。在中国古代,坛庙的设置也是都城文化的一个重要组成部分。从元代开始,已经有一些重要的坛庙被设置在东城域内。到了明清时期,这种状况没有发生变化,东城仍然是主要坛庙设置的区域。坛庙代表的是皇权,是国家,是只有帝王才能够行使礼仪的特殊场所。不论是祭祀祖先的太庙,还是祭祀神灵的郊坛,抑或是祭祀先师的孔庙,都是全国最高规格的祭祀场所,是只有都城才能够设置的礼仪场所。

第三,都城教育文化。在中国古代,都城往往是全国的教育中心。在这里,既设置有全国的最高学府——国子监学(及太学),又设置有都城的最高学府(府学),还设置有诸多的地方官学及书院等教育机构。这是与都城的特殊地位密切相关的。因为都城往往是全国的文化中心，故而会聚了大量的文学人才和教育人才，为各级教育机构提供了充足的师资力量。而从元代开始，从中央到地方的各级教育机构，主要都设置在了东城域内，这种格局，一直到清朝末年都没有发生变化。

第四，都城科技文化。在中国古代，科技的发展比较快，其中，尤以天文历法和医学最为突出。因为中国是一个农业发达的古国，所以这两项科技最为突出。农业生产需要人们掌握天气的变化，故而古人很早就注意一年四季气候的变化特征，并由此制定了显示气候变化基本规律的"农历"。到了元代，制定了当时世界上最精准的《授时历》，表明中国在天文历法方面居于世界领先地位。而由于农业生产的发达，使得中国的人口数量众多，也就带来了医学的发达。中医至今仍然是中国文化中的一大宝库。由于农业生产的定居需求，中国古代的建筑科技也十分发达，形成了自己独特的建筑科技文化。

第五，都城工商业文化。在中国古代，最早的手工业和商业是由政府经营的，即所谓的"工商食官"。工匠和商人都是由政府供养的，并由此从事手工业生产和贸易活动。此后的很长一段时期，开始出现官营工商业和私营工商业并存的局面。而在私营工商业方面，又往往出现"前店后厂"的经营模式，后面的工厂生产商品，由前面的商店加以出售。许多"老字号"品牌皆是这种模式。在古代北京东城域内，既有这种"前店后厂"的老字号，也有专门经营贸易活动和手工业生产的老字号，由此带来了古都工商业发展的繁荣。

第六，都城宗教文化。在中国古代，很早就有了宗教文化。如在房山周口店遗址当中，就出现了人类崇奉宗教信仰的文化痕迹。到了汉代，佛教和道教已经形成了独立的宗教派别，此后不断发展壮大，遂与儒教一起并称为"三教"。在北京地区，到了元代，伊斯兰教和基督宗教已经传到了大都城。这时的大都城，形成了一座多元宗教并存的国际大都会。据相关文献记载，这时的东城域内，既有佛教传播的寺庙，也有道教传播的宫观；既有新建的伊斯兰教清真寺，也有新建的基督宗教的教堂。这种多元宗教并存的状况一直延续到今天，使都城的宗教文化成为今天北京历史文化的一个重要组成部分。

第七，都城民俗文化。在中国古代，由于地域广阔，自然环境各不相同，很早就产生了不同区域的民俗文化。为了区分这些不同区域的文化，人们往往用地域作为标识，如燕赵文化、齐鲁文化、吴越文化、荆楚文化、巴蜀文化、三晋文化等等。其中，燕赵文化带有十分鲜明的地域特色。后来，不断有少数民族进入燕地,与这里的民众相互融合,使得这里的民俗文化也就带有了越来越多的北方游牧文化的特色。再往后,这里成为全国的统治中心,五方荟萃,都城的特点愈加显著,地域的特色愈加淡泊。即便如此,在东城域内,仍然保留了许多颇具特色的民俗文化。

以上只是东城地域文化中的几个显著特色,并不能概括整个北京历史文化中的所有内容。例如,水脉水系文化,我们觉得放在西城地域文化的叙述中更合适。西城的水脉和水系更加完整,是北京城市用水系统的主脉,由此而叙述起来更加清楚,更加顺畅。又如古村落文化,也是北京历史文化的一个重要组成部分,显然放在门头沟地域文化的叙述中更合适。因为目前北京地区最具代表性的古村落主要是在门头沟区,由此而叙述更加合理,对许多问题的探讨也会更加深入。再如漕运文化,虽然通惠河流经北京的六个区,但是为了叙述的便利及完整性的体现,显然是放在通州最为合适。

对于这部《北京地域文化通览·东城卷》所涉及的时间跨度,我们参照中央文史馆组织编写的《中国地域文化通览》的体例,大致确定为:从先秦时期为始,到民国末年为止。但是并无严格的时限标准,有些章节的内容基本如此,如科技部分、宗教部分等。有些则没有受到时间限制,而是出于叙述的需要,延伸到新中国成立后,但是对建国后的这一部分也只是简要地概括而已。

综上所述,中华文化博大精深,北京历史文化乃是中华文化的历史见证。而东城区的地域文化,则是北京历史文化的典型代表,在北京历史文化中占有十分重要的地位。东城区的历史文化实在是太丰富了,对于这部《北京地域文化通览·东城卷》而言,显然不是一部东城历史文化的百科全书,只能是对东城文化的精华部分略加叙述与研究。

第一章
历史沿革

北京城市的发展,始于先秦时期。当时的城市位于今西城区西南一带,古代称为蓟,即蓟国的都城。及周武王实行分封制,分封黄帝的后裔在此生活,又分封周召公的子孙来到这里,建立燕国。燕都就在今天的琉璃河商周遗址一带。此后,燕国日益强大,攻灭蓟国,占有蓟城,并将这里定为都城,遂有燕都之称。秦朝统一全国之后,蓟城又作为中原王朝对抗草原游牧部落的北方军事重镇。

唐朝灭亡以后,契丹政权从五代时期的后晋王朝手中得到燕云十六州,并将这里定为辽南京,成为辽朝最重要的城市。及金朝建立后,攻灭辽朝及北宋,又从金上京(今哈尔滨市阿城区境内)迁都到这里,称为金中都。经过扩建后的金中都城,是长江以北最重要的都城。此后元朝崛起,攻灭金朝及南宋,又在金中都城的东北面建造了一座新的都城,号称元大都城,北京第一次成为全国的统治中心。

在元大都城,以正南门丽正门为界,分为东西两个部分。东面为大兴县,西面为宛平县。今天的东城区,就是从元代设置的大兴县开始出现的行政建置。此后,明朝灭元,迁都南京,原来的大都城降为北平府,城市面积也从北向南压缩了五里,北城墙移到今安定门至德胜门一线,行政建置也随之缩小。及明成祖定都北京,又将都城的南面向南拓展,由丽正门(大约在今天安门一线)拓展到今正阳门一线。到了明代中期,明世宗又把都城向南拓展,由正阳门一线向南拓展到了永定门一线。此后的北京城市格局,在明清时期没有再发生新的变化。

第一节　元大都东城大兴县

元代的行政建置在行省之下，通常为路、府、州、县四级。在元大都城建成之后，这里的行政建置也主要为四级：第一级为大都路，第二级为大兴府，第三级为州及直辖县，第四级为州下辖县。而在大

天安门旧照

兴府的直辖县中，大兴县与宛平县皆为赤县，也就是超级县，应该属于第三级建置。其中，以大都城正南门丽正门为界，丽正门以东，属于大兴县；丽正门以西，属于宛平县。

在元大都城共设有十一座城门，除了都城正南门丽正门外，属于东城的城门共有五座。大都城的坊里共有四十九个，属于东城的应该超过二十五个，主要是因为东城的城市面积较为平整，而西城的水面比较多，无法设置坊里。因此，元大都的衙署也大多设置在东城。与之相比，大都城里的商市则是西城较多，东城较少，这是因为中都旧城在大都新城西南，居民往来两城之间主要是在西城。同样，宗教活动场所也是西城多于东城。

一、城门与城墙

属于元大都东城境内的城门共有六座。南面城墙正中的丽正门，是都城第一门。靠丽正门东侧的是文明门。东面城墙由南向北有三座城门，依次为齐化门、崇仁门、光熙门。北面城墙靠东侧的是安贞门。丽正门之名称，始见于南宋临安（今浙江杭州）的宫城正南门，并无典籍文献的依据。而文明门之得名，取自《易经》"见龙在田，天下文明"之意。按照宋代大学者苏东坡的解释，"以言行化物，故曰'文明'"，不是今天"文明"的意思。而"安贞"一词，也是取自《易经》"西南得朋，东北丧朋，安贞吉"，是取"失而复得"之意。

又据相关文献记载："崇天门正南出周桥。灵星三门外分三道，中千步廊街。出丽正门，门有三。正中惟车驾行幸郊坛则开。西一门，亦不开。止东一门，以通车马往来。"①由此可见，丽正门的城楼开有三座城门，向北直达皇城正南门崇天门。该书又称："文明门即哈达门。哈达大王府在门内，因名之。"②由此可见，在当时的居民眼中，文明门是官方的正名，而哈达门则是百姓的俗称。许多时候，俗称的影响要远远大于官方的正名，这是地名文化中的一个主要特点。哈达大王府到明代以后就消亡了，而哈达门的称呼却一直延续到明清时期，以至于近现代。

在东面的三门之中，值得一提的是崇仁门。在中国古代人们的宇宙观念中，阴阳五行的观念是非常重要的，是无所不在的。在方位的表现上，东、西、南、北、中，各代表着一个方位。与之相对应的，则是仁、义、礼、智、信，各代表着一种观念。而方位与观念也是相对应的。东方代表了仁，西方代表了义，南方代表了礼，北方代表了智，中方代表了信。

而在都城的城门命名方面，也有所体现。故而在东面的城门中，就出现了崇仁门的命名。与之相对应的，则是西面的和义门。因为在此之前的金中都城，东、西、南、北四面城门，皆有一门以此命名。东面一门称施仁门，西面一门称彰义门，南面一门称端礼门，北面一门称崇智门。这种命名原则，在当时应该

---

① 熊梦祥：《析津志辑佚·城池街市》，北京图书馆善本组辑，北京古籍出版社，1983，第2页。

② 同上。

是一种通例,也体现出了一种文化观念。

而东面的其他两座城门,也是与"文"这个超大的文化主题相关。齐化门,虽然在儒家经典中没有相应的词汇,但是,"化"者,正如苏东坡所云,既是化人,也是化物,而且是以"文"作为"化"的标准,也就是"齐化"。"光熙"之意也是如此。"光"和"熙"本是一个意思,叠加在一起,只是突出强调一个观念,即更加光明,仍然是以"文"为主题,才能更加光明。

据相关文献记载,新建的大都城"城方六十里"。如果按照东城与西城各占一半来计算,大都城东面的区域应该占三十里。又据当代考古工作者的勘测,元大都城为长方形城池,全城周长约为二万八千六百米,南北长约七千六百米,东西宽约六千七百米,因此,从理论上推算,属于东城区域内的城墙长度约为一万四千三百米,是全部城墙长度的一半。

但是,实际上的东城的城墙整体应该略短于西城的城墙,因为在修建大都城时,位于东城原定城墙的位置比较低洼,不适合筑墙,故而城墙向西面推移了一段距离。而在西城城墙的位置上又有一部分水域,也不适合筑墙,故而也把城墙向西面推移了一段距离。在这种情况下,整个大都城的南北长度没有发生大的变化,东西宽度也没有发生大的变化,但是整体城市区域出现了向西的移动,由此造成了以中轴线为界,东城的城墙整体略短于西城城墙的现象。

在元代,通常情况下,城市的城墙皆是用土筑成的,很少用城砖来砌成,大都城的城墙也是用土筑成的。所谓的土筑,也就是用夯筑之法,或者称板筑。在城墙的位置上先做好两层木板,然后在两层木板的中间放入土,再加以夯实,然后逐渐把木板增高,再放入土夯实,最终形成一道土墙。大都城的城墙虽然是用夯土筑成,但是城门却是用砖石砌成的。

欧洲著名旅行家马可·波罗曾经对大都城的城墙这样描写:"新都整体呈正方形,周长二十四英里,每边为六英里,有一土城墙围绕全城。城墙底宽十步,愈向上则愈窄,到墙顶,宽不过三步。……一个人若登上城门,向街上望去,就可以看见对面城墙的城门。"[1]这里所说的"新都"就是元大都新城。

由于大都城的城墙是用土夯筑而成,因此,每当遇到大雨或暴雨之时,都会出现土城墙被冲垮的情况。为此,元朝政府又在土城墙上铺上苇衣,用以减少

---

① 马可·波罗:《马可·波罗行纪》第二卷第八十四章《大汗太子之宫》,冯承钧译,上海书店出版社,2001,第210页。

雨水的冲刷。时人称："世祖筑城已周,乃于文明门外向东五里,立苇场,收苇以蘮城。每岁收百万,以苇排编,自下砌上,恐致摧塌,累朝因之。至文宗,有警,用谏者言,因废。"①这里所说的"收苇以蘮城",就是用苇衣来保护城墙,少受雨水冲刷。

随着时光的流逝,许多重要的元代建筑今天已经见不到了,但是,作为元大都城墙的一部分,即大都城北面的城墙(在今朝阳区到海淀区境内),今天则较为完好地保留下来,并得到了应有的保护和利用。说到保护,是这段元大都城的土城墙遗迹已经被列为全国重点文物保护单位。说到利用,则是这里已经被开辟为元大都城墙遗址公园,成为广大市民日常休闲娱乐的场所。

在大都城里,皇城的修筑是一项重要的工程。其城墙周长为九里三十步,共分为六座城门。南面有三座城门,正中为崇天门,东侧为星拱门,西侧为云从门。皇城东、西、北各为一门,东侧为东华门,西侧为西华门,北侧为厚载门。崇天门极为壮观,时人称："正南曰崇天,十一间,五门。东西一百八十七尺,深五十五尺,高八十五尺。左右垛楼二,垛楼登门两斜庑,十门。阙上两观,皆三垛楼,连垛楼东西庑,各五间。"②在这六座门中,崇天门、星拱门及东华门属于今东城,而云从门、厚载门及西华门则属于今西城。

二、坊里与街道

元大都城在建成之后,最大的特点之一是城市面貌发生了巨大变化,从一座封闭的城市变成了一座开放的城市。在元大都新城建成之前,旧的金中都城行用的是汉唐时期的城市管理模式,人们在进入城市后,看到的都是被高大的坊墙包围的民居、商市、寺观等。而在新建的大都城,坊墙模式已被废除,人们进入城市后,可以直接见到街道、民居、商市、寺观等。街道和胡同已经取代了坊里,成为整个城市的基本单元。

据相关考古工作者判断,今天北京城里的大多数街道,都是在元代和明代形成的。其中,元大都的街道,形成了今天北京街道的主体框架,到了明代又加以进一步完善。又据相关文献称:"街制自南以至于北,谓之经;自东至西,谓之

<hr />

① 熊梦祥:《析津志辑佚·城池街市》,第1页。
② 陶宗仪撰:《南村辍耕录》卷二十一《宫阙制度》,李梦生校点,上海古籍出版社,2012,第229页。

纬。大街二十四步阔,小街十二步阔。"据此可知,元大都城的街道在当时是非常规整的,基本上均是南北、东西向的。相关文献又称:"三百八十四火巷,二十九衖通。衖通二字本方言。"①据此可知,在大都城里,除了大街和小街之外,又有许多"火巷"和"衖通",也就是后来的胡同。

在当时的元大都城里,这些大街、小街和胡同,有些已经有了专用的名称。据相关文献称:"长街:千步廊街、丁字街、十字街、钟楼街、半边街、棋盘街。五门街、三叉街,此二街在南城。"②据此可知,上述几处街道,是元大都城内的主要街道。这些街道,还主要是以其形制的特点而加以命名。如丁字街、十字街、棋盘街等,是可以得知其不同形状的。又有一些则是依据相关建筑而得名,如钟楼街,必是与钟楼相邻;而午门街,则是在午门之前。

此外,在元代熊梦祥的《析津志》一书中,还有一些关于街道的零星记载。如"哈达门丁字街",说明丁字街在哈达门内;"文籍市:在省前东街",说明中书省前有东街、西街的区别;"车市:齐化门十字街东",说明齐化门内有十字街;又如无名桥,"安贞门十字街二",说明安贞门里也有十字街;"健德门斜街二"(在今西城域内),说明今天的德胜门内的斜街,在元代就已经存在了。

在当时的大都城里,虽然高大的坊墙已经被废除了,但是坊里制度却仍然沿袭下来,成为大都城里一个又一个的基层单位。据《元一统志》(赵万里辑本)的记载,元大都新城共有四十九个坊,而在这四十九个坊里面,位于东城的坊应该比西城的坊略多一些。其一是因为在当时的情况下,皇城在大都城西半部分的面积要大一些,这些区域是不能设置坊里的。其二是西城的水域比较多,这一部分也是不能设置坊里的。

这些新设置的坊里,其坊名延续了前代坊里的命名惯例,有些是用儒家经典学说中的词句来命名的,有些则是用具有地域特色的词句来命名的。用儒家著作中词句来命名的如玉铉坊,是以《易经》中"鼎玉铉,大吉"之意以命名;又如保大坊,是以《左传》中"武有七德,保大定功"之意以命名;再如文德坊,是以《尚书》中的"诞敷文德"之意以命名;又如穆清坊,则是以《诗经》中的"于穆清庙"之意以命名,等等。

用地域特色来命名的如灵椿坊,是以"燕山窦十郎,灵椿一株老"的典故来命名的;又如丹桂坊,是以"燕山窦十郎教子"故事来命名的;再如金台坊,是以

① 熊梦祥:《析津志辑佚·城池街市》,第4页。
② 熊梦祥:《析津志辑佚·城池街市》,第5页。

"燕昭王筑黄金台以礼贤士"的典故来命名的;在旧城又有隗台坊,隗台即指黄金台,是燕昭王为其师父郭隗所筑之宫殿(宫殿之下即为高台)。此外如甘棠坊,是以"燕地乃召公所封,诗人有《甘棠篇》以赞美之"而得名。

在《元一统志》中,虽然记载了四十九个坊的坊名,却没有标明这些坊哪个在东城,哪个在西城。今天元代的坊已经见不到了,我们只能依据相关文献的记载,来大致判断出一些曾经属于东城的坊。

一、保大坊。据《元一统志》称:"保大坊:按《传》曰:'武有七德,保大定功。'以坊近枢密院,取此义以名。"元大都的枢密院位于皇城东侧东华门外,因此可以判定,保大坊是在东城境内。《析津志辑佚》亦称:"保大坊在枢府北。"文中"枢府"即指枢密院的衙署。

二、明时坊。据《元一统志》称:"明时坊:地近太史院,取《周易·革卦》'君子治历明时'之义以名。"元大都的太史院位于大都城的东南隅,因此可以判定,保大坊是在东城境内。《析津志辑佚》亦称:"明时坊在太史院东。"也是确定了明时坊的具体位置。

三、文德坊。据《元一统志》称:"文德坊:按《尚书》'诞敷文德',取此义以名。"虽然没有提到文德坊的具体方位,但是,坊名中有"文"字,古人多以文东武西为命名规律,据此可知,文德坊应该是在东城,甚至可能与文明门或崇仁门相近。该坊名在《析津志辑佚》一书中已经见不到了。

四、穆清坊。据《元一统志》称:"穆清坊:地近太庙,取《毛诗》'于穆清庙'之义以名。"元大都城新建的太庙在齐化门内路北,因此可以判定,穆清坊是在东城境内。该坊名在《析津志辑佚》一书中已经见不到了。

五、泰亨坊。据《元一统志》称:"泰亨坊:地在东北寅方,取《泰卦》'吉亨'之义以名。"文中已经指出该坊位于大都城东北方向,因此可以判定是在东城境内。坊名在《析津志辑佚》一书中已经见不到了。

六、寅宾坊。据《元一统志》称:"寅宾坊:在正东,取《尚书》'寅宾出日'之义以名。"该坊指明位于正东,应该是在崇仁门内。该坊名在《析津志辑佚》一书中已经见不到了。

七、居仁坊。据《元一统志》称:"居仁坊:地在东市,东属仁,取《孟子》'居仁由义'之言,分为东、西坊名。"显然,居仁坊在大都城东面,因此可以判定是在东城境内,而且其内有一处市场,称东市。该坊应该也距崇仁门不远。与之相对应的,在大都城西面应该设置有由义坊。居仁坊的坊名在《析津志辑佚》一书中已经见不到了。

八、五云坊。据《元一统志》称:"五云坊:大内前左千步廊,坊门在东,与'万宝'对立,取唐诗'五云多处是三台'之义。"其位置应该在大都皇城东南方,千步廊东侧。因此可以判定是在东城境内。《析津志辑佚》亦称:"中书省在大内前,东五云坊内。"

九、澄清坊。据《元一统志》称:"澄清坊:地近御史台,取'澄清天下'之义以名。"元大都的御史台最初是设置在大都城西北的肃清门内,属于西城区域内,但是,不久就搬到了东城的文明门内的澄清坊,因此可以判定是在东城境内,此后没有再迁移过。

对于这些坊名,时人曾曰:"坊名,元五十,以大衍之数成之,名皆切近。乃翰林院侍书学士虞集伯生所立。"①确定大都城各坊的坊名,在当时是一件大事,至元年间就已经拟定好了,是由当时国史翰林院的翰林们拟定的。而当时的虞集还不是翰林院的侍书学士,只是大都路学的一名教师。因此,到元代中后期,这些坊名曾经被修改过,而修改者可能是虞集。

三、衙署分布

在元大都城,最初的政府衙署是按照天上的天象分布来设置的,而随着时间的流逝,出于办公效率的需要,有些政府衙署出现了变动,已经与天象没有直接的联系了。作为都城,政府办公效率是必须要考虑的一个重要因素。作为皇宫,是在都城中的核心位置,而相关的政府衙署,当然是距皇宫越近越好,交通越方便越好。正是因为这个重要因素,相关衙署的位置才发生了变化。

在大都城里的中央政府衙署中,以中书省、枢密院、御史台最为重要。中书省主持全国的政务,枢密院掌管全国的军事,御史台负责全国的监察,三权分立,缺一不可。因此,在营建大都城的过程中,这三处中央政府的衙署设置是非常重要的,也是首先需要考虑的事情。

中书省的衙署,最初被设置在西城境内的凤池坊北面。这个位置,是由建造元大都城的规划者刘秉忠设定的。时人称:"位置公定方隅,始于新都凤池坊北立中书省。其地高爽,古木层荫,与公府相为樾荫,规模宏敞壮丽。奠安以新

---

① 熊梦祥:《析津志辑佚·城池街市》,第2页。

13

都之位,置居都堂于紫微垣。"①凤池坊是在钟鼓楼的西侧,因此,最初的中书省衙署是设置在大都的西城境内。其位置,相当于天象当中的紫微垣的地方,这是刘秉忠认为的最佳位置。

但是,到了至元七年(1270年),元世祖忽必烈为了让大臣阿合马为他搜刮民财,又专门设立了尚书省,而尚书省的衙署被设置在皇城前面东侧的五云坊内。这时的阿合马深得元世祖的信任。到至元十九年(1282年)三月,阿合马被益都千户王著刺杀,尚书省才被取消。此后,中书省的官员就都搬到尚书省的衙署里面办公。虽然元世祖及此后元武宗时又曾短时间设置了尚书省,但是时间都不长。而五云坊,则是在东城区域内。

位于五云坊的中书省衙署有三道门,即外仪门、中仪门、内仪门。外仪门的门上挂有"都省"二字的匾额。在外仪门内,东侧为中书省下辖六部的衙署,西侧则是接待外来使节的会同馆。中书省的办公场所主要有省堂、正堂、断事官厅、参议府厅、左司及右司厅、东检校厅、西架阁库等。如省堂,"大正厅五间。东西耳房,宽广高明,锦梁画栋,若屏障墙。耳房画山水林泉,粲然壮丽"②。此外,元朝政府又在中书省衙署中设有省医及医厅,专门为中书省的官员们看病。

与中书省衙署同样重要的,是枢密院衙署。据时人称:"枢密院:在武曲星之次。"所谓的"武曲星",肯定是天上与军事有关的一组星宿,与之对应的,则是枢密院衙署。时人又称:"枢密院:在东华门过御河之东,保大坊南之大御西,莅军政。"③由此可知,枢密院的衙署是在东城境内,而且自设置以来,没有再发生迁移。枢密院衙署的格局与中书省大致相同,也是前面有外仪门、中仪门、内仪门。外仪门里面,是诸卫所的衙署。这些衙署,有些是驻京部队的指挥部,如六卫汉军的卫所,左右翼屯田万户府,钦察、唐兀、阿速、贵赤等少数民族军卫的卫所等。有些则是外地驻军的联络处,如临清万户府、海口侍卫万户府、宁夏万户府、辽阳万户府等。

在枢密院的内仪门里面,是枢密院官员办公的场所,包括正厅、正堂、参议府厅、左右司厅、客省使厅、断事官厅等。元世祖在位时,为了培养皇太子真金

---

① 熊梦祥:《析津志辑佚·朝堂公宇》,北京图书馆善本组辑,北京古籍出版社,1983,第8页。

② 熊梦祥:《析津志辑佚·朝堂公宇》,第9页。

③ 熊梦祥:《析津志辑佚·朝堂公宇》,第34页。

管理国家大事,故而特别任命他为中书令和枢密使,主持全国的政务和军事,又特别在中书省和枢密院的正堂之中设置有皇太子的座位,并且放在正中间,以便他在这些衙署中处理相关事务。

与中书省和枢密院衙署并列的又有御史台的衙署,其衙署的最初设置也是以天象为依据的。时人称:"国初至元间,朝议于肃清门之东置台,故有肃清之名。而今之台乃立为翰林国史院,后复以为台。台在澄清坊东,哈达门第三巷。转西有廊房,所□馆西、南二台及各道廉访司,官吏攒报一应事迹,谓之台房。若广东、广西、海北、海南道,咸馆焉。"①据此可知,御史台的衙署,最后也是设置在东城境内的。

与中书省和枢密院不同的是,御史台虽然也是有外仪门、中仪门及内仪门,但是其办公场所却并不宽敞,因此与之相关的陕西行台、江南行台及各道廉访司的衙署,就没有设在御史台的衙署内,而是设置在其西面,称为廊房或者台房。元朝除了在京城设置御史台之外,又在陕西及江南设置有两处行御史台,简称行台,主要负责各地政府官员的监察工作。这两处行台,则在御史台衙署旁边设置了办事机构。而各道廉访司也是在各地行使御史台职能的机构。

另有一处中央政府的衙署设置在东城境内,即太史院,位于明时坊西侧。这处太史院的衙署,是把办公与天体测量的设施安置在一起。这是一座长二百步、宽一百五十步的高台,台分三层,共七丈高。最下一层是太史院官员办公的场所,以及学习星历的生员七十余人的学习场所。中层则安置有浑天仪、壶漏、盖天图,以及各种天文书籍等。最上一层则安置有简仪、仰仪,以及正方梁等仪器。这座建筑又被称为灵台。在灵台东侧,又建一小台,上置玲珑浑仪。灵台西侧,则置有高表、石圭等仪器。灵台南面,又有印历局等办公场所。

在大都城的东城域内设置的地方最高衙署是大都路都总管府,又被称为大兴府。最初的大都路都总管府是有自己的办公场所的,但是被大宗正府占用了,因此,大都路都总管府的官员们只能借用寺庙的地方办公。一直到元武宗至大年间,才有官员在灵椿坊买地十九亩,建造了大都路都总管府的衙署。这处衙署也是前面有三层门,门内有正堂五间,又有一些其他办公场所。这处衙署此后一直被明清时期的顺天府沿用。

---

① 熊梦祥:《析津志辑佚·朝堂公宇》,第38页。

四、宗教建筑

元大都城在兴建之初,城里的宗教建筑并不多,而位于东城境内的就更少一些。其中,主要的寺庙有大天寿万宁寺、柏林寺、极乐寺、圆恩寺等,而主要的道观则有崇真万寿宫、五岳观、圆宁观等。这些寺庙和道观基本上都是在元代开始兴建的。而许多以前兴建的寺庙和道观,应该是在旧南城(今西城域内)。

在元大都的东城域内,等级最高、规模最大的寺庙,当属大天寿万宁寺。这座寺庙位于钟鼓楼东侧的金台坊境内,是元成宗时建造的。史称:大德九年(1305年)二月,"建大天寿万宁寺"①。按照元朝的制度,每位帝王在位时都要建造一座寺庙,以便死后在庙中设置一个御容殿,以安放御容。在元大都城里,元世祖建造的安放御容的寺庙是位于今西城域内的大圣寿万安寺(白塔寺),而元成宗建造的则是这座大天寿万宁寺。

但是,元成宗死后无子,元成宗的卜鲁罕皇后准备册立安西王阿难答为帝,却被元武宗、元仁宗兄弟夺得皇权。于是,安西王阿难答被杀,卜鲁罕皇后被发配到东安州安置,随后被害死,元成宗的御容殿也就没有被设置。此后,一直到泰定帝即位后,才在泰定四年(1327年)五月,"作成宗神御殿于天寿万宁寺"②。元成宗的御容到这时才被安放在寺中,以供此后帝王的祭祀。

主持这座大天寿万宁寺的僧人,应该是藏传佛教一派的高僧,史称:"京师创建万宁寺,中塑秘密佛像,其形丑怪,后以手帕蒙覆其面,寻传旨毁之。"③文中所云皇后,即卜鲁罕皇后。而她传旨毁去的秘密佛像,则是藏传佛教寺庙中特有的佛像,其形象与中原佛教中的佛像是不同的,因此才被毁去。

柏林寺位于大都城内东城的居贤坊(崇教坊),国子监学之东。始建于至正七年(1347年),应该是民间集资,或者是僧众筹资兴建的,在元代的影响并不大,到此后的明代正统年间重修后,开始略有名气。再到清代康熙五十二年(1713年),雍正帝时为皇子,复加修建,并由康熙帝亲自题写"万古柏林"寺额,该寺才成为京城中著名的皇家寺庙。

极乐寺也是位于居贤坊,在柏林寺西侧。这座寺庙应该也是民间自发建造

---

① 宋濂、王祎:《元史》卷二十一《成宗纪》,中华书局,1976,第462页。
② 宋濂、王祎:《元史》卷三十《泰定帝纪》,中华书局,1976,第679页。
③ 宋濂、王祎:《元史》卷一百一十四《后妃传》,中华书局,1976,第2873页。

的,比柏林寺的年代要早一些,据明代的《顺天府志》记载,这座寺庙始建于元代至元年间。寺中有明代嘉靖年间重修寺庙的碑刻,到此后的清代乾隆年间尚存。元代有两个至元年号,一个是元世祖的年号,另一个是元顺帝的年号。元世祖至元年间大都城正在兴建,或者刚刚建好,因此,当以后一个元顺帝年号的可能性更大一些,这个年号与建造柏林寺的时间也比较接近。

圆恩寺位于东城境内的昭回坊,此后,因为该寺的名声较大,使得其所在的地方又被称为圆恩寺胡同,一直流传到明清时期。寺中有二石碑,到清代乾隆年间已经"剥落不可读",由此可见该寺建造的时间已经比较久远了。据称,该寺建造于至元年间,因为没有官方文献的记载,应该也是民间集资建造的。

其他东城域内在元代建造的寺庙还有:千佛寺,此后又称吉祥寺,元成宗元贞年间在金台坊建造,一说元泰定帝泰定年间建造;法通寺,元顺帝至正年间在金台坊建造;无量寿庵在寅宾坊,是元世祖至元二十一年(1284年)由居士屠文正出资建造的。

元代建于大都东城域内的道观,首推崇真万寿宫。这座道观,位于蓬莱坊,始建于至元十四年(1277年),是元世祖忽必烈为正一派龙虎山的道士们在元大都和元上都举行道教活动而建造的场所。一共建了两座,一座在元大都,另一座在元上都,都被称为崇真万寿宫。因为元世祖时开始实行"两都巡幸"的制度,每年冬天在大都,夏天在上都,故而建了两座同名的道观。

忽必烈早年曾随同元宪宗一起攻伐南宋,他即派遣使臣前往江西龙虎山,向正一派的道士询问天下大事,得到的回答是,二十年后天下将一统。及忽必烈夺得皇权,攻灭南宋,果然大约二十年。于是,忽必烈对正一教十分崇信,并将其引入京城,建造道观,使该派道士常驻两都。正一教的领袖为历代天师,仍然住在龙虎山,而派出代表随侍在元朝帝王身边,举行各种道教活动。

综上所述,在元代,前朝留下来的寺庙和道观主要集中在旧中都城域内,而在大都新城之中,虽然也有一些同时新建的寺庙和道观,但是,数量很少,而且其宗教影响也不大。在这些新建于东城域内的宗教活动场所,主要是以佛教和道教为主,而伊斯兰教的清真寺和基督宗教的教堂,虽然也应该有一些,却没有明确的文献记载。

五、商市分布

对于元大都城里的商市,官方文献记载很少,对于商市的具体分布方位,记载就更少了。我们今天得以依据的,主要是元人熊梦祥撰写的《析津志》一书,

朝阳门

该书也已经散佚,幸有原北京图书馆善本部的同人们出版的《析津志辑佚》一书,可以使我们对大都城里的商市分布有一个大致的了解。

在《析津志辑佚》一书中记载了在东城域内的商市,主要有:一、菜市。"哈达门丁字街",哈达门是文明门的俗称,而丁字街应该是在文明门里。菜市是出售蔬菜的市场,与大都市民们的日常生活息息相关。由此可见,文明门里的菜市是比较热闹的。在《析津志》中记载的菜市,还有丽正门外及和义门外(在西城域内)。

二、猪市和鱼市。"猪市:文明门外一里。鱼市:文明门外桥南一里。"文明门是大都城南面东侧之门,位于今长安街东单路口一带。因此,猪市是在东单路口往南一里的地方,而鱼市又在猪市再往南一些的地方。猪和鱼在当时都是大都居民日常食用的东西,而且数量应该也不小。由于当时的通惠河是从文明门外经过的,运送猪和鱼比较方便,因此才会有猪市和鱼市。

三、穷汉市。穷汉市准确来说不是商市,也不出售商品,而是大都城的穷人出卖劳动力的地方。这种市场在大都城有好几处:"穷汉市一在钟楼后,为最;一在文明门外市桥;一在顺承门城南街边;一在丽正门西;一在顺承门里草塔儿。"这种市场大多设于城门附近,也是便于双方交易。有的学者认为,资本主义萌芽的一个重要标志就是"雇佣劳动"的出现,中国的雇佣劳动现象最早应该出现在明清时期的江南一带。但是,大都城的穷汉市表明,早在元代的都城,这种雇佣劳动的现象就已经出现了。而钟楼后及文明门外的穷汉市,应该是在东城域内。

四、车市。"车市:齐化门十字街东。"元代的齐化门,即此后明清时期的朝阳门,至今仍称朝阳门。齐化门十字街,应该位于齐化门里、十字街东,应该是齐化门里靠近城门的地方。齐化门里路北,是元代太庙所在地,因此,车市应该在路南。元代因为帝王实行"两都巡幸"的制度,每年都要有大量人员往来于元大都和元上都之间,需要有众多的车辆随行。故而大都城里的车市也就成为一处十分热闹的市场,车辆的买卖应该比较频繁。

五、柴炭市。作为北方城市，元大都城有百万民众居住在这里。在当时的环境下，不论是日常饮食的供炊燃料，还是冬季供暖的房间燃料，主要使用的皆是柴炭。虽然煤炭的使用日渐普及，但是柴炭仍然不可或缺。因此，在大都城里，是有多处柴炭市场的。"柴炭市集市：一顺承门外，一钟楼，一千斯仓，一枢密院。"在这四处柴炭市中，钟楼在城市中心，枢密院位于皇城东侧的东华门外，故而在它旁边的柴炭市自然也应该在东城域内。

六、草市。在大都城内外，元朝的时候饲养着大量牲畜，而草市则是为牲畜提供饲料的场所。"草市：门门有之。"元大都城有十一座城门，也就是说至少有十一座草市。而位于东城境内的城门有六座，也就至少是有六座草市。在当时人们饲养的牲畜，以牛羊为主，也有许多马匹以及骆驼，仅官方饲养的就有十几万头，而私人饲养的数量也不会很少，故而需要的草料数量也是十分可观的，这也就是为什么会"门门"都有草市的原因。

以上所列大都东城域内的市场，是比较正规的市场。除此之外，还有许多市场是非正规的市场，如街边的散市、庙前的庙会等，以及众多服务业的经营场所（如歌楼、酒馆、戏院等），都带有商业经营的性质，是正规市场的补充。由于受到"两都巡幸"制度的影响，大都城的商市也带有明显的季节特点。每年春天元朝帝王从大都出发去上都，百官、军队等大批人员陪同，导致大都城的商市进入萧条期。一到秋天帝王回到大都，这里的商市也就立刻热闹起来。

六、主要民居

在当时的大都城内，居住着近百万市民，其中，既有买房居住的，也有租房居住的，而且这些人大多数都是外地人。这些人的居住范围比较分散，相关文献又比较零散，故而得到的信息也比较少。仅据已经收集到的信息可知：

一、河南汝宁（今河南汝南）人陈辅之在大都咸宜坊建造有居住房舍，其中有一处称德星堂。此后，又移居到寅宾坊，仍有一处称德星堂。名士虞集为其作有《德星堂记》称："当是时，鹿庵王公、左山商公、静轩阎公、杨公从周，与诸名公卿朝请之暇，无日不集于斯也。"[1]文中所云到德星堂聚会的王磐、商挺、阎复

---

① 虞集：《道园学古录》卷三十八，王云五主编《万有文库》第二集，上海商务印书馆，1937，第641页。

等人,皆为一时之名士。由此可见,这处位于陈辅之居所内的德星堂,在当时乃是文士聚会之地。

二、中书省官员赵德隆傥居于明时坊,而文士傅若金又借住在他家,因此命名曰寄寄亭。傅若金在《寄寄亭记》一文中称:"今之客京师,其能自买宅而无待傥屋以居者鲜矣。"①文中"傥居"就是借住,或者是租住。赵德隆自己就是租房而居,却又把自己租的房借给傅若金住,这就是"寄寄亭"的来历。而傅若金又十分豁达,认为自己是寄居于天地之间,"夫然后能任夫天之所寄而尽其责也"。也就是孟子所说:"当今之世,舍我其谁。"古代文人喜好命名其居所的做法于此可见一斑。

三、国子助教薛汉在居贤坊的寓舍。薛汉是浙江永嘉人,因为在杭州监制宫廷乐器,随同乐器北上大都,被朝中大臣先后推荐为太庙的太祝、功德使司的官员,以及国子助教。他在居贤坊的寓舍,应该就是政府为国子学的官员提供的宿舍。但是很不幸,薛汉在任国子助教后,曾随泰定帝北巡上都,回到大都城后即病故在居贤坊的寓舍之中。他与当时的国子司业虞集、国子博士柳道传皆为好友。虞、柳二人对他的病故十分惋惜。

四、翰林国史院侍讲学士张翥,元朝末年买灵椿坊住宅。张翥是山西晋宁人,后随其父定居江南,拜宋儒陆九渊为师。他"以诗文知名一时",所著传于后世者为《蜕庵集》。他曾作诗,诗前自注称:"予京居廿稔,始置屋灵椿坊。衰老畏寒,始置青鼠袍。"其诗称:"五槐浓绿荫门前,东宇西房数十椽。不是衰翁买屋住,归时留作雇船钱。"②由此可见,张翥在京做官二十年,才买了自己的住宅,而且还不是很大。

五、国子监丞陈旅为福建人,曾在京任职多年,最初任国子助教,应该是在灵椿坊里租房居住。他曾作诗送朋友出京,曰:"子昔来京师,见我灵椿坊。论交气谊合,室有芝兰香。"③这应该是他任国子助教时的住宅。此后,他一度出京任江浙儒学副提举,再回京任国子监丞。这时他应该居住在居贤坊的教官寓舍之中,此后病故于此。史称:"旅于文,自先秦以来,至唐、宋诸大家,无所不究,故其文典雅峻洁,必求合于古作者,不徒以徇世好而已。"④他在京与马祖常、虞

---

① 傅若金:《傅与砺文集》卷二,民国三年嘉业堂丛书本,第10页。

② 张翥:《蜕庵集》卷五,中国书店,第1页。

③ 陈旅:《安雅堂集》卷三,《钦定四库全书》集部五。

④ 宋濂、王祎:《元史》卷一百九十《陈旅传》,中华书局,1976,第4347页。

集等著名文士交往频繁。

六、与陈旅同在居贤坊官舍之中居住的，又有吴师道。他是浙江婺州（今浙江金华）人，曾在元朝后期被推荐为国子助教，不久升任国子博士。史称："其为教，一本朱熹之旨，而遵许衡之成法，六馆诸生，人人自以为得师。"[1]在江南学者中，遵行朱熹、许衡一派学术之人，并不多，因此他在大都的国子监学中是很受欢迎的。

七、作为祖上居于燕京的宋褧，曾经随父旅居江南，后因考中进士，回到大都任职，官至翰林直学士，他曾在明照坊居住过，并留有《明照坊对雨》一诗。当时的许多著名文士都给他以很高评价。如欧阳玄曾称其诗"务去陈言，燕人凌云不羁之气、慷慨赴节之音，一转而为清新秀伟"。苏天爵则称其诗"清新飘逸，间出奇古，若卢仝、李贺"[2]。他与长兄宋本并称为大宋、小宋。

八、元末著名文士危素曾在金台坊的钟楼街居住。他是江西抚州金溪人，曾拜著名学者吴澄为师，至正初年来到大都城任职，官至礼部尚书，又曾任中书省参知政事。史称其在元朝时"为人侃直，数有建白，敢任事"[3]。他又在明朝洪武初年任翰林侍讲学士，他对于保存元朝掌故贡献极大。

元朝曾在大都东城居住者，尚有医者潘彝，他的住所在修文坊，开有资寿堂，为病患治疗疾病。同住在修文坊的，还有来自西域的彦君等。而曾居住在蓬莱坊的吴颢，是全真教领袖人物吴全节之孙。崇真万寿宫应该就在蓬莱坊，因此，吴颢住在这里，是便于到道观之中拜见他的爷爷。

① 宋濂、王祎：《元史》卷一百九十《吴师道传》，中华书局，1976，第4344页。
② 宋褧：《燕石集》卷首，《钦定四库全书》集部五。
③ 张廷玉等：《明史》卷二百八十五《危素传》，中华书局，1974，第7315页。

第二节　明北京东城大兴县

明朝与元朝相比,地方行政机构的变化并不大,元代的中书省辖区,明代变为直隶山西、山东等省,其下设府、州、县三级。大都路大兴府变为顺天府,其下以都城为中心,附郭有大兴、宛平二县。这两县以正阳门为界,基本上东面为大兴县,西面为宛平县。这时北京城的城市面积变化较大,与元代的大都城比较,整个城市面积,北面向南压缩了五里地,从原来的安贞门至健德门一线,向南压缩到了安定门至德胜门一线。城市南面又向南伸展了两里地,从原来的文明门至顺承门一线,向南伸展到了崇文门至宣武门一线。这时北京城市的空间区域,出现总体向南移动的现象。

明代初年的北平府,城门从原来的十一门缩减为九门,东西两侧各减少了一门。城门的名称有些也发生了变化。坊里数量也从原来的四十九个坊缩减为三十三个坊,有的甚至连坊里的名称也发生了改变。由于明朝与元朝政治体制不同,取消中书省后的六部直属于皇帝,故而六部在北京的衙署最初是分散的。此后经过调整,全部集中在皇城前面的中轴线两侧,左文右武,有序排列。

在明代的北京,因为历史文献的记载越来越多,使我们对这里的城市空间有了更多的认识。从宗教活动场所,到商业店铺,再到民众的居所等,都有了进一步的了解。可以说,随着人们宗教活动的增加,宗教场所也在不断增加,从佛教和道教的场所,增加到伊斯兰教和基督宗教的场所。又因为城市商业经济发展出现了一个新的高峰,商业经营场所也出现了

正阳门城楼

新的变化和发展。而随着居民居住环境的改善,也出现了一些独具特色的民居,这些民居的文化色彩更加浓郁。

一、城门与城墙

属于明北京东城的城门共有五座。南面城墙三座,属于东城的,正南门称正阳门,其东侧一门称崇文门,西侧宣武门属于西城。东面城墙两座,靠南侧的称朝阳门,靠北侧的称东直门。北面城墙两座,在东侧的称安定门,西侧的德胜门属于西城。在明代,由于城池发生了较大变化,城门也随之出现变化。北面城墙因为向

东直门

南压缩了五里,原来的安贞门消失了,新建的城门称安定门,位置是从原来的安贞门向南移动了五里。南面城墙,因为向南伸展了两里,原来的丽正门和文明门消失了,新建的即是正阳门和崇文门。

明朝的城门名称变化有个过程。在明成祖定都北京的过程中,最初的京城九门,南面三门没有变化,沿用元朝旧称,为丽正门、文明门、顺承门。东西两侧各改一门名,东侧崇仁门改称东直门,西侧和义门改称西直门。北面两门全改,东侧安贞门改称安定门,西侧健德门改称德胜门。明英宗正统初年,又改南面三门及东、西各一门之门名。丽正门改为正阳门,文明门改为崇文门,顺承门改为宣武门,齐化门改为朝阳门,平则门改为阜成门。

明朝初年的城门沿用元朝旧制,城门仍用城砖砌成,城墙则加以改造,将原

安定门

23

来用土夯筑而成的,改为用砖砌成(此为一说)。永乐年间,明成祖迁都北京,在永乐十七年(1419年)又将南面的城墙向南拓展了,这时的城墙应该也是用城砖砌成的。而此后到明仁宗及明宣宗时,皆是打算迁都回南京,故而没有大规模修筑北京的城墙。

到了明英宗时,定都北京已成定局,于是,从正统二年(1437年)正月开始,大规模修筑北京的城门楼和城墙。这项工程一直到正统四年(1439年)四月才告竣工。经过重修后,正阳门正楼一座,月城(瓮城)三座。其他八门,正楼及月城各一座。规制显然比正阳门低一等。而在京城的四角,又各建角楼一座。经过这次修整,北京城"焕然金汤巩固,足以耸万国之瞻矣"①,面貌为之一新。

在这次修筑的过程中,明朝政府又将各城门原来的木桥全部改建为石桥,城墙外面的护城河又加以疏浚,并重新建有水闸,使得护城河之水环城流过,直至北京城东南面的大通桥。而大通桥则作为京杭大运河漕运的北端,由南方北上的漕船及商船再也进不了北京城里的积水潭,这不能不说是遗憾之处。

没过多久,这座新修的城墙又出现了问题。原来正统二年修筑城墙时,只是在城墙向外的一面砌了墙砖,而向里的一面却仍然是用土夯筑的,因此,在经过几年的雨水冲刷之后,许多地方被冲毁了。于是,到正统十年(1445年),明英宗又下令,命官员加以重修,"京师城垣,其外旧固以砖石,内惟土筑,遇雨辄颓毁"②。于是,城墙向里的一面也被砌上了城砖。北京的城市建设,由此迈上了一个新台阶。

此后,到了嘉靖年间,为了抵御北方游牧民族的侵扰,明世宗决定在现有北京城的外面再筑一座城池,以加强北京城的防卫力量。时为嘉靖二十一年(1542年)七月,大臣毛伯温等人上疏,认为明太祖建南京城,是在都城外设置有外罗城,而明成祖迁都北京,并没有建外罗城。今天城外居民众多,宜筑外城。又有大臣认为当时正在改建太庙,百姓又被饥荒所困,恐怕无力完成。于是明世宗认为应在改建太庙完工后,再开始修建北京外城。

到了嘉靖二十九年(1550年)十二月,一方面改建的太庙已经完工,另一方面北方少数民族的侵扰越来越严重,于是,明世宗下令:"筑正阳、崇文、宣武三

① 《明英宗实录》卷五十四,正统四年四月丙午,中央研究院历史语言研究所校印,中华书局,2016,第1048页。

② 《明英宗实录》卷一百三十,正统十年六月戊辰,第2596页。

关厢外城,命侍郎张时彻、梁尚德,同都御史商大节、都督陆炳督工。"①四年后,大臣们将筑北京外城的规模及工时、费用等上报,认为建造整个外城一圈合计为七十余里,城墙下端厚约二丈,上端厚约一丈二尺,城高约二丈三尺,共应建十一座城门,四角建角楼四座,城墙上每面建敌台四十四座、马道

东便门角楼

五路。共需用银六十万两,其中,户部出银二十四万两,兵部和工部各出银十八万两。这个计划得到了明世宗的批准。

　　但是,这项宏伟的建造北京外城的计划并没有得到落实。也就是在这一年的十月,明朝政府就对外宣布:"新筑京师外城成。上命正阳外门名永定,崇文外门名左安,宣武外门名右安,大通桥门名广渠,彰义街门名广宁。"②仅仅只是

明代皇城城墙遗迹

在南面的外城建造完成,其他三面没有再建造。于是,在东城范围内,又新增了四座城门,即永定门、左安门、广渠门及东便门。

　　在明朝的北京城内,皇城基本上沿袭了元大都的范围。而其城门,则为四座:南面正门称承天门(今天安门);东面一门,称东安门;西面一门,称西

①　《明世宗实录》卷三百六十八,嘉靖二十九年十二月甲申,第6593页。
②　《明世宗实录》卷四百三,嘉靖三十二年十月辛丑,第7060页。

安门；北面一门，称厚载门。其中，承天门和东安门属于今东城境内，而西安门及厚载门则属于今西城境内。此外，明代在皇城里面，修建有宫城，又称紫禁城。亦有四座城门：正南为午门，与承天门相对；东面一门，称东华门，与东安门相对；西面一门，称西华门，与西安门相对；北面一门，称玄武门，与厚载门相对。今天的紫禁城皆在东城域内。

综上所述，在明代北京城的东城境内，共有城门九座，计内城五座，外城四座。依次由南至北为：永定门、左安门、广渠门、东便门、正阳门、崇文门、朝阳门、东直门、安定门。这九座城门皆是用城砖砌成。而内城的城墙，是在明英宗正统初年间包的城砖，最初只包了向外的一面，到了正统中期，则全包了城砖。外城的城墙，是从明世宗嘉靖中后期开始修筑的，只修筑了南面，而东、西、北三面则没有再修筑，由此形成北京城"凸"字形的城市轮廓。如果再加上皇城和宫城的城门，今东城域内共有十五座城门。

二、坊里与街道

明代北京城的坊里制度发生过三次较大的变化，这三次变化都与城市空间的变化密切相关。第一次的变化是在明代初年，太祖朱元璋在把大都城变为北平府的时候，把大都城的北面向南压缩了五里地。随着城市空间的减少，原来大都城的四十九个坊，也被减少为三十三个坊。据《日下旧闻考》记载，在这三十三个坊中，属于大兴县的有二十个坊；而属于宛平县的只有十三个坊（所录者仅为十二个坊）。这次北平城的空间面积，比元大都城要小近三分之一。

第二次的变化是在明成祖定都并营建北京城之后。这一次是在洪武年间北平府的基础上向南面拓展了两里地，即从原来长安街一线拓展到了前三门一线。经过这次的拓展，皇城正南门承天门（今天安门）向南伸展到原都城丽正门的位置，东面的文明门向南伸展到崇文门的位置，西面的顺承门向南伸展到宣武门的位置。经过这次的拓展，城市空间有所增加，坊里的格局也随之发生了变化。

这时的北平府改称顺天府，仍然分别由大兴县和宛平县管辖，大兴在东，宛平在西。而这时的北京城，已经被划分为东、西、南、北、中五个部分。这时的坊里，除了东城的之外，南、北、中三城的许多坊里，也是归顺天府大兴县所管辖。因此，也就带来了坊里划分及管理上的复杂性。如果我们结合明代初期的北平府坊里划分,是会有所帮助的。与元大都的坊里不同的是,明北京的坊里已经有了可以依据的方位图,据图可对坊里的方位有大致的了解。

属于东城的坊里有:明时坊、黄华坊、思城坊、南居贤坊、北居贤坊。其中,明时坊见于《元一统志》所载的四十九个坊名

打磨厂街旧照

之一,因为是在太史院附近,所以应该是在东城的东南方。其他四个坊名不见于《元一统志》,但是见于《析津志辑佚》,应该是在元代中后期就已经更改了坊名。其中,黄华坊在有些文献中又被称为皇华坊,思城坊在一些文献中则被称为思诚坊。而居贤坊到了明代被分为南、北两个坊。据《日下旧闻考》引《春明梦余录》,东城又有朝阳坊。

属于中城的坊里有:南薰坊、澄清坊、明照坊、保大坊、仁寿坊。其中,澄清坊、保大坊、仁寿坊见于《元一统志》所载的四十九个坊名,其方位,澄清坊地近御史台,应该在文明门里;保大坊地近枢密院,应该在东华门外。而仁寿坊,《元一统志》称在御药院附近,参考《京师五城坊巷胡同集》中的坊巷分布图,是在保大坊东侧。而南薰坊(又作南熏坊)及明照坊,则见于《析津志辑佚》,也应该是元代中后期更改的坊名。

属于北城的坊里有:教忠坊、崇教坊、昭回靖恭坊、灵椿坊、金台坊。其中,灵椿坊及金台坊见于《元一统志》所载的四十九个坊名,这两处坊名,都没有具体的方位标志。但是,据一些其他文献可知,金台坊应该在钟鼓楼附近。其他三个坊名,昭回靖恭坊原来应该是两个坊(《日下旧闻考》引《春明梦余录》),即昭回坊和靖恭坊。昭回坊见于《析津志辑佚》,靖恭坊见于明初东城的二十坊之一。而教忠坊和崇教坊则是不见于元代文献,应该是明代更改坊名之后的坊里。

此外,在这时的北京东城,又有两处没有被称为坊里的行政单位,一处为朝阳东直关外。这一处显然是朝阳门外及东直门外的居民区,应该是归大兴县的管辖范围之内。另一处为安定德胜关外。这一处即是安定门外和德胜门外的

居民区。其中,安定门外的居民区应该属于大兴县管辖,是在东城范围内。而德胜门外的居民区则不属于大兴县,是属于宛平县的管辖范围。

到了嘉靖年间,明世宗原来是想把北京城向外拓展一圈,以加强京城的防御力量。但是没想到财力已经不足,只是拓展了南面一处,其他三面就再也无法拓展了。于是,就形成了"凸"字形的北京城。而在拓展出来的南城(又称外城),又设置了一些新的坊里。其中,属于中轴线东侧的坊里主要有:正东坊、正南坊、崇北坊、崇南坊。这些外城的坊里名称,已经与内城的坊里名称有所不同,基本上没有了文化内涵。

到了明代,街道已经成为城市的重要坐标体系,许多著名的街道也已经成为坊里之间的界限。如南薰坊,"东至崇文门大街,北至长安大街"。显然,这两条大街,就是南薰坊的东界和北界,而其西界,则是皇城。又如明时坊,西侧与南薰坊为邻,南侧与外城崇北坊相邻,在它的北面,则是黄华坊。

这时的胡同,大多数也都有了独自的名称。如南薰坊的东江米巷(后来的东交民巷)、红厂胡同、法瑯胡同,澄清坊的甜水井、帅府胡同、煤炸胡同、麻绳胡同、金鱼胡同、堂子胡同,保大坊的东厂、翠花胡同、弓弦胡同、取灯胡同,黄华坊的石大人胡同、杨仪宾胡同、干面胡同、演乐胡同、史家胡同,仁寿坊的隆福寺街、钱堂胡同(今钱粮胡同)、汪纸马胡同(今汪芝麻胡同)、铁狮子胡同(今平安大街)等等。这些胡同,许多名称一直延续到今天,成为北京历史文化中的一笔宝贵地名财富。

三、衙署分布

在明代,由于政治体制上与元代不同,出现较大变化,直接影响到了相关衙署的分布。特别是,明成祖迁都北京后,形成了北京与南京两套官员体系,北京的官员体系逐渐形成及完善。明成祖迁都北京之后,这里的官员体系取代了南京,成为主体。及明成祖死后,明仁宗、明宣宗皆曾想回迁南京,就连被烧毁的紫禁城主体建筑,也没有得到恢复。到明英宗即位后,才又贯彻明成祖定都北京的大政方针。这个过程,是与政治体制及官员衙署的变更密切联系在一起的。

明太祖洪武年间,中央政府的各个衙署皆设置在南京,而元大都的统治中心地位被取消,设置有北平行省,后又改为承宣布政使司。及明成祖夺得皇权后,于永乐元年(1403 年)改北平为北京,北平府称顺天府。这时的一部分中央政府机构也迁置于北京,被称为"行在"或者"行部"。由于明太祖取消了中书省,六部直属帝王管辖,所以,在北京的六部又被称为"行部"。及

户部等衙署旧址

永乐十九年(1421 年),明成祖正式迁都北京,遂将六部官员皆迁往北京,而南京的各个衙署中官员的印信中加"南京"两字,北京各个衙署中官员的印信则去掉"行部"两字。

明仁宗即位后,为了迁回南京,曾在北京各个衙署的印信中又加上"行在"两字,以示北京作为陪都之意。但是,一直到明英宗即位后,迁都之事也没有实现。这时北京中央政府的各个机构,主要还是使用元朝时设置的旧衙署。而明英宗在即位后,决定不再迁回南京,于是,在重修都城的城门和城墙之时,又重建了紫禁城内的三大殿等主体建筑。也正是在这时,明朝政府决定对相关机构的衙署加以重新规划及建造。

时人称:正统七年(1442 年)四月,"建宗人府、吏部、户部、兵部、工部、鸿胪寺、钦天监、太医院于大明门之东,翰林院于长安左门之东。初,各衙门自永乐间皆因旧官舍为之,散处无序。至是上以宫殿成,命即其余工以序营建,悉如南京之制。其地有民居妨碍者,悉徙之"①。据此可知,其一,这个格局是仿照明南京之制,而不是创新。其二,这项工程应该是在明成祖迁都时就加以营建的,但却一直延续到明英宗时才完成。

时人又称:"是年复建刑部、都察院、大埋寺于宣武街西,詹事府于玉河东堤。"翌年,又"建五府、通政司、锦衣卫于大明门之西,其地为旗手卫公署,迁于通政之后"②。经过这次的建造工程,北京各中央机构的衙署,以中轴线为界,分为东、西两个部分。中轴线以东的机构,绝大多数都是文职衙署;而中轴线以西

① 孙承泽:《天府广记》上册,卷二十一《工部》,北京古籍出版社,1983,第 277 页。
② 孙承泽:《天府广记》上册,卷二十一《工部》,第 277 页。

的机构,基本上都属于军队、司法等职能部门。这种文东武西的分布形式,是与中国古代阴阳五行的传统观念相一致的。而这些位于大明门之东的衙署,应该就在东城域内。

在明朝众多官衙建造之前,有一处衙署率先营建,即六部中的礼部。时人称:"宣德五年二月,北京五府六部皆未建,宣宗以礼部所典者,天地、宗庙、社稷之重,及四海万国朝觐、会同者,皆有事于此,遂首建之,地位规制如南京,加宏壮焉。"翌年六月,"新作礼部成,赐宴落之,命公、侯、驸马、伯、都督、尚书、侍郎、都御史、学士、祭酒及通政、大理寺、太常寺、光禄寺、鸿胪寺掌印官及本部属官皆与焉"①。由此可见,明朝统治者对于主掌礼仪的礼部是非常重视的,才有了建成衙署后的"赐宴"庆贺之举。

明朝的顺天府衙署,使用的是元大都路都总管府的旧衙署,其地在鼓楼大街东面的灵椿坊,占地十九亩。永乐年间,改北平府为顺天府,遂以元大都路的衙署作为顺天府衙署。据《日下旧闻考》所引明《顺天府册》称:"顺天府尹署,南向,门三重,堂五楹。堂后为内宅,宅西北为演耕所。大门内东为土谷祠,西为包公祠。土谷祠后折而东北为府丞署。治中署在堂后内宅门东,通判署在大门内东隅,经历署在西隅。其西北为照磨署,北为司狱署。"②由此可见,这处衙署已经是办公与居住合用的场所。

据时人文献记载,顺天府衙署中,还有天星堂,"天星堂在顺天府后,内空洞,上覆以格,有《郡国方位图》。冬至日,悬毛羽验气之盛,则其岁丰"③。时人又称:"顺天府治后,东北隅有候气室。冬至日,以葭管吹灰,候之。申时行有《重修候气室记》。"④由此可知,顺天府衙署中的候气室,即天星堂。

明北京城的治理上承元制,东半部分属于大兴县,西半部分属于宛平县。而大兴县的衙署据时人称:"大兴县,金名也。本秦蓟县地,县治在北城教忠坊。"⑤而据清乾隆年间大臣称:"大兴县者,在安定门迤南教忠坊。南向,自大门、仪门、大堂、二堂至署内,共六层。监狱、土地祠在大门内,有县丞、典史

---

① 余继登:《典故纪闻》,卷十,中华书局,1981。
② 于敏中等:《日下旧闻考》卷六十五,北京古籍出版社,1985,第1078页。
③ 于敏中等:《日下旧闻考》卷六十五,第1078页。
④ 于敏中等:《日下旧闻考》卷六十五,第1079页。
⑤ 于敏中等:《日下旧闻考》卷六十五,第1083页。

署。"①由此可见,这处大兴县衙署,是从明代一直沿用到清代。

明朝政府在北京顺天府除了分别设置了大兴、宛平二县以主管北京城的东西两部分政务之外,又将北京分为五个城区,设置有五城兵马司加以管辖。这五个兵马司皆设置有衙署,作为办公之场所。据相关文献称,中城兵马司在仁寿坊,东城兵马司在思城坊,西城兵马司在咸宜坊,南城兵马司在宣南坊,北城兵马司在昭回坊。这五处兵马司衙署的位置虽然基本可以确定,但是,其格局如何却是不得而知。其中,中城、东城和北城的兵马司肯定是设置在都城的东半部分。

四、宗教建筑

到了明代,北京城市发展进入了一个新阶段,其重要标志就是新城已经完全取代老城而成为城市发展的主体。随着大都城作为统治中心地位的丧失,这里的城市规模及人口数量都有所减少。而随着明成祖迁都北京,城市规模有所扩大,城市人口逐渐增多,很快就达到了元大都时期的水平。到了明世宗扩建外城,北京的城市规模及人口数量都超过了元大都的水平,达到了一个新的高度。由于城市人口的增多,人们在宗教生活方面需求的增长,各种宗教建筑的数量在北京城里也有了较大的增幅,成为城市里的重要文化因素。

在当时的北京东城域内,发展最为兴盛的宗教当属佛教、道教和民间宗教信仰,因此,这三种宗教建筑在北京城内日渐增多,特别是在北京城里权力极大的太监们,更是热衷于建造寺庙。而在元大都时受到鼓励发展的基督宗教和伊斯兰教,这时的发展则受到压制,因此这两种宗教的相关建筑也发展较慢。当然,就佛教、道教和民间宗教的相关建筑,在区域分布范围内,也是有所不同的,体现了不同区域文化发展的各自特色。

作为北京地区的宗教建筑总体而言,佛教寺庙的建筑仍然是最多的。有些是前朝留下来的,到明代有了进一步的发展;还有些则是在明代新建的。在前朝留下来的寺庙中,以万宁寺、崇恩寺及柏林寺最为有名;而在新建的寺庙中,则以智化寺、隆福寺、成寿寺最为有名,这些寺庙,大多数都建造在东城、北城及中城区域内。

---

① 于敏中等:《日下旧闻考》卷六十五,第1084页。

万宁寺位于钟鼓楼东侧的金台坊内,是元成宗建造的寺庙,庙中曾建有元成宗帝后的神御殿(又称御容殿),在元代的规格等级是非常高的。但是,在元朝灭亡后,这处寺庙逐渐衰败。明人称:"天寿万宁寺在鼓楼东偏,元以奉安成宗御像者。今寺之前皆兵民居之。从湢室而入,有穹碑二尚存,长各二丈余。西一碑国书,不可读。东一碑,欧阳原功文,张起岩书,姚庆篆额。题曰:成宗钦明广孝皇帝作天寿万宁寺神御殿碑。其北列明碑四:一为冯祭酒梦祯文,一为焦太史竑文。"①文中所云"国书",当为蒙古文,故而明朝人已不能辨读。而所立明代碑刻有四座,由此可见,当时也还是有名人在寺中撰文立碑的。

崇恩寺位于崇文门外的崇北坊内,是元武宗建造的寺庙,原称崇恩福元寺,庙中曾建有元武宗帝后的神御殿,在元代的规格等级也是非常高的。在元朝,每位帝王在即位后都要建造一座寺庙,以便自己死后在庙中安置御容。元武宗即位后,在大都城内已经没有空地为自己建庙,只好将崇恩寺建在了大都城南,并且是买地建的寺。这座寺庙的规模极为宏伟,"为屋再重,逾五百础。门其前而殿于后,左右为阁楼"②。但是,该寺到明代也已经衰落了。

柏林寺位于国子监东侧的北居贤坊,是元朝后期僧人所建。明代的名气并不大,明人称:"柏林寺在国子监之东,有夏昶、金湜、包琪、潘暄、陈政、杨焕、孟阳、司马恂于此分韵赋诗。寺僧汇而成册,朱之蕃跋其尾。"③到了此后的清代,因为该寺位于清世宗即位前居住的雍王府旁边,遂在寺旁建有行宫,并重建该寺,以便清圣祖到寺中烧香拜佛。由此该寺才得以拓展规模,成为京城一处著名寺庙。

在明代新建的寺庙中,智化寺的名气是很大的。该寺位于黄华坊内的禄米仓东侧、明英宗时大太监王振宅第旁边。这处寺庙是王振在正统七年(1442年)所建,明英宗曾赐寺中《大藏经》一部及敕谕。史称:是时王振受到明英宗宠信,"振遂跋扈不可制,作大第皇城东,建智化寺,穷极土木"④。及王振随明英宗北征,死于乱军之中。明英宗被俘,王振受到牵连,被抄家,住宅亦被改为武举考场。及明英宗复辟,命僧官在寺中主持佛事活动。于天顺三年(1459年)在寺中为王振建有祠堂,岁时加以祭祀,该寺才又逐渐兴隆起来。

① 于敏中等:《日下旧闻考》卷五十四,第867页。
② 姚燧:《牧庵集》卷十《崇恩福元寺碑》。
③ 于敏中等:《日下旧闻考》卷五十四,第861页。
④ 张廷玉:《明史》卷三百〇四《宦官传》,中华书局,1974,第7773页。

位于仁寿坊的隆福寺名气比智化寺还大。该寺是明代宗在景泰四年（1453 年）三月建成的，寺前立一大牌坊，号称"天下第一丛林"。时人描述该寺称："三世佛、三大士，处殿二层、三层。左殿藏经，右殿转轮，中经毗卢殿，至第五层，乃大法堂。白石台栏，周围殿堂，

智化寺如来殿

上下阶陛，旋绕窗楹，践不藉地，曙不因天，盖取用南内翔凤等殿石栏干也。殿中藻井，制本西来，八部天龙，一华藏界具。"①文中的"制本西来"，是说寺中的藻井是从古印度国传入的。此后，有人说该寺风水不好，致使寺门前的大牌坊被拆除。但该寺作为明代皇家寺院，其规模是非常宏大的。

成寿寺位于澄清坊中的椿树胡同（今合为柏树胡同），东安门东面，是明宪宗成化元年（1465 年），太监夏时所建。据相关文献记载，夏时有弟弟出家为僧，因为夏时受到明宪宗的宠信，故而其弟被封为翊教禅师。夏时为他弟弟在椿树胡同建造寺庙，称成寿寺。寺中立有明宪宗所赐敕建碑，此后又有明神宗万历四十一年（1613 年）大臣叶云举所立重修碑。这座寺庙一直到清代中期尚存。

此外，在明代北京的东城域内，尚有众多寺庙，如明照坊的法华寺，保大坊的舍饭幡竿寺，仁寿坊的仰山寺，明时坊的观音寺，思城坊的水月寺，南居贤坊的正觉寺、慧照寺，北居贤坊的报恩寺，正南坊的崇兴寺，崇北坊的卧佛寺，崇南坊的地藏寺、法藏寺，崇教坊的极乐寺，昭回坊的圆恩寺，灵椿坊的千佛寺，金台坊的法通寺，等等。这些寺庙的规模都不大，通常是由太监、僧人及信佛民众所建。但是，却分布在东城的各个坊里胡同之间，成为普通居民日常从事宗教活

---

① 刘侗、于奕正：《帝京景物略》卷一《城北内外》，北京古籍出版社，1980，第 44 页。

动的主要场所。

在明代北京的东城域内,道观的数量比寺庙要少一些,而其规模比寺庙也要小一些,这是因为道教的发展要比佛教逊色一些。当然,在这些分布在东城域内的道观中,有些是前朝留下来的,也有一些是明朝新建的。前朝留下来的,如崇真万寿宫(明代称天师庵)等,而新建的则有迎禧观、五岳观、崇真观等。这些道观的等级与规模相对都比较小。

位于保大坊的天师庵即元代的崇真万寿宫,据清代《日下旧闻考》所引《明一统志》称:"崇真万寿宫在府南蓬莱坊,元至元中建。翰林学士王构为记,真人张留孙、吴全节相继居此,俗名天师庵。"《(雍正)畿辅通志》称:"崇真万寿宫,在府南蓬莱坊,元至元中建,赐额。俗名天师庵。"这里所称"府南",即顺天府衙署之南。"俗名"是到了明代即通称之名。蓬莱坊到明代中后期已经消失了,被合并到保大坊。而天师庵到清代中期也已经不见踪影了。明代文人曾棨曾作诗称:"崇真宫阙禁城东,旧说真人住此中。"①由此可知,蓬莱坊、保大坊及天师庵皆在东华门外。

迎禧观与天师庵相近,也在保大坊。该地位于王府大街(又称在弓弦胡同)。这座道观的建造年代为明英宗天顺四年(1460年),观中立有敕建碑。该道观系由锦衣卫千户林茂与道士卢全鼎一起聚财建造的,起因是林茂为明英宗祈福而建,从天顺元年(1457年)明英宗重登皇位,道观开始建造,历时四年而成,明英宗敕赐道观之额,并命卢全鼎主持观中事务。

位于北居贤坊的五岳观名气较大,该地的地名即以五岳观命名。这座道观的始建之时有两种说法:其一是《日下旧闻考》所引《寰宇通志》的记载:"五岳观,宣德元年建。"这是有明确建造时间的,宣德元年即公元1426年。其二是《日下旧闻考》的作者所云:"五岳观,今存。其地即以是名。创自宋元间,明万历八年重修,有吏科给事中吴文灿撰碑。"万历八年即公元1580年,这是重修的时间,而其最初建造的时间,没有明确记载。道观中的具体人物及事件,也不得而知。

位于崇文门外打磨厂南巷内的崇真观,属正东坊管辖。据《日下旧闻》所引《析津日记》称:"崇真观:司礼监太监张政舍宅建。正统十四年赐额,景泰四年

---

① 于敏中等:《日下旧闻考》卷四十三,第679页。

国子监祭酒胡滢撰碑。"①由此可见，这座道观系由太监张政所建，而由明英宗为其赐额。但是，赐额不久，明英宗就在"土木之变"中被瓦剌部落俘获。而到明代宗景泰四年（1453年），由大臣胡滢撰写观中碑文。因此，这座道观在明代中期应该是比较有名的。

在明代的东城域内，还有一处宗教场所，称清真寺。这座寺庙虽然称寺，却并不是佛教的活动场所，而是伊斯兰教的活动场所。据《明一统志》称："清真寺：在府东南。……俱宣德、正统年间建。"文中所云"府东南"，即在顺天府衙署的东南方。又据《京师坊巷志稿》称："南北曰大市街，俗称东四牌楼大街。……东有二郎庙，西有回人清真寺。"由此可知，这座清真寺为"回人"即伊斯兰教信徒的活动场所，是明代北京著名的四大清真寺之一，即东四清真寺。

五、商市分布

在明代的北京城里，城市商业是较为繁盛的。主要分为两类：一类是专门凑集同类商品的集市，以经营该类商品的名称而著称。另一类，是独自经营产品的商店，主要经营方式则是前店后厂，生产和销售是合在一起的。除此之外，则有一类店铺，并不直接从事商品销售，而是出租店铺，以供商人存放货物，以此来谋利的。还有一类临时的商市，在当时也很有名，今天通常被称之为"庙市"，则是定期汇集的临时商市。

露天集市

在第一类的集市中，有些是元代留下来的，有些则是明代新出现的。如位于澄清坊的菜厂，在《京师坊巷志稿》中的"王府大街"称："《析津志》，菜市一在哈达门丁字街。案：今王府街旁有菜厂胡同，疑沿元旧称也。"又在"菜厂胡同"

---

① 于敏中等：《日下旧闻考》卷五十八，第949页。

引明人记述称:"《芜史》:南海子总督太监一员,东安门外有菜厂,其在京之外署也。掌寿鹿獐兔菜蔬西瓜果子。凡收选内官,于礼部大堂同司礼监监官选定,由部之后门到厂,次晨点入东安门赴内官监细选,无违碍者方给乌木牌,候收毕,诣万岁山拨散。"由此可见,这处菜厂不仅是为京城居民提供蔬菜的商业场所,也是为皇宫提供蔬菜及瓜果的主要场所。

因为这处场所就在皇宫旁边的东华门外,故而在明朝还发生了一件大事,即明武宗时大太监刘瑾被擒获之事。刘瑾在明武宗当皇太子之时就侍奉在他身边,深受明武宗宠信。及明武宗即位后,他与马永成、谷大用等太监相互勾结,干涉朝政,时称"八虎"。及"八虎"之间出现矛盾,马永成等人离间刘瑾与明武宗的关系,并让明武宗下令逮捕刘瑾,史称:"帝亲籍其家,得伪玺一,穿宫牌五百及衣甲、弓弩、哀衣、玉带诸违禁物。又所常持扇,内藏利匕首二。"①而马永成等人在逮捕刘瑾之后,就是将其关押在东华门外的菜厂。

在明代东城域内,设置商市主要集中在中城及南城两处。中城主要是在都城的中心位置,市民来往比较方便。而南城主要是靠近通惠河,从江南北上京城的货物大多是在这里出售。据明人张爵《京师五城坊巷胡同集》的相关记载,位于中城的商市主要有:位于澄清坊的菜厂、柴炭厂、运薪厂等,位于明照坊的鹁鸽市及宝和、和远、福德、福吉等六座店铺,位于保大坊的灯市、器皿厂、天师庵草厂等,以及位于仁寿坊的薰皮厂。

据《京师坊巷志稿》称:"《芜史》:宝和等店,管商贩杂货,岁征银数万两,除正项进御外,余皆提督内臣公用,店有六,曰宝和、和远、顺宁、福德、福吉、宝延,俱在戎府街。传云起自嘉靖年间,裕邸差官征收,神庙时,属慈宁宫李太后收用。天启时,逆贤攘为己有。"文中"逆贤"即为大太监魏忠贤。由此可见,这六处杂货店在当时是很有名的,仅被征收的商税,每年即多达白银数万两,其贸易规模应该是非常可观的。而这六处店铺的税收,一部分作为皇宫的开销,另外则是太监们的开销。

而位于南城的商市主要有:位于正东坊的鲜鱼市、猪市、菜市等,位于正南坊的猪市,位于崇北坊的神木厂、煤市,位于崇南坊的粮食店、柴市、揽杆市、米市及细木厂等。这些商市的存在,主要通过地名显示出来。如鲜鱼市所在之地,有鲜鱼巷的地名。猪市所在之地,有猪市口为证。米市所在地,则有米市口

① 张廷玉等:《明史》卷三百〇四《宦官传》,中华书局,1974,第7792页。

为证。而揽杆市,则是出售与船舶有关的各种商品,这处揽杆市正位于三里河古河道之上,曾经出土有唐代的古船一艘。

位于明代东城区域内的东城及北城的商市则不是很多,如位于东城明时坊的主要有盔甲厂和草厂,位于北城崇教坊的,则有粮食店,而灵椿坊则有车辕店及净车厂。显然,北城是通往北方草原的地方,有一些与车有关系的店铺是很正常的。对于盔甲厂而言,在京城里面不止一处。明宪宗时就有大臣上言称:"兵甲所以威四夷,近京师冒利之徒往往开张铺店,以盔甲、枪刀货卖。今后凡官军兵器损坏者,悉令还官。敢有仍前货卖者,许五城兵马缉捕,悉寘于法。"①由此可见,这处位于明时坊的盔甲厂,应该是出售兵器最大的一处场所。

位于明代北京东城区域内的第二类商市,则是以生产及销售酒类,或是仅销售酒类为主的店铺,这类店铺往往被称为酒肆,而且数量较多。如《明孝宗实录》曾记一事曰:"初,军人任柏树张酒肆于崇文门外,有老人巴秀者,索供应光禄寺酒瓶,因与忿争。邻有杨玉从旁观之,柏树疑秀与玉同谋害己,并讼于府。(毕)亨怒玉不输情,杖之数日而死。"毕亨为顺天府府丞,因为任柏树一事而致居民死亡,而起因竟是任柏树在崇文门外设置酒肆。由此可见,作为北京城的商店,在有些人的手里是挣钱的,但是在有些人手里则是赔钱的。

在明代北京东城区域内的第三类商市,则是居民的房产,出租给商人屯放货物,以收取租金。而帝王有时也把一些房屋赏赐给宗亲,让其出租收税,作为日常收入。如明神宗时,曾把原属于景王府的官店转为福王府的财产,这处宅第就在崇文门外。明神宗明确指示:"并景府遗下庄田地租,俱着照例每年如数征收,交送福王府,不许亏欠。及崇文门外官店,亦令本府管理,毋拘原奏之数,听从民便,酌量多寡,照常征税,以充养赡。"②这处官店,就是由户部官员用转租的方式收取房租,以供福王府的日常开销。

对于这处已经属于福王府的宅第,王府官员曾上奏称:"补额赐店租,欲于崇文门外空店一所,尽致进京货物、车辆住宿其中,每年约有一万四千两税银。"③由此可知,这处官店的出租费用为每年一万四千两白银,而其出租的用途则是商贾们前来北京经商时放置货物及车辆的客栈。正是因为这处宅第的性

---

① 《明宪宗实录》卷九十四,成化七年八月丙午,第1799页。
② 《明神宗实录》卷三百九十五,万历三十二年四月壬寅。
③ 《明神宗实录》卷三百九十三,万历三十二年二月癸巳。

质乃是"官店",故而王府只是拿这笔租金作为日常开销,真正管理者则是户部官员。

作为正当的商业设施经过正当的管理,确实可以得到不菲的收入,但是,如果使用不正当的手段来牟取暴利,则会受到惩戒。如明英宗时的驸马都尉焦敬,"于文明门五里建广鲸店,集市井无赖,假牙行名,诈税商贩者钱,积数十千"①。焦敬建的广鲸店,应该就是一处商市。而焦敬的这种行为,显然是违法的,被政府官员举报到明英宗那里,焦敬虽然免于处罚,他的手下则被杖责,并征讨回非法所得。

在明代北京东城域内的第四种商市被称为"庙市"。而庙市之起源,始自各寺庙请高僧定期讲解佛经。前来寺庙听讲经的人越来越多,小商小贩随之贩卖各种商品,遂形成庙市。而明代在北京东城域内最大的庙市,就是隆福寺的庙市。据《京师坊巷志稿》引用《藤阴杂记》称:"庙市,惟东城隆福、西城护国二寺,百货具陈,目迷五色,王公亦复步行评玩。"这处东城的庙市,与西城的护国寺庙市并称京城东西两大庙市,应是始于明代,兴盛于此后的清代及民国时期。

六、主要民居

在明代北京的东城大兴县区域内,其居民的数量比西城宛平县的要多一些,这从坊里的数量可以看出。在明代初年,大兴县在北京东城域内有坊里二十个,而西城宛平县的坊里只有十三个。而在东城域内的居民,居住在中城及东城的比较多,居住在北城的比较少,居住在南城的几乎没有。据此可知,在中城、东城和北城的居民大多数是固定居住者,而居住在南城的大多数是临时居住者。

据当时的居住者而言,其一是居住在中城澄清坊的杨士奇。据当时名士王直在一篇送朋友出京任职的文章中提到,当年他曾来北京做官,居住在西城的金城坊,与他作为邻居的好友中,有王时彦、余学夔、钱习礼等人。其中,又有时任大学士的杨士奇。他们形成了一个十几人的小团体,"且则各出营职,迨暮而归,则从容相过,焚香瀹茗,谈笑移时,而后去,率以为常"②。这样过了很长一段

---

① 《明英宗实录》卷二十五,正统元年十二月甲申,第510页。

② 王直:《抑庵文后集》卷十六《送李通判复任序》。

时间,杨士奇却搬到澄清坊去居住了。由此可知,杨士奇最初是居住在西城金城坊的,后来搬家才来到东城的澄清坊。

其二是与杨士奇齐名的王直。王直最初是与杨士奇同住在西城的金城坊。这里的环境很好,又有一群志同道合的朋友住在一起。但是,杨士奇因为在朝中的职位越来越高,为了便于上朝,遂从原来居住的金城坊搬到了东城的澄清坊。而王直的仕途也很顺利,步步高升,官至吏部尚书,就也从金城坊搬到了澄清坊居住。由此可见,澄清坊在明代时是有许多高官在此居住的。

其三是与杨士奇、王直同住在澄清坊的夏原吉。据夏原吉之子夏瑄所撰其妻周氏改葬墓志铭称,周氏十七岁嫁给他,因所生二子皆早卒,遂于二十二岁时哀痛死于澄清坊居第,其时为正统四年(1439 年)十一月。周氏生活的地方应该就是夏原吉、夏瑄父子的宅第。夏瑄因为常年在南京做官,所以直到成化十二年(1476 年)七月,才将其妻周氏归葬到湖南湘阴的老家去。周氏嫁给夏瑄时,夏原吉已经去世,周氏与婆婆一起在澄清坊生活,应该是比婆婆更早死去的。而夏瑄之子夏儒,其所居之赐第则在东城的黄华坊。

其四是王直的同事,与杨士奇、夏原吉同住在澄清坊的殷志学。当时的澄清坊位于崇文门里,是一处十分热闹的地方,王直称其:"适当通衢广市之中。凡尊官贵人,驺呼出入,相属而往来;富商巨贾,挟资以贸鬻者,足相蹑于路;丰堂邃馆,长筵广席,欢笑之哗相闻也。其车马之盛,裘服之丽,意气之雄高,与夫川陆所产、百货之珍、饮食玩好诸物之奇、燕姬赵女声音容色之姝妙,苟可以眩目爽口而荡惑乎心意者,无不有也。"①殷志学虽然居住在这样热闹的地方,却喜欢山水的清幽,于是在宅第中建有一楼,称凝翠楼,用以观赏西山的风景。

其五是明代前期在翰林院任编修的周功叙。他是江西吉水(今江西吉安)人,其弟为周功载,兄弟二人曾一度同在京城任职。因为周功叙的宅第与王直的住所比较近,因此,王直遂与周家兄弟相识:"功载兄功叙为翰林编修,与予同居澄清坊,相去甚迩,故功载亦辱顾予。"②他们之间由于相邻,故而时有往来。

其六是明代名臣岳正。岳正是北京漷县(今北京通州)人,明英宗时的进士,由此进入仕途,从翰林院编修、修撰到内阁大学士,后被奸臣中伤,入狱及外谪。他自己的私宅原来是在东城的黄华坊,是其父所居,及明宣宗在宣德七年

---

① 王直:《抑庵文后集》卷十五《凝翠楼诗序》。
② 王直:《抑庵文后集》卷十八《送周教谕诗序》。

（1432 年）赐其父宅第一处,位于明照坊,岳家才搬到这里居住。此后岳正被谗言所害入狱,其赐第也被别人占有。及明宪宗即位后,遂恢复岳正的官职,并且将明照坊的赐第归还给他。

其七是明代鸿胪卿杨思敬。他最初是住在中城的南薰坊,因为那里过于喧闹,想找一处安静的地方居住,于是在东城的明时坊出重金购得张氏园,经过改造而成为宅第。“相方定位,度材命工,作奉先之祠、礼宾之堂、寝处之室、子孙之舍。栖书史有斋,植花卉有亭。库庾厨厩之类,凡所宜有者,靡不毕具。”①杨思敬的礼宾之堂曾请杨士奇为他起名为积庆堂,用的是孔子之言“积善之家,必有余庆”。而又请王直专门为他作有《积庆堂记》,由此可见,这处杨思敬的宅第有祠有堂,有室有舍,有斋有亭,规模相当可观,堪称一处豪宅。

其八是明代著名画家谢庭循。他的宅第在北城昭回坊。他的祖上隐居在永嘉(今浙江温州境内),有居所称乐静斋。谢庭循在永乐初年得到明成祖的赏识,定居在北京东城域内的昭回坊,而在居所之中,也用乐静斋为名。当时名士胡俨曾为其作记称:“庭循居京师之都会,日与高人贤士交接于其间,方将延声誉于四方,致功业于远大,虽欲静且不可顾,可溺志于乐乎。”②谢庭循虽然是以高超的绘画技巧而得到帝王赏识,但是他的文化修养也是比较深厚的。

此外,在北京东城的大兴县域内,还有许多宅第,也是因其主人而出名。如位于南薰坊的王皇亲宅第、钱皇亲宅第,位于澄清坊的张皇亲宅第,位于保大坊的刚太监宅第,位于明时坊的成安伯宅第、建平伯宅第,位于黄华坊的遂安伯宅第,位于北居贤坊的永康侯宅第、金太监宅第,等等,应该都是豪宅,有的胡同就是用他们的宅第命名的。

---

① 王直:《抑菴文集》卷一《积庆堂记》。
② 胡俨:《颐庵文选》卷十《乐静斋记》。

第三节　清北京东城大兴县

明亡清兴，仍然定都北京。这时的北京城还是发生了很大的变化，城门和城墙，坊里和街道虽然变化不大，但是住在城里的人已经完全不同了，内城完全由清朝的八旗子弟占据了，几乎变成了一座大兵营，近乎军事管制的体制使内城居民的生活变得较为刻板。而原来明朝

太和殿　张肇基摄

的遗老遗少，以及清朝的大量汉族官员都被赶到了外城（南城）居住。而这里几乎没有军事化的管理体制，因此，许多商业及服务业的经营场所也就发展得更加繁盛。

由于清朝的分封制与此前的明朝完全不同，宗王们不再分封到各地去，故而在北京城里出现了许多王府、公主府等宅第，以供这些宗王、公主们居住，成为北京城里一道独特的风景线。而在北京内城，城市的管理虽然仍是按照坊里来划分的，但实际的管理体制却是按照八旗的组织结构来分布的。这种组织结构只在清代出现过，此前的明代和此后的民国都是没有的。

清代中期以后，特别是在鸦片战争以后，由于帝国主义列强对中国的军事侵略越来越多，文化渗入越来越重，经济扩张越来越深，使得中国逐渐进入半殖民地半封建社会。在这种情况下，北京已经成为帝国主义侵略中国的中心城市。西方的文化通过各种形式出现在这里，被许多学者称为"近现代化"的典

型,或者直接称为"西化"的典型。虽然清朝政府在竭力阻止这个历史进程,然而却是无法阻止的,最终导致了清朝的灭亡。

一、城门、城墙与坊里、街道

在清代,北京的城门和城墙没有发生变化,仍然采用的是"内九、外七、皇城四"的格局,内外城城门的名称也没有更改,只是皇城的正南门,由原来的奉天门变成了天安门,天安门前的大明门也变成了大清门。而城市中的坊里名称是有调整的,全城共分为十个坊,即:中西坊、中东坊,以上二坊隶中城;朝阳坊、崇南坊,以上二坊隶东城;东南坊、正东坊,以上二坊隶南城;关外坊、宣南坊,以上二坊隶西城;灵中坊、日南坊,以上二坊隶北城。清代的这十个坊,完全没有任何文化内涵,只是以东、南、西、北的方位加以标明,而且标得十分混乱,如中西坊是在皇城的东侧,而中东坊却是在皇城西侧。又如正东坊划分在南城,而日南坊却划分在北城。

这时街道和胡同的名称也变得越来越多了。随着宅第和居民的增多,许多无名的街道有了自己的名称,许多以前没有胡同的地方,也随着人们生活需求,特别是交通需求的增多而出现了一大批胡同。关于这一点,我们通过比较明人张爵《京师五城坊巷胡同集》与清人朱一新《京师坊巷志稿》这两部书稿的记载,就可以得到证明。

清朝基本上沿袭了明朝的制度,把北京城分为五个城区加以管理。从雍正五年(1727 年)开始,正式勘定五城的界限,每一城又分为两个坊。经过勘定之后,再确定界牌,在宽大的街道旁设立石牌;而在狭窄的胡同旁,则设立木牌。这次勘定五城界限的工作,一直到乾隆三十八年(1773 年)才告结束,历时将近半个世纪。

例如中西坊,经过勘定为:"中城中西坊地界:内城自长安左门起,至王府大街止,街北系中西坊所辖,街南系南城交界。自王府大街北口起,至兵马司胡同东口止,街西系中西坊所辖,街东系东城交界。自兵马司胡同东口起,至南锣鼓巷止,街南系中西坊所辖,街北系北城交界。自帽儿胡同西口起,至大石桥西口止,街南系中西坊所辖,街北系北城交界。自大石桥北口起,至地安门止,街东系中西坊所辖,街西系中东坊交界。自地安门居中起,至东华门并小南城一带地方,路东系中西坊所辖,路西系中东坊交界。"①而这只是中西坊在内城的地界。清朝政府通过勘定,明确标出了整个北京城坊里的四至范围。

显然,这时东城和西城划分的坊里,已经不是以中轴线作为划分标准,而是以街道、胡同作为划分标准。经过划分,整个北京城已经很难找出空当和死角了。在这里,大街已经成为划分坊里的主要标志。仍以中西坊为例,在它的分界线上,王府大街是一条非常重要的

四合院院门砖雕

标志,其北口是与东城交界处,其街南则与南城交界。这条大街一直到今天仍然是东城区的一条主干道。又如大石桥,其西口是中西坊与北城的交界处,而大石桥与地安门相连,又是中西坊与中东坊的交界处。显然,这些显著的交界处,当时是设置有石牌作为标志的。而这时的一些著名胡同,也已经起到了地界标志的作用。再以中西坊为例,兵马司胡同东口是中西坊与东城的分界点,同时又是该坊与北城的分界点。

而在这时的坊里之下,特别是在外城,又被划分为若干铺,这些铺在坊里分界中,也占有十分重要的地位。如位于崇文门外的正东坊,其外城第二铺,"东至喜鹊胡同东口外路南,与三铺交界。南至平乐园北口,与四铺交界。又至草厂二条胡同南口外,与中城交界。西至阎王庙前街,与四铺交界。又至萧公堂,与中城交界。北至巾帽胡同西口,与一铺交界。又至东河沿城墙止"②。由此可见,在铺与铺之间,不仅仅有胡同作为划分界线的标志,而且还牵涉到了坊里的划分。

在清代北京的十个坊里中,真正隶属于东城的只有两个坊,一个是朝阳坊,另一个是崇南坊。其他如隶属于中城的中西坊、隶属于南城的东南坊和正东

① 昆冈等:《钦定大清会典事例》卷七百七十四《都察院·五城·五城地界》,近代中国史料丛刊三编,第70辑,台北文海出版社,1997,第1952页。
② (光绪朝)《钦定大清会典事例》卷一千一百三十二《都察院·五城·五城地界》。

坊,以及隶属于北城的灵中坊,其中只有一部分街道和宅第是属于今天东城区的范围内,另一部分则属于今天的西城区。因此,这些坊里中的街道和胡同的划分,就变成了一个较为复杂的问题。

在中西坊中,大部分区域皆在东城域内,只有一小部分是在西城域内。其中,内城部分基本上都在东城域内。而外城部分是"自正阳门大街,西至西河沿关帝庙、煤市桥、观音寺前石头胡同,南至西珠市口大街,又南至永定门西,皆属焉"①。这一带,是中轴线西侧的一小部分,对于整个城市的划分应该影响不大。

在东南坊中,所属外厢的面积就比较大了。"南则永定门、左安门、右安门门外,东则广渠门外,西则广宁门外,其分地也。"②文中"广宁门"即今天的广安门。这处坊里,是以永定门为中心,东西向两侧同时延伸。其中,只有东侧的左安门、广渠门在今东城域内,而西侧的右安门及广安门则在今西城域内。这里所称的东南坊,实际上应该称为正南坊才更合适。

在正东坊中,虽然大部分属于东城,但也有一部分是属于西城的。"凡内城东自崇文门街,西至太平湖城根,北至长安街;外城自崇文门外大街,西至打磨厂、萧公堂,北至三里河大街西,南至永定门东、左安门西,皆属焉。"③由此可见,除了太平湖城根等少数地方外,这里大部分是属于东城域内的。而正东坊与东南坊的一些地方,是密切结合在一起的。

在灵中坊中,也是大部分属于东城,而一小部分属于西城。"凡内城自德胜门街以东,地安桥、兵马司胡同、交道口、东直门街以北,皆属焉。外厢则安定门、德胜门外,其分地也。"④据此可知,内城德胜门街以东,外城德胜门外关厢是在西城域内的,其他的都属于东城域内。文中的"地安桥"应该就是元代建造的万宁桥,俗称后门桥。

二、王 府

因为清朝统治者在分封制度上采用了与此前各朝代都不一样的做法,不是把被分封的宗王分派到各地去,而是都留在了京城,故而在京城为这些分封的

---

① 朱一新:《京师坊巷志稿》卷上,北京古籍出版社,1982。
② 同上。
③ 同上。
④ 同上。

宗王们建造了豪华的宅第,被称为王府。这些王府基本上分布在北京内城的各个地方,遂形成了北京建筑上的一道亮丽风景线。这些王府随着清朝的衰败和灭亡,也逐渐衰

孚王府寝殿

败和消亡了,有些今天已经变成了机关单位的办公场所和普通的民居,还有一些则变成了各级文物保护单位,得到了应有的保护和修缮。

据清人称:"国初礼烈亲王代善、睿忠亲王多尔衮、郑献亲王济尔哈朗、庄亲王舒尔哈赤(一作齐)、豫通亲王多铎、顺承郡王勒克德浑、克勤郡王岳托皆有大勋劳,世袭永不降封,俗称铁帽子王,见梁章钜《称谓录》。"①清人又称:"国初定鼎,宗臣封亲王者六,曰豫、睿、礼、郑、肃、庄,封郡王者二,曰顺承、克勤,世宗皇帝之弟封亲王者一,曰怡贤。此九王者,皆世袭罔替。"②这些亲王、郡王,在北京都有王府,其在东城域内者,则有睿亲王多尔衮、豫亲王多铎、肃亲王豪格的宅第,被称为"铁帽子王"的王府。

睿亲王多尔衮为清太祖第十四子,自清太祖起兵反明,即多次率军征讨,屡立战功,并在清太宗死后,受命辅政,招降吴三桂,击败李自成,又与众大臣议定,迎立清世祖定都于北京。是时,多尔衮的宅第在紫禁城东侧,时人称:"睿亲王府旧在明南宫,今为缎匹库,新府在石大人胡同。"③文中所云睿亲王旧府,就是多尔衮的宅第,是在"明南宫",即明英宗自瓦剌部落被放回后的软禁之地。

清世祖即位后,曾封多尔衮为摄政王,权倾朝野。到顺治七年(1650年)十二月,多尔衮死于喀喇城。翌年,清世祖亲政,立刻肃清多尔衮的势力,孝庄皇太后亦受其影响,"摄政王归政后,以罪被废,太后出居睿亲王府,至康熙二十三年殂"④。由此可见,多尔衮死后不久,睿亲王之爵位被废,其王府亦被废,以供被贬出紫禁城的皇太后居住。及皇太后死去,这座王府遂被改建为普度寺(又

①　何圣生:《檐醉杂记》卷二。
②　方浚师:《蕉轩随录》卷五。
③　昭梿:《啸亭杂录》卷十《京师王公府第》,冬青校点,上海古籍出版社,2012。
④　罗惇曧:《宾退随笔·太后下嫁》。

称"玛哈嘎拉庙"）。到乾隆四十三年（1778年），清高宗才为多尔衮平反，恢复其王位及新建有王府，以供多尔衮后人居住。新建的王府就在东城的石大人胡同。

豫亲王多铎为清太祖第十五子、多尔衮之亲弟。在清初，随同多尔衮拥立清世祖即位，又率军追讨李自成，再率军平定江南，攻杀史可法等明朝抵抗力量，擒杀明福王等，功劳最大。又曾率军征讨喀尔喀的腾吉思叛乱，军功卓著。他在顺治六年（1649年）即死去。多铎的宅第在东单三条。据《京师坊巷志稿》引《采访册》称："豫亲王府在东单牌楼三条胡同。"及多尔衮死后被废，多铎亦受到牵连，被贬为郡王。至清高宗恢复多尔衮声誉，多铎也得到平反，恢复王爵。清高宗称："又如豫亲王多铎，从睿亲王入关，肃清京辇，即率师西平流寇，南定江浙，实为开国诸王战功之最，乃以睿亲王之诬狱株连。……自应世胙原封。以彰殊眷。"①

肃亲王豪格为清太宗长子、清世祖同父异母兄长。清初随太祖、太宗进攻明朝，也是战功卓著，曾经俘获明朝镇守关东大将洪承畴。只是因为与摄政王多尔衮的关系不好，多次受到压制。顺治五年（1648年）二月，在平定张献忠之后回朝，再次受到多尔衮迫害，获罪入狱，不久死于狱中。及清世祖亲政后，即为其平反，恢复亲王封爵。豪格的肃亲王府在玉河桥（又称御河桥）东岸，也在东城域内。又据今天专家考证，有肃亲王新府遗址在船板胡同（今东四十四条）内。

在清代，还有一座与睿亲王多尔衮的王府一样被改为寺庙的王府，即雍亲王府。这座王府位于北新桥以北路东，是清世宗在即位前被封为雍亲王时的宅第，在他即位之后，这座王府就没有人再敢居住。时人称："雍和宫，在国子监之东。地本世宗潜邸，……宫东为书院，乃昔之山池，入门为平安居、如意室，石假山环之。正室曰太和斋，后为海棠院，又后延楼一带，树石丛杂。室中陈设，贴落胥备，号神鼎之遗。"②由此可见，这座王府的环境是十分幽静的。

这座王府不仅是清世宗在即位前的宅第，同时又是清高宗诞生之地，可以说是一座王府出了两位皇帝。这个清高宗诞生于雍王府的判定者，竟然是清宣

---

① 《清高宗实录》卷一千四十八，乾隆四十三年春正月辛未，中华书局，1985，《清实录》第二十二册，第6页。

② 震钧：《天咫偶闻》卷四《北城》，北京古籍出版社，1982，第77页。

46

宗。时人称："嘉庆二十五年七月二十五日，军机大臣敬拟遗诏，中有高宗降生避暑山庄之语。越月余，宣宗检读实录，始知高宗实于康熙辛卯八月十三日诞生于雍和宫邸，而高宗御制诗凡言降生雍和宫者，三见集中，因传旨诘问。枢臣回奏称：仁宗御制诗初集第

雍和宫昭泰门

十四卷、第六卷诗注，均载纯皇帝以辛卯岁诞生于山庄都福之庭。上责其巧辩。"①文中所云"康熙辛卯"即康熙五十年（1711 年），清高宗是不会记错的，而清仁宗的诗集及注释应该是错误的。

及清世宗死后，这座王府在乾隆九年（1744 年）就被改建为寺庙，称雍和宫，由藏传佛教高僧住持其中。时人称："乾隆年间，雍和宫建有崇碑，碑高丈余，厚薄宽广皆三尺余，四面分勒满汉蒙番四体书御制序文，极言番佛功绩，以明非汉明帝崇信释教之意。大哉王言，不辟不佞，以成我朝郅治之宏也。"②这座巨大的石碑，刻有四体御制《喇嘛说》满文、蒙文、汉文、梵文各一面，讲述了清朝统治者用藏传佛教安抚蒙藏民众的事情，并制定了"活佛掣签"的制度，以保证边疆地区的稳定。

在清代，因为王府大多都设置在内城，故而位于东城域内的王府宅第是比较多的，散见于相关文献记载的有：位于东华门的武英亲王府、位于王府大街的廉亲王府、位于玉河桥西岸的淳亲王府、位于台基厂的裕亲王府、位于石大人胡同的饶余亲王府、位于大佛寺的诚亲王府、位于铁狮子胡同的恭亲王府、位于朝阳门内烧酒胡同的恒亲王府、位于北小街的怡亲王府、位于北新桥南的和亲王府、位于北新桥北王大人胡同的理亲王府、位于宽街的履亲王府、位于方家胡同

---

① 陈康祺：《郎潜纪闻三笔》卷十一《宣宗临御初年之谨小慎微》。

② 福格：《听雨丛谈》卷七《喇嘛》。

和敬公主府府门

的循郡王府、位于东单北大街的宁郡王府,等等。这些王府有的因为主人被废而改换了新的主人,有的则失去了王府的地位。

在清代,还有一些蒙古贵族被封为亲王,而设置有自己的王府,今天,被相关专家认定。主要有位于安定门地区的蒙古王那彦图的王府、位于交道口地区的科尔沁亲王僧格林沁的王府、位于朝阳门地区的蒙古喀拉沁王府,等等。这些蒙古亲王虽然政治地位没有满族皇家权贵的显赫,但是,其社会影响也是很大的,对于巩固清朝的统治也发挥着巨大作用。因此,这些王府在北京城里也有着十分重要的地位。

此外,除了众多王府,还有一些公主府也十分尊贵,与王府地位大致相同。其见于相关文献记载者,主要有:位于安定门大街路西的大公主府、位于马神庙路北的四公主府等。而如今天尚可见者,则有位于朝阳门地区的寿恩公主府,位于交道口地区的和敬公主府,位于景山地区的和嘉公主府、荣安公主府和荣寿公主府,等等。其中,有些公主府就是承袭了王府的宅第。

三、八旗分布

清朝统治者在占领北京城后,定都于此,并且把原来北京内城的百姓全都驱逐到外城居住,而把内城变成八旗子弟的居住地。这时的北京内城,完全变成了一座八旗子弟的大兵营。众多的八旗子弟按照八片城区的空间加以安置,全都是较为严格的军事管理办法。经过安排,使得北京内城的空间,在五城十坊之外,形成了又一套新的城市管理体制。

这套八旗分居北京内城的制度,始于顺治元年(1644年),"国家定鼎燕京,分置八旗,拱卫皇居。镶黄旗居安定门内,正黄旗居德胜门内,并在北方。正白旗居东直门内,镶白旗居朝阳门内,并在东方。正红旗居西直门内,镶红旗居阜城门内,并在西方。正蓝旗居崇文门内,镶蓝旗居宣武门内,并在南方。以寓制胜之意"①。由此可见,这种八旗在北京城里的分布,是有其特定含意的,即"以寓制胜之意"。

对于这八旗,清朝政府又将其分为左翼和右翼两部分,左翼在东侧,右翼在西侧。在东侧的镶黄旗、正白旗、镶白旗及正蓝旗,属左翼,即在今东城域内。由此可知,除了正阳门外,其他八座城门内,即为八旗子弟的居住区域。而这个区域的划分,则是在雍正三年(1725 年)完成的。所谓的两翼,显然是有军事含意在其中的。清朝进入关内,八旗组织仍然发挥着巨大的军事作用,而作为都城,这种作用是必不可少的。

在东城域内的,共有四个旗。其中,首先安排的就是镶黄旗。"镶黄满洲、蒙古、汉军三旗,自鼓楼向东至新桥、自新桥大街北口城根向南至府学胡同东口,与正白旗接界。"②与镶黄旗对应的,自鼓楼向西,应该就是正黄旗的居住地了。文中的"新桥",在东直门以西。此外,又有地名称北新桥。而在镶黄旗的居住地内,又分为满洲、蒙古、汉军这三部分。其中,满洲和汉军皆分为五个参领,而蒙古只有两个参领。

在镶黄旗居住地的南面,是正白旗的居住地。"正白满洲、蒙古、汉军三旗,自府学胡同东口向南,至大市街报房胡同东口,与镶白旗接界。"③显然,正白旗的居住地是位于镶黄旗和镶白旗之间,而以东直门里为主。正白旗的编制与镶黄旗的编制一样,也是满洲与汉军为五个参领,而蒙古只有两个参领。正白旗与镶黄旗之间的界线是以府学胡同为界的,而与镶白旗之间的界线,则是以大市街(东四牌楼大街)相邻的报房胡同为界的。

由正白旗的居住地往南,是镶白旗的居住地。"镶白满洲、蒙古、汉军三旗,自报房胡同向南至就日坊,与正蓝旗接界。"④文中"就日坊"并非是清代的坊里,只是一个地名标志,即东单牌楼的匾额。从这里再往南,就是正蓝旗的居住地了。正白旗的满洲和汉军也是五个参领,而蒙古为两个参领。从这里的就日坊往东,应该是北京城的东城墙,当时还没有被打通,无法直达城外。

---

① (光绪朝)《大清会典事例》卷一千一百十二《八旗都统》。
② 同上。
③ 同上。
④ 同上。

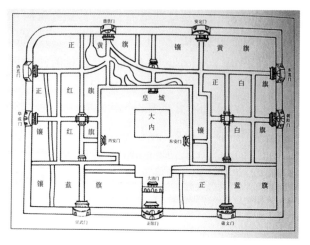

八旗分布图

在镶白旗居住地的南面，是正蓝旗的居住地。"正蓝满洲、蒙古、汉军三旗，自就日坊至崇文门，由金水桥向东至大城根。"① 文中的"大城根"指的就是内城的东南角。内城最南端，开始与外城接壤，而外城居住的绝大多数都是汉人。虽然同为北京的辖区，性质却完全不一样了，已经没有了军事管理的系统，只是单纯的城市管理体系。正蓝旗也是五个满洲参领、五个汉军参领、两个蒙古参领。

在东城域内居住的四个旗，分属五城坊巷中的五个坊，即北城的灵中坊、中城的中西坊、东城的朝阳坊和崇南坊，以及南城的正东坊。据《京师坊巷志稿》称："灵中坊：隶北城。凡内城自德胜门街以东，地安桥、兵马司胡同、交道口、东直门街以北，皆属焉。"此处的"地安桥"，也就是今天的万宁桥，俗称后门桥。镶黄旗应该就是居住在地安桥以东这一带，往北则到安定门里。而在灵中坊的西侧，即"德胜门街以东"，则是正黄旗的居住地(属西城域内)。灵中坊之西，又有日南坊(亦属西城)，也应该是正黄旗的居住地。

又据《京师坊巷志稿》称："中西坊：隶中城。凡皇城自地安门以东，内城自东长安街以北，王府街以西，兵马司胡同、地安桥以南，外城自正阳门大街，……皆属焉。"据此可知，中西坊的大部分区域是在东城境内，也有一小部分是在西城域内。又据时人称："八旗分两翼，左翼镶黄旗在东北，依次而南曰正白、镶白、正蓝；右翼正黄旗在西北，依次而南曰正红、镶红、镶蓝。若内务府三旗，则列在皇城以内。各按旗分，星罗棋布，拱绕宸居也。"② 由此可见，作为"内务府三旗"之一的正白旗，应该是居住在靠近皇城及其以东的中西坊内。

① (光绪朝)《大清会典事例》卷一千一百十二《八旗都统》。

② 福格：《听雨丛谈》卷一《八旗方位》。

又据《京师坊巷志稿》称："朝阳坊：隶东城。凡四城自东大市街以东，东直门街以南皆隶焉。"由此可见，朝阳坊的大部分区域是由镶白旗居住的，而其中的一小部分区域则是由正白旗居住的。而镶白旗居住地的中心，则是朝阳门，故而该坊被称为朝阳坊。《大清会典事例》则称："镶白旗满洲、蒙古、汉军三旗地界，自报房胡同往南至单牌楼，与正蓝旗搭界。"①而其北面与东面，则与正白旗相邻。

又据《京师坊巷志稿》称："崇南坊：隶东城。凡内城自崇文门街、王府街以东，交道口、北新桥以南；外城自崇文门外三转桥以东、左安门以北，皆隶焉。"从这里的描述可知，交道口、北新桥以南皆为崇南坊的区域。显然，这里的记载是有不实之处的。同据《大清会典事例》称："正蓝旗满洲、蒙古、汉军三旗地界，自单牌楼至崇文门，自金水桥往东至城根。"②这个记载应该是准确的，即正蓝旗的居住区域，是从东单往南至崇文门、往西至金水桥一带。而崇文门外的区域，已经不是正蓝旗的居住地了。

四、衙署分布

在清代的东城域内，分布着众多的政府衙署。其中，有些属于中央的机构，沿用了明代的衙署。有些属于京城的机构，一部分沿用了明代的衙署，另一部分则是新设立的。还有些属于东城的具体机构，也主要是新设立的。这些机构，从上到下控制了整个国家、京城，乃至于东城域内的各种事务。第一部分的中央机构衙署主要有掌管礼仪的部门及一部分六部的机构衙署；第二部分则是主管整个京城的机构，如顺天府、九门提督、五城御史等机构的衙署；第三部分则是主管东城域内的左翼四旗的机构及衙署等。

对于第一部分的中央机构衙署，主要分布在京城中轴线的两侧，也就是天安门前的棋盘街周围。"大清门，门三阙，上为飞檐崇脊。门前地方，绕以石阑，广数百步为天街，俗名棋盘街。左右石狮各一，下马石牌各一。门内东西相向千步廊各一百一十间。又左右折而北向者各三十四间，廊皆联檐通脊。"③而以

---

① （光绪朝）《大清会典事例》卷一千一百六十三《步军统领》。
② 同上。
③ （光绪朝）《大清会典事例》卷八百六十二《工部》。

中轴线为界,分为东西两个部分,基本上承袭了此前明朝的做法。

时人称:"今六部、都察院公署,吏、户、礼在禁城之东,兵部、工部在三部后街之东,皆沿明旧。惟三法司及兵部督捕侍郎公署与太常寺在禁城之西。刑部乃明之镇抚司署,都察院乃明之通政司署。"①六部之中,除了刑部在中轴线西侧之外,其他五部皆在中轴线东侧。因为这五部的官员都是文职官员,而且负责的也主要是文职工作。

当然,对于这种"文东武西"的格局,也会出现例外。如主管音乐的机构,应该是放在中轴线的东侧,却被放到了中轴线的西侧。时人称:"乐部,在西安门内。初沿明制,用教坊司,有奉銮。其属左右韶舞、司乐共四人,协同官十人,俳长无定员。雍正时改和声署,礼部、内务府、太常、鸿胪皆领之。乾隆七年,始命王大臣总领乐部事。王一人,侍郎一人,皆兼官也。其神乐署仍隶太常。和声署则隶内务府,俗呼为南府,其优伶皆内监也,亦即古教坊司。"②

又据时人称:"我朝乾隆七年,始置乐部,凡郊庙祠祭之乐,神乐署司之;殿廷朝会宴飨之乐,和声署司之;宫中庆贺宴飨之乐,掌仪司司之;铙歌鼓吹前部大乐,銮仪卫司之;均隶于乐部,而以礼部满尚书一人为之总理,亦曰典乐。"③显然,清朝"文东武西"的衙署设置是在清朝初年,而乐部的设置是在清朝中期的乾隆七年(1742年),这时的棋盘街东侧已经被众多衙署占满,故而乐部被设置在了西安门内。

到了清朝末年,由于受到西方列强的影响,清朝的相关政府机构相应发生了较大变化,其相关衙署也随之发生了变化。例如礼部,时人称:"自隋代定名为礼部后,千余年来遂未之有改者。宣统三年,厉行新政,始将礼部裁撤,以旧时行政诸务,分隶内阁、民政部、学部、理藩部管理,别设典礼院,专司朝会祭祀诸典,而以太常、光禄、鸿胪等寺之事并入之。"④随之发生变化的,是其衙署:"按典礼院改设后,仍以礼部旧衙门为官署。国体既变,典礼遂废,其房屋因亦拆售,今已改建洋式市房矣。"⑤这种变化,在清朝末年是十分普遍的,不仅仅是礼部。

---

① 王士祯:《古夫于亭杂录》卷一《公署方位》。
② 《天咫偶闻》卷一《皇城》,第19页。
③ 陈康祺:《郎潜纪闻三笔》卷十《乾隆七年置乐部》。
④ 朱彭寿:《安乐康平室随笔》卷三。
⑤ 同上。

在清朝后期,又曾设置有一处政府机构,称总理各国事务衙门。这处机构设置于咸丰十一年(1861年)十二月。据《(光绪)顺天府志·衙署》记载:"总理各国通商衙门,在崇文门内东单牌楼东堂子胡同。"简称总理衙门。这处衙署原来是铁钱局公所,改造后为总理衙门,其位置在今东城域内。清政府的对外交涉,最初是由军机处统一办理,自专门成立这处机构之后,特派亲王主持其事。此外,如总税务司的衙署,设置在台基厂,也是在东城域内。

对于第二部分主管京城的机构,如承袭前朝的顺天府,仍然占用的是明代顺天府的衙署。据《京师坊巷志稿》记载,这处顺天府衙署是在鼓楼东大街的东北面。"顺天府署在东北,元大都路总管旧署遗址建,署内外井三。"该书又称:"京师虽设顺天府、两县,而地方分属五城,每城有坊。"这是指的明代,而清代加以承袭。因此,清代京城的许多事情实际上除了由顺天府及大兴、宛平两县主管之外,各坊里的事情也有相应的机构管理。《天咫偶闻》亦称:"顺天府,在交道口之西,即元之大都路总管署也。地极宽阔,堂亦宏壮。"由此可见,这处衙署历经元、明、清三代,皆沿用之。

顺天府的官员,因位居京城,故而地位十分重要。时人称:"顺天府府尹,即古京兆尹之遗。我朝三品官印皆用铜,顺天府尹独用银印。"①由此可见,清朝政府对这个位置是非常重视的。时人又称:"亦有以大学士、尚书管理顺天府者,曰兼尹。兼尹一职,较管部尤繁冗,易招过,差未久,辄更代,惴惴以无事为福。"②这里所谓的"以无事为福",就是怕出事、怕麻烦。

与顺天府有同等治安职责的衙署,则有步军统领衙门,又称"九门提督"。九门者,京师内城九门也。这处管理机构是清朝政府新设置的,此前的明代是没有的。其位置,尚在顺天府之上。时人称:"北京步军统领衙门,旧有九门提督俗称,以北京城有九门之故。"③这处机构的衙署最初是设置在雍正四年(1726年),"四年奏准,将安定门内大街官房六十七间,为步军统领衙署"④。由此可见,这处衙署是在东城域内。

此后,到乾隆二十一年(1756年),清朝政府将这处衙署迁到了帽儿胡同,

---

① 陈康祺:《郎潜纪闻初笔》卷一《顺天府之知愧堂》。
② 陈康祺:《郎潜纪闻初笔》卷十三《卓文端充兼尹之久》。
③ 刘声木:《苌楚斋随笔》卷七《史贻直家十牌》。
④ (光绪朝)《大清会典事例》卷八百七十《工部》。

"又以地安门外帽儿胡同之会同馆。为步军统领衙门。厅舍百四十有二间"①。显然,这处衙署的面积比第一次设置的衙署要大得多,从六十七间房增为一百四十二间房。而礼部会同馆则迁到了宣武门内(属西城)。清人周家楣等人编纂的《(光绪)顺天府志·衙署》,其记载与此略有不同。

对于第三部分,则以五城御史为主,是与顺天府、九门提督并列的机构。因为分为五城,故而其职责更为具体。但是,不知何故,这五处巡城御史的衙署皆被设置在西城域内。据《京师坊巷志稿》的记载,中城的御史署在西江米巷(今西交民巷),北城和东城的御史署皆在西城的红井胡同,南城的御史署在正阳门内西城根,而西城的御史署则在西城的高碑胡同。显然,当时的城市管理系统主要有三套:第一套是步军统领统辖的巡捕三营系统(一说为五营);第二套是顺天府统领的大兴、宛平二县系统;第三套则是五城御史管辖的司坊官系统。

与五城御史对应的,又有五城兵马司。"京师为万方辐辏之地,人民纷杂。所以府县之外,又设五城兵马司指挥等官。按疆分理,各有专司。"②兵马司早在辽宋时期就出现了,到了金元时期基本上形成定制,只有都城才设置兵马司,主管都城抓捕盗贼之事。到了明代,都城分为五城,也才有了五城兵马司,清代承袭了这一制度。明代的五城兵马司是受到锦衣卫和五城御史掌管的,清朝则仅受五城御史监管。

五城兵马司的衙署也应该是承袭了明代的相应衙署。据《京师坊巷志稿》记载,中城兵马司所在地有兵马司胡同,属于仁寿坊,即清代的中西坊。北城灵中坊内也有兵马司胡同,这条胡同应该是清朝北京北城与中城的分界处,即兵马司胡同是中城的北界、北城的南界。东城兵马司是在朝阳门内老君堂,明朝属于思诚坊,清朝则属于朝阳坊。北城兵马司在明代属于教忠坊,而在清代的东城域内,至今地名仍有北兵马。南城兵马司在明代的宣武坊内,其地有兵马司前街、兵马司中街等。这处衙署是在西城域内。西城兵马司则在明朝的咸宜坊,清朝亦属于西城域内。

此外,则又有八旗分布的居住体系。东城域内的四旗,即镶黄旗、正白旗、镶白旗及正蓝旗,在这些旗内,皆有自己的衙署,称为都统衙门。据《(光绪)顺

---

① (光绪朝)《大清会典事例》卷八百七十《工部》。
② 《清世宗实录》卷五十八,雍正五年六月癸卯,中华书局,1985,《清实录》第7册,第891页。

天府志·衙署》的记载:镶黄旗的满洲和汉军都统衙门皆在安定门大街,而蒙古都统衙门在北新桥南大街。正白旗满洲都统衙门在朝阳门内老君堂,而蒙古和汉军都统衙门皆在东四报房胡同。镶白旗满洲都统衙门在灯市口大街,蒙古都统衙门在甘雨胡同,而汉军都统衙门则在灯草胡同。正蓝旗满洲、蒙古及汉军都统衙门都在本司胡同。显然,这些都统衙门才是京城内城处理民众事务的基层单位,也是管理各种军事活动的基层单位。

五、使馆区形成

从清代中期开始,帝国主义列强开始用炮舰打开中国的大门,而其侵略的主要手段之一,就是在北京设立领使馆,当时又被称为公署。因为当时主管各国外交事务的衙署——总理各国事务衙门被设置在东城域内的东单东堂子胡同,因此,各国的公署也都被设置在了东城域内,成为清朝中后期北京的一组独具特色的建筑群体。在这个时期的对华关系中,以英国为首的西方列强以各种借口不断发动对华侵略,从第一次鸦片战争到第二次鸦片战争,再到八国联军进占北京,使中国进入了半殖民地半封建社会。

据《(光绪)顺天府志·衙署》记载,当时在北京建造公署的列强共有九个,即:英国、俄国、美国、德国、法国、日国(西班牙)、比国(比利时)、和国(荷兰)、日本国。其中,有两个国家没有涉及,一个是意大利,另一个是奥地利。这些国家的公署皆在东交民巷一带,因此这一带也就形成了独具特权的使馆区。这一区域内有着特别浓厚的西方文化色彩。

近代以来,英国是最早利用炮舰打开中国大门的西方列强之一,其中一个重要的标志就是在北京设

使馆区位置图

英国使馆

立公署（领使馆）。据《（光绪）顺天府志·衙署》的记载："英国公署在御河桥河沿路西，每年岁租一千两。""城外即御河桥，桥南西岸迤逦数十步，即英使馆。统计由城根至使馆不及半里。"[1]这处英国公署是租用的淳亲王府。最初，英国是希望租用怡亲王府，没有被同意，又希望租用肃亲王府，也没有得到同意，只得租用淳亲王府，当时称梁公府。这处公署设置的时间是咸丰十一年（1861年），而在光绪二十六年（1900年），北京爆发义和团攻打各国使馆的事件，许多外国使团人员大多躲入英国公署避难。事件平息后，英国进一步借机扩大公署面积。直到1928年，英国领使馆才迁往南京。

现在这处英国公署的建筑群大致保存完好，与东交民巷使馆区一起被列为全国重点文物保护单位。

在当时的欧洲，与英国并列的是法国。据《（光绪）顺天府志·衙署》的记载："法国公署在台基厂南口外路北。"咸丰十年（1860年），英法联军攻打北京时，曾和清朝政府签订《中法北京条约》，同意在北京设置使馆。当时法军准备在已经占领的肃亲王府设立衙署，但是清朝政府不同意，而是让其租用安郡王府作为外交公署，每年租金也是一千两白银。及义和团运动爆发，法国公署有所损毁，八国联军进占北京后，法国乘机扩大公署面积，并相应建有兵营。直到1931年，法国使馆迁到南京。现存的北京原法国使馆仅存大门及东面三座、西面一座官邸和院内的汉白玉水池，现为国家重点文物保护单位。

在欧洲列强中，俄国与清朝政府的交往是时间最长的。早在康熙三十二年（1693年），即在东交民巷建有俄罗斯馆，主要负责培养翻译人才。据《（光绪）顺天府志·衙署》的记载："俄国公署在东交米巷桥西路北。（采访册）俄罗斯馆在东华门外北池街西。（旧闻考）按：此雍正六年设，见国子监条下，今无可

---

① 陈夔龙：《梦蕉亭杂记》卷一，北京古籍出版社，1985，第24页。

隶,附志于此。(会典事例)俄罗斯馆专司翻译俄罗斯文字,选八旗官学生入馆肄业。"到雍正十年(1732年),俄国又在此俄罗斯馆建有东正教堂。而到了咸丰十年(1860年),中俄双方签订《中俄北京条约》,翌年遂在该馆设置了俄国公署。及义和团运动之后,俄国也进一步扩大使馆面积,占有了太医院、钦天监及兵部和工部的一部分衙署。此后,直到1928年,使馆迁往南京。

在欧洲列强肆虐中国的时候,远在美洲的美国也参与到了瓜分中国的行列中。据《(光绪)顺天府志·衙署》的记载:"美国公署在东交米巷桥西路南。"与俄国公署南北相对。其始建时间略晚于俄国公署,是在同治元年(1862年)。及义和团运动之后,美国公署也加以扩张,从荷兰公署的东侧搬迁到西侧,其西相邻为棋盘街,南面则为拆除前的城墙根。这组建筑保存较为完好。主楼为地上二层、地下一层的建筑,始建于光绪二十九年(1903年),另有四座官邸皆为两层建筑,在主楼南面的花园里。此后,在1936年,美国政府又在南京新建大使馆。现在这处建筑群仍然被使用。

在当时的欧洲,与法国关系最为密切的就是德国。据《(光绪)顺天府志·衙署》的记载:"德国公署在东交米巷桥东路南。"东交米巷就是今天的东交民巷。根据咸丰十一年(1861年)中德双方签订的《中普通商条约》,德国(当时尚称普鲁士)于翌年在北京设置了外交公署。在此之前,已经有英、法、俄、美四国经清朝政府同意在北京设置了外交机构,而德国是第五国设置的公署。这处公署位于东交民巷中段路南,与东北侧的法国公署斜对。其大门与其他四处使馆不同,不是西式建筑,而是中式王府大门的样子,门前有两尊大石狮上马石。及义和团运动之后,德国公使克林德被杀,其墓被安放在使馆花园内。德国公署也乘机加以扩张,并建有兵营。此后,直到1936年,德国政府在南京新建大使馆。现在的这处建筑群已经荡然无存了。

在《(光绪)顺天府志·衙署》的记载中,除了以上的几处外国公署之外,又有几处公所,其实也是发挥着使馆的功能。第一处为西班牙公所:"日国公所在法国公署西,路北饭店。"这里所说的"日国公所"很容易被误解为日本公所。因为当时西班牙又被译为日斯巴尼亚,简称就是日国。这处西班牙公所是在同治七年(1868年)由四合院改建而成。大门亦为中式建筑,门前有一对大石狮。除了西侧的俄国公署外,北侧及东侧为日本使馆及兵营。八国联军侵占北京之后,清朝政府与列强签订《辛丑条约》,签订仪式就是在这里举行的。今使馆建筑已经荡然无存,仅可以通过一些老照片看到其原貌。

比利时使馆旧址

同样被简称的又有比国公所，这是第二处被称为"公所"的使馆。据《（光绪）顺天府志·衙署》的记载："比国公所在日国西间壁路北。"文中的"比国"即指比利时。该国与清朝政府的交往最初是在道光末年通过法国来斡旋的。至咸丰九年（1859年），开始直接与清朝政府交涉，至同治元年（1862年），双方订约时，清朝政府尚不允许比利时使臣进京。直到同治十三年（1874年），比利时才派出公使驻于北京，其公所未详。及八国联军进占北京之后，比利时的公所才搬到了德国使馆的西侧，其东侧为德国兵营，其南侧为拆除前的城墙根。其主楼为地上三层、地下一层的建筑，主楼前有东西对称的四栋宅邸，体现了北欧的建筑风格。现为国家重点文物保护单位。

第三处是和国公所。据《（光绪）顺天府志·衙署》的记载："和国公所在台基厂南口外迤东路北。"文中的"和国"即指荷兰，早在明代即称荷兰。由此可见，荷兰与中国的交往也有很长时间。到了清代，康熙二十二年（1683年），荷兰即请开海禁通市，得到清朝政府批准。到同治十二年（1873年），荷兰才正式派出公使到京，这处公所应该就是这时设置的。及义和团运动爆发，这处公所被毁，八国联军进占北京后，这处公所加以新建。其地点在美国使馆东侧，南侧为拆除前的城墙根。目前现存的两栋楼房，皆是宣统元年（1909年）新建的，为地上两层、地下一层的建筑。此后又加以改建，由砖木结构改为砖混结构。到1927年以后，荷兰使馆移至南京。

第四处则是日本国公所。据《（光绪）顺天府志·衙署》的记载："日本国公所在东四牌楼北六条胡同迤东路北。"这处记载的公所应该是最初日本国在北京所设置的公所。日本为中国的近邻，很早就有了和中国的联系，但是，却不是最早设置使馆的。从其设置的东四六条的地点即可看出，这里与靠近皇城的东交民巷相比,是比较偏僻的。此后,应该是在光绪年间,迁移到了东交民巷。而在八国联军攻占北京之后,日本使馆也进一步扩张,其东部为法国使馆,北部与意大利使馆相邻,南部与西班牙使馆相邻,隔御河则与英国使馆相对。由此可见,这处使馆的位置是比较优越的。此后,1928年日本公使馆迁往南京。现使馆建筑与东交民巷一起被列为国家重点文物保护单位。

在《(光绪)顺天府志·衙署》的记载中,有三处使馆没有被列入公署及公所的范围,即意大利、奥地利及葡萄牙使馆。这三个国家在清朝皆曾在北京设置过外交机构。意大利使馆原在东交民巷东口,在义和团运动中被毁,其后重新选址再建。新建的意大利使馆东起台基厂北口西侧,南至海关税务总司衙门,西至御河东岸,北至今东长安街。其使馆内曾建有教堂一座。现使馆旧址被列为国家重点文物保护单位。奥地利使馆始建于同治十年(1871年),位于今台基厂头条三号,是国家重点文物保护单位。现仅存大门及主楼,皆为1900年以后所建。其建筑为法国古典主义风格。而葡萄牙使馆今已无存。

光绪二十六年(1900年)爆发的义和团运动,虽然给北京的使馆区带来极大的损毁,但是,随后而来的八国联军侵华,更是给北京带来了灾难性的毁坏。其损毁的程度,通过一则记载即可略见一斑。"光绪二十六年义和团起,联军进京城后,毁及观象台衙署,仪器均被掠去,唯存向风旗杆一座。三十一年,钦天监接收外务部运送法兰西公使馆交还仪器,计黄道仪内十六件,赤道仪内十八件,象限仪内十件,地平经纬仪内二十件,简平仪内二十二件,漏壶一件。臣谨案:观象台上原设仪器八座,台下二座,漏壶一座,圭表一座,共十二座。今交还仪器仅五座,计失去七座。"[①]对于这场浩劫,中华民族是不会忘记的。

六、宗教建筑

清代北京地区的宗教建筑,是在明代基础上发展起来的。在清朝政府的严密控制之下,各种宗教的发展是不平衡的。其中,从宗教建筑的发展即可看出这种不平衡的状况是十分明显的。作为清朝统治中心的北京,佛教的发展居于领先地位,其中又以藏传佛教的发展最为兴盛。清朝统治者秉承了此前元朝统治者的基本政策,把藏传佛教作为巩固其在蒙藏地区统治的一种重要手段。因

---

① 刘锦藻:《清朝续文献通考》,卷二百九十六《象纬考》。

此,在北京地区建造了多座藏传佛教寺庙,作为该教派的主要活动场所。

普胜寺位于紫禁城东侧,据《日下旧闻考》引《城册》称:普胜寺在里新库东南。而该书按语称:"臣等谨按:国初建三大寺,普胜其一也。寺地为明南城旧址,顺治八年敕建。东有内翰林国史院大学士宁完我撰碑,西有乾隆九年工部侍郎励宗万撰重修碑,四十一年复修。"此处所云"明南城"应该就是明代北京皇城内的东苑,又称"南内",据《大清一统志》称,该寺位于东华门内。另外,所谓"国初建三大寺",仅见于此,除了普胜寺之外,《日下旧闻考》和其他相关文献皆未见提及。据笔者推测,另外两座寺庙,一座应该是西苑中万岁山上的永安寺,另一座应该是安定门外的黄寺。

与普胜寺相邻的是普度寺。这处寺庙,在清朝初年是睿亲王多尔衮的王府,多尔衮死后,再也没有其他亲王入住,遂在康熙三十三年(1694年)被改建为寺庙。此后在乾隆四十年(1775年)加以重修,翌年赐名为普度寺。清人称:"普度寺殿宇极宏,佛像极奇,皆西天变相。手执戈戟,骑狮象。陈设多宝物,沈香长及丈,雕镂花纹。明成化中,番僧板的达所贡七宝佛座,即仿其规式造五塔寺者。今尚供寺中,完好无恙,乃木雕加漆者。"①寺中还保存了一些睿亲王多尔衮生前使用的甲胄弓矢等物品。由王府改建为寺庙,这应该是清朝北京的第一处。

在清代,由王府改建为寺庙的还有雍和宫。这处寺庙,是清世宗在继承皇位前的王府,称雍王府,在他即位后,被称为"潜龙邸",不再安排其他亲王入住,遂改为藏传佛教寺庙。雍王府不仅是清世宗作为亲王时的府邸,而且还是清高宗的出生地。由此可见,这处王府的尊贵是其他王府所不能与之相比的。

时人又称:"雍和宫,在国子监之东。地本世宗潜邸,改为寺,喇嘛僧居之。殿宇崇宏,相设奇丽。六时清梵,天雨曼陀之花;七丈金容,人礼旃檀之像。飞阁复道,无非净筵;画壁璇题,都传妙手。固黄图之甲观,绀苑之香林也。"②最重要的是在乾隆年间,曾在雍和宫中建有御制碑,记载了清朝政府利用藏传佛教巩固统治的宗教政策,以及"金瓶掣签"制度的作用。

在清代东城域内,还有一处用王府改建的寺庙,即贤良寺。时人称:"贤良寺在东安门外帅府胡同,雍正十二年建。本怡贤亲王故邸,舍地为寺,赐名贤

① 《天咫偶闻》卷一《皇城》,第11页。
② 《天咫偶闻》卷四《北城》,第77页。

良。乾隆二十年移建于冰盏胡同。有世宗御制碑暨今上御书心经塔碑。"①这处寺庙因为是用王府改建,故而其规模也十分可观。时人又称:"贤良寺,在冰盏胡同。本怡贤亲王舍宅为之,在帅府胡同,后迁于此。以其地近东华,外省大吏入觐,辄喜驻此。而寺复层甍云构,闲院花飞。粥鼓晨严,垆烟昼静。地无人迹,竟日苔封,泂精蓝也。"②到了清朝末年,曾国藩、李鸿章等大臣皆曾居住在此。

在清代东城域内,还有一处非常重要的藏传佛教寺庙,即嵩祝寺。据《大清一统志》记载:"嵩祝寺:在景山东、马神庙北。皇上御书正殿匾曰'妙明宗镜'。其东有法渊寺。"又据《京师坊巷志稿》记载:"嵩祝寺胡同:东有法渊寺,西有智珠寺。又东为三厂遗址,明置汉经厂、番经厂、道经厂于此,俱详宫禁寺观。乾隆时,章嘉胡图克图奉诏来京,更定《大藏经》经咒,居嵩祝寺。"由此可知,嵩祝寺所在的这条胡同,就是用该寺命名的。最重要的是清朝曾经在蒙藏地区设立有四大活佛,在西藏的是达赖及班禅两位活佛,在外蒙的是哲布尊丹巴,而在内蒙及青海的则是章嘉。章嘉是四大活佛中唯一常住北京的活佛,他的修行之地就是嵩祝寺,因此,该寺的等级是非常高的。

在清代,对道教的管理是非常严格的,而且基本上没有新建的道教宫观。但是,一方面是有些前代留下来的道观仍然比较兴盛;另一方面,民间宗教的影响进一步加强,其表现就是出现了许多小规模的宗教活动场所,如娘娘庙、药王庙、火神庙、关帝庙等。仅据《北京市志稿·宗教志》的记载,位于东城域内的各种民间宗教活动场所,计有:东安门韶九胡同及东安门大街的关帝庙、东单观音寺胡同的文昌关帝庙、新太仓的双土地庙、东四牌楼的五岳关帝庙、朝阳门北水关的双马关帝庙、鼓楼东大街的财神庙、安定门内菊儿胡同的宏德庵娘娘庙、骑河楼的娘娘庙、沙滩路南的关帝庙,等等。这些民间宗教活动场所虽然是在民国年间记载的,但是,肯定是从明清时期,特别是清代流传下来的。

元代,伊斯兰教在中国广泛传播,而在明清时期的北京有了较大发展,在东城域内亦是如此。据《北京市志稿·宗教志》的记载,除了明代建立的东四清真寺之外,在今东城域内建造的尚有:其一,建于崇文门外花市的清真寺,这处清真寺是在明成祖永乐十三年(1415年)建造的,到了清康熙四十一年(1702年)、

① 吴长元:《宸垣识略》卷五《内城一》,北京古籍出版社,1981,第95页。
② 《天咫偶闻》卷三《东城》,第59页。

乾隆三十五年（1770年）及光绪二十五年（1899年）皆曾加以重修。该书称："花市清真寺一带，所辖之教民区域殊为广大，户口在二万余以上，故崇文门外号称为北京回民六大聚集区之一，诚不诬也。"①这处清真寺是北京伊斯兰教活动的主要中心之一。

其二，建于安定门内二条的清真寺。据《北京市志稿·宗教志》的记载："清真寺在安定门内大二条胡同。寺建于明太祖时代，又名法明寺，与清真、礼拜、普寿为北京四大寺。"②文中所云"清真"即东四清真寺，"礼拜"即西城牛街礼拜寺，"普寿"即位于西城阜成门内锦什坊街的清真寺。因此，这处清真寺也是明清以来北京伊斯兰教的主要活动中心之一。

此外，据《北京市志稿·宗教志》的记载，在东城域内的清真寺还有：位于王府井大街的清真寺，位于禄米仓的清真寺，位于崇文门内苏州胡同及崇文门外上堂子胡同的清真寺，位于东直门内南小街的清真寺，以及位于安定门内中剪子巷的清真寺，等等。这些清真寺应该都是在明清时期建造的，一直到此后的民国年间，仍然是伊斯兰教民众举行宗教活动的主要场所。

在中国古代，西方文化传入的一种主要方式就是宗教文化的传播。其中，基督宗教的传入，早在元代大都城建成之前就开始了。那时传入的是基督宗教在西亚地区的分支教派，先是传入蒙古大草原，然后又随之传入元大都城。到了元代中期，欧洲罗马教廷一派的天主教也传入大都城，这两个教派均在大都城建有教堂，发展教徒，开展宗教活动。这些教堂在元朝灭亡后也就消失了。到了明清时期，基督宗教再次传入中国，并且在北京开展传教活动，及建立教堂。这时在东城域内建造的教堂主要有三座：一、位于王府井的圣若瑟堂（又称"东堂"）；二、位于东交民巷使馆区的圣弥厄尔教堂；三、位于崇文门内的亚斯立教堂。这三座教堂分别属于天主教及基督教。

在清代的北京城里，有四座教堂最为著名，分布在都城的四面。时人称："都中天主堂有四：一曰西堂，久毁于火，其在蚕池口者曰北堂，在东堂子胡同曰东堂，在宣武门内东城根者曰南堂。"③在这四座教堂中，只有"东堂"在今王府井。据《东华图志》称，这座教堂始建于清代初年，是由葡萄牙传教士创建的。

---

① 吴延燮等纂：《北京市志稿》宗教志卷八，北京燕山出版社，1998，第323页。

② 吴延燮等纂：《北京市志稿》宗教志卷八，第327页。

③ 姚元之：《竹叶亭杂记》卷三。

康熙五十九年(1720年)北京大地震时被毁,之后重建。嘉庆十二年(1807年)因大火又被毁,再次重建。义和团运动中第三次被毁,到光绪三十年(1904年)再度重建。

位于东交民巷使馆区的圣弥厄尔教堂建造的时间较晚。据《东华图志》记载,这座教堂是在光绪二十七年(1901年)始建的,四年后建成,是由法国传教士建造的。这里原为意大利使馆旧址,意大利使馆迁居新址后,这里归法国使馆使用,遂建此教堂,为欧洲哥特式建筑。因为附近为使馆区,信奉天主教的外国人较多,故而在此设置教堂。在教堂附近又建有相关的附属设施,为传教神父及教堂的神职人员居住及活动的场所。

位于崇文门里的教堂属于基督教一派的活动场所。时人称:"崇文门内天主堂,建在康熙年间,乾隆时重修。客厅东、西两壁,画人马凯旋之状。堂内供奉彼国圣人,皆图画全相。四围男女老少聚集嬉戏,千态万状,奕奕如生。堂宽数丈,高以十数丈计,不架一木,全以砖砌成。"①但是据《东华图志》记载,这座教堂是在清代中后期的同治九年(1870年)由美国传教士建造的。但不论如何,这处教堂在北京的影响还是很大的。

七、商市及金融机构分布

在清代的北京,商业贸易的发展是非常繁荣的,其发展态势则略有不同,内城的商业贸易与外城相比是略为逊色的,而东城和西城相比则相差无几。这主要是因为从清朝初年开始,内城居住的皆为八旗子弟,受到较为严格的军事管理举措的影响,商业的发展比较缓慢。与之相比,外城居住的主要是士大夫阶层和平民百姓,生活较为随意,因此商业发展比较繁荣。此后,随着清朝政府对内城的管控逐渐放松,商业发展也渐趋繁盛,内外两城的差距也变得越来越小。

在清代北京的东城域内,商业的发展主要集中在两个地方:一个地方是内城的隆福寺一带;另一个地方则是内外城之交的崇文门一带。隆福寺一带的商业发展,主要是因为承袭了明代北京商业发展的传统,又因为这里距紫禁城较近,也有利于商业贸易活动的展开。崇文门一带的商业贸易活动,因为受到大运河的重要影响,大量货物都是经过运河的传输而进入京城,而崇文门是最便

---

① 赵慎珍:《榆巢杂识》上卷《崇文门内天主堂》。

利的通道。另外则是因为清朝政府在这里设置有税关，以征收各种货物的税费，因此使得这里百货云集，成为商业繁荣发展的地方。

时人称："京师税厂设于崇文门外，载货入都者到此输之，谓之上务。监督者虑有漏税，设门役于各门以检之，遇有货者则道之上务，无者则纵之使入，法甚善也。今之门役不论货之有无，需索甚奢，谓之讨饭食钱。羁留竟日，必饱其囊橐然后纵去，其在数入都门者或不敢稽迟。若初至者，土音是操，不谙规制，其勒索更不可言矣。"①由此可见，清朝政府在京城各门皆设置有门役，以检查各种进入城里的商品，而税厂则设于崇文门外，商人必须在这里交纳商税后才可以正常开展贸易活动。故而这一带也就成为商贾云集之地。

在商业贸易行业中，最主要的是一些专门经营各种商品的店铺，今天被人们称之为"老字号"。而这些老字号经营的商品，绝大多数是和人们的日常生活密切相关的东西。例如，与人们日常饮食相关的店铺，设立于清代北京东城域内的即有：位于东交民巷路北的太升楼饭馆，位于前门里面户部街的月盛斋酱羊肉馆和万兴斋、汇兰斋糕点铺，位于东四的和顺馆饭馆，位于崇文门里的庆会堂饭庄及宝兴斋点心铺。

这些店铺有的在当时就享有盛誉，如月盛斋的熟食。时人称："月胜斋者以售酱羊肉出名，能装匣远赍，经数月而味不变。铺在户部街，左右皆官署，此斋独立于中者数十年竟不以公用征收之，当时官厅犹重民权也。"②文中的"月胜斋"就是指月盛斋，是著名的老字号，其所做熟食可以"经数月而味不变"，可见其商品的质量是很好的。这处老字号至今仍然在北京从事经营活动，甚至发展到全国各地。

药店在京城人们生活中也是必不可少的。中国自古以来人口众多，故而医学就很发达，由此在全国各地皆设置有众多的药店，以经营各种中成药及药材。而当时在北京东城域内的药店即有：位于朝阳门里的同诚堂药铺，位于东安门里的东安堂药店，位于东单南侧路西的保元堂药店，位于东直门里的德爱堂药铺及一小堂刘家药铺（应该是售卖儿科中药），位于崇文门外的保合堂药店（在天坛内，应该是道士卖药的地方）、天成号药铺、万全堂药铺、老许家药铺，等等。这些药铺直接为京城百姓的日常生活提供了医疗保障。

---

① 《燕京杂记》，第120页。

② 夏仁虎：《旧京琐记》卷九《市肆》，辽宁教育出版社，1998，第127页。

除了这些商业店铺之外,在北京城里还有一些固定的商市出售同类的商品,也是一些与京城百姓日常生活息息相关的东西。例如:位于东四一带及前门外以东的米市、猪市、马市、肉市、菜市,及皮衣市、估衣市,位于东直门外的棉花市,位于崇文门外的花市与晓市,等等。如花市,时人称:"市间花事,城外旧集于崇外之花市、宣外之土地庙,城中则东为隆福寺,西为护国寺。"①由此可见,花卉与京城百姓的生活关系十分密切,不只是崇文门外的花市最著名,其他如东城的隆福寺及西城的护国寺、土地庙也都设置有花市。

又如皮衣市与估衣市,主要集中在前门东侧的打磨厂一带。时人称:"皮货、估衣集于前门东之珠市口,以迄打磨厂,其曰东大市者,为估衣陈列之地,晓集午散,诈伪百出。皮衣糟朽者以纸或布贴其革表而出之,曰'贴膏药'。同行议价,互以手握于袖中示意焉。"②而估衣铺又往往与当铺相互勾结,从事买卖活动。时人称:"质铺,九城凡百余家,取息率在二分以上,巨值者亦得议减。业此有名者曰白某、娄某,一人恒管多处,曰总管。……质肆岁以正月查其满期之货,估衣行咸往购取,谓之'号货'。"③文中的"质铺""质肆"就是指当铺,而这种质铺与估衣铺之间的结合,实际上发挥了更大的经济效益,也有益于消费者。

在京城的百姓中,饮茶已经成为人们日常生活中必不可少的一项活动,因此,在这里又普遍设置有众多的茶叶店。时人称:"京师市店,素讲局面,雕红刻翠,锦窗绣户,招牌至有高三丈者。夜则燃灯数十,纱笼角灯,照耀如同白昼,其在东、西四牌楼及正阳门大栅栏者尤为卓越。中有茶叶店,高甍巨桷,细槅宏窗,刻以人物,铺以黄金,绚云映日,洵是伟观,总之母钱或百万或千万,俱用为修饰之具。茶叶则贷于茶客,亦视其店之局面,华丽者即无母钱存贮亦信而不疑。"④在这些茶叶店及茶叶铺中,位于东城域内东四一带的泰华茶轩、景泰茶园,崇文门外的永顺茶社等最为著名。

清代的北京城延续了明代的商业传统,也有一种定时的商业集市,被称为庙市(又称"庙会")。如时人称:"京师大明门两旁曰朝前市,不论日。东华门外灯市,则元节前后十日。东华门内曰内市,则每月三日。正阳门之桥上曰穷汉市,则每日晡刻。刑部街西都城隍庙市,则每月朔望及念五日。今庙市移外

---

① 夏仁虎:《旧京琐记》卷九《市肆》,第 129 页。
② 夏仁虎:《旧京琐记》卷九《市肆》,第 128 页。
③ 同上。
④ 佚名:《燕京杂记》,北京古籍出版社,1986,第 121 页。

庙会

城报国寺。期如前。"①这是明末清初时北京庙市的大致情景，其中，东城城内的东华门内外，是庙市活动的主要场所。

到了清代，这种庙市的习俗一直延续下来，时人称："庙市惟东城隆福、西城护国二寺。百货具陈，目迷五色。王公亦复步行评玩。鲍西冈有句云：'三市金银气，五侯车马尘。'足括庙市之胜。"②时人又称："京师之市肆有常集者，东大市、西小市是也。有期集者，逢三之土地庙，四、五之白塔寺，七、八之护国寺，九、十之隆福寺，谓之四大庙市，皆以期集。"③其中的"东大市"即在前门外东侧的打磨厂。

在清代北京东城的庙市之中，当以隆福寺庙市最为著称。时人称："隆福寺，在四牌楼北隆福寺胡同。月逢九、十日，庙市。门殿五重。正殿石栏，犹南内翔凤殿中物。今则日供市人之摸抚，游女之依凭。且百货支棚，绳索午贯，胥于是乎，在斯栏亦不幸而寿矣。庙市之物，昔为诸市之最，今皆寻常日用，无复珍奇。余少时游之，尚多旧书古拓，字画亦伙，价直不昂，今不复见。"④这处庙市，一直到新中国成立后，仍然是东城区的主要商业贸易场所之一。

随着北京商业的不断发展繁荣，与之相关的金融业也有了长足的发展。当时出现的许多票号及汇号（银号）等，就是私人经营的类似银行的店铺，主要是为商人们往来京城与各地之间的贸易活动提供金融服务的场所。据《朝市丛载》的相关记载，在清代北京东城域内的票号及汇号有二十多家，主要有：位于

①　谈迁：《北游录·纪闻》上《都市》。
②　戴璐：《藤阴杂记》卷四，北京古籍出版社，1982，第42页。
③　夏仁虎：《旧京琐记》卷九《市肆》，第124页。
④　《天咫偶闻》卷三，第63页。

前门外打磨厂一带的蔚泰厚、蔚盛长、协成乾、义成谦、福寿堂等,位于东单的德兴堂,位于崇文门外的蔚丰厚、协和信、协同庆等汇号及票号。

此外,位于隆福寺一带的四大银号在当时最为著名。时人称:"银号首推恒和、恒肇等四家,谓之四大恒,居人行使银票以此为体面。……当时某枢臣好积四恒票,百金一纸,万金为一束,叠置平正,朱印鲜明,时于灯下取出玩弄以为娱乐。已而不戒于火,屋中成束之四恒票并付祝融,四恒家乃大获利市。"①这四处银号不仅在商界名声很大,甚至受到清朝政府的重视。

光绪二十六年(1900年),北京爆发义和团运动及八国联军入侵,各家私人开设的票号纷纷关闭,四恒票号亦在其中。清朝统治者下令称:"现闻恒和各银号,亦暂闭门。该号等开设有年,素称信实,官民与之交往者甚多。一经关闭,贻累殊非浅鲜。著步军统领衙门、传集四恒等号商人,剀切晓谕,应令速筹照常开设。如因票存过多,虑及银钱短绌,一时应付不及,并著该衙门示谕市面所有各号零星银钱票,先行陆续开发。其数目过巨票存,一俟炉房复业,周转从容,该号等自能随时应付。"清朝统治者又称:"四恒银号,关系京师市面。现因库款支绌,商情疲滞,无力周转。亟应设法维持,以利民用。著即发给内帑银五十万两,并由户部发给内库银五十万两,交该兼尹等,按照所拟章程,督饬该商等,分别办理。"②由此可见,当时票号的关闭,不仅给商业贸易带来不利影响,而且也直接影响到国家财政的正常运行。

在清代的北京城内外,商铺林立,商贾云集。而商贾驻足之地,主要有两种地方,其一是旅店,其二是会馆。旅店是专门为前来京城经商及办事之人居住之地;而会馆则是各地来京人员的暂住之地,一种是经营贸易的商人,另一种则是赶考的士子。因此,不论是旅店还是会馆,主要都设置在外城。而设置在东城域内的,则集中在崇文门外至正阳门(前门)外这一带。

例如,在前门和崇文门之间的打磨厂一带,就设置有鸿泰店、聚泰店、德泰店、同泰店、泰昌店、德兴店、吉顺店等一系列的客店,以供前来京城的人们随时居住。而在这一带,又汇集有临汾会馆、应山会馆、归德会馆、汉阳会馆、麻城会馆、兴国会馆、钟祥会馆、黄冈会馆、京山会馆等,这些会馆,主要接待的就是各地前来京城经商的商人和参加考试的举子。

---

① 夏仁虎:《旧京琐记》卷九《市肆》,第124页。
② 《清德宗实录》卷四百六十五,光绪二十六年庚子六月己卯。

八、主要民居

在清代的北京城内,居民主要分为两部分。一部分是居住在内城的八旗子弟;另一部分则是居住在外城的以汉族民众为主的百姓。有人认为居住在内城的都是少数民族,其实不是,在这里既有属于少数民族的满洲八旗和蒙古八旗民众,也有属于汉族民众的汉军八旗子弟。因此,旗人是不能够和少数民族画等号的。而在外城,居住的除了汉族民众以外,也有其他少数民族民众。

在内城居住的,除了紫禁城内的帝王和诸多王府中的贵族之外,也有许多达官显贵,他们的宅第分布在内城的各个地方。其中位于东城域内的主要有:其一是位于宽街的额亦都宅第。额亦都是在清太祖还没起家时就跟随左右的得力助手。及清太祖起家之后,就封额亦都为清初五大臣之一,其家族亦被称为满洲八大贵族之一。时人称清代一家人中,得到谥号至十余人者,额亦都为其中之一。额亦都死后谥号为宏毅,其子图尔格谥号为忠义,其子伊尔登谥号为思直,其子遏必隆谥号为恪僖,等等。额亦都在宽街的宅第,就是他的后裔在进入北京后在镶黄旗居住地分得的。

其二是位于干面胡同的吴达海宅第。时人称:"贝子吴达海宅在干面胡同。"①吴达海在清朝初年十分显赫,他是清太祖的侄子,随同清世祖一起进入北京,他在干面胡同的宅第,应该就是镶白旗分配给他居住的。他在顺治初年任刑部尚书时,曾主持第一版《大清律例》的纂修工作。时人称:"顺治初,诏刑部尚书吴达海等,详考明律,参以国制,勒为成书,颁布中外。"②他又曾多次代表清世祖主持太庙及社稷坛的祭祀活动。

其三是位于佟府夹道的佟国纲宅第。他是满洲镶黄旗的子弟,佟府夹道当时应该也是在镶黄旗的辖区内,而佟府夹道也应该是以他的宅第而得名的。从他父亲佟图赖开始追随清太祖起家,而他兄弟、子孙皆为巩固清朝的统治而立下汗马功劳。因此,清朝政府在北京专门设立了七座祠堂,以祭祀这些有功劳的大臣。为他家设置的祠堂就专门用于祭祀他和他父亲佟图赖、他弟弟佟国维等人。同时,他一家十余人皆曾在死后受到清廷的谥号。如佟国纲被赐以忠勇

---

① 昭梿:《啸亭续录》卷四《京师王公府第》。
② 《榆巢杂识》上卷《制定刑律》。

的谥号,他弟弟佟国维被赐以端纯的谥号,等等。

其四是位于紫禁城东侧马神庙的傅恒宅第。他也是满洲镶黄旗人,在清朝前期,一家人功劳显赫。傅恒和他的三个儿子福隆安、福康安、福长安皆曾任军机大臣,权势极大。傅恒死后,曾被供入贤良祠,又曾被列为紫光阁五十功臣之一。傅恒一家得到清廷谥号的多达二十人,清朝政府曾在北京设立了七座专门的祠堂,其中一座就是祭祀他家富察氏的祠堂。而傅恒又曾被供入太庙,作为配享之臣,由此可见,他在清朝政府中占有极为重要的地位。此外,清朝极少有异姓封王者,而傅恒及其子福康安,则是少数被追封为郡王的人物。

其五是位于东四六条的班第住宅。他的住宅实际上位于东四五条和六条之间,称班大人胡同,班大人指的就是班第。时人称:"裕鲁山制府第,在班大人胡同。制府官江南,有政声,晚节殉难甚烈。今其子孙尚承袭世职,此巷本义烈公班第所居,公之祖也。"①他是蒙古镶黄旗人,在雍正初年官至内阁学士,又曾任军机大臣、兵部尚书、定北将军(一说为定远将军),战功卓著。时人称:"乾隆时,定远将军班第平定伊犁,哈密为钱粮总之地。其后额鲁特、霍集占之乱,历岁进剿,皆由此转输。"②他为巩固清朝在新疆的统治立下汗马功劳。

其六是位于灯市口的介福宅第。他也是满洲镶黄旗人,然而,却不是武将,而是文臣。时人称:"本朝八旗子弟,专重骑射,风尚质朴,不以文事争能,故起家科第、驰声艺苑诸人,大都不甚贵显。"③而介福则是作为主考官,四次主持乡试,四次主持会试,学生弟子遍天下,著名文士纪昀就是他的学生。在他的宅第中,有一处私家园林称为野园,经常举办聚会。有一次著名文士汪由敦曾题诗曰:"数竿修竹静生香,犹记开轩六月凉。多少楼台图画里,吟情不较野园长。"④由此可见,这处私家园林的景致是十分秀美的。

其七是位于灯草胡同的阿桂宅第。他是满洲正蓝旗人,其后因功改为正白旗人,灯草胡同应该是在镶白旗的辖区内。阿桂在清朝中期是战功赫赫的大将,曾经在平定金川和台湾的叛乱中立下战功,因此被清朝政府列为平定金川的前五十功臣之一,又被列为平定台湾的二十功臣之一,并被列为紫光阁五十

① 《天咫偶闻》卷三《东城》,第61页。
② 《榆巢杂识》下卷《哈密》。
③ 朱彭寿:《旧典备征》卷四《旗大臣起家科甲者》。
④ 《藤阴杂记》卷四,第41页。

功臣之一,并入祀贤良祠。同时,他还是配享太庙的十二位大功臣之一。时人称:"阿文成公立功绝域,将才相业,冠绝一朝。"①文中的"阿文成公"即是指阿桂。阿桂之父阿克敦与阿桂之孙那彦成,在清朝也是十分著名的大臣。

其八是位于东四七条的海兰察宅第。他是满洲镶黄旗人,起自步武,因累立战功,而进封一等公,死后谥号为武壮。他曾辅助阿桂平定大小金川的叛乱,又曾辅助福康安平定台湾的叛乱,因此而被列为平定金川前五十功臣之一及平定台湾二十功臣之一,又曾被列为紫光阁五十功臣之一,四次被画像。时人称:"乾隆朝名将,以超勇公海兰察为冠,边功战略,炳矞旗常,无待述矣。其行军实由天授,有为自古名将所未尝到者。"②时人又称:"国家挞伐四夷,开辟新疆二万余里,南驱缅夷,西剪金川,唯赖索伦轻健之师,风飙电击,耐苦习劳,难撄其锐。其中勇往绝伦以功名终者,唯海超勇公为巨擘。"③文中之"海超勇公"即指海兰察。正是有这样一批忠勇之人,国家的疆域遂得以巩固。

其九是位于嘎嘎胡同(府学胡同南面)的明亮宅第。他也是满洲镶黄旗人,是傅恒的侄子。与海兰察不同的是,他出身尊贵,又迎娶履亲王允祹之女为妻,再加上他曾随同出征西域及缅甸,皆有功,故而被列为平定金川前五十功臣。在他死后,又被供入贤良祠中加以祭祀。"宣宗亲临奠,赐陀罗经被。"④给予了极高的礼遇。

在清代的北京,汉族大臣通常情况下都是居住在外城,而这里往往地势低洼,处于下风下水。因此,对于那些受到赏识的汉族大臣,帝王则在内城赐给他们宅第。在当时北京的内城及外城,则分别居住着一些汉族大臣,而位于东城域内的,主要有:

其一是冯溥的宅第。冯溥是山东益都人(今山东青州)。清初考中进士,任翰林院编修。后历任国子祭酒、文华殿大学士。在清代初年文名颇盛,就连毛奇龄等人皆称为其门人。

他的宅第,在崇文门外的南城广渠门内。史称:"溥居京师,辟万柳堂,与诸

①　《郎潜纪闻二笔》卷十《阿文成之将略》。

②　《郎潜纪闻二笔》卷十《海兰察之将略》。

③　《啸亭杂录》卷九《海超勇公》,第 200 页。

④　赵尔巽:《清史稿》卷三百三十《明亮传》,中华书局,1976,第 10933 页。

名士觞咏其中。性爱才,闻贤能,辄大书姓名于座隅,备荐擢。一时士论归之。"①时人称:"国初,益都相国冯文毅仿廉孟子万柳堂遗制,既建育婴会于夕照寺傍,买隙地种柳万株,亦名万柳堂。"②时人又称:"京师园亭,自国初至今未废者,其万柳堂乎,然正藉拈花寺而存耳。此园冯益都相国临去赠与石都统天柱,石后改为拈花寺。当时诗人颇有讥之者,而不知石之见甚远。盖自古园亭,最难久立。子孙不肖,尺木不存。"③

其二是张照的宅第。他的宅第也在崇文门外(一说在铁厂)。他是江南娄县(今江苏昆山)人,康熙年间中进士,雍正初年升任侍讲学士,乾隆初年迁内阁学士。史称其:"敏于学,富文藻,尤工书。"④张照是很有才华的学子,深受清高宗的赏识,特别是他的书法,在当时非常有名。时人称:"闻国初善书者,如张照、何焯、姜宸英等,无不临习各种套帖,皆系全分。亦可见先辈好学之苦心,虽一技之长,难若登天。"⑤

在内城又有一些著名的汉族文臣,他们的宅第是由帝王赐予的,因此环境比较好。其中,位于东城域内的主要有:

其一是位于皇城厚载门(地安门)外东侧的励杜讷赐宅。他是直隶静海(今天津静海区)人,康熙二年(1663年),他被选中抄录《清世祖实录》而来到京城,然后就一直留在这里供职南书房。到康熙十八年(1679年),清圣祖新开博学鸿词科,以考试选拔天下贤才,励杜讷则被特旨赐同博学鸿词科,翌年任编修,此后一直在紫禁城中效力。励杜讷一家在清代皆较为著称,有三代四人进士、四代出任翰林的美誉。及他死后,清圣祖亲定谥号,清世宗又命其入祀贤良祠。

其二是位于景山北面黄瓦门(今称黄化门)东南侧的朱彝尊赐宅。他是浙江秀水(今浙江嘉兴)人,康熙十八年(1679年),清圣祖开博学鸿词科以招揽天下贤才,朱彝尊应召前来,与姜宸英、严绳孙、李因笃等人一起中选,天下称之为"四大布衣"。史称:"当时王士禛工诗,汪琬工文,毛奇龄工考据,独彝尊兼有众长。著《经义考》《日下旧闻》《曝书亭集》。"⑥其中,《日下旧闻》一书记载北京

① 《清史稿》卷二百五十《冯溥传》,第9693页。
② 《藤阴杂记》卷六《东城》,第54页。
③ 《天咫偶闻》卷六《外城东》,第136页。
④ 《清史稿》卷三百〇四《张照传》,第10495页。
⑤ 《茞楚斋三笔》卷六。
⑥ 赵尔巽:《清史稿》卷四百八十四《文苑传》,第13340页。

的历史文献十分广博，且都加以考订，对后世人们了解北京、研究北京助益极大。朱彝尊的宅第，应是清圣祖所赐。

此后到乾隆年间，清高宗特下谕旨曰："本朝朱彝尊《日下旧闻》一书，博采史乘，旁及稗官杂说，荟萃而成。视《帝京景物略》

朱彝尊故居

《燕都游览志》诸编，较为该备，数典者多资之。第其书详于考古，而略于核实，每有所稽，率难征据，非所以示传信也。朕久欲详加考证，别为定本。方今汇辑四库全书，典籍大备，订讹衷是之作，正当其时。"①因此，专门派福隆安、于敏中诸人纂修有《日下旧闻考》一书，遂成为辑录北京历史文献的集大成之作。

其三是位于地安门外的朱轼赐宅。他是江西高安人，康熙年间考中进士，并在外地为官。史称：清世宗即位后，"召诣京师，充《圣祖实录》总裁，赐第"。他在地安门附近的宅第，就是清世宗所赐。朱轼在清世宗时备受重用，他除了参加《清圣祖实录》的辑成工作之外，还参加了《大清律例》的修订以及《明史》的撰写工作，并出任文华殿大学士、吏部尚书等职。他又曾任太子太傅，主持了清高宗、清仁宗的教育工作。因此，在他去世后，清高宗亲笔御书"帝师元辅"四字作为挽额，并将其入祀贤良祠。

其四是位于东四十三条的汪由敦宅第。从这处宅第的位置判断，应该是清世宗或者清高宗赐给的。他是安徽休宁人，又称浙江钱塘（今浙江杭州）人。雍正初年考中进士，历官世宗、高宗两朝，曾任吏部尚书、协办大学士、太子太傅等职。时人称："乾隆间直南斋，入枢府，御书'松泉'二字以赐，因以自号，有《松泉诗文集》。"②汪由敦虽然没有参加过重要的文化工程，但是深得清世宗与清

① 《清高宗实录》卷九百三十七，乾隆三十八年六月甲辰，《清实录》第20册，第907页。

② 吴庆坻：《蕉廊脞录》卷八《汪由敦谓为大家子弟倍难》。

高宗的赏识,故而得入祀贤良祠。著名文士赵翼就是他的得意门生,赵翼来到北京后在他家居留了八年多。

其五是位于驴市胡同(今称礼士胡同,一说为东四牌楼)的刘统勋赐宅。他是山东诸城人,雍正初年考中进士,任翰林院编修,乾隆初年,出任内阁学士,此后,历任太子太傅、吏部尚书、东阁大学士等职。时人称:"刘文正公,当乾隆中久居相位,颇为上所倚任。公性简傲,不蹈科名积习,立朝侃然有古大臣风。"①文中的"刘文正公"即指刘统勋,死后谥号文正。他与满洲镶黄旗的介福一样,曾经"四典乡试,四典会试",因此门生遍天下。他又曾参加乾隆三十六年(1771年)皇太后八十大寿的三班九老宴,作为文职九老之一。他的儿子刘墉和他并称父子大学士,又与他的孙子刘镮之一起并称"三世一品",死后入祀贤良祠。

当时位于东城域内的,也有一些著名的私家园林。除了冯溥的万柳堂、介福的野园之外,如位于史家胡同的乐贤堂、位于安定门西侧的祝家园、位于弓弦胡同的半亩园,以及位于崇外三条的查氏园等,皆是文人日常聚会、饮酒赋诗的场所,并留下了许多文人吟咏的佳作。这些私家园林随着时光的流逝而日渐衰败,大多数今天已经很难留下踪迹了,但是由此而留下的吟咏佳作却得到后人的传播,成为北京历史文化的一个重要组成部分。

---

① 《啸亭杂录》卷二《刘文正公之直》,第36页。

第四节　民国时期东城概况

民国时期的北京,虽然时间并不长,却经历了四次较大的变化。第一个阶段,是清朝灭亡,中华民国建立,北洋政府主政阶段的北京。第二个阶段,是国民党定都南京,把北京改为北平市的阶段。第三个阶段,则是日寇侵华,攻占北平的阶段。第四个阶段,是日寇投降以后的国民党统治阶段。

在民国时期,城市建筑格局的变化并不大,而行政区划的变化却较大,人口构成也发生了一些变化。这种变化是与城市自身定位及城市功能的变化密切相关的。清朝的灭亡无疑是最大的变化,紫禁城及皇城已经不再是全国的统治中心,而八旗制度的废弛也使人口构成出现变化。此后,都城从北京迁往南京,再次给北京带来极大的影响,使城市功能发生了巨大变化。再往后的日寇占领时期和国民党的"光复"阶段也给这里带来很大的影响及变化。

到1949年,国民党在大陆的统治被推翻,新中国成立后,把首都定在北京。这个决策不仅给中国带来了新的发展活力,也给北京带来了新生。从此以后,北京的发展日新月异,体现在了各个方面。特别是改革开放以来,北京不仅作为新中国的首都,发挥着重要的政治中心、文化中心的功能,而且作为世界著名大都会,发挥着重要的国际交往中心以及世界创新中心的功能。

一、城门、城墙变化

在清朝灭亡之后,北京城市发展进入了一个新的时期。这时的皇城及其周围已经不再是禁地,而坐落在城市中心地带的皇城,已经成为人们在市内出行的一道阻碍。同时在内外城之间、北京城与城郊之间的交通往来,由于有城墙的阻隔,也显得越来越不方便。于是,打通这种阻隔,加快人们的出行便利,就成为新的城市发展动力,也由此带来了北京城门和城墙的变化。

北京城最核心的部分是紫禁城,到了民国时期,其城门和城墙基本上没有遭到破坏,但是皇城与都城却不同程度地遭到破坏。其中,与东城域内相关的皇城四门中的天安门、地安门皆坐落在中轴线上,只有东安门是在东城。都城的内九外七共计十六座城门中,除了永定门与正阳门坐落在中轴线上,其他十四座城门中,东城占了一半,即内城的崇文门、朝阳门、东直门、安定门,以及外城的左安门、广渠门、东便门。其遭到破坏的具体情况如下:

其一是皇城东面的东安门。这座城门是最早遭到破坏的。1912 年在袁世凯的操纵之下,发生了史称"壬子兵变"的叛乱,东安门因此被烧毁了,也没有再得到恢复。此后,在 1926 年至 1927 年,民国内务部拆毁皇城墙变卖,东安门也同时被拆除。今天我们能够见到的,只是东安门的遗址。

其二是皇城北面的地安门。这座城门最初被破坏的是城门两侧的城墙,分别是在 1913 年和 1923 年拆除的。而城门则是在新中国成立后,为解决交通问题被拆除的。今天的地安门已经没有留下任何痕迹,只是地名仍然被保留下来。

其三是长安左门。在皇城正南门天安门前,曾经还修建有一组城门,正南门在明代称大明门,在清代称大清门,到民国称中华门。其两侧,东侧为长安左门,西侧与之对称的为长安右门。穿过这两座城门的就是长安街。1912 年 12 月,长安左门的白玉石槛被拆除,随之长安街正式通行。新中国成立后,这一组城门被彻底拆除,没有留下遗迹。

其四是正阳门。正阳门是北京内城的正南门,在民国四年至五年(1915—1916 年)加以改造。改造后,其瓮城及东西闸门被拆除。其东西两侧,有清朝末年建造的两座火车站,东侧为京奉铁路(北京到奉天)北京终点站,西侧为京汉铁路(北京到汉口)北京终点站。正阳门的瓮城被拆除后,便利了前门大街的交通。今正阳门城楼及箭楼皆保存完

永定门城楼、箭楼及瓮城

好,是天安门广场最南端的建筑。

其五是崇文门。早在清朝末年,八国联军进攻北京,英军负责进攻崇文门,已经将箭楼用炮火毁去。随即又将崇文门的瓮城由东向西穿通,以便火车通行。此后不久,英国人又将残存的箭楼拆除。新中国成立后,为解决交通问题,遂将崇文门及其瓮城拆除。今天已经无法见到城门的样子,只留下了地名。

其六是朝阳门。清光绪二十六年(1900年),八国联军进攻北京,日军负责进攻朝阳门及东直门,使得朝阳门城楼遭到严重破坏。民国四年(1915年),政府修建环城铁路,将朝阳门的瓮城拆除,箭楼也遭到破坏。新中国成立后,朝阳门城楼及箭楼皆被拆除,其遗迹今已无存,只留下了地名。

其七是东直门。民国四年(1915年),政府修建环城铁路,将东直门的瓮城及闸门拆除。到民国十六年(1927年),又将东直门箭楼拆除。新中国成立后,又将城楼拆除。今天其遗迹已无存,这里成为了北京的一处大型交通枢纽,只留下了地名。

其八是安定门。民国四年(1915年),政府修建环城铁路,将安定门的瓮城拆通,以便火车穿过。及新中国成立后,安定门城楼及箭楼相继被拆除。今天遗迹已无存,只留下了地名。

其九是左安门。20世纪30年代,左安门箭楼被拆除(另一说城墙亦被拆除)。新中国成立后,左安门城楼、箭楼台基及瓮城、城墙等被相继拆除。今其遗迹皆无,只留下了地名。

其十是广渠门。20世纪30年代(一说日寇占领时期),广渠门城楼及箭楼被拆除。新中国成立后,其他残迹(包括瓮城等)被拆除,仅留下了地名。

其十一是东便门。20世纪30年代,东便门箭楼被拆除。新中国成立初期,东便门瓮城及箭楼城台被拆除。1958年,因为建设北京火车站,东便门城楼被拆除。其内城东南角楼(东便门角楼)得以保存。

除了以上十一处城门在民国时期发生了较大变化之外,还有三处城墙发生了变化。第一处为水关门。义和团运动之后,使馆人员在正阳门水关(位于正阳门和崇文门之间)上开了一个门洞,位于今正义路南口,称水关门,以便于战时出逃,可即达正阳门火车东站。没有城楼、箭楼,仅为一券顶门。20世纪50年代,拆除城墙时一并被拆除。

第二处为南池子。北京皇城的南面,原来除了天安门,是没有出口的,都被皇城的城墙所包围。在皇城里面,以东安门为界,以南为南池子,以北为北池子。到民国初年,在南池子铺设暗管,改成马路。于是,在皇城的南城墙上开了一处豁口。与之相对应的,是在皇城西侧的南长街也开了一处豁口。其中,南池子的豁口位于东城域内。

第三处为建国门。日伪统治时期,曾在内城的东城墙开有一处豁口,称为启明门,实际上并没有门,只是一处交通要道。及日寇投降后,1945 年 11 月 9 日,民国政府在广大民众的要求下,将启明门改称为建国门。这一名称沿用至今。

二、区划与街道

民国时期,北京市的行政区划发生了很大变化。第一个阶段,是北洋政府统治的阶段。第二个阶段,是国民党政府迁都南京后的北平阶段。第三个时期,是日寇占领北京的阶段。第四个阶段,则是国民党重新恢复在北平的统治阶段。

第一个阶段的北京行政区划,表现在东城域内的是比较清楚的。当时的北京城分为三个大区域,即左、中、右三大区域,而不再是清朝最初的内外各分为五城的区域。原来北京皇城的部分被分为中一区和中二区,中一区在东,中二区在西,其中,中一区是在东城域内的。左面即东面,又被分为两大部分,即内城和外城的东面。内城东面又从南到北,被分为从内左一区到内左四区的四个行政区域,外城东面则从北向南,被分为外左一区到外左五区的五个行政区域。

除此之外,外城的先农坛及天坛两大坛庙的所在地,被分为外右五区,其中的天坛地区,显然是在东城域内。综上所述,在北洋政府统治时期,东城域内的行政区划被分为十一个片区,即中一区、内左一区到内左四区、外左一区到外左五区,以及外右五区的一部分。这个行政区划的范围,应该和今天东城区的行政范围比较接近了。

通过上述情况来看,有一个明显的发展变化趋势,就是政府在制定行政区划的过程中,使区划的名称变得越来越简单、越来越没有文化了。在元大都城建成之初,全城被划分为四十九个坊里,这时元朝政府是请国史翰林院的著名学者为这些坊里命名的,这是继承了自汉唐以来的传统做法,显示了浓厚的文化底蕴。到了明代,开始有了五城的划分,东西南北中,虽然只表达了五个方位,但在五城之下,仍然沿用了元大都的坊里名称。到了清代,却进一步突出了方位的概念,而淡化了文化的氛围。再到民国时期,则完全放弃了文化传承,突出了方位的概念。于是就有了内左、内右、外左、外右的区域划分,使区划名称完全失去了文化传承。

当然,从地名的传承方面,政府的行为并不能完全割裂历史的影响,许多城门的名称、街道的名称还保留了大量的文化气息,并且一直延续到今天。例如,一些城门,如彰义门(为金中都的城门名)、齐化门(为元大都的城门名)、海岱门(又作哈达门,为元代文明门的俗称)等,至今仍在沿用。又如地安门大街、王府井大街、杨梅竹斜街、烟袋斜街、砖塔胡同、铁狮子胡同、兵马司胡同、白纸坊等等,虽然城门、王府、衙署、铁狮子、坊里等已经消失,但是历史的痕迹则得以保存下来。

第二个阶段的北京行政区划,实际上是对第一个阶段行政区划的缩简。其一,民国政府仍然是把北平市分为内外两个部分。就内城而言,不再加左、中、右的区位标识。完全放在东城域内的是内一区和内三区,而在西城域内的是内二区和内四区。放在两者之间中间部位的则是内五区到内七区,东、西城各占一半。就外城而言,放在东城域内的是外一区和外三区,放在西城域内的是外二区和外四区,放在中间偏南的则是外五区。内外城总共划分为内七外五共十二个区片。这时的宫城(紫禁城)虽然是一个独立的单位,而皇城则与整个城市(北平城)融为一体了。这个区划一直沿用到新中国成立。

民国时期,政府在北京进行了大量道路修缮和沟渠疏通的工作,使得北京地区的交通状况有了极大的改善。修缮道路主要分为两项工作,一项是对原有道路的修缮,包括拓平和展宽;另一项则是新筑道路,更加便利了人们的出行。对于这两项工作,民国政府都进行了相对规范化的调整。对此,《北京市志稿·建置志》加以较为具体的记载。现对北京东城域内的相关情况加以叙述。

第一项,是对原有道路的修缮工作。据《北京市志稿·建置志》在民国七年(1918年)的统计表明,当时的北京内、外城共有道路一百三十三条,包括清朝后期及民国初期的统计数字。其中,在东城域内的街道应该占一多半,包括从东长安门大街、东安门内大街、户部街、王府井大街、东四南大街、东四北大街、灯市口、安定门大街、崇文门外大街,到景山东街、打磨厂、南药王庙、东堂子胡同、大甜水井、锡拉胡同、东总布胡同等。其中,标明在民国时期加以拓宽及修缮的有三十多条。

第二项,是新开拓的道路。主要有:第一,东西阙门及北上门。据该书相关说明称:"本市内城东西交通,均向南绕天安门前,北经北上门之窄隘砖路,车马往来极感不便。十七年冬添辟东西阙门土路,由东、西华门南面筒子河沿岸迂回穿过阙左、阙右门。二十五年十二月后,改修石渣路。……二十一年八月,改成沥青泼油路。"第二,东皇城根。据该书相关说明称:"自皇城拆除后,即辟为通路,日经大车走轧,殊感不平。二十一年十月,先将宽街至汉花园一段,改修石渣路。二十四年二月,后将汉花园迤南一段改成石渣路。"

除此之外,当时的民国政府已经把北京地区的道路分为六个档次。其中,分布在东城域内的主要有:属于一等路甲类的有东华门大街、东安门大街、朝阳门大街、安定门大街、崇文门内大街和崇外大街、东直门大街、米市大街、王府井大街、东四牌楼大街、灯市口大街、交道口东大街及南大街等,这些大街直到今天仍然是北京城市中最主要的街道。

属于一等路乙类的有王府井大街(自东长安街至八面槽)、西大街(自交道口至马市大街)、鼓楼东大街、花市大街、北池子大街(自东华门大街至东三座门)、地安门东城根(自地安门大街至宽街)、沙滩(自北池子至汉花园)。属于一等路乙类的大街与甲类的区别并不大,只是有些街道比甲类略窄一点,而其畅通程度则是没有差别的。

属于二等路的有景山东街、隆福寺街(自东四北大街至马市大街)、宽街(自大佛寺西大街至皇城根)、雍和宫大街、北小街(自朝阳门大街至东直门大街)、南小街(自总布胡同至朝阳门大街)、铁狮子胡同(自东四大街至交道口,今平安大街中段)、五道营(自安定门大街至雍和宫大街)、打磨厂(自正阳门大街至崇文门大街)等。这些街道大多是连接各大街道之间的主要通道。

属于三等路的主要有东总布及西总布胡同、苏州胡同、内务部街、禄米胡同(今称禄米仓)、丁香胡同、棉花胡同、宝钞胡同、北锣鼓巷、帽儿胡同等。属于四等路的主要有兴隆街,史家胡同,方巾巷,梯子胡同,遂安伯胡同,东四二条、四条及八条,汪家胡同,演乐胡同,东裱褙胡同,礼士胡同等。属于五等路的主要有东单羊肉胡同、巾帽胡同、南小市和北小市、笔管胡同等。这些小街及胡同主要是广大居民日常出行的道路。

与街道和胡同联系最为密切的,就是城市中的排水沟渠。民国政府对这些沟渠的畅通也是下了很大功夫的。其在东城域内施行的沟渠工程主要有:一是民国五年(1916 年),在户部街修砌的大暗沟,说明称:"附砌过街沟十二道,计五十二丈七尺。"翌年修筑的马神庙北京大学西墙外的暗沟。民国七年(1918

年），在朝阳门内修筑的南北水关，在西总布胡同疏通的过街沟，以及在菖蒲河修筑的涵洞等。

此后，民国政府又在全市范围内进行了沟渠的疏通工作。其在内城左一区的疏通工作主要有：宗人府后身、御河桥西、王府井大街、西裱褙胡同、遂安伯胡同、无量大人胡同、南小街南段、顶银胡同等。其在内城左二区的工作主要有：宽街、隆福寺街、干面胡同、史家胡同、本司胡同、老君堂胡同、新鲜胡同、礼士胡同、东厂胡同、亮果厂（又作晾果厂）等。其在内城左三区的工作主要有：安定门内大街东沟至西沟、铁狮子胡同、府学胡同、北新桥头条至三条胡同、前后圆恩寺胡同、南北锣鼓巷等。其在内城左四区的工作主要有：东四牌楼北大街东沟至西沟、东直门内大街及北小街、朝阳门内北小街、东四十一条等。由此可见，民国政府对于沟渠的疏通工作是十分尽力的。

三、衙署分布

北京城在北洋军阀统治时期仍然作为首都，故而诸多中央衙署仍然分布在城里的各个地方（包括东城和西城）。其中，许多衙署已经和清朝统治时期完全不一样了，不仅机构本身发生了较大变化，就连衙署的位置也发生了较大变化。这种状况，在民国政府南迁到南京之后，也发生了很大变化。其中，设置在东城域内的机构及其衙署主要有若干处，现据《北京市志稿·建置志》的相关内容，罗列如下：

其一是议政委员会。这个机构位于东单北侧的外交部街，是在清代双忠祠的旧址上设置的。民国五年（1916年），曾在此设置外交部衙署。及首都迁往南京之后，这里成为行政院驻北平政务整理委员会的衙署。而到了日寇侵占北平之时，这里又成为临时政府的所在地。

其二是行政委员会。这个机构也设置在东单北侧的外交部街，只是议政委员会在西楼，而行政委员会在东楼。这里原来是清朝的铸钱局，先是改为招待外宾之所，然后又与议政委员会一起改为行政院驻北平政务整理委员会，最后改为冀察政务委员会。直到日寇侵占北平之后，才又改为伪行政委员会。

其三是内政部。这个机构位于东堂子胡同。在清朝末年曾经是总理各国事务衙门，然后又改为外务部。民国初期，改为外交部。其后，许多单位占用这里的房舍，如外交小学、同文学会等。及民国政府迁都南京，这里被更多单位占用,如丙子联欢社、英文日报馆、同盟通信社等。及日寇侵占北平,成立临时政府后,这里改为赈济部,又改为内政部,遂成为伪内政部衙署。

其四是财政部。这个机构的衙署是清朝户部的衙署,因为历年久远,在义和团运动后曾加以修缮。民国初年,曾一度由步军统领占用。及民国政府南迁,这里改为烟酒署北平保管处。及日寇侵占北平之后,这里改为统税公署北平总税分局,随后,伪财政部成立,才占为衙署。在衙署内,又设有会计局、税务局、国库局、总务局、交通银行金库等机构。

其五是北京特别市公署警察局。这个机构的衙署历经几次迁徙。清朝末年,成立善后协巡总局,其衙署在方巾巷,又迁至西总布胡同。后改为工巡总局,迁往南兵马司。民国初年,成立京师警察厅,衙署占用清朝原吏部旧址。及民国政府南迁,改称公安局,此后,又改称警察局。

除了以上几处衙署之外,在今东城域内还分布着一些衙署,在《北京市志稿·建置志》中也有记载。如分布在内一区的官署有:位于公安街新大路西口的北京邮政管理局,位于公安街中间的财政部及北京统税分局、北京警察局及北京消防队,位于东长安街路北的北京电报局和邮政支局,位于金鱼胡同的北京自治事务第一区分所和北京宪兵第一大队第一中队,以及位于东四西侧猪市大街的北京财政局第一稽征处,等等。

分布在内三区的官署有:位于朝内北小街的北京市卫生局第三清洁班,位于北门仓的长芦盐务管理局硝磺处北京分处营业部,位于东四四条胡同的陆军宪兵学校,位于钱粮胡同的北京市卫生局第三卫生事务所和保婴事务所,位于南兵马司路北的统税公署,位于南小街王驸马胡同的长芦盐务第十小队,位于东四北大街路西的北京市警察局消防第三分遣所和北京市警察局内城军装库,位于国子监路北的北京市警察局第二队,以及位于东直门大街路北的内三区警察署,等等。

分布在外一区的官署有:位于正阳门车站路南的北京警察局东车站检查总所,位于正阳门东车站路北的京奉路北京铁路局和京奉路北京警务段二十三所、北京邮政局快递组,位于东珠市口路南的北京警察局侦缉一分队,位于崇文门大街及正阳门大街路东的北京警察局侦缉一小队分遣所,位于阎王庙前街路东的北京警察局消防队第三分队,位于打磨场路北的北京卫生局第七清洁班,位于南河岸路南的北京卫生局第七清洁班二分班,位于崇文门大街路东的北京市自治事务第七区分所,位于正阳门大街的北京特别市公署国货陈列馆,位于东珠市口路南的外一区警察署,等等。

分布在外三区的官署有:位于营房宽街路东的北京市卫生局清道第九班,位于夕照寺街路北的京山铁路东便门爱护村办事处,位于左安门大街路西的北京统税分局左安门稽征所,位于教养院街路北的北京市卫生局第二传染病医院,位于法华寺街路北的北京电车公司停车修理厂和北京电车公司挂线部,位于手帕胡同的北京市警察局外三区警察署和北京烟草公卖分栈,位于西花市街南的北京市邮政第十二支局,位于东便门街路南的北京市警察第五队,等等。

特别值得一提的是,在《北京市志稿·建置志》中,还专门记载了一些日寇驻在北京(当时称北平)的机构,并称之为"友邦暂设之官署"。其中,设置在东城域内的有:位于内一区的华北交通株式会社、华北交通公司仓库、日本财务官事务所、海军武军府等,位于内三区的山杉军司令部、兴亚院华北联络部、井上部队囚禁场等,位于外一区的外城日本宪兵队、日本警备队等,位于外三区的北支派遣山杉部队本部等。这些侵略机构的设置,为侵华日寇的罪行留下了铁证。

四、宗教建筑

清朝灭亡后,中国传统宗教的发展受到极大影响。在北京地区,佛教(包括藏传佛教)和道教由于失去了清朝政府的支持,日趋衰落。大量著名的寺庙和道观被各种社会机构占用,其中许多被改建为学校。其他寺庙和道观也因为年久失修,而变得破败不堪。大量僧侣和道士由于缺乏生计而另谋出路。故而这个时期的北京传统宗教进入历史时期的最低谷。伊斯兰教作为从元代大规模进入中土的宗教,经过几百年的发展,已经基本上中国化了,由于有着比较固定的信众,而保持着不变的格局。作为该教派的活动场所,其数量也略有增加。

与之相对应的是基督宗教(包括天主教、基督教、东正教等),其发展则是达到了历史上的高峰。由于受到西方军事侵略和文化扩张的较大影响,在北京,清廷对基督宗教的控制越来越少,该教的活动也越来越频繁,因此,基督宗教在北京建立的宗教活动场所也就变得越来越多。清朝的灭亡,以及西方列强在中国及北京的影响越来越大,使得信奉这种宗教的民众数量急剧增加,这种整体宗教发生变化的情况,在民国时期是比较突出的。

在民国时期的东城域内,主要的寺庙道观皆是在此前的元、明、清各朝代建造的,民国时期基本没有建造新的寺庙与道观。民国初年,曾经对北京地区现有的寺庙及道观等宗教活动场所进行过普查,并且统计出了相关的数据。仅据《北京市志稿·宗教志》的相关记载,我们可以对当时的状况有一个大致的了解。在该书中曾经列有一个《佛教寺庙表》,把北京城里的寺庙按照区划和街道胡同地点加以排列,共计有三百七十六处。其中,除去关帝庙、天仙庵、马神庙、精忠庙等不应列入佛教寺庙的宗教场所之外,还有二百五十余座寺庙。

其中主要有:位于内一区的双松寺、崇宁寺、观音寺、万善寺、弘兴寺、地藏庵、广福寺、普济寺等,位于内三区的极乐庵、白衣庵、圆音寺、观音庵、净莲寺、大佛寺、九顶菩萨庙、永宁寺、延福寺、增福寺、吉祥寺、天圣寺、海潮庵、宝公寺、兴胜寺、宝庆寺、迎恩寺等,位于外一区的雷音寺、观音阁、大西竺庵、福德禅林、永寿寺、弘福寺、大慈寺、地藏庵、乾泰寺、通明寺、镇海寺、白衣庵、大慈庵等,位于外三区的积善寺、地藏寺、白衣庵、三元寺、福喜庵、大慈庵、卧云庵、广法寺、观音堂、广慧寺、寿佛寺、圣泉寺等。这些寺庙显然不是历朝统治者敕建的,而是由僧侣及民众集资兴建的。

在民国时期的东城域内,还有许多大大小小的道观,是道教举行宗教活动的主要场所。而在《北京市志稿·宗教志》中,专门有一卷为"道教庙观",而在这一卷中没有列表,其数量也远远少于佛教寺庙。这主要是因为有一百多处应该划归道教的关帝庙、马神庙等宗教场所被列入佛教寺庙,另外,对于这些道观(共有九十七处)的记载也比较详细,大致列举了建造年代及修复的情况。这些道观也是分区排列的。

其中位于内一区的主要有玄极观(明清皆曾重修)、五圣祠(建于清光绪年间)、马神庙(明代建,清光绪年间重修)、玄真观(始建无考,清光绪年间重修)、吕祖观(始建无考,清康熙年间重修)。位于内三区的有火神庙(内有清代立庙及修庙的碑刻三通)、药王庙(明代建,清光绪年间重修)、关帝庙(始建无考,亦无重修记载)、城隍庙(始建无考,清同治年间重修);在这里又有火神庙一处、万善寺一处,当属于佛教寺庙。位于外一区的有关帝庙(建于清道光年间)、崇真观(明代建)、玄帝庙(明代建,清光绪年间重修)、双关帝庙(清光绪年间建)。此外,又有正阳门前关帝庙及观音庙(属佛教),记载尤详。还有白衣观音庙,当属佛教寺庙。位于外三区的有火神庙(明代建,清乾隆年间重修)、五显关帝庙(称建于宋代,明代重修)、乐善寺(当属佛教)、广宁观(清康熙年间建)、药王庙(始建无考,明天启年间重建,民国年间补修)、玉清观(清康熙年间建,称云集观,道光年间重修,改今名)、太阳宫(清顺治初年建)、南极庙(清初建,为蟠桃宫下院)、蟠桃宫(清顺治年间建,康熙元年重建)。此外,又有一座建于明代的火神庙。

而在《北京市志稿·宗教志》中,又专门列有"喇嘛教"两卷,其中第二卷为"喇嘛寺院",记载有在北京的藏传佛教寺庙三十四处,其中,位于今东城域内的寺庙共有九处,为雍和宫、嵩祝寺、隆福寺、普度寺、锡哷图仓(福祥寺)、普胜寺、净住寺、慧照寺、化成寺,皆为民国之前建造的,保留到了民国以后。再加上承德寺庙在京的下院七处,大多数是在东城域内,合计共有在京保存寺庙四十一处。

伊斯兰教又被称为回教,自元代大规模传入中国,并且在元大都城加以传播。历经明清,不断发展。而到了民国年间,基本上保持着清代的规模。《北京市志稿·宗教志》中专门列出了"回教寺院"一目,列举了当时北京城内外清真寺的状况。其中,位于东城域内的主要有:一、位于东四南大街路西的东四清真寺,建于明代初年,为北京(当时称北平)敕建四大清真寺之一;二、位于安定门内大二条胡同的法明寺,也是敕建四大清真寺之一;三、位于崇文门外花市的清真寺建于明永乐十三年(1415年),此后又在明清时期多次加以修缮。

除了这三处主要的清真寺之外,又有一些规模较小的清真寺,如建于王府井大街、建于禄米仓、建于崇文门内苏州胡同、建于崇文门外上堂子胡同、建于东直门内南小街、建于东直门外重庄、建于安定门内中剪子巷、建于安定门外地坛对面的诸多清真寺,皆是伊斯兰教信徒的活动场所。

基督宗教在民国时期被统称为"西教"。这时人们对基督宗教的认识已经比较全面,故而在《北京市志稿·宗教志》中将其区分为天主教(罗马旧教)、耶稣教(新教)、东正教等不同派别。当时人对基督宗教传入中国的历史也大致进行了疏理,并对其在北京地区的教堂加以叙述。其中,民国时期位于东城域内的教堂主要有:位于王府井八面槽的天主教堂(又称"东堂")及东交民巷的天主教堂。此外,位于东直门内后海的教堂则属于东正教一派的教堂。

这时耶稣教的传教活动场所也有很多,宗教活动十分活跃,据《北京市志稿·宗教志》的记载,在东城的主要宗教团体及活动场所有:位于崇文门内孝顺胡同的华北美以美会,位于崇文门内方巾巷及崇文门外花市大街的美以美会福音堂,位于崇文门内米市大街及崇文门外东柳树井的中华基督教会,位于崇文门内大街的北京基督教青年会,位于外交部街的中华圣公会,位于安定门内二条的美国长老会中华基督教会,位于交道口的中华基督教会福音堂,位于朝阳门内南小街的美国神召会福音堂,位于地安门外东皇城根的远东宣教会中华圣洁教会,位于王府井大街的救世军,等等。正是在这些宗教团体的周围,会聚着几百人,乃至几千人的信徒。

五、商市分布

民国时期的北京,商业发展仍然十分繁荣,其发展的种类和数量都在不断增加。据《北京市志稿·货殖志》中有关商业的记载来看,北京商业的发展基本上完成了从古代向近现代的转型,大体上开始与国际商业界接轨。而其在东城域内的发展,则在许多方面不仅代表了这座城市的发展水平,而且超过了同时期的国内诸多城市。

按照当时人们的分类方法,商业主要包括了被称为饮食类的米面杂粮业、酒业、盐业、煤业、劈柴业、火柴业、电灯、自来水、油业、茶业、烟草业、药业及西药业、干果及鲜果业、肉业、饭馆业等。服用类的布业、绸缎业、皮货业、棉业、估衣业、帽业、鞋业、毛巾业、冷布业、西服军衣庄、化妆品业、五金行业、铜铁锡业、瓷器业、搪瓷业、陶器业、玻璃业、铅器业、电灯业、电料业、煤油业、纸业、木材业、寿材业、木器业、漆业、颜料业、碱业、香烛业等。其他则为杂项类,主要包括了度量衡业、银钱业、交易所业、典当业、古玩业、玉器业、挂货业、拍卖业、鬃毛业、肠衣业、骡马业、保险业、电车业、旅馆业、电影业、剧场业等,一共是三大类、六十多个行业。

这个分类分行业的标准在今天看来是不规范的,如在饮食类和服用类中都有电灯行业,而在饮食类中有饭馆业,而在杂项类中又有旅馆业、剧场业,等等。今天我们看来应该都是服务业的范围,在当时却没有这个行业的类别。其他如鞋帽业、皮货业、五金业、瓷器业、铜铁锡业、木材业等等,本来并不是一个行业,却都划分到了服用类之下,就连杂项类中的许多行业,如度量衡业、古玩业、骡马业、银钱业等,也完全不是同一种类别。

据《北京市志稿·货殖志》的相关记载,有关北京的商业市场只是一个粗略的大致分类与描述,而没有具体场店位置的描述。如"米面杂粮业",该书称道:"总计本市之米粮业米庄在会者约六百家,陆陈行在会者约一百家,连同米面业及不在会者,约计大小当有一千五百家,而杂货栈及运输货栈尚不计焉。"①而在这一千五百家的"米庄"中,位于东城域内的应该占半数左右,也就是不到八百家。而据清朝末年的《朝市丛载》一书所载:"米市,在前门内东四牌楼迤南。"(《朝市丛载》卷六《市廛》)这里直到今天仍被称为米市大街。

又据《北京市志稿·货殖志》的相关记载,北京的盐业市场在清朝乾嘉年间共有二百余家,而到了民国年间仅剩十余家。盐店的数量虽然减少了很多,但是市民们日常食盐的用量却没有减少。该书称:"总售处设于崇外东柳树井,分设处:齐化门外为东分店,平则门大街为西分店,南苑营市街为南分店。"②由此可见,不论是位于崇文门外的盐业总售处,还是位于齐化门(朝阳门)外的东分店,都是在今东城域内。此外,在北京大的油盐店及酱园,也出售食盐。据《燕市积弊》记载,民国年间北京最大的酱园中鼎和就是按斤卖盐的商店,而其分号北鼎和,就在东城域内的安定门内大街路西。

再如煤业,在北京是一个非常重要的商业组织,据《北京市志稿·货殖志》的相关记载:"煤铺每日平均销五百斤者约三百五十家,销八百斤者约三百家,销一千二百斤者约一百家,销二千斤者约五十家,全年至少可销二万万斤。"③合计大小煤铺共计八百余家,销售煤炭六十三万余斤。文中称"全年至少可销二万万斤",即十万吨煤。这个数字当是另有统计依据,而且是根据比较可靠的统计数字得出的结论。

再如酒业,也是非常重要的商品之一。据《北京市志稿·货殖志》的相关记载,民国年间在北京地区销售的酒品主要有三大类:第一类是烧酒,也就是我们今天所说的白酒;第二类是黄酒,又称南酒;第三类是啤酒,传自国外,北京亦有生产,又多转销于国内的外国人,所谓:"因此种啤酒销售外人者十居其九,销售本国但居其一。"④此外,又有汾酒、洋酒、本地自制酒及药酒等几类。在北京地区经营烧酒的主要有九家,即天裕、泰和、天顺、永益、隆源、福源等;经营黄酒的主要有长发、长兴、长生、宝泰等六七家;经营啤酒的主要是双合盛一家。至于出售酒品的烧酒铺、黄酒铺等,则遍布东、西城各处。而许多大饭庄、小饭铺也通常出售各种酒品。

① 吴延燮等纂:《北京市志稿·货殖志》卷六《商业》,第589页。
② 吴延燮等纂:《北京市志稿·货殖志》卷六《商业》,第592页。
③ 吴延燮等纂:《北京市志稿·货殖志》卷六《商业》,第593页。
④ 吴延燮等纂:《北京市志稿·货殖志》卷六《商业》,第590—591页。

饭馆业是北京最古老的行业之一,在民国时期的发展尤为兴盛。仅据《北京市志稿·货殖志》的相关记载,则有几类:一类是旧式的大饭庄,以同和堂、聚贤堂饭庄为代表;第二类是以西式餐饮为主的西餐厅,以撷英餐厅为代表;第三类是以菜肴出名的,以致美斋、东兴楼、东西来顺为代表。除此三类之外,则有所谓的"二荤铺"和"茶饭馆""饺子铺"等。该书称:"本市饭庄已入同业公会者三百一十余家,然若加入一切之小吃饭馆,其数当在一千以外。"①这一千多处大小饭馆遍布于东西两城,如东兴楼、东来顺等饭馆则是在东城域内。而据《朝市丛载》记载,位于东城域内的,还有位于崇文门内的庆会堂饭庄、位于崇文门外的永顺茶社等。

又据《燕市积弊》一书称,北京地区的餐饮业分为饭庄子与饭馆子两类。其中,饭庄子又有冷庄眼儿和热庄眼儿的不同。"如早年财盛馆、文昌馆、汇元堂,都为冷庄眼儿,除去团拜、做寿唱戏之外,平日简直的没人。如现在外城的福隆、庆丰、天福、惠丰、同兴、同丰、庆福,都叫热庄眼儿。"而所谓的"官席",即大场面的宴席,多以热庄眼儿为主。饭馆则分大、中、小三等,规模较大的如福兴居、万福居等;中等的如富源楼、致美斋等;规模较小的如鼎和居、泰和馆等。此外又有茶馆儿,与"二荤铺"为一类,有名的如天全、裕顺、广泰、汇丰等,遍布全城。而这些茶馆儿的规模也颇为可观:"每见城里头的大茶馆儿,动辄都用好几百间房,灶上响杓后堂都听不见。(多大地方!)"绝对不比饭庄子与饭馆子的规模逊色。

在民国时期的北京,有一个新兴的行业,被《北京市志稿·货殖志》列入"商业"的范围内,即电车业。这个行业,据该书称:"北京电车公司为官商合办性质,……于民国十年议决,十二年开始装设,十三年底开始行车,十四年冬各项工程告成,十七年春发电厂始竣工。"②仅用了短短不到十年的时间就完成了。又据该书《建置志·道路》的记载,当时一共开通了六路电车,其中第二路电车,从天桥总站出发,向北至东珠市口、前门,然后向东经天安门、南池子、东单,再向北经王府井、西总布胡同、米市大街、灯市口、东四,至船板胡同、北新桥为止。这条线路基本上是在东城域内行驶的。

① 吴延燮等纂:《北京市志稿·货殖志》卷六《商业》,第605—606页。
② 吴延燮等纂:《北京市志稿·货殖志》卷六《商业》,第644—645页。

六、主要民居

在民国前期,因为政府设在北京,故而许多重要的政要人物都居住在北京。由于当时的重要政府机构大多设置在东城域内,许多重要人物也就都居住在东城域内。其代表人物主要有袁世凯、黎元洪、冯国璋、徐世昌、段祺瑞、唐绍仪、顾维钧、朱启钤。这些人在民国初期的北京,乃至全国,都有非常重要的影响,发挥着重要的作用。

袁世凯像

其一,袁世凯的住宅位于东华门外的锡拉胡同东口。他是河南项城人,清朝末年掌有新军大权,并利用革命党人的武装起义推翻清政府,他成了最大的受益者。经过与孙中山等革命者的较量,袁世凯最终成为中华民国临时大总统,不久,当选为正式大总统。但是,他在上任后,却想恢复帝制,并在1915年12月称帝,改中华民国为中华帝国。袁世凯的倒行逆施遭到了全国人民的反对,由此爆发了"护国运动",迫使他不得不取消帝制。不久他因病身亡,上演了一出中国历史上的闹剧。

其二,黎元洪的住宅在北京东城域内有两处,一处位于东华门外的骑河楼北巷,是清末权臣荣禄的宅第;另一处位于王府井东厂胡同。他是湖北黄陂人,清朝末年因为受到张之洞的赏识而获得了湖北的军政大权。"辛亥革命"爆发后,他被革命党人推举为湖北军政府都督,主持了与袁世凯对抗的军事行动,并被推举为中央军政府大都督、大元帅等职。此后,黎元洪一方面打压孙中山的临时政府;另一方面,拥护袁世凯的北洋政府。民国二年(1913年)8月,袁世凯出任民国大总统,他出任副总统。及袁世凯称帝失败后死去,黎元洪立刻就职中华民国大总统。其后,他与掌握民国实权的段祺瑞发生矛盾,张勋又在北京发动叛乱复辟清廷,也被镇压。此后的北洋军阀各派系争斗不休,黎元洪虽然一度再任大总统,但是他已经失去实权,并逐渐退出了历史舞台。

其三,冯国璋的住宅在北京东城域内也有两处,皆在交道口一带,一处位于雨儿胡同,另一处位于帽儿胡同。他是河北河间人,自从军后得到袁世凯的赏识,与王士珍、段祺瑞一起成为"北洋三杰"。此后,在为袁世凯效力的过程中,一直坐到参谋总长的位置上。及袁世凯死后,黎元洪继任民国大总统,冯国璋则补任副总统,并从南京来到北京任职。及黎元洪退隐后,他任代大总统,仍然没有解决与段祺瑞的矛盾。此后,段祺瑞利用总统换届的机会,推出徐世昌任新总统,冯国璋遂回归故里,并于民国八年(1919年)年底病逝。

其四,徐世昌的住宅在北京东四五条一带。他出生在河南卫辉,从青年时期就一直与袁世凯的关系不错,此后在官场上也一同相互帮扶。清末袁世凯掌控军权,而徐世昌则在清廷与袁之间周旋,最终使得清廷倒台,袁世凯出任民国大总统。但是,当袁世凯称帝之后,徐世昌开始与他分道扬镳了。及袁世凯死后,北洋军阀派系纷争,遂在第二届选举总统时,将徐世昌推出任民国大总统。他虽然一直想要调和直系军阀和奉系军阀之间的矛盾,却一直没有结果,最后被直系军阀逼迫下野,遂隐居于天津,死后归葬河南故里。

其五,段祺瑞的住宅在朝阳门里的仓南胡同。他是安徽合肥人,曾与冯国璋、王士珍一起受到袁世凯的赏识,成为北洋军的骨干,被称为"北洋三杰"之一。段祺瑞曾受袁世凯指使,在代表清廷镇压"辛亥革命"的过程中,与革命党谈判,一致迫使清帝退位,在建立共和国的进程中起到了促进作用。此后,他又因为反对袁世凯称帝而辞去陆军总长的职务。及袁世凯死后,黎元洪及冯国璋继任大总统,段祺瑞皆曾任总理,主持政务。他曾四任陆军总长,四任总理,最后曾任临时执政,一生功过参半。

在民国初期的北京,从袁世凯到段祺瑞,都是由军人执掌政权,而其他文人只能处于辅助的位置。这时的著名文人中,也有一些是居住在东城域内的,主要有朱启钤、章太炎、康有为、梁启超、蔡元培、陈独秀等人。这些著名的文人在民国年间或多或少地在北京东城域内留下了他们的印迹。

其一,朱启钤的伴宅在建国门里的赵堂子胡同。他是贵州开州(今开阳县)人,清光绪二十八年(1902年)来到北京,在京师大学堂工作。民国政府成立后,曾任交通部总长、代理国务总理,又任内务部总长。他在任内务部总长之时,曾参加了北京老城的改造,主持了正阳门(前门)箭楼的修复及瓮城的拆除工作,又打通了紫禁城两侧的皇城(南池子及南长街),将这两条街道与长安街相连。此后,因为支持袁世凯恢复帝制失败而随之失去权力。在日寇占领北京期间,他在赵堂子胡同的住宅被征购,而被迫移居到北总布胡同。新中国成立后，朱启钤曾任全国政协委员及中央文史馆馆员。

其二，章太炎的住宅在东四钱粮胡同。他是浙江余杭人，原名章学乘，后改名章炳麟及章绛，字枚叔，号太炎。他曾因为支持"戊戌变法"而遭到清朝政府通缉，被迫出逃。清朝末年，章太炎结识了孙中山等革命党，不久又加入中国同盟会，并担任《民报》主编。他的言论和著述在当时的中国学术界和思想界影响极大，其中尤以《国故论衡》一书为代表。他的学生则有黄侃、钱玄同、鲁迅等人。他的著述曾被编为《章氏丛书》及《续编》《三编》等，今人亦曾将其著述编为《章太炎全集》。他在北京居住的时间并不长。

其三，康有为的住宅在东华门外的韶九胡同。他是广东南海人，原名康祖诒，字广厦，后更名为康有为。他的思想和当时大多数青年一样，爱国但是不反对帝制。他在第二次到北京参加科举考试时，为了反对清政府和日本签订《马关条约》，组织了一千多名举人联名上书，史称"公车上书"。此后，他又与谭嗣同等人一起发动"戊戌变法"，准备依靠光绪帝进行政治改革，但是却失败了，被迫逃亡海外。清朝灭亡后，康有为作为保皇党领袖，支持清帝复辟，最后也失败了。他在北京居住的时间也不长。

其四，梁启超的住宅在北新桥的北沟沿胡同。他是广东新会人，号任公，又号饮冰室主人。他早年曾追随康有为从事爱国变法运动，在"戊戌变法"失败后逃亡海外，开始主张改良，并且与主张革命的同盟会展开论战。民国成立后，梁启超又为袁世凯效力，出任新政府的司法总长。此后，他又参加了反对袁世凯称帝的护国运动，并在段祺瑞的政府中出任财政总长等职。及段祺瑞倒台，梁启超也退出政坛，开始从事学术研究。他曾著有《清代学术概论》《新史学》及《中国历史研究法》《中国近三百年学术史》等书，在当时的学术界产生较大影响。

其五，蔡元培的住宅在建国门内东堂子胡同。他是浙江绍兴人，字鹤卿，又字子民。他是中国近现代著名教育家，曾任南京临时政府第一任教育总长。不久出国，回国后任北京大学校长，曾聘请陈独秀到校任教，并支持师生们的新文化运动及五四运动。民国九年（1920年），蔡元培又和李石曾等人在北京创建中法大学，进一步增强了北京现代教育的力量。九一八事变后，他与宋庆龄、鲁迅等人一起组织了中国民权保障同盟，积极参加抗日爱国运动。

民国时期的北京，不仅是清朝灭亡后各种政治势力开展争夺的重要场所，而且也是新思潮的发祥地。当时作为中国新兴力量代表人物的陈独秀、毛泽东也曾在东城域内居住过。陈独秀当时在北京居住的地方是东华门外的箭杆胡同。他原名陈庆同,字仲甫,是安徽怀宁人。他在清朝末年从事反清宣传活动,遭到清朝政府通缉。辛亥革命后,他在上海创办了《青年杂志》,不久改称《新青年》,成为新文化运动的旗帜。民国六年(1917年),陈独秀受蔡元培聘请到北京大学教书,他把《新青年》杂志也一起带到北京。翌年,陈独秀又和李大钊一起创办了《每周评论》,共同作为宣传新思想、抨击丑恶社会现象的重要武器。此后,由于受到北洋政府迫害,陈独秀离开北京,返回上海,不久在上海成立中国共产党,领导中国革命历尽艰险,走向胜利。

蔡元培像

　　民国时期,毛泽东在北京东城域内的居住地在景山东侧的吉安所左巷。他是湖南湘潭人,字润之,是中国共产党和新中国的创立者之一,革命领袖,伟大的思想家和战略家。民国七年(1918年),他与蔡和森等人一起在湖南成立了新民学会。不久,来到北京,在北京大学图书馆任管理员,并且接触到马克思主义等新的思想理论。翌年,回到湖南,创办《湘江评论》,宣传革命思想。不久,又到北京,组织驱逐湖南军阀张敬尧的活动。此后回到湖南长沙,与何叔衡等人一起成立长沙共产主义小组。毛泽东当时在这里居住的时间并不长。

第五节　新中国北京的东城区

1949 年 10 月 1 日,人民领袖毛泽东在天安门城楼上向世界庄严宣告:中华人民共和国成立了,中国人民从此站起来了。同时还宣告:新中国的首都就在北京。从此,中国历史进入了一个全新的时期。北京作为一座和平解放的城市,各项城市设施得到了很好的保护。在此后的七十多年时间里,北京作为新中国的首都,有了极大的发展,不论是城市面貌,还是城市精神,都出现了日新月异的变化。

这七十多年的历程,大致可以分为三个阶段:第一个阶段是从新中国的成立到 1966 年"文化大革命"开始,这个阶段是新中国成立后的发展探索阶段。第二个阶段是从"文化大革命"的开始到结束,这个阶段是新中国的发展遇到挫折的阶段。第三个阶段是从改革开放开始,一直到今天,这个阶段是新中国再次奋起发展的阶段。北京的历史是和新中国的历史同步的,而北京东城的历史则是和首都北京的历史同步的。

一、政区变迁

新中国成立后,北京地区的政区发生多次变化。第一次的变化是在 1950 年 8 月,把北京的内外两城一共分为九个区,第一区和第三区仍然是在东城域内,第五区是在中部,东西城各占一半。第六区在外城中部偏北,第九区则在外城中部偏南,东西城各占一半。第七区在外城东部,第八区在外城西部。其他第十区至第十六区,则是四郊各地。

第二次的变化是在 1952 年 6 月,撤销了位于城市中心的第五区和第九区,第五区的区域划分给了第一区到第四区,第九区的区域划分给了第七区和第八区,而其他四郊各区也进行了合并调整。调整后的各区有了自己的名称:第一区改称东单区,第二区改称西单区,第三区改称东四区,第四区改称西四区,第六区改称前门区,第七区改称崇文区,第八区改称宣武区。其中,东单区、东四区、崇文区在东城域内,前门区有一半在东城域内。

第三次的变化是在 1955 年 6 月,这次应该算是一次微调。经过市政府上报国务院批准,将朝阳门关厢和东便门关厢划归东单区,将东直门关厢划归东四区,将广渠门关厢和福州义园北墙外土道以北划归崇文区。其他西城区也进行了相应的调整。

第四次的变化是在 1958 年 5 月,当时的东单区和东四区合并为东城区,西单区和西四区合并为西城区,前门区则分别并入崇文区和宣武区。而郊区各处也进行了较大的调整。经过这次调整,北京内城东部变为东城区,北京外城东部变为崇文区。与之相对应的西侧,则是西城区和宣武区。这四个区形成了北京老城的核心区域。

第五次的变化是在 2010 年 7 月,为了加快首都功能核心区的建设,经国务院批复,北京市东城区和崇文区合并,成为新的东城区。西城区和宣武区合并,成为新的西城区。此后的北京老城,真的分为东西两半,北京老城的东半部分,包括原来的内城和外城,就真正地成为了东城区。而城区的概念,也随着绝大多数城门和城墙的拆除,在人们的头脑中渐渐地淡化了。

新中国成立后,北京的区划不断发生变化,而在各区之下,则是由类似于古代坊里的社会组织来加以管理,称为街道办事处。截至 2006 年底,东城区下辖的一共有十个街道办事处,即:东华门、景山、安定门、交道口、北新桥、东四、建国门、朝阳门、东直门、和平里。而崇文区则下辖有七个街道办事处,即:前门、崇文门外、东花市、龙潭、天坛、体育馆路、永定门外。新成立的东城区,应该辖有以上的十七个街道办事处。

通过以上描述不难看出,新中国成立后,内外两城的区域划分变化不大,主要是从较小的区域不断向较大的区域合并,至今的老城已经被划分为东西两个部分。而在城区之下,街道办事处的名称则保留了更多的历史地名特点,如代表城门文化的街道办事处有东华门、安定门、东直门、朝阳门、崇文门、前门、永定门等。老城门已经消失了,而城门所在的地名却保留了下来。

二、街道与交通

新中国成立之后,北京城发生了巨大变化,其最主要的变化之一就是街道的疏通及展宽,路面的修整及排水系统的完善。这是城市设施的基础性建设工作,为此,北京市政府和各区政府做了大量工作。以今天东城域内的情况而言,大致上,北京的内城属于原来的东城区,而外城属于原来的崇文区。在城市基础性设施的建设中,通常情况下是内城优先于外城,这种差距是从明清以来就形成了的,而改革开放以来,这种差距不断缩小,在两区合并之后,这种差距基本上也就消失了。

就主干街道而言,今天东城域内的大马路从南到北已经没有差距,不论是街道的宽度还是平整度,都是一样的。主要的街道有:东长安街及建国门内大街、朝阜路自朝阳门到景山段、平安大街自东四十条立交桥以东到地安门东大街段、崇雍大街向南延伸到崇外大街、前门东大街向东延伸到崇文门西大街、珠市口东大街、崇文门东大街、永定门外大街、广渠门内大街、左安门内大街、幸福大街、体育馆路,以及南北河沿大街、安定门内大街与安定门外大街、东直门外大街、和平里东街、永定门东街、天坛路、东花市大街与西花市大街等,再加上二环路的东半部分,共同构成了东城区的交通主干道。

在这些城市主干道上,有时是需要修建跨河桥梁的,以便交通的顺畅。其中,位于内城北护城河上共有四座混凝土桥梁,即安定门桥、和平里南桥、雍和宫桥以及鼓楼北桥。而位于亮马河上的则有塔园西桥,也是由混凝土建造的。位于外城的新建桥梁则有龙潭闸桥、左安门桥、天坛东路桥、广渠门北桥,这四座桥梁也都是用混凝土建造,横跨在护城河上。

在当代的城市中,过街天桥与地下通道是人们交通中必不可少的,这两样东西是新中国成立前所没有的。据相关资料,北京东城域内的过街天桥最初共有十三座,其中,内城九座,即东四北桥(2020 年已拆除)、东单北桥、地坛北桥、东直门北桥、地坛桥、蒋宅口桥、东北角桥、雅宝路桥、站东街桥。此后,截至2003 年,又新增过街天桥二十座。外城四座,即崇文门桥、花市桥、羊市口桥、小市口桥。此后,北京外城的过街天桥又新建设十四座。

在东城域内最初修建的地下通道共有二十座,其中,内城十五座,即天安门东西两侧、崇文门、王府井南口东西两侧、雅宝路、北京站东街、东直门、北中轴路 1 号至 4 号通道及前门 1 号、2 号、6 号通道。此后，截至 2010 年，又新增地下通道十八座。外城五座，即前门外及前门东两座通道、箭楼东及箭楼南两座通道，以及光明楼地下通道。此后，截至 2010 年，北京外城的地下通道共新建七座。

东四十条桥　傅忠庆摄

在北京日新月异的发展历程中，立交桥建设无疑是最令人瞩目的建设之一，这项建设是在改革开放前后开始展开的。据相关资料，北京东城域内的立交桥最初共有十七座，其中，内城十座，即建国门桥、朝阳门桥、东四十条桥、东直门桥、安定门桥、北小街桥、雍和宫桥、钟楼北桥、安贞桥、东便门桥。此后，在内城并没有再建新的立交桥。外城七座，即东便门桥、广渠门桥、光明桥、玉蜓桥、景泰桥、永定门桥、陶然桥。此后，又新建有永定门立交桥。

新中国成立后，北京的公共交通事业也有了长足的发展。据《北京市志稿》记载，民国年间，北京曾经开通了六条电车线路。但是，新中国成立后的北京，非常重视公共交通的建设，开辟出了许多条新的公交线路，便利了广大市民的出行。据相关资料，自新中国成立到改革开放之后的 1995 年，在东城域内开通的汽车及电车线路多达几十条，例如内城，有起始站及途经域内的即：电车 101 路、103 路、104 路、106 路等十一条线路；汽车 1 路、2 路、3 路、4 路、10 路、20 路、24 路、27 路、39 路、41 路等五十六条线路。而在外城，始发及途经的电车有 102 路、103 路、104 路、105 路等十条线路；汽车则有 2 路、5 路、6 路、8 路、9 路、14 路、15 路等二十四条线路。此后，截至 2010 年，内城的公交线路增加不多，而外城的公交线路则增加到四十条。

随着路面的拥堵越来越厉害，北京的地下交通也随之发展起来。地铁（地下铁路）的数量不断增加，站台的设置也越来越多，已经成为广大市民日常出行的主要交通工具，由于地铁的线路通常都是很长的，基本上都是路经东城域内并设置一些车站，故而这些站台都设置在交通要道之上。主要有：1 号线、2 号线、5 号线、6 号线等近十条线路。而其站台则主要有北京站、崇文门站、前门站、天安门东西两侧站、王府井站、东单站、建国门站、雅宝路站、朝阳门站、东四十条站、东直门站、雍和宫站、安定门站、鼓楼外大街站、磁器口站、灯市口站、东四站等将近三十个站。这些地铁线路之间，有的是可以互相换乘的。

三、文化设施

新中国成立后，公共文化活动日益丰富，文化设施不断完善，从而形成了一套较为完整的系统。由于北京是全国的首都，东城区域又是首都的核心区域，故而大量的国家级、市级和区级文化设施皆被设置在这里，使之成为各项文化活动最为活跃的地区之一。这些文化设施主要包括：文化馆、文化宫、图书馆、档案馆、博物馆、艺术馆、影剧院，等等。

文化馆的名称之出现，是在新中国成立之后。当时的北京东城域内，主要是分为三个区，即东单区、东四区及崇文区。1950 年，市政府领导将第一人民教育馆更名为北京市第一人民文化馆。1952 年，又分别设立东四区文化馆和东单区文化馆。1959 年，将两座文化馆合并，称东城区文化馆。而在新中国成立后，曾将北平市第二民众教育馆改称北平市第二文化馆，再成立新的北京市第八文化馆。1952 年，将第二文化馆改称崇文区第一文化馆，又将第八文化馆改称区第二文化馆。1954 年，再将两馆合并，称崇文区文化馆。改革开放后，崇文区在1987 年建成文化馆新馆。东城区则在 1990 年建成文化馆新馆。及东城区和崇文区合并成新的东城区后，原东城区文化馆被称为东城区第一文化馆，原崇文区文化馆则被称为东城区第二文化馆（现已合并为东城区文化馆）。

除了区级文化馆之外，在东城域内最著名的，当属劳动人民文化宫。这里原来是明清时期帝王祭祀祖先的最主要场所，被称为太庙。清朝灭亡后，祭祖的仪式也被取消了。民国年间，这里被设置为和平公园，并开始对外开放。1950 年，这里被设置为北京市劳动人民文化宫，成为首都职工及广大市民开展各项文化活动的主要场所。1988 年，太庙被列为全国重点文物保护单位，前不久又成为北京中轴线申报世界物质文化遗产的重要组成部分。

图书馆的名称早已有之。在东城区属图书馆成立之前，东城域内就曾建立了国家图书馆（曾称京师图书馆、北京图书馆）和首都图书馆（曾称京师通俗图书馆）。东城区的区级图书馆分为内城（原东城区）与外城（原崇文区）两部分。

内城部分,是在 1959 年成立的东城区图书馆,应该是由原东四区(位于东四北大街)和东单区(位于东总布胡同)的图书馆合并而成。到 1996 年,新的东城区图书馆建成,位于交道口东大街。外城部分,是在 1956 年成立的崇文区图书馆,当时又作为首都图书馆的分馆。1959 年组成图书馆与图书站系统。到 1988 年,新的崇文区图书馆建成,位于幸福大街。及东城、崇文两区合并为新的东城区后,原东城区图书馆被称为东城区第一图书馆,原崇文区图书馆则被称为东城区第二图书馆(现已合并为东城区图书馆)。

东城区文化馆

有一个现象是值得注意的,许多原来规格很高的图书馆皆曾设置在东城域内,但是,随着时代的推移,都先后搬到了东城域外之地。首先,是国家图书馆。即清朝末年成立的京师图书馆,原在东城域内。民国年间,迁至西城域内的文津街,但是还有一部分藏书收贮在东城柏林寺的分馆内。新中国成立后,曾更名为北京图书馆,到 1987 年,新馆建在海淀区,1998 年更名为国家图书馆。该图书馆今天已经完全脱离了东城域界。

其次,是首都图书馆,即民国初年成立的京师通俗图书馆,曾在 1956 年将其迁入国子监,正式命名为首都图书馆,是在今东城域内。及 2001 年,新馆在朝阳区域内的东三环南路 88 号建成,首都图书馆遂从国子监迁出,入驻新馆。至此,该图书馆也已经完全脱离了东城域界。

在东城域内,新中国成立后,逐渐形成了一套较为完备的剧场、影院等娱乐设施,以供广大市民的日常娱乐活动。在内城,主要演艺设施有:吉祥戏院、长安大戏院、首都剧场、中国青年艺术剧院、中国儿童剧场、圆恩寺剧场、东四剧场,以及大华电影院、明星电影院、儿童电影院、长虹电影院、交道口电影院等。改革开放以后,内城又建成有风尚剧场、天地剧场、中戏实验剧场、东创电影院、东环影城、百老汇电影中心等。而在外城,主要的娱乐设施有:广和剧场、崇文区工人文化宫、崇文区文化馆剧场、崇文影剧院、花市电影院等。改革开放后,又建有北京搜秀影城、花市影联百老汇影城、刘老根大舞台等。

四、商业设施

新中国成立后,在东城域内汇集了众多商业街区,也形成了许多著名的商业设施,对北京的城市商业发展和繁荣起到极大的促进作用。这些商业街区和商业设施,有些是在历史上形成的,有些则是新中国成立后新形成的。当时的东城域内,也分为内城与外城两部分。

在内城,最主要的商业街区是王府井。王府井的得名与王府有关,早在元代的大都城里,这里就是哈达大王的王府,大都城的东南门文明门也因此被俗称为哈达门。到了明代,这里仍然是王府所在地,王府井由此得名。此后,自明清时期一直到新中国成立,这里一直是东城域内最主要的商业街区,其最著名的商业设施就是王府井百货大楼,号称是首都"第一楼"。1955年,新的百货大楼刚一建成,就成为整个北京,乃至全国最重要的百货商场。在它周围,其他著名的商业设施也有许多,如中国照相馆、四联理发馆、雷蒙西服店等,共同构成了这一著名的商业街区。

在王府井北侧,则是热闹非凡的东安市场(一度曾被称为东风市场),因为靠近皇城的东安门而得名。这里早在清代中后期就形成了十分热闹的商场区,在商场区内有着众多的小商场和地摊,经营的商品种类极为丰富,民国年间曾加以整修,更加热闹。新中国成立后,在1956年加以翻建,并进行公私合营改造,遂成为北京四大商场之一。其经营的商业品种有:食品、百货、工艺品、服装、鞋帽、儿童玩具、文具用品、钟表、乐器、新旧书籍、五金家电等二十六个类别,成为北京广大市民购物和休闲娱乐的重要场所。

与王府井商业街区齐名的是隆福寺商业街区。这里最初是以隆福寺的庙会而闻名,明清时期的北京城里,有东西两大庙会,东城的庙会就是隆福寺庙会。到了民国年间,隆福寺街已经成为一座著名的商业街,据统计,当时在庙内的商摊多达四百六十户,在庙外的商摊则多达四百八十余户。新中国成立后,市政府将隆福寺加以改造,于1952年正式命名为东四人民市场。经过改造后的东四人民市场共有商贩一千一百多家,规模更加可观。在1956年公私合营后，市场的营销更加规范。1988年，这里又经过翻建，改名为隆福大厦。在其周围，则有白魁清真饭庄、华福楼饭庄、隆福酒楼等一批老字号，使得这里更加热闹。1993年，隆福大厦遭受火灾，灾后进行了重建。

此外，在内城著名的商业街区，还有位于长安街东侧的东单商业区（与西单商业区齐名），包括东单菜市场、米市商场、东单药店、祥泰义食品店、德昌厚食品店、新侨饭店、东单大酒楼等；位于东直门里的北新桥商业区，包括大华百货公司、吴裕泰茶叶店、稻香村食品店、天福斋酱肉铺、三元堂药店、北新桥菜市场、乾益恒干果海味店等；以及新开辟的和平里商业区，包括和平里大酒店、和平里百货商店、

2003年王府井大街　庞铮铮摄

三利百货商场、天元娱乐城、天坛家具城、万隆商场等。

而在外城，最繁华的商业街区当属前门大街商业区。这条街原称正阳门大街，因为是在皇城的正前方，故而从明清时期就开始成为繁华的商业街区。新中国成立后，这里仍然是北京最繁华的商业街区之一。有许多老字号商店皆汇聚于此，如清乾隆年间就开业的都一处烧卖馆、月盛斋酱牛羊肉店、长春堂药店等，清代中后期开业的全聚德烤鸭店、通三益果品海味店、森泰茶庄、天成斋鞋店、公兴纸店等，民国年间开业的大北照相馆、南庆仁堂药店、谦泰绸布店、盛锡

新东安市场夜景

福帽店等。又有一些新中国成立后新开的商业设施,如前门商业大厦、前门理发馆、前门大街食品商场、人人大酒楼、峨眉山饭庄等,共有二百多家。

此外,崇文门外大街、花市大街、珠市口、天桥、永外大街等,也是外城的繁华商业街区。如位于崇外的商业街,北起崇文门,南至磁器口,有着诸多商店、酒家,较为著名的有:崇文门饭店、哈德门饭店、马克西姆西餐厅、便宜坊烤鸭店、金伦大厦、崇外化工商店、崇外信托商店、崇外大街副食商场等。又如位于崇外大街南侧的花市大街,也是在明清时期就形成的繁华商业街区,以售卖各种绢花而出名。在其两侧,又有小市口、羊市口,遍布着众多的商市。其中,又以花市百货商场、花市新华书店、启元茶庄、宝华商场、花市日用杂品商店、东兴百货店等较为有名。

改革开放以来,内城与外城的城市商业发展更加繁荣。如内城的许多商业老字号焕发了青春活力,其中被商务部认定为老字号的,有吴裕泰茶业店、稻香村食品店、同升和鞋店、盛锡福帽店、大明眼镜店等一批商店。新建的饭店则有丽晶酒店、首都大酒店、亚洲大酒店、天伦王朝酒店、北京万豪酒店、和平宾馆、江苏大厦等。而外城的商业发展更是日新月异,如新建的大型购物中心有位于崇外大街的新世界商场及国瑞购物中心,连锁店则有天客隆、普金达、金谷源、顺达益等。而崇文门菜市场等更是经过改造,成为新的商业设施。

五、文保单位

在今天的东城域内,作为全人类的文化遗产,保存着大量珍贵的历史文化遗存,成为中华民族和北京广大民众的一大笔物质财富和精神财富。对于这一大笔历史文化遗存,人们目前把它们分为四大类:一、世界文化遗产;二、国家级重点文物保护单位;三、市级文物保护单位;四、各区级文物保护单位。在今天的东城区域内,共有世界文化遗产三项、国家级重点文物保护单位五十三项、北京市级文物保护单位七十六项、东城区级文物保护单位五十三项。

北京市目前有世界文化遗产七项,其中,东城有两项,即故宫和天坛。与其他区(共六区)合占一项,即中国大运河北京段。还有一项正在申请世界物质文化遗产的项目,即北京中轴线,该项目的绝大多数遗产点也是在今东城域内。为了北京中轴线申遗工作能取得成功,中央单位和北京市、东城区的许多单位都做了大量的实际工作。

在五十三项国家级重点文物保护单位中,天安门及广场周围的许多建筑、正阳门及箭楼、太庙与社稷坛、鼓楼与钟楼等,既是国宝级文物,又是中轴线申遗中的重点申遗对象,目前,已经被北京市及东城区加以重点保护。而对这些申遗对象的重要文物及文化价值的阐释与宣传,目前正在进行之中。其中的两个遗产点,即故宫、天坛,目前已经是世界物质文化遗产,如果这次北京中轴线申遗成功,它们将成为双遗产点。

在其他国宝级文物中,显示出了多种不同的文化元素。如国子监与孔庙,体现了中国古代国家教育体系的最高水准;古观象台则展示出中国古代在天文历法方面所取得的最高科技成就;皇史宬显示出中国古代在皇家档案收藏方面的高超技巧;雍和宫及智化寺,则显示出中国古代宗教文化的丰厚,以及在处理好民族关系方面的重要作用;而使馆区的出现,则显示出古老的中国再也不能封闭式地妄自尊大,同时也显示出西方列强对中国的侵略在一步步地加深。

在北京的东城域内,国家重点保护文物又与市级保护文物融合在一起,完整地体现出中华文化的博大精深。如国宝级文物袁崇焕祠及墓,与市保单位文天祥祠和于谦祠一起,成为中华民族敬重英雄、纪念英雄的民族精神。毛主席纪念堂更是当代全国人民纪念伟大领袖毛主席的标志性建筑。孙中山逝世纪念地则是中华民族纪念伟大先行者孙中山的场所,显示出在近现代的历史进程中中华民族探索复兴出路的愿望。国宝级文物北大红楼,则与市保单位京师大学堂一起,显示出中国古代的教育体系向近现代的转化,代表了新思想、新文化在北京和全国的传播,正是从北大红楼掀起的五四运动,带来了新中国的曙光。

此外,淳王府与英王府、睿王府、那王府、循王府、僧王府等一起成为北京清代王府文化的典型代表。而阳平会馆与福建汀州会馆等一起成为北京会馆文化(科举与商业)的代表。东堂(天主教王府

皇史宬

101

井教堂)、圣弥额尔天主教堂、亚斯立堂与东四清真寺、花市清真寺等一起,构成了中国多元宗教文化的丰富内涵。而前门东火车站旧址,则显示出北京近代交通事业的不断发展。

清末及民国初年,北京正处于近现代化的转型之中,其代表则为段祺瑞执政府,这里正是清末陆

袁崇焕祠

军部及海军部的所在地。与之相对应的,则有东城域内的大清邮政总局旧址、北平电话北局旧址,以及清末自来水厂旧址,这些机构的出现,显示出北京已经成为现代化设施普遍得到使用的城市。而其他一些原有的设施中,如北京饭店、协和医院、花旗银行等,也都在相关行业中显示出了新的文化元素,成为这些行业中的翘楚。

北京自元代以来就是一个拥有近百万人口的大城市,会聚了全国及国外的精英人物,这些人物皆在北京留下了或深或浅的足迹,也由此形成了众多的名人故居。古代人物姑且不论,其在东城域内的近现代著名人物故居即有:属于政治人物的孙中山、袁世凯、黎元洪、徐世昌、冯国璋、段祺瑞、陈独秀等;属于文化名人的朱启钤、蔡元培、叶圣陶、章太炎、梁启超、梁实秋、梁思成、老舍、艾青、茅盾、田汉、夏衍、卞之琳等;属于艺术界的书画家及演艺名人的马连良、梅兰芳、程砚秋、郝寿臣、侯喜瑞、欧阳予倩、齐白石、徐悲鸿等。这些名人故居,许多都是市级和区级文保单位,成为北京东城一张张亮丽的金名片。

六、今后发展

作为北京首都的核心发展区域之一,东城区已经走过了漫长的历史发展进程。如果从元大都城的兴建开始算,已经有七百多年的建城史,历经了元明清三个朝代及短暂的民国时期,最终,新中国成立后,历史把首都的使命再次放到了北京的肩上。又经过七十多年的发展,人们对于首都北京的历史定位及其历

史功能加以重新思考,得出了比较清楚的定位,并提出了较为可行的发展战略。

对于北京的定位,党中央提出了"四个中心"的设想,即北京应该成为全国的政治中心、文化中心、科技创新中心、国际交往中心。为了实现这个设想,全国人民,特别是北京的广大民众都在努力奋斗。

作为全国的政治中心,首都北京已经做了大量工作。一方面,是中央的各个主要机构,从国务院到全国人大、全国政协,再到中央各部委,基本上皆在北京安排了相应的衙署。只是这些衙署的分布杂乱无章,有待今后中央做进一步的调整。另一方面,是北京市的各个主要机构,开始从北京市区向城市副中心疏解,从市委、市政府,到市人大、市政协(这些衙署主要在东城域内),以及各市级委办局的迁移工作,目前基本上完成了。经过这次较大规模的调整后,北京城区已经进一步向全国政治中心迈进。

作为全国的文化中心,北京已经具备了十分优越的条件。一方面,北京有着非常丰富的历史文化积存。目前,北京已经有了七项世界物质文化遗产(东城区占有三项),一百多项国家重点文物保护单位(东城区占有五十三项),其他市级和区级文物保护单位更是遍及北京城内外。这笔丰富的文物遗产是祖先留给我们的巨大财富,对于全国文化中心建设可以起到极大的助力作用。另一方面,是北京现有的文化创造力在不断传承与发展之中,如古都文化、红色文化、民俗文化、创新文化,都在时代的映衬下赋予了新的意义,这是全国文化中心建设的另一股巨大的动力。

孙中山行馆花园

作为全国的科技创新中心,北京也有着雄厚的传承基础。早在七百多年前,由元代著名科学家郭守敬等人制定的《授时历》,就是全人类历史上最精确的历法,表现出中华民族的祖先所具有的创新精神是在全世界居于领先地位的。今天的世界,正处于一个大变革的关键时期,不论哪个民族、哪个国家,都只有一条出路,那就是科技创新。因此,北京作为新中国的首都,一定要担负起科技创新的重担,率领全国人民一起不断创新科技,才能够最终实现中华民族的复兴伟业。

作为国际交往中心,北京在七百多年前的元大都时期已经做到了。当时的元大都城就是名副其实的国际交往中心。在经济方面,大都城是名副其实的国际商业贸易中心,意大利旅行家马可·波罗的《马可·波罗行纪》记载了当时大都城商业贸易的盛况,震惊了当时的欧洲。在文化方面,大都城也是名副其实的国际文化中心。仅以宗教文化为例,当时,不仅国内的各个宗教派别在这里开展各种宗教活动(如中土佛教与藏传佛教、北方的全真道教与南方的正一道教等),就连域外的各种宗教派别,如活跃在欧洲的罗马天主教,以及活跃在西域的伊斯兰教,也都在这里建造有天主教堂和清真寺,开展各种宗教活动。

综上所述,今天的北京,在"四个中心"建设中,是有着丰厚的历史基础的,也有着便利的现实条件,因此,在以习近平为核心的党中央领导下,在全国人民的大力支持下,在北京市民的共同努力下,"四个中心"建设的任务,会在不远的将来顺利实现。

第二章

坛庙文化

在漫长的中国文明发展史中,坛庙建设始终是一种极其重要的文化现象,而北京坛庙无疑是中国坛庙文化的结晶。"国家典制,祀事为重。"秦汉以来,随着国家祭祀活动逐步礼制化,坛庙祭祀逐渐被构建成为内涵丰富的政治文化体系。元明清三代国家祭祀礼仪属政治典礼范畴,蕴含了天命观、正统观、伦理秩序、纲常礼教等政治理念,同时也有劝慰人心、教化百姓的示范意义。

北京老城内外坛庙众多,有"九坛""八庙"的说法。所谓"坛",是古代举行祭祀、誓师等大典时用土、石等筑的高台。"庙"是古代供奉神佛、祖宗神位及历史名人的场所。今东城域内的主要坛庙有太庙、社稷坛、天坛、地坛、孔庙等。这些坛庙分别承担了不同的祭祀功能,蕴含了彼此差异又和合天成的文化内涵。

元代帝王亲自主持的祭祀活动有祭祀祖先、社稷、天地、先农和孔子[1]。明代,祭祀体系中等级最高的"大祀"有十三项之多,包括冬至祭天、夏至祭地、年末祭太庙等[2]。清初,将国家祭祀分为三等,与太庙祭祖同为"大祀"的还有在天坛、先农坛和社稷坛等的祭祀活动。明清帝王通过在太庙祭祖来体现"天下一家"的观念。"社"为土地神,"稷"为五谷神,两者是农业社会的重要根基。社稷坛位于紫禁城端门右侧,与太庙相对。为祈求风调雨顺、五谷丰登,每年农历二月、八月,朝廷会举办祭祀社稷仪式。他们自认为是受命于天,冬至日皇帝会在天坛圜丘祭祀"昊天上帝",通过祭天的肃穆仪式来强化"代天理民"的神圣性。明代中期后天地分祀,地坛的修建促进了北京城北部祭祀空间的完善,地坛的建筑形制与天坛相对应,展示了"天圆地方"的阴阳五行及宇宙观念。北京孔庙与国子监的建筑规制体现了"左庙右学"的传统,庙学合一是传统王朝重视教化的重要体现。明清两代,今东城域内的祭祀建筑还有奉先殿祭祖、坤宁宫和堂子的萨满教祭祀等。

随着历史进程的发展,明清北京的祭祀建筑也发生了翻天覆地的变化。太庙在民国时期曾先后为和平公园和故宫博物院太庙分院,1950年改为北京市劳动人民文化宫。社稷坛因1925年停放过孙中山先生的灵柩,1928年被命名为

---

① 宋濂、王祎:《元史》卷七十二《祭祀志一》,中华书局,1976,第1780页。
② 张廷玉等:《明史》卷四十七《礼志一·吉礼一·序》,中华书局,1974,第1225页。

中山公园。天坛在 1918 年开辟为公园,如今已经成为世界物质文化遗产。孔庙先是作为北洋政府时期的历史博物馆筹备处,中华人民共和国成立后又变为首都图书馆所在地及博物馆。

第一节　太　　庙

　　"万物本乎天,人本乎祖。"古代帝王把"敬天法祖"视为立国之本。曾子有言:"慎终追远,民德归厚矣。"即重视对祖先的追思,民众的品德才能淳厚。崇奉祖先,敬宗法祖,是中华民族悠久的历史传

太庙戟门

统。对祖先的祭祀不仅仅有着怀念的作用,还有着更为广泛的伦理、政治和社会功能,凝聚并维系了家族、宗族乃至整个民族和国家的观念,蕴含了对民族和国家的团结、发展与兴旺的期许,太庙就是在这种理念下产生的。太庙不仅是皇帝的"家庙",同时也具有国家性质,在一定意义上是国家的代表和象征。

一、建筑格局

　　太庙是古代帝室祭祀祖先的场所。太庙祭祀是具有深厚文化底蕴和丰富政治内涵的礼仪制度。今东城域内出现宫廷祭祀建筑最早可追溯至元代。蒙古人本有祭祀祖先的习俗,而汉式太庙祭祀的采用,始于元世祖即位当年(中统元年,1260 年),在中书省设祖宗神位而祭。太庙的修建,始于中统四年三月,"诏建太庙于燕京"。次年,至元元年(1264 年)冬十月,"奉安神主于太庙"(这时的太庙

在今西城域内),说明太庙已初步建成投入使用。①
至元十四年(1277年)八月,元世祖下诏建太庙于大都城内,具体位置是在齐化门内北侧。至元十七年(1280年)十二月,新太庙建成,燕京城内的旧太庙神主迁入新太庙中,旧太庙遂被毁。大都城的太庙有前、后两座大殿,所谓"前庙后寝"。正殿又称

太庙　萧闲摄

前殿,面向南方,分为七室。寝殿东西五间、南北三间,"环以宫城"。元英宗时,太庙进行了扩建,另建大殿十五间于太庙前,将原庙正殿改为寝殿。新建的正殿,正中三间连为一室,两侧各五间共十间各为一室,东西两端各留一间作为夹室。② 太庙内神厨等建筑均向南迁移,增建了附属建筑五十余间。

现存北京太庙在明代永乐十五年(1417年)破土动工,建成于明永乐十八年(1420年),是明清两代皇帝祭祀祖先的场所。太庙位于明清皇城之内,在紫禁城的左前方、天安门东侧,坐北朝南,与社稷坛东西对称分布,这是遵从《周礼·考工记》"左祖右社"之制建设的。现存太庙建筑群南北长四百七十五米,东西宽二百九十四米,占地面积达十九万七千平方米,平面结构为南北略长的长方形。

明代永乐年间北京太庙初建时,仿照南京的太庙而建,只有前殿和寝殿,为一庙九室制。明孝宗即位时,从太祖朱元璋算起,建文帝和景泰帝不计,已历六帝,如果加上朱元璋追尊的四祖,已超过九室。为解决庙室不足的困境,弘治四年(1491年),明孝宗派人在太庙寝殿的后面增建了祧庙,供奉明太祖的祖父熙祖。明嘉靖年间,北京太庙重修,将明太祖至明世宗生父各建一庙,共分为九庙。明太祖和追封的三祖合为一庙,其余八位帝王的神主被安放在太祖庙前东、西两侧,帝王神主则以"东昭西穆"的顺序排列。

① 宋濂、王祎:《元史》卷七十四《祭祀志三·宗庙上》,中华书局,1976,第1831页。
② 宋濂、王祎:《元史》卷七十四《祭祀志三·宗庙上》,第1843页。

所谓"东昭西穆"是中国古代宗庙神主排序的准则，依据郑玄所注《周礼》，"昭穆"的含义是"自始祖之后，父为昭，子为穆"，即"昭穆"是区别父子、先后顺序的重要依据。就明代太庙而言，明太祖作为始祖居中，自明成祖以下至明世宗生父兴献王，遵循左昭右穆，即东昭西穆的顺序排列。如明成祖神主在明太祖东侧，明仁宗神主在明太祖西侧。这样以二世为昭、三世为穆，四世为昭、五世为穆，六世为昭、七世为穆的顺序依次排列。清代太庙神主顺序也是如此安排的。

明嘉靖二十年（1541 年）四月初五日，雷电引起太庙火灾，九庙中仅有明世宗生父所在的庙安然无恙，其余八庙皆被焚毁。明世宗认为这是上天的警示。于是在两年后重建太庙时，恢复了"同堂异室"的一庙九室之制。复建的太庙于嘉靖二十四年（1545 年）竣工，此后的清代基本上沿袭了这个格局。

清代太庙建筑布局对称，共有三重围墙。第一道围墙上共有四个门，即西边的太庙街门、太庙右门、西北门和东边的太庙左门，其中最为重要的是太庙街门，这是太庙献俘礼中敌酋下跪之地。在举行献俘礼的前一天，被俘获的叛乱头目由兵部官兵押着由长安右门，到太庙街门前向北站立。告祭大臣命令叛乱头目向北面跪下，随后押送叛乱头目到社稷坛行告祭礼。第一重围墙内是太庙外院，遍植古柏。东南角有准备祭品的宰牲亭、治牲房。

经过琉璃砖门是太庙的第二道围墙，内有七座汉白玉单孔石桥，东西两端各有六角井亭一座，东为神库，西为神厨。戟门是太庙第三道围墙的正门，也是太庙所有门中规模最大、规格最高的门，还是太庙所有建筑中唯一没有经过改动的明代建筑，是明初官式建筑的重要代表。戟门以内便是太庙的主体建筑，分为前、中、后三殿。

前殿又称享殿，是太庙最主要的祭祀场所，明清举行"时享"和"祫祭"均在前殿。殿内按东昭西穆之制设有帝后金漆宝座。帝座雕饰蟠龙，后座雕饰翔凤。座上置有泥金托座，托座上有孔，为祭祀时安放神牌之用；在每代帝后神座前各设豆案一张。前殿的梁枋等主要木构件均为名贵的金丝楠木。其中有 68 根直径为 1.23 米、高度达 13.32 米的楠木大柱，外皮包镶着名贵的沉香木。

中殿又称"寝宫"，殿内供奉着历代帝后神龛，亦按昭穆制度排列。每龛外陈设有帝后神椅，神椅数与龛内神牌数同。每龛旁有黄漆木盒，内盛帝后册宝。在中殿前的东、西两侧各建配殿一座，始建于明代。这两座配殿的功用是一样的，一是存放祭器；二是维修前殿的东、西配殿时，将帝王、功臣的神牌临时移到这里存放。

后殿又称"祧庙",所谓"亲尽则祧",意即将与现任皇帝关系疏远的远祖移入祧庙供奉。明清太庙后殿供奉的多是建国之前的祖先。在后殿建成后,为方便合祭祖宗,才出现了除夕前的正祭,又称"祫祭"。后殿建制与中殿相同,只是陈设仅按帝后设置。清朝,后殿供奉的是清太祖以前的四位先祖。每季的首月"时享"时,皇帝钦派王公在本殿祭祀,岁末将这四位祖先的神牌移至前殿"祫祭"。在后殿前的东、西两侧也各建配殿一座,东、西配殿始建于明代,是贮存后殿祭器的地方。太庙整体建筑布局紧凑,各部分功能有所区分,整体和谐统一。

二、祭祀礼仪

古人对太庙祭祀尤为看重,他们认为"礼莫大于宗庙。宗庙者,天下国家之本,礼乐刑政之所自出也"①。因此,有关太庙的建置及其相关礼仪都有颇为完备而繁复的规定。太庙祭祀仪式随着朝代更迭也在不断调整变化,至明清时臻于完备。

对于元代的祭祀仪式,明代初期编修《元史》的史官曾评论道,元代的五礼(吉、凶、军、宾、嘉)中,只有祭祀礼仪杂糅了比较多的中原汉地习俗,其余礼仪多保存了蒙古传统特点。②元太祖统一蒙古时,最初并没有可供祭祀的先祖偶像(神主),也没有固定的祭祀场所。在燕京城太庙到大都城太庙的转换过程中,祭祀仪式也在逐渐完善。

元代太庙在祭祀活动中仍保留了蒙古习俗,如将木制神主牌位换为金制等。元代太庙祭祀供品规模较前代大为增加,种类也更为丰富。至元十三年(1276年)九月,以"加荐"为名,增入羊鹿野豕。至元十七年(1280年),致祭物品又明确为天鹅、野马、野鸡、鸽、黄羊和牛乳、葡萄酒,另有哈八鱼等外来贡品,这些祭品经常以"加荐""特祭"和"配荐"为名,这在前代是极为少见的。

祭祀仪式是祭祀活动的中心内容。按照传统,太庙祭祀,应由皇帝亲自举行。但历代帝王中亲自主持太庙祭祀的并不多,元代也是如此。更常见的情况是由大臣及巫祝代为主持,叫作摄祀。元代的摄祀仪按先后顺序分为九项,分

---

① 刘致:《太庙室次议》,《国朝文类》卷十五。
② 宋濂、王祎:《元史》卷七十二《祭祀志一·序》,第1779页。

别是斋戒、陈设、习仪、迎香、省牲器、晨裸、馈食、酌献和祭马湩。第九项"祭马湩"仪制，是前代所没有的。蒙古巫祝是祭祀的监督与实际主持者。在元帝行礼的主要程序前，巫祝与三献官在享殿中用奠牲马湩(牺牲用马酒)与葡萄酒，至各室神主祭告。此后，巫祝"升诣第一座"用"国语"称呼历朝帝后名讳，告以致祭年月日数与"牲齐品物""致其祝语"①。第二天一早，分别由蒙古勋旧大臣、大学士或祭酒、太常院行使三献礼。其后，诸官入享殿，至各室行礼，仍由巫祝致祝语。礼毕，巫师用国语"告神"，各官再拜。随后，以"割牲之余"撒于南棂星门外，称"抛撒茶饭"，祭礼至此完成。②

今东城域内，还有一处元代类似太庙祭祀的特殊建筑——烧饭园(又称"烧饭院")。所谓"烧饭"是致祭的特殊称谓，通行于契丹、女真和蒙古等北方少数民族地区。"烧饭礼"以焚烧祭品为主，与中原祭礼中的"望燎"有类似之处。根据《析津志辑佚·古迹》等记载，元代大都城内"烧饭园"原位于元代宫城的东北角一带，在大都城蓬莱坊域内。"烧饭园"是元代帝王、皇后、宫妃等以蒙古礼仪祭祀先祖的处所，元朝灭亡后，"烧饭园"也随之消失了。③

明清太庙祭祀是皇家最为重要的祭礼，其主要活动有时享、告祭、祫祭等。时享即"四孟时享"。它源于古人感慨时序的交替，随气温变化，而追怀故去亲人，按季节所举行的祭祀，是所谓"因时变，致孝思，故备三牲黍稷品物以祭"。清承明制，于顺治元年(1644年)九月规定：每年春、夏、秋、冬四季之孟月(第一月)，由皇帝亲至太庙祭祖(如有事可遣官代祭)。凡登基、上尊号、万寿、大婚、册立皇后、亲征、加上尊谥、册立贵妃、灵柩奉安地宫、凯旋等国之大事，皇帝皆亲诣太庙中殿告祭，或遣官于后殿告祭。

据《清朝文献通考》载，清世祖在位十八年，"时享"太庙亲行二十八次，自顺治十六年始行"祫祭"，亲行两次。清圣祖在位六十一年，"时享"太庙亲行八十二次，"祫祭"亲行三十二次。清世宗在位十三年，"时享"太庙亲行三十次，"祫祭"亲行十一次。自乾隆元年(1736年)至乾隆五十年(1785年)，清高宗"时享"太庙亲行六十六次，"祫祭"亲行四十九次。由此不难看出清代帝王祭

---

① 宋濂、王祎：《元史》卷七十五《祭祀志四·宗庙下》，中华书局，1976，第1841页。
② 高荣盛：《元代祭礼三题》，《南京大学学报(哲学·人文·社会科学)》，2000年第6期。
③ 同上。

祀太庙的频繁性和祭祀太庙对清代帝王的重要性。①

作为皇家最为隆重的祭祖典礼,"祫祭"一般由皇帝亲自主祭,明朝每三年举行一次祫祭,清朝改为一年一次。祫祭礼仪程序繁杂,在祫祭前一天,太常寺会先遣官赴太庙中殿和后殿举行告祭礼,同时将诵读的祝文及祭品等准备就绪。祫祭日当天日出前,宗室会将祖宗牌位一一摆放至前殿。牌位的摆放顺序极为讲究,以清代为例,前殿的中央牌位为清太祖之前的四祖,其后自太祖至高宗依次分列两侧。这些神位都是面朝南排开。清仁宗、清宣宗、清文宗的神位只能排在东、西两侧。经过初献、亚献、终献等程序,将祝案上的太牢(牛、猪、羊)及丝帛等祭品送至燎炉焚化,之后皇帝回宫礼成。

岁末的祫祭礼文繁重,朝廷有严格制度。帝王尤嫌不够体现崇奉祖宗的孝心,常对祭祀过程的诸多细节进行强调。清圣祖发现官员在宣读祭文时读到皇帝名号不敢大声朗读,便颁发谕旨要求高声朗诵。清世宗为体现对列祖列宗神位的崇敬,特意要求所有移动神牌的官员都要罩严口鼻,以防出现对神位打喷嚏、打哈欠等不敬行为。清高宗在看到太庙中的司香太监多是各宫不收留的老弱平庸之辈后,要求各王府中选派精明年轻的太监充实太庙。嘉庆末年,已被密定为皇位继承人的皇二子旻宁,因在斋戒期间私自祭神而受到清仁宗的严厉训斥。

明清帝王提倡"以孝治天下",在太庙祭祖的程序化中偶然会表露出帝王的真情实感。如在乾隆四十二年(1777年)的祫祭礼中,清高宗因其母孝圣宪后去世不久,在听到祝文时,"敬听不胜悲哽",在其祭祖诗《岁暮祫祭太庙礼成志感》中,曾亲自为诗作注,可以感受到清高宗对母亲的深情。

在明清太庙中,供奉的除了历代帝、后,还有宗室、功臣配享的情况。配享又作"配飨",就是在祭祀的场所,在主位的神牌两旁供上相关人员的神牌,作为配角,与主位神牌共享人间的供奉和香火。将功臣配享太庙是对这些功臣的最高奖赏,只有因开基创业、拓土平叛、安疆保民、忠心报国等有突出贡献的臣子,死后才有机会获得配享待遇。在功臣配享的选择上,皇室一向十分慎重。清朝,配享太庙的臣子分为两类人:一类是皇族,这些人供奉在太庙前殿前的东配殿内;第二类是非皇族的满族人,其中只有张廷玉一人是汉人,这类人的神牌供奉在太庙前殿前的西配殿内。

---

① 李中路:《清代太庙与祭祀》,《紫禁城》,2006年第1期。

三、祭祀史迹

太庙是帝王用来祭祀祖先的家庙,从神位的排列顺序,到前朝帝王能否迎入太庙,甚至诸位功臣在太庙的陪祭位置等,大多数均是帝王与大臣争论的问题,并最终影响到排位的结果。这在元明清太庙的祭祀中是常有的现象。

元代太庙初建于燕京城,供奉了元太祖、元太宗、元睿宗、皇伯考术赤、皇伯考察合台、元定宗、元宪宗七室。蒙古以西(右)为尊,各室自西向东一字排开。从元代帝王世系的顺序来看,元代太庙初建时为三世七室。世祖朝中期,增设了元太祖之父也速该之室,同时调整了元太祖四子的排列顺序,太庙内三世七室改为四世八室。

元大都城内的太庙随着大都的兴建而产生。在太庙分室制度上,元世祖最终选择了汉地的"天子七庙"之制。元世祖将也速该、术赤、察合台神主迁出太庙,多是从现实政治角度出发;将太宗、定宗、宪宗迁出太庙,也是出于维护自身统治的考虑。最终,元世祖后期的太庙只供奉了太祖与睿宗二室。元成宗是元世祖之孙,他即位后将其父追封为裕宗,也奉入太庙。元成宗时期的太庙出现了太祖、睿宗、世祖、裕宗四室。此后,太庙室次变换与元代帝位更迭和宫廷斗争密切相关。到了元代最后一位帝王元顺帝时,太庙已出现十一室。如果顺帝之后元代仍延续,将会面临庙室不足的隐患,而元代的灭亡则把可能出现的难题永远搁置了起来。①

元世祖时,大都城市建设尚属草创时期,各种势力冲突激烈,元世祖一方面要团结蒙古各部藩王,一方面又要突出拖雷系在宗族内的共主地位,太庙室次顺序多次变化。元世祖死后,皇位更迭更加频繁,太庙内室次调整及元代帝王迁入与移除太庙成为政治斗争的礼制体现。元文宗毁显宗庙室,元顺帝毁文宗庙室,便是这种斗争的明显例证。

明代历史上有名的"大礼议"事件也与太庙有关。因明武宗无后,首辅杨廷和决定迎兴献王之子朱厚熜继承帝位,是为明世宗。明世宗即位后,一心想将已去世的父亲追尊为皇帝并迎入太庙,便与杨廷和等权臣产生了尖锐矛盾。最终,杨廷和去职,从未当过一天皇帝的兴献王被授予睿宗的庙号并在太庙建立

---

① 马晓林:《元朝太庙演变考——以室次为中心》,《历史研究》,2013 年第 5 期。

世庙,接受后世明代皇帝的崇奉。

清代围绕太庙的斗争自入关的首位皇帝清世祖便已展开。顺治元年(1644年),清军进京后,先将明代帝、后神位移至历代帝王庙。清入关初,朝政把持在摄政王多尔衮手中。多尔衮死后,清世祖曾一度追尊其为皇帝并迎入太庙。但在亲政两个多月后,便颁布了追论多尔衮罪状的诏书,将其神牌从太庙除去。乾隆四十三年(1778年),清高宗认为多尔衮率军入关,有功清廷,才追还原封王爵,配享太庙。

清世祖因权力对多尔衮恨之入骨,对爱妃董鄂氏却是一往情深。在董鄂氏病逝后,清世祖举办了超规格的隆重葬礼。清世祖死后,已追尊为皇后的董鄂氏本应升祔太庙,却受到了清世祖生母等的阻拦,仅将神位供奉在清世祖孝陵内。清世祖的另一位妃子,清圣祖的生母佟佳氏去世时,因权臣鳌拜阻扰,迟至康熙八年(1669年)后才得以迎入太庙。

清宣宗临终时,曾立遗嘱死后不祔太庙,祫祭时也无须迎神牌。在谕旨中,清宣宗说这样做是由于"国运昌隆"的大清总会出现太庙大殿不敷使用的情况,与其神牌无处安置不如制定新的规矩。清宣宗是否因输掉鸦片战争心有愧疚已无从得知。这道遗诏却难为了继任的清文宗。最终清文宗顶着对其父"大不孝"的罪名仍将神牌迎入了太庙中。

动荡飘摇的晚清,列强环伺。八国联军撤出北京后,慈禧太后、清德宗踏上了回銮的路程。回京后,清廷不得不做的事便是去太庙告祭祖宗。这一年的祫祭礼上,清德宗没有穿着朝服或祭祀用的素服,仅穿了一件常服。祭祀时取消了常奏的协和乐章,配祭官员数目寥寥,可以想见当日低沉的氛围。

四、祭祀文化内涵

追念远祖,一直是中华民族的优良传统。古人认为事死如事生,所谓孝,就是要继承先人的遗志,完成先人的事业。祭祀先祖,是春节期间一项隆重的民俗活动。各家各户都要把家谱、祖先像、牌位等供于上厅,摆好供桌、香炉、供品,家长主祭,烧香叩拜,给祖先拜年。紫禁城中的皇帝也不例外,过年的一项重要活动就是祭祖。与寻常百姓家不同的是,皇帝的祭祖活动更加隆重,更具规模,陈设仪仗、演奏雅乐、三叩九拜,我们从中看到的是皇家的威仪与肃穆。但是,归根结底,皇帝过年祭祖的目的也同百姓一样——孝敬祖先,向祖先祈福,希望其能够福佑子孙,求得心安。

1912 年,清帝逊位后,太庙作为清代祖庙被予以保留。1924 年,溥仪在"北京事变"中被冯玉祥逼宫,避地天津。太庙由北洋政府接管,不久便被辟为和平公园,向市民开放。

劳动人民文化宫　张肇基摄

1950 年,这里又被改为劳动人民文化宫。在这一沧桑变迁的历程里,"太庙"由皇家祖庙一变而为"和平公园",再变而为"劳动人民文化宫",皇家的肃穆、神秘与禁忌逐渐被遗忘在历史的角落里。

自西周以来,中国社会形成以血缘为基础的宗法制度和"孝为德本"的道德规范。体现宗法制度的祖先崇拜,数千年来渗透到每个家庭之中,成为深厚的民间习俗。祭祀祖先是中国古代民众宗教意识和社会生活的核心。祖先崇拜来源于血缘家族制度的世俗亲情。对祖先亡灵的崇拜,使普通民众与祖先精神之间的交往,成为一种社会共识和道德规范。中国民众崇祖敬宗的社会群体心理,祈求祖先护佑,降恩赐福,驱魔辟邪。进入现代社会,祭祖习俗作为中华民族的行为模式,仍为海内外华人社会遵循。

第二节 社稷坛

中国自古是个以农为本的国家，而农之根基则是土地。在中国文化传统中，"社稷"综合了土地和五谷的意涵，是中华民族最具广泛意义的原始崇拜物。"社稷"投射的是农耕文明的镜像，反映了我国重视农业的传统和社会性质。在中国传统语境中，"社稷"总是与"祖宗""宗庙"密切相关的。土地崇拜现象是中国古代社会的鲜明特征之一，历代帝王在"父天母地"观念之下，都非常重视社稷坛的建造和祭祀，由此积累了丰厚的社稷祭祀文化，至明清时期社稷坛及其祭礼达到高峰。

一、建筑布局

在中国历史上，祭祀社稷一向被视为重要的礼制活动，并有着久远的历史。社稷的祭祀活动十分普遍，从都城到州县、乡里，到处都设置有社稷坛。据《孝经纬》记载："社，土地之主也，土地阔不可尽敬，故封土为社以报功也。谷，众不可遍祭，故立稷神以祭之。"在古代的社会观念中，"社"和"稷"是两种不同的神，帝王都城的社稷也称"太社"和"太稷"，历代王朝都非常重视社稷坛的建造和祭祀。

元代社稷坛修建于元世祖后期至元成宗前期，位于和义门（今西直门）与平则门（今阜成门）之间，离城墙近而距宫城远。明代初建时，北平亦建有社稷坛，当时社稷坛在今文津街附近，后改在太液池西，最终迁至天安门西侧，即现在的中山公园。

明清社稷坛初建于永乐十八年（1420年），明成祖在建造宫殿的同时，按照南京的规制，将社稷坛建在午门前方天安门至阙右门的矩形地面上。明清两代帝王每年农历二、八月都要在这里举行隆重的祭祀社神、稷神的祭典。社稷坛

中山公园中山堂及社稷坛　陈宝文摄

之所以处于紫禁城的西南方,主要源于"左祖右社"的观念。

在古代诸多事务当中,以大地比母,西南方的坤卦代表五行中的"土",坤属于母,为阴,故此,社稷坛是带有阴性的。贾公彦曾注《周礼·天官序》说:"宗庙是阳,故在左;社稷是阴,故在右。"清人金鹗也说过:"宗庙属阳,故在左,左为阳也;社稷属阴,故在右,右为阴也。"这样就按照"左祖右社"的观念形成了左宗庙而右社稷的都城布局模式。

社稷坛外垣墙东面辟门,共有三座,由南向北依次为:社稷坛门、社稷左门和阙右门,其余南、西、北三面均不设大门。

坛区南半部为社稷坛,是祭祀社稷的场所。社稷坛是一座台型建筑,坛体高两层,上面另外加筑坛面五色土层。每面都是用规整的汉白玉条石砌筑,自下而上逐层收缩,下层方 17.82 米,上层方 16.78 米,坛面五色土方 14.92 米。五色土按方位要求铺筑五种颜色的土。坛面对角线中间有方 0.51 米的石柱埋入土中,称"社主石"。坛体外围四周砌矮垣,称内墙。每面内墙中间辟青白石棂星门一道,以通内外。

坛面上五色土的方位非常有讲究,比较通行的说法是,根据古代金、木、水、火、土"五行"学说布局的。东方属木为青色;西方属金为白色;南方属火为红色;北方属水为黑色;中央属土为黄色。还有一种说法,说五色土象征着我们广博的中华大地,在社稷坛的东边是青土,代表着东边的大海;西边是白土,代表西部白色的沙漠;南边是红土,象征南方的红土地;北边是黑土,象征北部的黑土地;而中间的黄土,就是中原的寓意。另外,传说古代的最高统治

社稷坛　张肇基摄

者黄帝居于天下之中,而在他的四方又各有一个统治者,东方太皞,由木神辅佐,手持圆规,掌管着春天,属于青色;南方炎帝,由火神辅佐,手持秤杆,掌管着夏天,属于红色;西方少昊,金神辅佐,手拿曲尺,掌管着秋天,属于白色;北方颛顼,水神辅佐,手拿秤锤,掌管冬天,属于黑色;黄帝居中,由土地辅佐,手拿一根绳子,掌管着四方,属于黄色。他有四张脸,四方都逃不过他的眼睛。在五色土中央的社主石,又称"江山石",表示"江山永固"。有关五色土的说法很多,尽管都不太相同,但是从社稷坛五色土的方位配置,以及方位与四季的匹配来看,都与先秦时期盛行的阴阳五行学说相合,意在代表我国广袤富饶的疆域。

明代建造社稷坛时,就是按照古代坛面要求的色彩方位,到全国的东、西、南、北、中各地区选取各种颜色的土壤。据《明史》记载,洪武四年(1371年)在中都(今安徽凤阳)建太社坛(社坛)时,曾命工部"取五方土以筑,直隶河南进黄土;浙江、福建、广东、广西(方位属南方)进赤土;江西、湖广、陕西进白土;山东进青土;北平进黑土。天下府县千三百余城,各土百斤,取于名山高爽之地"[1]。清代坛面虽然与明代取土的地方有所不同,但也是从全国各地东、西、南、北、中取各色土运到京师,按"五行"中规定的五色方位来铺筑社稷坛坛面,以此寓意"普天之下,莫非王土"的思想。

坛区北半部是祭祀时使用的拜殿(明代称具服殿)和戟门。坛的西侧砌筑祭祀用的神位和存放神牌、祭器及制作祭品的神厨、神库、宰牲亭、退牲房等。

---

[1]　张廷玉等:《明史》卷四十九《礼志三·吉礼三·社稷》,中华书局,1974,第1268页。

118

坛区的西南为祭祀时服务人员奉祀署用房。其中社稷坛、拜殿和戟门是皇帝祭祀时直接使用的重要建筑,因此四周又围以高大的宫墙,四面各辟一门。虽然都是琉璃门,但北门由于是皇帝来社稷坛祭祀时走的大门,因此在礼制上最高,辟为三座门,其余东、西、南垣上的门则都仅为一座。1925 年孙中山先生逝世后,曾在社稷坛拜殿停放灵柩,1928 年拜殿改名为"中山堂"。

二、祭祀的主要内容

社稷是一个特指名词。"社"和"稷",反映我国古代以农立国的社会性质。两者本来各不相干。"社"是土地神的名称,社祭的神坛也称为"社"。从天子到诸侯,凡是有土地者都可以立社,甚至乡民也可以立社祭祀土地神,社日成为睦邻欢聚的日子,同时还有各种欢庆活动,如"社戏""社火"。"稷",原是周民族的始祖后稷,在西周始被尊为五谷之长,与社并祭,合称"社稷"。根据《周礼·考工记》,社稷坛设于王宫之右,与设于王宫之左的宗庙相对,前者代表土地,后者代表血缘,同为国家的象征。《礼记·曲礼下》所说的"国君死社稷",就是国君与国家共存亡的意思。

根据甲骨文和考古发掘资料记载,"社"当起源于殷商,"社"是土的神化,代表滋生万物的土地神,以供祭祀时人们敬拜。最早的社神为自然神,即对自然之土的崇拜。与社崇拜伴随而来的宗教行为是社祭祀,从商周以迄清代,社祭祀都是最为重要的祭祀活动之一,人们生产生活中的诸多事宜都要向社神祈祷献祭。社祀与各个历史时期国家的政治、文化、军事、经济等诸多方面皆有紧密的联系,孔子在评价社祭祀的作用时曾说:"明乎郊社之礼,禘尝之义,治国其如示诸掌乎。"

在先秦文献中,"社"与"稷"经常连用。"稷"的本字是"畟"。"畟"字表示农夫在水田里双手一边插秧,双脚一边后退,即农夫在水田里倒退着插秧。"稷"原为五谷之一,后又被神化。稷神观念产生后,古人对其并不予以独立祭祀,而是将稷神配祀于社,与社并祭,合称"社稷",综合了土地和五谷的含义。"社稷"遂成为古代帝王、诸侯所祭的土地神和五谷神。祭社稷是皇朝祈祷普天之下物阜民丰的祀典。古人认为,稷非土无以生,土非稷无以见生生之效。所以祭社时必然要同时祭稷。种植与土地是农业社会生生世世须臾不可离的。

三、重农思想的体现

古人认为,"社"指土地之神,隐喻着土地与自然的神圣性,令人崇拜和敬畏。人类来源于自然,是大自然生命体的一部分,本能地同自然有一种亲近感与和谐一致性,"社"把人类与自然界联结为一个整体。社稷崇拜是一种以农耕文化为根基,通过祭祀土谷而祈求食物丰产的原始信仰,与之相关的社稷祭祀是土地宗教化、人文化的产物。社稷信仰中对土地的理解、态度以及形成的相关传统是中国传统文化的一个根脉,为华夏乡土文明积淀了深厚的学养和精神内涵,留下了一份弥足珍贵的中国乡土遗产。①

对于中国古代农业文明而言,除天时之外,土地就是它的命脉。古人对于"社"的崇拜源自其化育万物,认为土地具有承载万物的美德。大地孕育万物,供人生存,因而人类对土地的崇拜,更多地表现为敬报社神和稷神,即土地神和五谷神。明清帝王将土地视作养民固国之根基,为求长治久安,而举行社稷祭祀,祈求五谷丰登,以养民安民,体现了以农为本的治国理念。

社稷坛祭祀文化还有强化国土观念的内涵。社稷坛作为国家的重要祭祀场所,从原初的地母崇拜,到逐渐同王权政治相结合,最终成为国家政权的象征。帝王还把自己的国家与土地神联系起来,把社稷神当作国家的保护神之一。由于社稷坛是"江山"和"国土"的象征,因此明清两代皇帝不仅每年都亲自去社稷坛拜祭,而且每逢有较大规模的战争取得胜利后,在紫禁城午门举行献俘仪式的前一天,还要由兵部官员押送俘虏,"复献俘于社稷坛",以示对社稷的敬重,显示国家政权的稳固和疆土的完整。社稷坛作为儒家礼制思想的文化载体,为明清王朝所继承。社稷祭祀与宗庙祭祀共同构成明清皇家祭礼的核心部分,在王朝统治中发挥着重要的作用。北京社稷坛无论是总体布局还是单体建筑,都保留得比较完整,是研究我国古代坛制建筑和祭祀文化的重要实物例证,对明清礼制建筑的考证有着较高价值。1914年社稷坛改名为"中央公园",并对外开放,这与近代北京城市空间的改革者——朱启钤密不可分。1914年,朱启钤发布的《市政通告》中,有《社稷坛公园预备之过去与未来》一则,面向广大市民,详细论述了开设社稷坛公园的必要性。

---

① 尤明慧:《"社-稷"之于乡土中国的人类学阐释》,《武陵学刊》,2019年第6期。

社稷坛原没有南门，这是由于社稷坛的设计需要保持左祖右社的空间布局。每逢祭祀时，皇帝自北从宫内前来，大臣走东门。如果开辟南门，不仅不会产生实际功能，而且将会破坏社稷坛的中轴线。民国初年朱启钤主持

保卫和平坊

改造社稷坛后，却破开宫城城墙，建立南门作为园门，园门直接与外部连接。门的存在超越了原有空间，打破了明清以来"天—祖—社稷"宗法祭祀的稳定结构。

社稷坛的东南面有一座宏伟的石牌坊，这座石牌坊源于八国联军侵华时期，德国公使克林德公然向清军挑衅被当场打死后，清政府向德国赔礼道歉并为死者建立的一座"克林德碑"，当时立于东单北面的西总布胡同西口。1918年第一次世界大战结束，为纪念协约国战胜，将石牌坊改为"公理战胜"坊，第二年移至中山公园。1953年，亚洲及太平洋地区的代表在北京召开和平会议，确定将这座石牌坊改名"保卫和平坊"。

拜殿西南方向，有一座八角石亭，名叫"兰亭碑亭"，它原在圆明园四十景之一"坐石临流"处，后来才移到这里。亭为重檐蓝瓦八角攒尖顶，亭内置有兰亭碑。兰亭碑上刻有曲水流觞图，背面有清高宗写的诗文《兰亭诗》，亭匾名为"景自天成"。

第三节 天 坛

  天坛是明清帝王祭天祈谷的场所,是中国现存规模最大、形制最完美的古代祭天建筑群,它以独树一帜的建筑风格、深厚博大的文化内涵,不仅在中国建筑史上占有重要位置,也是世界建筑艺术的珍贵遗产。元朝郊坛在大都城南门丽正门东南七里,坛为三层圆形石台,除祭天台外,内设燎炉、神库、演乐堂、斋房等,对明、清郊坛的建造产生了重要影响。明清北京天坛继承发展了历代祭天建筑的长处,在建筑布局、建筑形式、祭祀文化上均达到历史最高水平。1998年,天坛入选为世界文化遗产,成为继故宫之后东城区又一入选的重要文保单位。天坛以独有的文化魅力、宝贵的科学艺术价值日益为世界瞩目,成为北京的标志。昔日帝王祭天的神坛,今天已成为闻名世界的旅游胜地,更是蕴含着丰富的中国古代历史、哲学、建筑、艺术、科学等诸多知识的文化宝库。

天坛圜丘侧影　吴超英摄

一、祭天文化的由来及传承

《左传》有言："国之大事，在祀与戎。"祭祀之礼作为中国古代五礼之首，关乎国家的政治、文化制度。历代帝王通过一系列隆重、庄严的仪式，祈佑风调雨顺、国泰民安。唐代贾公彦《周礼义疏》云，"礼天神必于冬至"，历代王朝均极重视冬至的祭天活动。

对于"天"的崇拜和冬至祭祀的传统在中国古代早期文化中已有体现。1983年，辽宁省建平县牛河梁发现了属于红山文化晚期的历史遗迹，年代约为公元前3000年，其中的三环石坛颇具特色。石坛整体是由石桩组成三个同心圆坛，与今天北京天坛的构造有高度的相似性。商代甲骨卜辞中已经出现"日南至"（冬至）祭祀的内容，《周礼》《礼记》也有周天子在冬至日于圜丘祭天的记载。

有文献记载的正式祭天始于汉代。元鼎二年（前115年），热衷祭祀封禅的汉武帝作"通天台"，并在元鼎五年（前112年）初步确定了祭祀礼仪。建始二年（前31年）正月，汉成帝于南郊祭天，成为汉代第一个正式祭天的帝王。东汉初年，神灵的牌位开始有了详细的规划，《后汉书》记述东汉初年，南郊祭坛的诸神牌位多达一千五百一十四个。有意思的是，祭天传统并不因国家分裂而中断。魏、蜀、吴三国鼎立之时，开国皇帝均有于南郊告祭天地之举，祭祀天地是宣示政权统治合法性的重要标志。

唐宋时期确定了以冬至作为祭天礼日。唐代，百官在冬至节要到东宫一同与皇帝庆贺。宋代亦是如此，冬至时节，群臣拜贺，并用"雅乐、登歌、二舞"为祭祀活动增添亮色。《元史》载"元兴朔漠，代有拜天之礼"[1]，

天坛圜丘天心石

---

[1] 宋濂、王祎：《元史》卷七十二《祭祀志一·序》，第1781页。

也就是说对于蒙古族来说,拜天祭祖,古已有之,并表现出明显的本民族文化特色。

明清是祭天制度的定型期。明洪武初年,实行天、地分开祭祀的制度,在南京城外的钟山南、北分别建圜丘、方丘,每年冬至祭天,夏至祀地。洪武十年(1377年),明太祖认为天地好比父母,天地分开祭祀象征父母分离,于是改为天地合祭。永乐迁都后,明成祖将南京的祭祀仪式与建筑制式完全迁移至北京。嘉靖九年(1530年),明世宗重新确立天地分开祭祀的制度,于安定门北修建地坛。清代祭天礼始于清太宗崇德元年(1636年)。清军入关后,祭天礼仪与时节基本延续了明代传统。顺治八年(1651年),清世祖下令将元旦(春节)、冬至、万寿圣节(皇帝本人生日)定为三大节。皇帝冬至祭天仪式直至辛亥革命后废止。

皇帝祭天,就是祭祀天神。《春秋公羊传》僖公三十一年载:"天子祭天,诸侯祭土。"古代祭天是天子一年之中的大事。祭天的时间,是用日影测量的方法来判断冬至的时间。冬至是农历二十四节气的第二十二个节气,是全年中白天最短、黑夜最长的一天。古人认为在冬至这天太阳行至最南处,昼最短,夜最长。冬至是阴气开始衰弱、阳气开始生发的交替时刻,是冬去春来的前兆,春天一到,农忙时节又要开始。因此,古人非常重视冬至这个节气。冬至既是节气,也是重要的传统节日,古称"冬节""长至节""亚岁节"等,有"冬至大如年"的说法。

古人认为"阴极之至,阳气始生",所以把冬至当作年周期、大自然气运周期、万物生长周期的起始点。冬至一阳生,从此白昼一天比一天长,所以古人认为冬至是个吉日,必须隆重庆贺,历代皇帝都会在冬至这天,举行隆重的祭天大典。顺应天意,以图与上天沟通,祈求国运昌隆,岁美人和。统治者认为通过祭祀天神,可以祈求天下太平,达到维护自身统治的目的。

历代祭天仪式,除了固定在冬至举行外,改朝换代之机也多是祭天之时。明洪武元年(1368年)正月,明太祖为宣示建立明朝的正统性与皇权的合法性,曾向"上帝"祭告:"如臣可为生民主,告祭之日,帝祇来临,天朗气清。如臣不可,至日当烈风异景,使臣知之。"①据称不久天晴气爽,遂如愿举行了即位大礼。

---

① 《明太祖实录》卷二十八下吴元年十二月甲子,中央研究院历史语言研究所校印,中华书局,2016,第439页。

二、祭坛格局的时代变迁

天坛垣墙围绕,周长九里三十步,当代实测天坛占地二百七十六万平方米。北京天坛初制为天地合祀,称为天地坛,后来天地分祀,才专称天坛。北京天坛初建时规制完全仿照南京形制,以大祀殿为中心,内坛外墙设坛二十座。大祀殿内祭祀昊天上帝、皇地祇神。嘉靖九年(1530年),于大祀殿之南兴建圜丘专供祭天使用。圜丘四周有燎炉、具服台、神库、神厨、宰牲亭等附属建筑。圜丘北门外正北建有泰神殿,后改为皇穹宇,作为收藏上帝的神版处所。成贞门外以西为斋宫,斋宫再西为坛门。现存的天坛建筑群是在明清以来直至20世纪八九十年代逐渐构建成型的。下

天坛祈年殿　立新摄

面我们以天坛内主要建筑说明其建置格局的变化过程。

现在天坛内的祈年殿始建于明代永乐年间,初名大祀殿,后改为大享殿,清代乾隆年间又改为祈年殿。大祀殿是天坛的原始建筑,在明太祖洪武年间首建于南京,用于合祭天地,明成祖迁都北京后,又于永乐十八年(1420年)在北京南郊仿南京规制新建了一座大祀殿,并在其后一百多年作为合祭天地的场所。明世宗登基,认为合祭天地于大祀殿不合古制,决定另在大祀殿南建圜丘祭天,在北郊建方泽坛祭地,实行天地分祭。这样从嘉靖十年开始,大祀殿专用于举行祈谷礼。

四郊分祀以后,大祀殿废而不用,明嘉靖十七年(1538年)六月,有官员上疏皇帝,指出"考莫大于严父,严父莫大于配天,请复古礼,建明堂。加尊皇考献

皇帝庙号称宗,以配上帝"①。请求皇帝为其父献皇帝建明堂配天而祭,即举行季秋大享礼。这正符合明世宗的心意,于是被他采纳。同年,他又下令拆除大祀殿,嘉靖十九年(1540年),在大祀殿旧址上再建大享殿,"岁以季秋大享上帝,奉皇考睿宗献皇帝配"。明世宗终于达到了将自己不是皇帝的父亲配天而祭的目的,所建大享殿就是今天祈年殿的前身。

大享殿于嘉靖二十四年(1545年)八月建成,然而季秋大享礼却未在大享殿举行。明世宗在位后期,热衷于道教炼丹及长生不老术,疏于政事,大享礼不了了之。明世宗死后,明穆宗登基,随即废除大享礼,大享殿徒有其名。嘉靖朝对祭祀制度的一系列改革,奠定了今日天坛的基础。乾隆十六年(1751年),"考大享之名,与孟春祈谷异义",清高宗降旨改大享殿为祈年殿,大享门为祈年门,并将大享殿覆盖的上青、中黄、下绿三色琉璃瓦改为统一的青色琉璃瓦,祈年门及两房也同时更改了青瓦,整齐划一。

祈年殿是一座木结构圆攒尖顶、三重蓝色琉璃瓦檐建筑,上檐下南向悬雕九龙华带金匾,青底金书"祈年殿"。祈年殿结构为上屋下坛,屋即祈年殿,坛即三层白玉圆台,各层皆绕以汉白玉石栏。上层望柱饰以盘龙;中层望柱饰以翔凤;下层望柱饰以朵云。祈年殿内有四根龙井柱,象征春、夏、秋、冬四季。中层十二根金柱,通体朱红,象征一年的十二个月。外层十二根檐柱,象征一天十二个时辰。中外两层共二十四根柱子,象征二十四节气。加上中间四根大柱共二十八根,象征周天二十八星宿,二十八柱加上柱顶的八根童柱,合计三十六根,象征三十六天罡。祈年殿的这种设计,反映了古人的时间观念及天文知识。

皇乾殿坐北朝南,是贮存祈谷坛祭祀神版、神牌的殿宇。皇乾殿最初建成于明永乐十八年十二月(1420年2月),时为天地坛天库,即存贮神主之所。嘉靖二十四年(1545年)重建,改为皇乾殿,明世宗亲题殿榜。清初以大享殿为祈谷坛,便以皇乾殿存贮皇天上帝神版,规定于祀前一日,皇帝亲至皇乾殿上香行礼、巡视坛位及所需祭品。祭祀前一天的前半夜(乾隆年间改为后半夜),礼部尚书及太常等卿还要在这里举行请神仪式,祈谷大典结束后,神主送回这里。

丹陛桥,长三百六十米,宽二十九米,本是一座砖石平台,因其下有两孔涵洞而称桥。丹陛桥南北走向,整体北高南低。丹陛桥南接圜丘成贞门,北接祈谷坛南砖门,将圜丘与祈年殿结为一体,构成了天坛建筑的主轴线。丹陛桥始

---

① 张廷玉:《明史》卷四十八《礼志二·吉礼二·大飨》,中华书局,1976,第1258页。

建年代一说为明永乐年间,时与大祀殿同期建成;一说建于明嘉靖二十四年(1545年),为营造大享殿时一并建造的。明代丹陛桥两侧原无树木,清乾隆年间始植树于丹陛桥两侧,时至今日,已成郁郁柏林,风景怡人。

历代帝王以天子自居,圜丘则是沟通人间帝王与昊天上帝的桥梁。古人认为冬至一阳生,在阴阳交替时祭天与夏至祭地一样,属顺应阴阳之义的祀典。

圜丘是天坛的重要礼制建筑,在"礼莫大乎敬天,义莫隆于郊祀"的传统王朝,是冬至日帝王祭天等活动的场所。历代帝王继承大统,都需尊崇天地,而尊崇天地的途径便是定期举办祭祀天地大典。古代以"天"为至阳所在,又以一、三、五、七、九为阳数,二、四、六、八则相对应为阴数。在各阳数中,九为极数,是阳中至阳,而九九又归于一。古人的数字观体现了朴素的唯物主义色彩。从圜丘的建制变迁,可以看到阳数是如何应用于圜丘建造的方方面面的。

北京地区出现圜丘始于金元时期。金代圜丘始建于金世宗时期,圜丘分为三层,存续时间不长。到了元代,国家制度与地方建设多遵从上古典籍,如国名"元"取自《周易》,大都城建设本于《周礼》等,元代的圜丘建制也有所依据。元世祖在至元十二年初建祭台后,祭天之礼日渐废弛。元成宗大德年间,右丞相哈剌孙等上疏请求以《周礼》为参照修建大都城郊的圜丘。

元代圜丘分为三层,以符合古代哲学中的天、地、人"三才一贯"的思想。元代圜丘因时损益,针对《周礼》中对每层周长并未规定的缺陷,定为最上层直径元制五丈、中间层十丈、下层十五丈,实际上分别是五的一倍、二倍和三倍。同时规定每层高度均为八尺一寸,以合八卦中乾卦九九归一的特点。圜丘每层四面有台阶,各有十二级。圜丘外设两重城墙,又称"壝",内墙距离圜丘二十五步,外墙距离圜丘五十四步。元代圜丘存续时间虽不长,其依古礼建造的思想以及对阳数的运用却被明清两代继承并发展。

明清时,圜丘祭天为国家最高等级的祭祀——大祀之首,因此对其建制更为重视。明代的圜丘建造于元末至正二十七年(在今南京),当时朱元璋是韩宋政权的吴王。洪武元年(1368年),朱元璋在应天府(今南京)称帝,同年在圜丘举行首次祭天礼,圜丘建于应天城的钟山之南。永乐十八年(1420年),包括天地坛在内的北京宫殿、坛场等完工,其规制均参照南京。次年,明成祖迁都北京。此后,北京南郊天地坛的形制延续百余年。

嘉靖九年(1530年),朝廷重新议定天地分祀。《明史》记载嘉靖时圜丘形制尺寸与洪武初天地分祭时一致。但实际上为凸显皇权,圜丘建筑已大不相同。改建后的圜丘从层级上恢复了元代的三层,各层长宽均有增加。为印证

"天子受命于天"的"天人感应"思想,明世宗决定圜丘最高一层高度为九尺,高于第二、第三层的八尺一寸;圜丘上层直径五丈九尺,中层九丈,下层十二丈,每层四面台阶均为九级。圜丘改建后,又在大祀殿旧址改建大享殿。至此,明代圜丘形制未再改动。嘉靖九年(1530年)十一月二十三日冬至,明世宗于新建圜丘上举行隆重的祭天典礼,此后祭祀制度日趋废弛,直到明亡百余年中,皇帝到天坛祭天仅二十余次,所谓"祖宗旧制,一岁一郊"[1],已名存实亡。

清代圜丘始建于入关前的清太宗时期。天聪十年,后金先在沈阳德盛门外建圜丘等,于此祭告天地,定国号为清,并改元崇德。顺治元年清军入关,年幼的清世祖于十月初一日在北京再行登基礼,同日亲至天坛祭告天地,此时的圜丘仍沿用明代后期形制。

乾隆年间,清廷对天坛开启大规模改造。圜丘改筑于乾隆十二年(1747年),清高宗特命改建圜丘要遵循古代度量衡,而古尺一尺恰好相当于当时的"营造尺"八寸一分,又与九九之数相合。具体到圜丘三层的尺寸,上层直径为九丈,取"一九";中层直径十五丈,取"三五";下层直径二十一丈,取"三七"。这些数目在古人看来皆是阳数中的"天数",三层直径合计四十五丈,暗合帝王"九五之尊"的用意。各层用砖以扇形排列,上层正中天心石外,环砌九块石板,向外每环依次增加九块;用砖数上层为一九(九块)至九九(八十一块),中层为九十块至一百六十二块,下层为一百七十一至二百四十三块。这样以九构成的倍数增加,反映了"九重天"的观念。以等差数列计算,除去天心石外,圜丘三层坛面用砖共计三千四百零二块。

明后期圜丘各层栏板数自上至下原为九、十七、二十五,乾隆时为应和天为圆、圆周三百六十度的观念,将栏板数调整为七十二、一百零八和一百八十八。不过,实际栏板数为上层三十六块,中层七十二块,下层一百零八块,共计二百一十六块,圜丘各层高度自上而下逐渐减少。1900年八国联军侵占北京时,天坛曾为联军冬营驻地,形制有所破坏。20世纪后期和21世纪初,天坛公园管理处陆续按原形制恢复了圜丘及其周边建筑古迹。

乾隆时圜丘的形制,在阳数运用上达到了极致,这与清高宗本人的性格有重要关系。乾隆初年,正是清朝国力臻于极盛的时期,清高宗对他治下的国家极度自信,他重视礼制,扩建圜丘的起因是坛上设置祭品处于狭窄,这也是清高宗为体现"天朝上国无所不有",进而垄断与上天交流权利的制度安排。

---

① 《明武宗实录》卷一百九十三,正德十五年十一月戊午,第3613页。

皇穹宇在成贞门之南、圜丘之北,是存贮祭天正位及配位、从祀位神版的场所,又称天库。皇穹宇有正殿、配殿、围垣及券门诸建筑。明嘉靖九年(1530年)圜丘建成后,又在圜丘北侧建神版殿。嘉靖十年(1531年)四月,南郊神版殿建成,明世宗亲定殿名为泰神

天坛　张肇基摄

殿。泰神殿建成后,十月乙巳,嘉靖帝亲自奉安昊天上帝及太祖神位于殿内。嘉靖十七年(1538年)十月辛丑(初一日),明世宗拟加上帝及高皇帝帝后尊称,先期至郊坛预告于神祇,以十一月朔旦行礼。当日,明世宗诣郊坛恭进册表上泰号曰皇天上帝,改泰神殿为皇穹宇。

清乾隆十七年(1752年),清廷对皇穹宇进行了改建。皇穹宇重檐式殿顶改作单檐式,地面用青石铺墁,围墙墙身及槛墙用临清(今山东临清)城砖砌成。此城砖以"敲之有声,断之无孔"著称于世,皇穹宇围墙就是当今举世闻名的"回音壁"。皇穹宇围垣周密,表面光洁,使声波不被墙体吸纳,进而发生了反射,于是产生了回音,形成了独特的声学现象。

"雩"是因水旱灾害严重而举行的祈雨及祈晴仪式,天坛内原有崇雩坛建筑以祈雨。明初举行雩祀没有规定制度及仪式,多于宫内举行。至嘉靖八年(1529年)方定其制度,由皇帝祈祷于南郊。嘉靖十一年(1532年)正月,开始兴建雩坛,三月建成,取名"崇雩坛"。由于明嘉靖后至清初,所有雩祀都在圜丘举行,致使崇雩坛废弃。乾隆年间,因天坛内外坛墙年久损坏严重,为整齐划一,将原土墙拆修。同年奏准拆除崇雩坛,祈雨礼改在圜丘进行,拆下的城砖在修理天坛内外垣时使用。至此,崇雩坛彻底消失。

斋宫是明清两代皇帝祭祀前在天坛内举行斋戒仪式的宫殿,有皇帝居住的寝宫、举行活动的无梁殿及宫门、钟楼、值房、膳房、河廊等建筑。斋宫初建成于明永乐十八年(1420年),有内、外两道宫墙、御河,是一座"回"字形宫城式建筑,现斋宫周围密植柏树,石甬路穿过柏林与舆道相通。斋宫原有内、外两道御

129

河,明成祖迁都北京初建天地坛时,因天地坛垣墙不备,且孤悬郊野,故掘深河以备不虞。明嘉靖三十二年(1553年),天坛已圈入外城,斋宫御河的防护作用消失,于是清代填其河建成宫室。清高宗曾对明代掘河以备不虞之举不以为然,作诗讥讽其事:"守德由来胜守险,当年何事堑防门。"

现在天坛内还有迁移自他处的古代建筑,如百花亭和双环万寿亭等。百花亭在斋宫北百花园内,因亭子以苏式彩画为饰,且彩画多绘以花卉兰草而得名,现为黄琉璃瓦顶。百花亭原址位于东城区西总布胡同,为清末重臣李鸿章家祠堂的慈禧太后御碑亭,原为黑琉璃瓦顶。1978年拆迁,在天坛百花园重建。双环万寿亭建成于清乾隆六年(1741年),是清高宗为其母亲五十大寿祝寿所建,原位于中南海内,整组景区由双环万寿亭、方胜亭、扇面亭、游廊及垂花门诸建筑组合而成。1977年8月迁至天坛内坛西北部。

三、明清祭天仪式

明清时,祭祀昊天上帝是最为重要的祭祀活动之一,日期需提前选定并报朝廷批准。明清以祭祀天地为大祀。钦天监在每年十一月上旬,将第二年的祭祀时间报请皇帝,由皇帝亲自拟订仪注。清乾隆十四年(1749年)规定,每年祭祀日期由礼部于前两年的十月行文钦天监,按照祀典应预选的日期择取吉日,与其他每年有固定日期的各类祭祀按册呈报礼部。礼部则于第二年正月告知太常寺如期举行。每临大祀,前期二十五日,礼部恭请皇帝亲自到南郊行礼,如遇皇帝在外省巡视,则恭请皇帝派遣亲王、郡王代为行礼。清代以圜丘、祈谷、常雩为大祀,天坛所行三大祀的时间是:圜丘祭天在冬至日举行;祈谷在立春后举行;雩祀则立夏后选择吉日进行。

在祭祀仪式开始前,朝廷还会进行相关准备工作,其中最为重要的是"演礼"与"省牲"。"演礼"即祭祀礼仪的彩排、预演。演礼一般在祭祀前四十日开始,每旬逢三、六、九日,由太常寺堂官亲自率领乐舞生在神乐署凝礼殿进行演礼。各官于祀前两日黎明赴凝禧殿演礼,祀前一日至圜丘及祈年殿演礼。雍正七年(1729年)以后规定,各执事官均于前两日演礼于凝禧殿,停止前一日赴祭所演礼,此后成为定例。祭祀前查看祭品是为"省牲"。明朝皇帝需亲自赴南郊牺牲所"省牲",日期在祭祀前五日。祀前一日,皇帝还需着常服祭告太庙,告诉先祖祭品是否准备妥当。清顺治十四年(1657年)规定,大祀之前五日,需派遣一名亲王代替皇帝到牺牲所检查情况。祀前两日，派遣礼部堂官再次查验。[①]繁杂细致的准备，更能凸显天坛祭祀仪式的庄严与神圣。

祭天之典是祭祀典礼中最为烦琐隆重的仪式。明清帝王及陪祭官员在祭天之前均需斋戒。斋戒期一般为三天，斋戒期内皇帝不可饮酒食荤，陪祭官员不审理案件，不参加宴会，不吊丧，不祭神，不扫墓。如果皇帝不住斋宫，则需在祭天当日天色未亮时出行，沿途需平整街道、铺撒黄土，并将所过胡同街口以青布遮挡，以保障祭天队伍平稳抵达天坛。

祭天的准备主要由礼部负责，包括查看祭祀所用牲畜、修葺坛庙、排演祭天乐舞等。所有细节均须处理周全，在既定时间内完成。道光五年（1825 年）冬至前一天，时辰已过酉时（下午五点至七点），正在斋宫的清宣宗听到神乐署有演练乐舞之声，感觉时辰有所延误，遂下令，以后乐舞彩排须在未时（下午一点至三点）完成，如再延误，定当严惩。

冬至节圜丘祭天的布置，体现了古代的天人观念。圜丘一层正北向南摆设"昊天上帝"神位，两侧摆设祖先牌位作为陪位，日月星辰风云雷雨作为从位。皇帝的祭天位置即在"天心石"，行三跪九叩礼的拜位在第二层南向。帝王两侧分列引导祭天仪式的"赞引官"，负责诵读向上天祷告祝文的"读祝官"，以及向帝王呈送各种祭器的"司香官""司帛官""司爵官""赞胙官"等。三层分列陪祭的王公大臣。

明清祭天仪式，首先由皇帝自二层步入一层，三上香后回到二层拜位，带领群臣行三跪九叩礼。接下来皇帝再度升坛至神位前，先后将玉帛、供品献上，同时读祝官朗读祝文。然后是初献礼，行初献礼的只能是皇帝本人。亚献、终献则由太子、王公大臣执行。在皇帝本人接受福酒、胙肉后，再度行三跪九叩礼。最后撤去供品至燎炉焚烧。

祭天仪式是皇帝的专责，代表无上的地位。明清时期的祭天仪式隆重繁杂，碰到皇帝老幼体弱不能全部完成的情况，会选出代为祭祀的大臣。大臣代祭，在仪式上自然与皇帝亲祭有所不同。首先，拜位要降到三层阶下。其次，在行初献礼朗诵祝文时，代行人只能俯伏于二层阶下，不能像皇帝一样停留在一层。另外，饮福受胙程序只能由皇帝亲受，代祭时只能删去。因为除了皇帝之

---

① 北京市地方志编纂委员会编：《北京志·世界文化遗产志·天坛志》，北京出版社，2006，第 271 页。

外,任何人都不能直接从上天那里得到赐福,哪怕是皇帝指定的人也不能代替他。代祭时其他程序大体与皇帝出席时相同。

代表皇帝祭天是极为崇高的荣誉,是权力与地位的直观体现。清圣祖在位六十一年,遣官代祭多达十八次,后期代祭都与九子夺嫡密切相关。在皇二子胤礽第一次做太子时,曾四次主持冬至祭天。但被废后,即便再度被册立太子,胤礽也无缘代祭了。康熙六十一年(1722年),清圣祖命皇四子胤禛代行祭天礼。正当胤禛在斋宫斋戒时,清圣祖突然病情恶化,急召胤禛至畅春园听取遗诏。翌日,胤禛即位,是为清世宗。

孟春祈谷礼属于明清吉礼,是帝王在春天祈祷丰收的祭祀仪式,也是清代大祀之一。《大清会典》记载,顺治元年(1644年)定每年正月上辛日①,祭上帝于大享殿,行祈谷礼。然而终清一代,出于历法节气、祭祀礼仪等方面的原因,清朝皇帝在位期间举行祈谷礼的时间都会有所调整,并不完全在正月上辛日举行,次辛、下辛日举行的情况频有发生。祈谷礼的主要仪式与祭天基本一致,只是祭祀时演奏乐章与冬至祭天不同。

天坛举行的重要祭祀活动还有孟夏常雩祭,雩祀专为求雨举行,凡遇水旱灾伤及气候极端现象出现时,明清帝王常亲自祭祀或遣官祭告郊、庙、陵寝及社稷、山川等。据《礼记》记载:“仲夏之月,大雩帝,用盛乐。”汉代郑玄称:“雩,吁嗟求雨之祭也。”东汉时,雩祀被列为国家祀典,并为以后的许多朝代所沿袭。明清雩祀一般在农历四月。明代初期,雩祀地点并不固定,有时是在宫内空地举行,有时在奉天殿举行,如灾害严重则在山川坛举行。嘉靖十一年(1532年),在圜丘坛外泰元门东建起“崇雩坛”。嘉靖十七年(1538年),因冬春极少雨雪造成天旱。四月甲子,明世宗亲往崇雩坛举行隆重的雩祀。嘉靖以后,雩祀改在神祇坛举行;遇有大旱之年,皇帝则亲自至圜丘祈雨。明世宗所建的崇雩坛遂废而不用,至清乾隆年间被拆除。目前天坛仅存崇雩坛遗石数十方,沦于荒草之中,供人凭吊。

清初沿袭明朝祭祀制度,雩祭之典分为两种,“常雩”和“大雩”。常雩分为定期和不定期两种。定期就是每年孟夏之月,占卜日期举行致祭,即使不旱也要举行。不定期就是专为久旱不雨而举行的雩祀。清高宗对雩祀十分重视,将

---

① 正月上辛日,即正月上旬中的“辛日”,古代以天干地支计时,每年正月上辛日会有所调整,后文中的“次辛”“下辛”即正月中旬、下旬的“辛日”。

其定为大祀,并分为三等。一是常雩,每年孟夏(农历四月)择吉日定期举行,地点在圜丘。二是常雩后仍不降雨,改在天神坛、地祇坛、太岁坛举行;仍不降雨,即于七日后赴社稷坛举行。三是大雩礼,在三坛祈雨未果后举行,由皇帝亲祀圜丘。常雩典礼事宜也与冬至大祭相同。

为表明天子受命于天,宣扬君权神授的神奇效果,明清史书中经常有帝王祈雨时或祈雨后"天降甘霖"的记载。如顺治十四年(1657年),清世祖亲率百官祈雨于天坛圜丘。《清世祖实录》称此次"祭未毕,大雨如注"。顺治十七年(1660年),因久旱不雨,清世祖又步行至天坛祈雨。当天早上还是万里无云,在祭典进行的过程中,突然乌云密布,顷刻之间天降大雨。清圣祖晚年曾以祈雨举例,谆谆告诫皇子和大臣,在登基五十七年来,约有五十年祈雨。有一年天下大旱,清圣祖在宫中设坛祈祷,三天内每天饮食清淡、斋戒沐浴,到第四天步行到天坛祈雨。不久大雨如注,步行回宫后皇帝的衣衫尽湿。后来各省官员进京奏报,才知道祈雨当天大雨遍天下,这说明精诚所至,上天才能普降甘霖。

四、祭天文化

古代帝王建天坛,以敬自然、祭祖先,向往和谐的天人关系。天是宇宙,是自然规律,人是自然之子,心存敬畏,行有所止,古人于圜丘之上,仰望昊天苍苍,祝祷风调雨顺。天坛建坛六百年,传达了中国礼仪之邦的文化内涵,天坛所承载的还有中华民族敬天爱人、追求美好生活的理念。

清世祖在位期间,几乎每年冬至祭天,皇帝都亲自布置实行,对冬至祭天大礼极为重视。清圣祖因有事或有病不能亲自到天坛,还要派遣官员恭行代祭。清初,祭天礼仪受到皇帝的高度重视,带有很浓的政治色彩,是清初统治政策及社会状况的反映。到乾隆时代,政治色彩渐减退,表现在更重视礼仪,更加遵循汉文化,稽古考究,文化色彩更浓。清高宗在位六十年中,亲自到圜丘祭天行礼五十九次,只有乾隆六十年(1795年)他八十五岁时因年事过高才遣亲王恭代行礼。

康熙二十六年(1687年)十二月,清圣祖因其祖母太皇太后病重,率领诸王、贝勒、贝子及文武官员由紫禁城出发步行前往天坛圜丘致祭。清圣祖亲自撰写祝文,亲自诵读:"若大数或穷,愿减臣玄烨龄以增太皇太后数年之寿。"读时声情俱在,涕泪交流,陪祀的诸王大臣无不感泣,深为年轻君王的宽仁厚德所打动。这次礼仪也在天坛圜丘祭天历史上写下了一段颇富人情味的佳话。

清朝皇帝重视祈谷礼,大多躬身亲祭。他们不但提高祈谷礼规格,而且予以认真实行。顺治十五年(1658年),行祈谷礼祭祀时,因太常寺所奏音乐声调错乱,清世祖责令太常寺官予以整饬并严格练习,祭祀仪物音乐都需尽善尽美,以表示对上天的诚敬之心。清圣祖一般都亲行祈谷礼,从康熙九年(1670年)第一次亲赴天坛祈谷,到康熙六十一年(1722年)共五十一年时间里,清圣祖亲自前往天坛行礼三十五次,而且有时还带病前往,如康熙四十七年(1708年),因"圣体初愈",满汉臣工奏请暂停亲祭祈谷,清圣祖仍坚持亲祭,并且说"谷坛乃为天下万民粒食之计,敬事天地正朕之责,岂可不亲诣行礼耶?"表现了清圣祖追求物阜民安的强烈愿望。

　　祈谷大典作为清代帝王每年在天坛举行的三大祀典之一,表现了中国古代顺天时、重农耕的社会发展特点,充分反映了古人祈福于天、求天事、顺人事的意识。祈谷时间采用正月,完全符合了"郊之时",立春作为一年之中的首个节气,是开始春耕的信号,历代统治者受立春时间的影响而改变祈谷礼的举行时间,正是反映了古人遵循自然规律,追求农事顺畅、百谷丰饶的良好愿景。祈谷礼不仅是礼仪层面的东西,也是官府用以表现重视农耕和民生的象征性礼仪活动,祈谷礼之所以受到当时统治者的高度重视,究其很重要的一点原因,与以农为本的治国理念息息相关。

　　在传统农业社会的生产力条件下,帝王祭天旨在宣扬"君权神授"的思想,强调自己"受命于天"的正统地位。历代皇帝都以"天子"自居,就是天之子,认为自己是天命的承担者和执行者。奉天,表达了帝王与天的一种特殊的关系,既是帝王神圣地位的依据,又是臣民对君主的一种期望。元明清三代中,以"天"为年号的有天顺、天历、天启、天命、天聪。帝王的尊号、谥号中也不乏"应天""感天""法天"等词语,都是为了表示帝王与天的独有联系。在古人看来,天是世间万物的创造者,能够预示人间祸福,赐福降灾,帝王统治人间是受命于天,代天理政。因此,祭天是古代帝王统治权力正当性的重要象征。明清帝王认为,祭天过程中只有尽心虔诚才容易感动上天,上天才会赐以多福。祭天是帝王"代天理民"的权力象征,通过祭天,他们为自己塑造"真命天子"形象,进一步强化了君权神授、受之天命的观念,彰显了其统治的合法性与神圣性。

　　源远流长的祭天典礼凝聚为中华民族的文化传统延续至今,它的功能和内涵随时代演进不断变化和丰富。天坛已列入世界文化遗产名录,成为展现博大精深的华夏文明的重要载体。近年来,天坛公园每年春节期间都会举办祭天文化展演活动,生动再现古代礼制这一重要内容。

第四节　地　坛

地坛又称方泽坛,始建于明嘉靖九年(1530年),是一座庄严肃穆,古朴幽雅,具有悠久历史文化的皇家坛庙,也是明清两代帝王祭祀"皇地祇神"的场所。地坛修建始于明世宗的礼制建

地坛祭坛

筑增建活动,与祭祀土地神、谷神的社稷坛相比,地坛祭祀的是与"天"相对更为抽象宏观的"地"。1984年5月24日,北京市人民政府正式公布地坛为市级文物保护单位。地坛现存有方泽坛、皇祇室、宰牲亭、斋宫、神库等古建筑。近年来又增建了月季园、牡丹园等新的园林景点。如今昔日皇家坛庙,已成为新春庙会、书市等活动的重要举办场所,也是大众休闲娱乐的园林文化旅游胜地。

一、从天地合祭到天地分祀

地坛的出现与明世宗时期的祭礼更改密不可分。嘉靖九年(1530年)元月,明世宗提出天地分祀的主张,朝中大臣极力反对,少数支持者也不敢言。就

在这时,给事中夏言上《请举亲蚕典礼疏》,力陈"天子亲耕南郊,皇后亲蚕北郊"①,要求举行亲蚕礼。明世宗看后大喜,立即命令在北郊建蚕坛行礼。因为亲蚕礼与南北分祀相表里,明世宗举行亲蚕礼,是想以此作为过渡和转换,渐进地提出南北分祀的礼仪改订目标。五月,郊坛兴工。按照《周礼》,除南、北郊外,还应当有东、西郊,以祭日月。半年以后,四郊次第建成,明世宗钦定南郊之坛名天坛,北郊之坛名地坛,东郊之坛名朝日坛,西郊之坛名夕月坛。郊礼分祀之制遂定。清代郊礼沿用嘉靖分祀制,四坛得以不断整修,保存至今。

明世宗更定天地分祀,表面上是恢复古代祭仪及洪武祖制,实则与青年帝王的权力野心密不可分。明世宗以外地藩王进京继承帝位,在其父兴献王的地位等问题上与朝臣长期对峙,此即明代中期的"大礼议"事件。嘉靖帝抛出天地分开祭祀的问题,其意在于通过更改祀典提升皇权。最初大多数臣子反对天地分祀,但联想到"大礼议"事件中纷纷掉落的乌纱帽,各部官员只得表示赞同,转瞬之间朝中风向已倒向了外藩来的天子。

需要说明的是,地坛与社稷坛祭祀对象都是以土地神为主,但实际上祭祀神明大有不同。社稷坛祭祀为社稷,即土地神和谷神。方泽坛所祭祀的是地祇神。明代嘉靖九年"大礼仪"之争的结果,最终确定为由天地合祀改为南北郊分祀,虽然社稷坛祭祀意义与原初的土地崇拜已经产生了很大的差异,但从明清两朝的建筑形制和祭祀礼仪来看,社稷坛仍与地坛密切相关。地祇神与社稷神均属土系,属阴。二坛均坐南朝北,制方,坛垣覆以黄琉璃。二者的祭祀目的都为求得风调雨顺、五谷丰登。二者的祭祀根源又交汇到出于以农业为本的土地崇拜。在这里"社"神象征了比较具象的五谷之神,地坛祭祀对象为大地自然神。

二、建筑格局及祭地仪式

地坛是我国最大且现存唯一的祭地之坛。地坛原名方泽坛,建于明嘉靖九年(1530年),嘉靖十三年(1534年)始称地坛,位于东城区安定门外路东,是明清两朝皇帝祭祀"皇地祇神"之所。地坛祭坛是汉白玉质地的两层方台,象征大地是正方形。台的北面有方泽,是贮水池,台的南面有祇室。明、清皇帝每年夏

① 张廷玉等:《明史》卷四十八《礼志二·吉礼二·郊祀》,中华书局,1974,第 1246 页。

至日出时,在这里祭祀土地神。明嘉靖十八年(1539 年)建方泽坛祭拜二殿,后经乾隆年间扩充改建,有坛墙两重形成内外坛。皇祇室、斋宫、神库、宰牲亭等都集中在内坛。主体方泽坛位于轴线上,是皇帝行祭地礼的地方。其他建筑布置在坛的西侧,形成完整的布局。

地坛门外是长约 220 米、宽约 20 米的海墁路街,街之西端沿安定门外大街处,原有大牌坊一座,即泰折街牌坊(今之地坛牌坊)。"泰折"二字取自《礼记·祭法》:"埋于泰折,祭地也。"泰折街的含义为"祭祀皇地祇神坛的大街",是地坛附属的标志建筑之一。原牌楼是严格按清代官式规制设计施工的。坛门、牌楼、栅栏三者处于同一轴线上,相互间均为砖海墁甬路,是一组整体建筑。牌楼居于坛门和栅栏之间,是重要的衔接建筑。

方泽坛也称拜台或祭坛,是帝王祭祀"皇地祇神"的主建筑,占地面积 1.7 万平方米,分为上、下两层,这样宏伟宽敞的祭地之坛,不仅在中国,在世界上也是首屈一指的。祭坛朝北,为汉白玉砌成的二层方台,上层每边长 20.35 米,高 1.28 米,下层每边长 35 米,均为 1.05 米高,每层四面均有台阶,各八级。坛南左右设五岳、五镇、五陵山,石座凿成山形;坛北左右设四海、四渎,石座凿成水形,皆为东西向排列。环坛绕以水池,池宽约 2 米,长为 167 米,深约 3 米,祭祀时贮水用,是为方泽。坛外有垣墙两重,垣墙四面均有棂星门。北门为三门六柱,东、西、南门为一门两柱。北门外东有望灯杆,西有燎炉。南门外为皇祇室,坐南朝北,面阔五间,黄琉璃瓦顶,是藏神版用的。祭坛西有神库、神厨、乐器库等存放祭器、乐器的建筑。地坛内还有一组建筑为斋宫,在地坛西门的东北隅。斋宫坐西朝东,正殿七间建在高大的石基上,南北各有七间配殿,均覆盖着绿琉璃瓦顶。

顺治元年(1644 年)规定,每夏至日大祭地于方泽,以五岳、五镇、四海、四渎从祭。顺治八年(1651 年)又定,"凡亲祭方泽,饮福受胙,如圜丘礼"[1]。乾隆七年(1742 年),修埋方泽斋宫,每夏至大祭,先期一日诣坛斋宿。乾隆十四年(1749 年),清高宗发现地坛皇祇室用绿瓦,乃前明旧制,认为所用绿色"于义无取",要求礼部商讨此事。依据"天圆地方"之说,地坛总平面和方泽坛平面均采用正方形。中国古代文明发源于黄河流域,尤其是黄河流经的黄土高原,所以

---

[1] 赵尔巽等:《清史稿》卷八十六《礼志五·吉礼五·时飨》,中华书局,1976,第 2580 页。

古人以黄颜色来象征地,形成"天谓之苍,地谓之黄"之说。据此,清高宗要求方泽坛和皇祇室均采用黄琉璃构件。

乾隆十五年(1750 年),清廷又对方泽坛上下两层的铺石数量进行了更改。在古代观念中,奇数为阳数,偶数为阴数。地坛作为大地的象征,与天对应,自然也要使用阴数。而明代修建的方泽坛,虽然也用六六阴数,但其余"皆系凑合,于义无取",因此清高宗要求重新铺石,其石数上层正中仍照旧制,为三十六块;八方均以八八积成,纵横各二十四路。次层为八方八八之数,半径各八路,皆与偶数相应。经改制后的方泽坛,上层铺成四正四隅八个正方形,表示"普天之下,莫非王土",在祭坛上层设皇帝祖先配位,下层设代表天下名山大川的四从坛,表示以皇权为中心的大一统观念。改建的地坛之所以大量使用"八"这个数字,是因为八是个位数中最大的偶数,也是最大的阴数,与天坛中以"九"为尊的用意是相同的。

乾隆三十七年(1772 年),朝廷进一步明确了方泽坛行礼仪节。皇帝初升坛,至次层拜位立,赞引官奏升坛。皇帝升阶上香后,还至次层拜位,行迎神礼。典仪官唱奠玉帛,皇帝升阶,行奠玉帛礼,以次进俎三献,及饮福受胙。礼成后,皇帝仍至次层拜位,行谢神及送神礼。

对于祭祀纪律,清高宗要求甚严。乾隆十三年(1748 年)祭地坛时,清高宗发现陪祀的文武大臣官员,缺席不到者甚多,很是恼火,便下令规定:嗣后凡遇朝祀大典,如果应行齐集的官员有仍蹈前辙者,断不为之姑息,并强调稽查斋戒的大臣,尤其应当敬谨从事,一例斋戒。

对于祭祀的现场纪律同样要求极严,清高宗曾多次强调,陪祀官员必须虔诚整肃,不许迟到早退,不许咳嗽吐痰,不许走动喧哗,不许闲人偷觑,不许次序紊乱。否则,无论何人,一律严惩。嘉庆二十四年(1819 年),因恭修皇祇室内清高宗之神座,而派遣成亲王代行祭告礼。由于成亲王向列圣配位行"终献"礼时,弄错了先东后西的次序,结果被清仁宗革职回家,闭门思过,并罚俸十年。

第五节　孔庙及国子监

　　孔庙位于安定门内国子监街(明、清时称成贤街),与国子监为邻,原统称庙学,是皇帝举行国家祭孔典礼的场所。元大德十年(1306年)孔庙建成,明永乐九年(1411年)重建,以后经多次重修。国子监学在孔庙西侧,东侧门和孔庙相通。这里是元、明、清三代最高学府。国子监学建成于至大元年(1308年),体现了中国古代"左庙右学"的传统规制。当时的国子监学,是国家最高学府。明初改称"北平府学",永乐二年(1404年)又改回"国子监"。至此,孔庙与国子监共同构成国家重要的教育机构,一直到此后的清代。

一、孔庙沿革

　　元世祖在修建大都之时下令"画地宫城之东,为庙学基",规划了孔庙及国子学的地址。此后直到元成宗大德十年(1306年)八月,孔庙建成。到了明代,万历二十八年(1600年),明神宗下旨,将孔庙建筑的灰瓦换成绿色琉璃瓦,瓦底颜色的更换意味着建筑等级的提

孔庙全景　张肇基摄

升。乾隆二年(1737年),清高宗下圣旨,将北京孔庙的大成门、大成殿改用黄色琉璃瓦建造,以彰显崇儒重道的文化国策。嘉庆九年(1804年),清仁宗下令修建崇圣祠,用来供奉孔子的五代先人。光绪三十二年(1906年),孔庙扩建大成殿,整体扩建到今日的规模。在漫长的历史中,孔庙成为元、明、清三代皇帝宣传儒家文化、尊崇孔子、倡兴文脉之地,也是国家祭拜孔子的庙堂。

现存北京孔庙依据曲阜孔庙的布局形式,采用一贯的古代院落建筑的手法,即采用中轴线的方式,左右对称,并用竖向"一字排开"的布局,南北纵深排列。从南面的第一个院落先师门开始,到北面,依次是大成门、大成殿、崇圣祠、崇圣门。北京孔庙的殿宇一共有十九座,这些殿宇都是左右对称的形式,错落有致,布局合理。从各建筑的空间布局来看,先师门和大成门之间的院落,是先导空间,东面有神厨、碑亭、致斋持敬门,西面有进士碑林,建筑内容丰富,建筑样式繁多,空间宽阔。大成门、大成殿、东西殿宇所构成的庭院是祭祀空间,这是孔庙的主体,在各层空间中居于核心主导地位。由崇圣祠构成的后续院落是大成殿祭祀空间的继续,这种殿宇及庭院使得孔庙的空间层次和建筑内涵更加丰富。

大成殿是元明清三朝帝王祭孔时行礼的场所,也是北京孔庙第二进院落中的主体建筑,名字取"集古圣先贤之大成"之意。大成殿长101米,宽106米,形似正方形,方阔周正,殿前有十余碑亭。大成殿的屋顶是重檐四坡五脊房殿顶,这与故宫太和殿、中和殿、保和殿三大殿的重檐房殿屋顶和重檐歇山顶是同一规格,都是明清宫殿屋顶中的最高等级。大成殿内为二尺金砖墁地,规格61.5×61.5厘米。在清代,二尺金砖是皇室专用的,可见大成殿的地面铺砌的等级规格等同于皇家宫殿。

大成殿作为孔庙的核心建筑,重要性还体现在悬挂的匾额上。清代帝王崇尚儒学,倡导尊孔,自清圣祖开始,每一位皇帝即位,照例要到国子监讲学,乾隆四十九年(1784年)增建辟雍后,讲学处改在辟雍,称为"临雍"。讲学完毕,便在孔庙大成殿悬匾一方,有的皇帝即便不"临雍",也要照例题匾悬挂。现在大成殿内仍悬挂着清代九位皇帝御笔书额的木匾,依次为清圣祖御书"万世师表"(现于殿外悬挂)、清世宗御书"生民未有",清高宗御书"与天地参",清仁宗御书"圣集大成",清宣宗御书"圣协时中",清文宗御书"德齐铸载",清穆宗御书"圣神天纵",清德宗御书"斯文在兹",宣统帝御书"中和位育"(由南书房翰林代书)。殿外悬挂的"大成殿"殿名则由清高宗御题。各块匾额中,最能体现尊师重教的儒家文化的,是清圣祖题写的"万世师表"匾。

"万世师表"匾颁揭于康熙二十四年(1685年),匾长约6米,宽约2.5米,木质,正中为"万世师表"四个金色大字。"万世师表"的直接出处应该为元大德十一年(1307年)元武宗加号诏书。"加号碑"立于元顺帝后至元二年(1336年),位于北京孔庙大成门左侧,碑文中有"盖闻先孔子而圣者,非孔子无以明;后孔子而圣者,非孔子无以法。所谓祖述尧舜,宪章文武,仪范百王,师表万世者也"。其中"师表万世"与"万世师表"几乎完全一致。但"万世师表"之来源,最早应为魏文帝,《三国志·魏书·文帝纪》有"亿载之师表者也"①的说法。

北京孔庙内现存一百九十八通进士题名碑,上面刻录了元明清三代进士的姓名、籍贯和甲次,是研究元明清时期科举制度的重要历史文物。追溯"进士题名"的制度,起源于唐朝,发展于宋朝,完备于金元,兴盛于明清,可以说"进士题名碑"的发展见证了科举制度的兴衰,堪称是一部写在石碑上的科举史。

明朝于洪武四年(1371年)开科取士,进士题名碑始设于洪武二十一年(1388年),《清朝续文献通考》记"二十一年始命进士立石题名于太学,著为令"。明朝初定都南京,建国子监,将题名碑皆立于监门,据文献分析,明成祖在北京举行殿试后,进士题名碑皆立于北京国子监,而放置地点则在孔庙和国子监两处,几次往返,《钦定日下旧闻考》记:"进士题名碑原在国子监大成门下,正统间移于太学门外。景泰二年五月,左春坊左谕德管国子监司业事赵琬奏,进士题名立石大成门下,俾诸生出入皆得瞻仰,诚激劝后学之意。"②通过地点转变可以看出明政府希望进士题名碑对士子起到激励作用。

明朝进士题名碑的刻立由礼部、工部和翰林院共同完成。明万历以前的进士题名碑上会题刻碑记,撰写"进士题名记"者均是通文达理之人,《皇明太学志》载:"洪武中进士题名记文,或学士,或祭酒撰述,永乐以后,皆馆阁大僚及吏、礼尚书承命为之。"但万历戊戌科后,题名记刻写较少。制作题名碑则由工部负责,明末最后一通是崇祯十三年(1640年)特用科进士题名碑。

清朝继承明朝的各项制度,刻立进士题名碑亦是如此。自顺治二年(1645年)开科策试天下士子,至光绪三十一年(1905年)宣布废止科举制,清朝举行科考一百一十二科,但立进士题名碑一百一十八块,其中包括两块满榜进士题名碑,四块翻译名碑。

① 陈寿撰,裴松之注:《三国志》卷二《魏书·文帝纪》,中华书局,1975,第77页。
② 于敏中等:《日下旧闻考》卷六十七,北京古籍出版社,1985,第1107页。

清朝负责刻立进士题名碑的是礼部、工部和国子监。立碑制度仍是先由礼部题请,但是由工部出资,国子监负责建造。在康熙三年(1664年)至雍正三年(1725年)中所建的进士题名碑多是由进士或进士后人自行捐资刻立的,据学者统计这样的题名碑有二十三块。光绪二十九年(1903年)和三十年(1904年)两通碑也是进士自己捐资刻立的,这是因为当时国子监已裁撤,礼部也没有刻碑银两。光绪三十年(1904年)丙申科是最后一通题名,随着清朝政府废除科举制度、开设新式学堂等的制度改革,科举制度正式灭亡,进士成为历史,进士题名也已失去它存在的意义,成为重要的历史文物。

清朝进士题名碑体例与明朝相同,但碑记已非常简略,仅记"奉天承运,皇帝制曰,某年某科,某月某日策天下贡士某某某等。第一甲赐进士及第,第二甲赐进士出身,第三甲赐同进士出身,故兹告示"。后按甲次刻录进士姓名、籍贯。与明朝略有不同处在于,明朝多是竖排刻录,而清朝是横排刻录。"进士题名"作为科举制度的衍生物,从碑刻主体上经历了由民间刻立到官方刻立再到民间刻立的过程,进士题名碑也从最初的纪念性碑刻,被赋予更多的教化和宣传作用。

二、左庙右学布局

国子监是元明清三朝的最高学府和教育行政管理机构,相当于古代的中央大学,为国家输送了大量经世之才,同时也接纳一些外国留学生,在促进中外文化交流方面发挥了积极作用。

国子监琉璃牌坊

国子监学始建于元代大德十年(1306年),至今已有七百多年历史。明代永乐、正统年间曾大规模修葺和扩建。元代国子监学隶属于集贤院,明代国子监隶属于礼部,到了清代,则由皇帝亲自过问。顺治九年(1652年),清世祖亲自视察国子监,后世沿袭此制。康熙时重修国子监,亲自题写"彝伦堂"匾额。雍正时将国子监南面一百四十二间官房拨予做学舍,即"南学"。乾隆时建辟雍,高宗亲临,举行了隆重盛大的讲学典礼,其临雍之仪、讲学之礼又为历代沿袭。

"辟雍"一词来源于周代,最早见于青铜器"周邢侯尊"(麦尊)上的铭文。在我国最早的诗歌总集《诗经》中也多次出现。辟雍原意是周代修建的以筑台圜水为规制的讲学之地,是天子举行礼制活动的重要场所。清高宗在《御制国学新建辟雍圜水工成碑记》中表示,北京国学自元、明以来虽有"国学"之名,却无辟雍之实,"临雍讲学"也无辟雍可临,名实不符。修建辟雍是为了重视教化,名实相符,复古而不泥古。

辟雍大殿坐落在国子监院内的中心位置,坐北向南,平面呈正方形。清高宗御书"辟雍"金字高悬在殿堂正前方。四面各开一门,与四座白玉石桥相通,回廊和圜水环绕四周,水中有锦鲤畅游,构成"辟雍泮水"的胜景。俯瞰辟雍,正是"天圆地方"的寓意,整个建筑格局浑然天成,既有意蕴又不失灵动。殿内设置龙椅、龙屏等皇家器具,以供皇帝临雍讲学之用。辟雍共有九间,意寓九州井田合为一宇,天子讲学位居于中央。

国子监的辟雍大殿修建于乾隆四十八年(1783年)二月,翌年十二月完工。"辟雍"二字为乾隆皇帝专为辟雍大殿而题,原有满汉两种文字,民国年间维修时删去了满文,现在只剩下了汉字。乾隆五十年(1785年)春,清高宗在新竣工的辟雍大殿举办盛大讲学典礼。据记载,听讲的学生有三千多人,加上各级官员、使臣等,跪满圜桥以南中院、前院和集贤门外两侧街道,盛况空前。

三、祭孔的文化价值及体现

孔庙与国子监构成的"庙—学"组合在中国教育文化史上有独特的意义。孔庙与国子监学融为一休的必要条件在于儒学作为正统学术地位的确定,以及在学校祭祀孔子仪式的完善。一旦孔庙与学校发生关联,并渐至普及于天下,其象征意义也就盖过了学校教学的本质目的。这种儒家体系的国家机构化行为,将儒家道统外化为官方的意识形态。[①]

孔庙与国子监建筑体现了儒家文化的礼制特征。比如崇圣祠在大成殿的

---

① 沈旸:《帝都的教化象征:历代都城孔庙之演变》,《建筑学报》,2016年第1期。

后面,这是供奉孔子先人的地方,孔庙的布局体现了"前朝后寝"的礼制建筑特点。重视"礼教"的儒家表现出强烈的"崇文"传统。由于儒家思想是古代占统治地位的思想,经过历代统治者的大力倡导和身体力行,"崇文"成为全社会的传统风尚。孔庙、国子监的"文气"特点体现在建筑、祭祀、教育等方方面面。

国子监辟雍 张肇基摄

　　北京孔庙作为历史上极具代表性的、具有特定历史文化内涵的建筑,经历了千年的沧桑变化,其文化内涵沉淀成为宝贵的精神财富,成为当今社会珍贵的历史文化遗产。孔庙所代表的儒家文化仍对现在的社会发挥着重要的影响。孔庙作为儒家文化的象征,开展对其建筑文化特色、历史文化意义、儒家文化内涵的深入研究,有利于我们更加深刻地理解孔庙在历史中重要的文化地位,以便更好地保护和利用我们的文化遗产。

第六节　其他坛庙

在东城域内,除了上述的重要坛庙外,还有附属于整体建筑群中的祭祀建筑,主要是紫禁城内外的奉先殿、坤宁宫与堂子。奉先殿是明清皇室祭祖的家庙,坤宁宫是清代萨满教祭祀的主要场所,堂子则是清代因民族习俗而保留的独特祭祀建筑。这三处祭祀建筑与其他坛庙一起,完善了今东城区坛庙文化的内涵。

一、奉先殿祭祖仪式

明代皇家祭祖宫殿外有太庙,内有奉先殿。二者功能同为祭祖,但各有侧重,太庙祭祖重在四时祭享,奉先殿则是皇帝与皇室成员祭祀祖先之所。奉先殿在明代又称为"内太庙"。每逢帝后忌辰、皇帝大婚、登基、万寿等节日,皇帝及宗室都要到此祭拜。此外,每逢皇帝生子、王子加冠、亲王赴封地、公主下嫁等也需至奉先殿行礼。这些礼仪事关皇家祭祀制度,又是皇家推崇孝道的体现。北京奉先殿创自明成祖时期,明嘉靖时期进行过修缮。明代奉先殿毁于明末战火,清初又进行了重建。

明朝的奉先殿是从宋元时期的御容殿演变而来。早在宋元时期,帝王死后,都要请画师为帝王绘画其容貌,然后在特定的寺庙中设置御容殿,以便此后的帝王岁时进行祭祀。如元成宗在大都东城建造有大天寿万宁寺(今已不存),他死后即将所绘御容安置在寺中。这种形式是每个帝王死后都要进行的。到了明代,遂将这些散布在各处寺庙中的御容殿集中在一起,设置奉先殿,以安放死后帝王的御容,以供祭祀之用。

奉先殿作为皇家祭祖的宫殿,建筑的形制和布局都遵循一定的礼制规定。明孝宗之前,紫禁城内的奉先殿为"一主两附"的宫殿格局,居中主体为十一开间的奉先殿,左右以斜廊相连,分置神厨和神库。弘治年间,明孝宗下令将奉先殿神库改为奉慈殿,以奉祀生母孝穆皇太后。至嘉靖朝,明世宗为祀生父,在奉慈殿后增建观德殿,又因殿内狭窄局促,移建于奉先殿东侧改称崇先殿。大礼议之争结束后,崇先殿内睿宗神主迁入奉先殿,奉慈殿内诸神主被迁祔陵寝,崇先殿和奉慈殿的祭祀活动也就废止了。万历朝一改奉先殿祭祀一帝一后的制度,继后、赠后都能入祀奉先殿,无须另设专殿祭祀。经过历朝的使用和改动,奉先殿主体布局框架虽然未变,但从属区域都被改建为用于专祀的宫殿,形成了新的功能格局。[1]

明代奉先殿建置的更改与明代中后期皇位继承有密切关系。弘治朝以后,明代诸帝多为庶出或是藩王继承,即位之后都面临着在何处祭祀其本生父母的问题,于是奉先殿功能布局开始发生变动,相继出现了奉慈殿、观德殿和崇先殿等用于专祀的宫殿。直至万历朝奉先殿内改祀一帝多后,这些问题才得以解决。因此,奉先殿的变迁,与其说是宫室制度的调整,不如说是历朝皇帝为解决祭祖问题所采取的应对措施,反映了皇室对孝道的尊重和宣扬。同时也说明奉先殿作为家庙,与太庙相比,其祭祀制度具有更大的灵活性。[2]

清代奉先殿由顺治十四年(1657年)正月二十八日破土动工,到同年十一月初十日"奉先殿不日告成",历时近一年。清代奉先殿祭祀活动大体沿用明制,但形制却有七间和九间两种不同说法,如何解释这种差异呢?

在叙述圜丘改建过程中的数字运用时,我们已经知晓"九"作为阳数之极的文化意义。实际上,为了突出皇室等级的至高无上,紫禁城内建筑经常在九间两头各增一个"夹室",夹室实际就是半间,由此形成从外面看是面阔十一间,而实为九间敞殿带两处夹室的格局。如太和门作为太和殿的正门,最高规格应为七间,为了突出进入外朝的庄严,也在两头各增一个夹室,形成为面阔九间的外朝正门。清代奉先殿同样受到以上礼制和建筑做法的影响,既要符合工程上的做法,又要突出皇家祖庙的规制。清代奉先殿"七间"是从建筑结构方面记述,"九间"则是从皇家祖庙礼制方面描述的。[3]

---

① 杨新成:《明代奉先殿建筑沿革与形制布局初探》,《故宫博物院院刊》,2014年第3期。

② 杨新成:《明代奉先殿建筑沿革与形制布局初探》,《故宫博物院院刊》,2014年第3期。李佳:《明代皇后入祀奉先殿相关问题考论》,《故宫博物院院刊》,2011年第3期。

③ 刘鸿武:《紫禁城内奉先殿修建概略》,《历史档案》,2009年第3期。

顺治十四年(1657年)重建后的奉先殿,前、后面阔九间,且中间未有穿堂连接,此建筑形制一直保持到康熙十八年(1679年)。这一年将奉先殿前、后殿内开间扩建为九间。乾隆二年(1737年)及嘉庆四年(1799年)将神像及祭品陈设进行了漆饰更新。道光元年至二年(1821—1822年),重新划分了后殿祭祀空间。咸丰朝至清末以沿袭礼制为主,宣统元年(1909年),清德宗景皇帝神位升祔奉先殿后,后殿的祭祀布局基本定型。1913年孝定景皇后(隆裕太后)神位升祔奉先殿,添加宝椅等陈设供器后,奉先殿后殿的祭祀布局再无改变。①

清代对于奉先殿的祭祀礼仪非常重视,从顺治朝的最初"制度未备""未展孝思",到重建奉先殿,再到仿明代奉先殿祭祀礼仪,完成了皇家祭祖内庙的"重建"。奉先殿的重建是宫廷生活很重要的一件事情,早在顺治二年(1645年),礼部就曾奏言恢复明代奉先殿礼仪。康熙朝添建的穿堂不仅为祭祀活动提供了方便,还完善了建筑布局。乾隆朝添建的奉先殿东侧的院墙使得奉先殿院落更加严谨,从而也更符合皇家内庙的使用实践。

到了乾隆十三年(1748年),清高宗将明代位于景山东北侧的寿皇殿改建到了景山正北面的中轴线上,取代了奉先殿祭祀祖先御容的功能。此后的清代帝王及皇后的御容皆被存放在这里,而相关的祭祀活动,也主要是在这里举行。直至清末,这里祭祀御容的排位顺序为:清圣祖居中,右侧依次为清高宗、清宣宗、清穆宗,左侧依次为清世宗、清仁宗、清文宗、清德宗。其排列规则与太庙神牌一样,也是以昭穆为序。

二、坤宁宫萨满教祭祀

坤宁宫是明清两代皇后居住的宫殿,是"三殿两宫"中的两宫(乾清宫及坤宁宫)之一。现存的建筑重修于顺治年间。乾清宫代表阳性,坤宁宫代表阴性,以表示阴阳结合、天地合璧之意。坤宁宫坐北面南,清代改建后,为萨满教祭神的主要场所。室内东侧两间隔出为暖阁,作为居住的寝室,门的西侧四间作为祭神的场所。与门相对后檐设锅灶,作为杀牲煮肉之用。

清世宗以后,皇帝移住养心殿,皇后也不再住坤宁宫,坤宁宫实际上已作为专供萨满教祭神的场所。清朝皇室每年都要举行大大小小的祭祀。在这些祭

① 卓媛媛:《清奉先殿后殿祭祀布局考》,《故宫博物院院刊》,2021年第9期。

祀中,有一些是要由皇后主持的,而且地点就在坤宁宫。满族的居住设计有着不同于汉族的特色,根据满族传统风俗,住房一般为西、中、东三间,大门朝南开,西间称西上屋,中间称堂屋,东间称东下屋。西上屋供神或祖宗牌位。

坤宁宫有朝祭与夕祭之仪,朝祭之神是佛与关公,夕祭之神是穆哩罕诸神(萨满教的专有神明)。坤宁宫祭祀时间有元旦行礼、日祭、月祭及翼日祭、报祭、大祭等。报祭一般定于每年春秋两个季节举行。

在每年元旦和每月初一日坤宁宫会有跳神活动。逢此日,殿西炕上悬挂黄幔,殿当中放两张长桌,上置铜铃、琵琶、三弦、大鼓、神刀、神箭等物。活动开始后,两个女巫师(萨满太太)进殿后,一个弹起三弦,一个腰间系上成串的铜铃,一手拿着摇鼓,一手拿起檀板,蹦跳起来,边跳边用满文唱歌。皇帝在歌舞声中,率领皇后向神像磕头行礼。然后宰猪,在殿后三口大锅里煮好,献在神像前。祭肉撤下后,皇帝坐在南面炕上与王公大臣同食,皇后在东暖阁与众妃嫔同食。这种祭肉必须吃光,叫作"不留神惠"。晚上,皇帝皇后等再集中在坤宁宫,关上宫门,灭灯光,女巫师举着手中的神鼓,跳一会儿后才让点灯,打开宫门。第二天早晨,把猪头以及肠肚挂到殿外东南角的神杆顶上,然后在女巫师的引导下,皇帝和皇后向神杆磕头还愿。至此,祭祀跳神活动结束。坤宁宫萨满教祭祀与堂子祭天同是满族为保持民族特色的专有祭祀活动,清帝逊位后,便不再举行。

三、堂子祭天

满族祭天之礼由来已久,但清太宗崇德元年(1636 年)前后的祭祀却有极大区别。前期祭天保留较多传统特色,尤其受萨满教影响颇深;后期祭天逐渐向中原汉文化转变,逐渐制度化、程序化。清代早期独有的祭天仪式是堂子祭天。

满族早期的祭天地点先是在堂子,后移至圜丘,但堂子祭祀也并未完全废弃。堂子本为满族萨满教祭神的场所,后金政权建立后依然保留了萨满教的传统,每到一地,必在首领居住处设立堂子。满族早期祭天便在堂子举行,只不过祭天和祭神的地点略有其别:堂子内城木栅设客厅以祭神,外城筑"祭天祠堂"以祭天。天聪八年(1634 年),正白旗备御刘学成奏请清太宗改祭祀堂子为设坛祭天,两年后,皇太极在沈阳建圜丘、方泽坛,祭告天地,改元崇德,于六月十八日定祭堂子、神位典礼,规定除此外其余祭祀之举,一律废弃。不久,清太宗又于七月十四日正式制定祭天的一系列仪式和制度,并在当年年底增定在元旦到圜殿拜天的制度。祭天地点的变化,一方面与满族政权逐渐稳固,能够建立圜丘祭天的制度有关,更多的原因则是随着汉族文化、思想进入满人政治生活中,原有的满族祭祀方式已经难以适应彼时的需求,于是满族祭天的方式逐渐向汉族祭祀方式转变。

堂子祭天,是清代皇帝祭祀天神的一种特殊典礼,满洲贵族在关外即有设杆祭天礼。崇德元年(1636年)五月,清太宗亲自定下堂子祭祀制度,每年春节,皇帝亲率亲王以下副都统以上的藩王、大臣等,至堂子上香,行三跪九拜礼。顺治元年(1644年)九月,"既定鼎中原,建堂子于长安左门外"①。正中为正殿,南向,汇祀诸神祇;东南为上神殿,南向,祭祀所谓"邓将军"。为保持堂子祭祀的民族特点,康熙时罢辍汉官祭祀。堂子祭祀比较繁杂,其中尤以元旦祭神拜天、出征及凯旋祭旗最重要,皇帝一般都要亲祭。其余月祭、杆祭、浴佛祭、马祭均遣官为之。

元旦拜天礼,多由皇帝亲自主祭。所祭之神平日供于坤宁宫,腊月二十六日由内务府官捧出,安奉于神舆,由内监抬至堂子。春节当天,皇帝在王公的陪同下,行祭祀礼。清代在堂子除行拜天礼外,还有出征凯旋后的祭礼。清自崇德元年(1636年)征伐明朝和朝鲜后告祭堂子以来,历经顺治、康熙、雍正、乾隆四朝,每逢大的征讨事宜,皇帝亲征或遣将,均率群臣告祭,并规定若在行军途中,不归告堂子,则采取望祭形式。乾隆十四年(1749年)五月,王公大臣等议定,军队凯旋时,由皇帝举行告祭堂子之礼。上两祭为公祭,由皇帝主祭,王公、满洲大臣及从征将士陪祭。此外还有月祭拜天礼,每年的正月祭拜时,在初旬中择吉日,其余的月份均在朔日。

杆祭即立杆大祭礼,每年以春秋之季月朔日,或季月上旬择吉日进行。所立杆为松木,祭前一个月,相关衙门赴延庆州(今北京市延庆区)采木,削成杆,运至堂子,并在祭前一日竖立在石座上。崇德初年规定亲王、郡王、贝勒祭三杆,贝子、镇国公、辅国公祭二杆,镇国将军、辅国将军祭一杆。

浴佛节,本为中国纪念释迦牟尼诞生的节日。汉族地区以夏历二月或四月初八日为佛诞日。佛寺常于此日举行诵经活动,并根据释迦牟尼生时有九条龙

---

① 昭梿:《啸亭杂录》卷八,中华书局,1980年,第231页。

口吐香水洗浴佛身的传说，用各种名香浸水，盥洗释迦太子的诞生像。元朝统治者还曾在这一天举行帝师"游皇城"的活动。到了清代，四月初八日派遣亲王和郡王行浴佛祭礼。届时，赴坤宁宫捧出佛亭及菩萨像，到堂子，为佛洗浴。

马祭是春秋两季在圜殿为所乘之马祭祀。所祷之神同于月祭，只是祝词内容均指所乘之马。乾隆三十六年（1771年）规定举行马祭仪式时，须萨满行叩头礼。月祭、杆祭、浴佛祭、马祭等是皇帝或皇帝个人的祭典，是私人祭祀，无须陪祀。

至于堂子祭祀中所谓的"邓将军"，曾被指称为万历年间赴朝鲜作战身亡的汉族将领邓子龙。明亡清兴，满人入关进入北京，也把他们的习俗带入北京。这些习俗一般汉人也不怎么明白，加之满族对于汉人防范甚严，满族旧俗不轻易明令昭示，所以汉人对于满族习俗一般充满臆想，加前明遗老的无端描绘，所以便出现许多传说。关于堂子祭祀"邓子龙"始见于清初史家谈迁《北游录》的记述。

清初人们普遍确信堂子是祭祀一位"姓邓的将军"，但是这位姓邓的将军是谁，就很难统一。晚清时期，清廷权威日渐消减。八国联军进攻北京，两宫西逃，堂子之地竟然在《辛丑条约》签订之后划入使馆区，使得世人第一次窥见堂子的原貌，但是这时却是经过战乱之后，房舍破败不堪，随后作为使馆区，由外国人加以拆除，重建为使馆，堂子的原貌即消失得无影无踪了。

从清太宗时期开始，即把公与私的祭祀分开，堂子祭祀被划入清代皇室的私人祭祀，而不是国家统一的祭祀。清代皇室私人的祭祀自然不会让汉官参与，所以汉人对此甚为好奇。清太祖时期甚至更早之前的建州女真时期，很难把祭祀天地附加上祭祀"邓将军"，这也只能是清代文人穿凿附会的臆说。①

---

① 余辉：《史传与神话：堂子祭祀邓将军传说解构》，《地方文化研究》，2016年第4期。

第三章

教育文化

元朝定都北京后,这里始终是全国的政治中心、文化中心和教育中心。历史上,东城作为北京中心城区之一,教育历史悠久,教育资源雄厚,教育人才荟萃。东城域内不仅官学教育发达,地方教育高度发展,还是我国近代教育的发祥地,始终居北京教育中心地位,见证了从封建科举教育向近现代教育的发展进程,是中国教育历史变迁和发展的缩影。

　　从中国古代最高学府及最高教育行政机构国子监到中国第一所国立大学——北京大学,从顺天府乡试、全国会试试场——贡院到金殿传胪及为一甲进士举行的鹿鸣宴,从八旗官学、金台书院、义学私学、最早的教会学校、公立学堂到近代学校的萌芽京师同文馆,从新中国成立后北京建设的第一所中学——北京市第十一中学到"三个面向"①的发源地、承担教育改革实验使命的北京景山学校等都在东城。北京教育史上早期著名教育家、知名学校和知名教师、重要教育实践也多在东城。至今域内有许多与教育相关的文化遗存,包括官学、书院、会馆、名人故居、碑刻以及相关联的地域及胡同名称,如官书院、箭厂、贡院、府学胡同、国学胡同、武学胡同、大学夹道等等。

　　元代大都城建成之后,即在东城域内设置有全国最高等级的教育机构——国子监学,会集有众多著名学者从事教学工作。到了此后的明代北京,除了仍然保留了国子监学之外,又在东城域内设置有地方最高教育机构——顺天府学,进一步突出了首都作为全国文化教育中心的地位。清朝定都北京后,实行满汉分城而居制度,在内城除了保留国子监学和顺天府学之外,又设置有左右翼宗学和八旗官学等教育机构,使得都城教育的功能更加普及。其中,左翼宗学及镶黄旗、正白旗、镶白旗、正蓝旗官学皆在东城域内。而在外城,则以私学和书院等教育机构为主。鸦片战争后,国家内忧外患。许多有识之士洞察以科举取士为目的的教育空疏腐化,提出"兴学校、开民智"的主张。东城见证了中国科举教育向新式学校教育转型的全过程,许多重大教育历程在东城留下印记。如:为解决急需的涉外人才,清廷开设的洋务学堂京师同文馆,标志着晚清

_____

　　① 1983 年 9 月 9 日,邓小平为景山学校题词"教育要面向现代化,面向世界,面向未来"。

科举制度开始向近代教育转型。西方教会创办了北京第一所教会学校——育英学校,从此民众通过教育实现了"睁眼看世界",促进了北京近代教育的形成。京师大学堂的创办更是首开中国近代高等教育变革的先河。"废科举,兴学校"后,八旗官学直接改为新式学堂,开始设置各类公立学堂,北京近代教育正式发端兴起。

辛亥革命推翻清朝,中华民国建立。随后新文化运动的兴起,推动了教育的革新和发展。各类学堂改称学校,全面废止"尊孔读经"的教学内容,颁布"壬癸学制"及"壬戌学制",建立新的教育机构,制定新的教育制度,提出新的教育宗旨,创立新的教育体系,形成新的教育思潮,掀起平民教育运动、职业教育运动等,民国教育开始从传统走向现代。作为新文化运动中心北京大学的所在地,东城的教育在这场革新中得到迅猛发展,基本完成了基础教育的布局。1948年,东城域内高等学校数量占全市的38.4%,中学占全市的22.5%,在北京的教育中占据显著位置。同时,教育对东城的城市形态、城市面貌和城市文化带来了重大影响。

第一节　中央官学

东城的教育文化历史悠久,首先体现的是古代官学发达。国子监学是历代封建王朝的最高学府。东城是元、明、清三朝最高学府所在地。作为中央教育机构,早在金代的中都城里,就建有国子监学、太学和女真国子学(其地在今西城域内)。元朝建立后,太宗时设置的国子监学也在西城域内。元世祖忽必烈重新建立国子监学,作为培养教育贵族子弟的中央教育机构,而其办公及教学的场所一直到元成宗时才得以建造。元朝的中央教育体系,也得以逐渐完善并发展起来。元朝中后期,又在国子监学附近为教官及师生建造了宿舍。

明朝初年,太祖朱元璋定都南京,国子监学自然被设置在南京,而北平府原来的国子监学被降格为府学。明成祖朱棣定都北京,恢复了国子监学的地位,北京再次成为全国的教育中心。这时的国子监学仍然是贵族子弟学校,有从全国会集过来的著名学者担任教师。国子监学旁边的孔子庙,也被列为京师九大庙之一得到尊崇。

到了清代,北京仍然作为全国首都,当然也保留了全国的最高学府国子监。清代几次将国子监重修,又在国子监中建有辟雍,作为帝王讲学的场所,确实起到了振兴儒学的作用。但是,清朝末年,西方文化不断扩大其影响,使得传统教育方法日趋衰落。在废除科举制的前后,西学的影响逐渐超过了国学,西式教育逐渐取代了传统教育,国子监逐渐荒废。京师大学堂的创办,应该是中央新学取代旧学的一个标志。

民国以后,在教育领域中,西式教育取代传统教育已经成为一种发展趋势。从基础教育到高等教育开始形成了一套较为完备的教育体系。中国的教育体系是最先与国际接轨的文化体系之一。中华子弟出国留学已经成为一种"时髦"的教育方式,而在国内的私立大学、教会大学也已经与国立大学并驾齐驱成为近代教育的主体,中央教育机构的地位及作用逐渐淡化。

一、元代国子监

北京国子监始建于元代。元朝是由蒙古少数民族统治者建立的王朝。在强大的武力征服下,元帝国疆域辽阔,文化多元并存。元朝统治者在文化教育上采取了比较宽容的政策,集中体现在少数民族文化与汉族文化的相互融合,出现了传授儒家文化的国子学,与传授少数民族文化的蒙古国子学、伊斯兰教文化的回回国子学并立的局面。元大都城负责文化教育工作的中央机构是集贤院,下辖国子监和国子学,统称为国子监学。"国子"其本义是"公卿大夫之子弟"。

国子监彝伦堂

154

元世祖忽必烈定鼎大都之后,大兴文治,大量采用儒家治国学说。为进一步巩固统治的需要,早在至元四年(1267年),元世祖在兴建大都城时,即在皇城东北划定文宣王庙(孔庙)和国子监学用地(今安定门内国子监街)。但一直未能动工修建,至大德三年(1299年),中书左丞相哈剌哈孙奏请元成宗铁穆尔动工建造孔子庙及国子监学,到大德六年(1302年),元成宗下令,"建文宣王庙于京师"。孔子庙终于开工兴建,再到大德十年(1306年)大都孔庙基本建成。接着元成宗又同意在孔庙西侧建造国子监学的校舍。经过两年的修建,到元武宗至大元年(1308年),国子监学也基本建成。

元代国子监主要是为国子学服务的教育管理机构。国子监与国子学形式上为两个机构,实际上是密不可分的一个整体,以至于衙署与学校建在一起,统称为国子监学。

至元八年(1271年)正式开设国子学,任命集贤大学士许衡兼任国子祭酒,主持朝廷的教育工作。只是那时的国子学及孔庙还设在旧燕京城原金朝枢密院内。许衡(1209—1281年),字仲平,号鲁斋,河南新郑人,金末元初著名理学家、教育家。自幼聪颖,勤读好学,后随姚枢、窦默等人研习"程朱理学","凡经传、子史、礼乐、名物、星历、兵刑、食货、水利之类,无所不讲"①。至元八年,许衡以集贤大学士,兼任国子祭酒的身份,主持国子监的教学工作,以"乐育英才,面教胄子"为宗旨,对国子学进行了大力改革,改变了大都国子学长期由道士把持的局面。为加强国子学的教学力量,许衡将得力弟子王梓、刘季伟、韩思永、耶律有尚、吕端善、姚燧、高凝、白栋、苏郁、姚燉、孙安、刘安中等十二人召至大都,出任国子学各斋斋长或作为伴读,从而使国子学的教学力量得到增强。后来,他们中的一些人成为国子学的教学骨干,有的则主持国子监工作。如耶律有尚历任助教、司业、祭酒等职,主持教学长达数十年。

国子监学设国子祭酒、国子司业、国子监丞、国子博士等官职。元代国子监职官的官品设置普遍比明、清两代高,可见元朝统治者对文化教育的重视。国子祭酒为最高领导,从三品官,通常由著名儒士出任。如元初的许衡、王恂,元中期的耶律有尚、刘赓、虞集、吴澄、谢端、柳贯,元后期的字术鲁翀、欧阳玄、吕思诚、李好文、苏天爵等。国子监丞具体负责教务工作,其下属有典簿、令史、译史、知印、典吏等。国子博士主要负责教学,定期举办讲座,考查学生学业,对教

---

① 宋濂、王祎:《元史》卷一百五十八《许衡传》,中华书局,1976。

官的考核及主管典礼祭祀。大德八年(1304 年)又增设学正、学录、典给等吏员辅助教学。元代规定国子博士及教官应选德高望重、能文辞且阅历资深者充任。同时,"有才德者,不拘品级,虽布衣亦选用"①。国子监学官的业绩考核评定由监察御史负责,考核的标准就是看培养了多少合格的学生,对不称职者不仅要罢免除名,还要追究推举官员的责任。元朝还另立兴文署,设署令、署丞各一员,是专门为国子监学提供后勤服务的衙署。

在新建国子监学竣工前,朝廷先调拨房产作为校舍。新建的国子监学总占地四十亩,共有校舍一百六十七间,从规划到建成历时二十余年。国子监学大致划分为南北两个功能区,南面为国子学学生的学习区,北面为国子监官员的办公区。在南面的学习区,建有东西对称的六斋,又称六馆,分为上、中、下三等。每斋各有名称,分别为"游艺""依仁""据德""志道""时习""日新"。学生依据学习成绩,逐渐由下两斋升至上两斋。延祐四年(1317 年),在国子监又兴建了一座规模宏大、"雄伟壮丽,焕然增监学之辉"②的藏书楼,元仁宗命名为"崇文阁",作为国立高等学府的图书馆。至文宗在位时期,大都国子监的建筑格局基本形成,各项设施基本完备,国子学管理制度不断完善,国子学生员不断增加,教学质量不断提高。国子监学逐渐成为全国最具权威的高等学府。

在元朝诸位帝王中,元仁宗最尊崇儒家文化,在其统治时期,国子监学的发展达到最为兴盛的时期。延祐二年(1315 年),国子学生员定额已从二百人增加到四百人。国子学生员没有严格的年龄限制,从"成童"到"成年",都可以入学,主要是根据出身地位的尊卑,基本上以十五岁为界,十五岁以下为一批,十五岁以上为另一批,来划分授课内容的难易程度。至元初年明确规定,国子监学生员,只有蒙古贵族子弟和汉族在朝七品以上官员的子弟才有资格入学,民间俊秀子弟则可以作为伴读。主要来源于四个方面:一是由帝王直接送读的蒙古贵族子弟;二是由帝王保送的汉族大臣及少数民族(时称色目人)官员子弟;三是在大都供职的官员子弟;四是由老师推荐或是因老师入国子学任教,而得以入学的学者。泰定元年(1324 年),允许落第举人入监学习。

元太宗时期的国子学学生人数不多,教学简单,内容也不固定。许衡主持国子监后,首先,开始设置以儒家六经为主的较为固定的教学内容,制定了由简

---

① 十通:《钦定续通志》(光绪浙江书局刊本),卷六十四《元纪八·仁宗一》。

② 梁国治:《钦定国子监志》(文渊阁),卷五十九,《艺文三·论著附·元·国子学》。

入难的课程:"凡读书,必先《孝经》《小学》《论语》《孟子》《大学》《中庸》,次及《诗》《书》《礼记》《周礼》《春秋》《易》。"从此宋儒理学成为官学正统学说。其次,制定了比较完备的教学管理制度。其中有著名的"分斋制""积分制"等管理考核评定制度。"分斋制",类似现代的学分制,是根据国子生掌握知识深浅程度和学习成绩优劣,依次从下两斋升入中两斋,再升入上两斋。另外,注重对学生行为规范的培养。许衡认为,学生学习儒学不仅要研究理论,还要在实践中加以应用,二者相辅相成。国子监有严格的学规和定期考核制度。学规列举了属于责罚的各种不良行为,如:悖慢师长、行礼失仪、言行不谨、讲诵不熟、功课不办、无故废学、不告辄出、告假违限、执事失误、愤戾斗争等。依据学规每月对学生考核一次,考核内容为作文一篇,形式主要有:经疑、经义、策问、表章、诏诰等,成绩优秀的给一分,普通的给半分。一年考核十二次,积分达到八分以上,被评为高等生,才能获得升斋资格。最后根据其在上两斋的学习成绩和积分多少,决定是否入仕或被贡举。元代国子监学开创的升斋、积分制度,对中国古代教育教学制度产生了深远影响。

二、明代国子监

明代定都南京。洪武年间,将元大都改称北平,又将元代的国子监学改为北平府学。永乐二年(1404 年),明成祖再将北平府学改称北京国子监,形成南、北两京国子监学并立的局面。永乐十八年(1420 年)明成祖迁都北京后,确定北京国子监学的最高学府地位,使其获得进一步发展。

明代在设置国子监学的同时,又恢复了汉唐时期地方府、州、县学向中央国学选送学生的做法。明代北京国子监学是在元代国子监学基础上修建后继续使用的,较大的工程是拆除了崇文阁改建彝伦堂,作为国子监的主建筑,专为皇帝视学讲学所用。"彝伦"即是圣贤用礼制治理天下的意思,"而为三纲秩然,而为五典叙焉,而为彝伦率焉,而为大夏,此皆圣贤之所以常也"①。正统八年(1443 年),明英宗对国子监进行了大规模改建,并记载在御制"重建太学碑文",立碑于孔庙内。嘉靖七年(1528 年),明世宗在彝伦堂后兴建了一组重要建筑敬一亭,放置其御书的《敬一箴》《注范浚心箴》《注程颐视听言动四箴》刻

---

① 元人胡震:《周易衍义》卷八。

碑,并要求"天下学校准为定制"①。他注释曰,"敬者,存其心而不忽。一者,纯乎理而不杂"②,表达了对儒家学说的尊崇。嘉靖年间全国府、县学宫都要建敬一亭,立碑刻,以教化天下。这时的国子监学占地规模达一百余亩,房舍数百间。国子监四周监外斋号多达六百余间。在成贤街东西两端各有两座"成贤街"和"国子监"的牌楼,进而形成内城二十八坊中首善之地"崇教坊"。至此,国子监基本形成如今的建筑形制和院落格局。

明代实行"监学合一"制度,将过去的太学、国子监合为一体,统称国子监。国子监隶属于礼部,职官设祭酒、司业、监丞、博士、助教、学正、学录、典籍、典簿等。祭酒为最高领导,从四品。明代国子监第一任祭酒宋讷(1311—1390年),字仲敏,号西隐,滑县人,洪武十五年(1382年)翰林学士、文渊阁大学士。司业为国子监副职,监丞负责监内管理,博士负责教学,学正、学录负责教学辅导,典籍、典簿则负责管理财务及书籍,与各职官相对应的是国子监五厅,即绳愆厅、博士厅、典籍厅、典簿厅、掌馔厅。明代要求国子监祭酒、司业、博士须由"当代学行卓异之名儒"充当,并给予优厚的待遇。如宋讷、李时勉、丘浚、张居正、陈敬宗、董其昌等,皆是一代名儒。明代设有皇帝视学制度,正统以后诸帝,几乎都曾到国子监视学。皇帝视学时,一般先于孔庙行释奠之礼,后退御彝伦堂,赐祭酒、司业侍讲经义,最后由皇帝做总结,大都是赞赏孔子,宣谕劝勉,教化学子,赏赐物资,以示督察。

明代入监学习者统称监生,其来源由各省按额定经考试、选送或保送,实现了中央官学向平民的开放,取消了元朝入国子监学习的身份限制,扩大了教育范围,具有一定的教育平等意义。国子监的学生按其身份和入学方式,主要有举监、贡监、荫监、例监,简称"四监"。举监、贡监主要为民生,可分为岁贡、选贡、恩贡及纳贡。荫监、例监主要为官生,如文官三品以上者,可荫一子入监。国子监的学生总体上以举监和贡监为主。监生在监学习期间,朝廷拨发生活和学习物资,享受包括衣食、免役、医病、省亲等方面的特殊待遇,基本可以衣食无忧,安心学习。

北京国子监还接收来自高丽、日本、琉球、交趾、暹罗等国的留学生入学,为传播中华文明做出积极贡献。其中派员最多的是琉球国,据《钦定国子监志》记

① 《古今图书集成·明伦汇编·官常典》第二百八十卷《翰林院部纪事二》。
② 《辽海丛书·辽东志》卷二《建置志·学校·儒学·敬一箴序》。

载,从明洪武初年开始,到万历八年(1580年)为止,共接收琉球国来华学生十六批,其中北京国子监接收的琉球学生四批。他们的学习和生活均由国子监负责,敬一亭西厢专门辟有琉球学馆。国子监指定博士、助教为指导老师,并选派文行兼优的监生担任语言教习。学习的内容以传统经史为主,学制为六年。

明代国子监沿袭元代"分斋积分制",学制四年。教学管理分六堂三级,实行"升堂积分"法。以监生成绩高低为升等标准。所谓"六堂"分别为正义堂、崇志堂、广业堂、修道堂、诚心堂、率性堂,堂号名称均取自儒家经典;所谓"三级"即初、中、高三级。入监学生先在初级的正义、崇志、广业三堂修业,一年半修业期满,文理畅通者,可升入中级的修道、诚心二堂,再修业一年以上,文理俱优、经史俱通者,并在五堂"坐堂"达到七百日者,方可升入高级的率性堂修业。升入率性堂后开始积分,一年之内十二次考试,满分为十二分,积八分者为及格,准予毕业,给予监生资格,可以待补为官。不及格者仍留堂肄业,直到合格为止。

明朝将尊经崇儒作为国策。国子监教学内容以儒家思想为核心,主要学习"四书""五经"。永乐年间编撰的《四书五经大全》《性理大全》为国子监主要教科书。此外,还得熟读本朝律令,精通书、数。国子监安排有详细的教学计划。学生除初一、十五放假外,每日皆有课业,一般是背书十四天,讲书十四天。要求学生不仅要熟记文辞,还要通晓文理。明代国子监还设有类似于实习的监生历事制度。国学监生历事分正历、杂历和长差。一般是将积满学分的监生,分派到各衙署练习政务,历事三个月后进行考核,成绩上等的送吏部候选遇缺任用,中下等的仍历一年再考。

明代国子监对监生的管理比较严格,监内有烦苛的监规,绳愆厅是专司监务的职能部门,对违反监规或不尊重师长者给予惩治。如生员初犯者附记在册,再犯者决竹篦五下,三犯者竹篦十下,四犯者发遣安置,重则充军、吏役、柳镣终身甚至枭首示众。

国子监监生毕业后,即取得听选入仕资格,可以到衙门做官谋事,举监生和贡监生可参加科举会试和乡试。监生参加科举考试具有明显优势,取得的成绩也非常突出。永乐四年至万历三年的一百六十九年中,共举办了五十七次科举,其中有二十五次监生考中进士的比例超过百分之五十,最高的成化二十年,竟达到百分之九十三,甚至出现过状元、榜眼、探花都是国子监监生。随着明朝各种社会矛盾的加剧,尤其是仕途的日益壅塞及财政危机加剧,国子监教育开始步入衰落,国子监规日益废弛,监生社会政治地位下降。如景帝年间,为缓解财政压力,筹集军饷,推行了所谓"纳监"制度,即向朝廷提供军粮、马匹就可获得监生资格。国子监教育功能日趋名存实亡,监生人数过多严重淹滞。

三、清代国子监

清朝入关之始,便提出尊孔子、兴文教。顺治元年(1644年)改明南监为江宁府学,北监为国子监,成为全国唯一的最高学府,并下旨扩建修葺国子监。清代对国子监大的改扩建约八次,使其规模更加完整,规制更加完备,功能更加齐全。形成三进院落,总占地达两万八千平方米。

沿国子监南北轴线依次为集贤门、太学门、东西六堂、琉璃牌坊、辟雍、彝伦堂、敬一门、敬一堂。东西两侧有四厅。辟雍修建于清乾隆四十九年(1784年),辟雍落成后,清高宗举行了盛大的临雍讲学典礼。大典当天观听的学生及各级官员有三千余人。辟雍建成作为文化盛事,记载于清高宗《御制国学新建辟雍圜水工成碑记》,刻石立碑于国子监。与辟雍同时修建的,还有一座三间四柱七楼四色的高大华丽的琉璃牌坊,牌坊南北两面嵌有乾隆御笔亲书"圜桥教泽""学海节观"两块横额。

国子监存有十三经刻石,因刻于清乾隆年间又称"乾隆石刻"。包括《周易》《尚书》《诗经》《周礼》《仪礼》《礼记》《春秋公羊传》《春秋穀梁传》《春秋左传》《论语》《孝经》《尔雅》《孟子》,总共六十三万字,由浙江金坛贡生蒋衡用时十二年抄写完成。乾隆五十二年(1787年)下旨动工刊刻,历时四年,"十三经刻石"完工,加上御制告成碑,共计一百九十块刻石。这是我国目前唯一最完整的十三经刻石,可谓是国子监学"用垂永久"的教科书。

清代沿袭明代传统,历朝皇帝每次前往孔庙祭祀先圣孔子后,基本都要到国子监视学或临雍讲学,以示尊师重教。皇帝讲学一般以"四书""五经"中的章句为主,亲自出题目,由大学士或祭酒"侍讲"阐述,皇帝再分别阐发御论,亲授经义。清代皇帝明显比明代皇帝讲学内容要多,阐发御论要长,足见儒学素养之深厚。国子监存有多块清朝皇帝祭孔视学时赐予的蕴含深刻的御书匾额,反映了当朝统治者对教育的高度重视。

清代国子监机构建制基本上沿袭明制,设祭酒、司业、监丞、博士、学正、学录、典籍、典簿等职官,主要职位定制为满、汉各一人,同职旗员的官品比汉员高。国子监祭酒、司业须进士出身。清代国子监首任满、汉祭酒为固尔嘉浑和李若琳。清代著名的国子监祭酒和司业有:吴伟业、徐元文、王士祯、孙岳颁、孙嘉淦、翁同龢、王懿荣、张百熙等。国子监教官的任用,重科举学历,重任教资历,也重真才实学。如著名戏曲家《桃花扇》的作者孔尚任(1648—1718年),字聘之,山东曲阜人,孔子六十四代孙,虽博学多才,科举考试却屡屡受挫,在三十多岁时典卖家田,捐资纳了一个监生资格。康熙二十三年(1684年),清圣祖南巡北归到曲阜祭孔,孔尚任御前讲解《大学》博得赏识,"不拘定例,额外议用",被直接任命为国子监博士,翌年赴京就职,在国子监任博士十年。清初,国子监隶属礼部,康熙十年(1671年)改为朝廷直属机构,雍正三年(1725年)设监事大臣负责稽查国子监事务,首任监事大臣为皇弟果郡王允礼。后监事大臣都是由皇帝特派尚书、侍郎以上的高级官员兼任,从而保证了最高学府的特殊地位。

清代,国子监学生分为贡生和监生两大类。贡生是指经过地方官学考核选拔举荐,学行兼优及资历久的生员。贡生来源有六种:一为岁贡,是地方官学定期举贡的廪膳生员;二为恩贡,是皇帝加恩选送的生员;三为优贡,是由各省学政任期内,一般为三年,选送的品学兼优的生员;四为拔贡,是每十二年即农历酉年,由地方官学及满蒙各旗选拔的生员;五为副贡,是限于名额不能录取为举人的副榜优秀生员;六为例贡,是指捐钱交银获得身份的贡生。岁贡和恩贡主要是按生员年资高低选送,如:蒲松龄于康熙四十九年(1710年)成为贡生时已七十一岁高龄。优贡和拔贡则是经过考试举送,如发现名不副实者发回原籍,并追究举送学政责任。

监生是指没有地方官学生员身份的学生。监生来源有四种:由八旗各官学考取选送和皇帝特准录取入监者,称恩监;京师四品、外地三品、武官二品以上官员及为国死难者,可送一子入国子监,称为荫监;由各州、府、县学选送的优秀附学生员和武生中选拔入监者,称为优监;以捐纳资财获得入监资格者,称为例监。同时,国子监还是一所国际性的高等学府,大致在康熙年间国子监开始接受高丽、交趾、日本、琉球、暹罗、俄罗斯等国子弟前来留学。清代琉球生学制三年,自康熙二十三年(1684年)至同治六年(1867年),琉球国先后派遣八批共三十余名留学生,到北京国子监学习。清廷在国子监西厢设立琉球学馆,派文行兼优的监生为语言教习,尽心训迪。

清代国子监沿袭明代仍设六堂为讲肄之所,堂号名称也未改动,通过严格的考核办法决定学生的升留级。每堂后分为内外班,内班住监学习,外班走读按期到监考课。监生学习内容完全与科举挂钩,以儒家经典为主,兼学文史、大清律令及一些实用学科。乾隆年间,国子监曾实行太学分经义、治事两科。在监生员学习期限不等,一般三年,最长十年。结业时经考核,成绩合格者分别选用,不合格者退回原籍。

由于在监学习的学生日益增多,雍正九年(1731年)设立国子监南学。乾隆二年(1737年),管理国子监务大臣孙嘉淦,奏请调拨国子监街南侧方家胡同官房数百间,作为南学校舍,并颁布《南学条规》。国子监定有严格的学规。国子监内有《五朝上谕碑》,即五朝皇帝亲口“诏旨”作为学规立于国子监内。设有专司处罚之责的绳愆厅,对违反学规的给予处罚,从打箯、罚跪、开除到充军、充吏役不等。

明清时期规定,地方官学诸生除通过科举外,入国学者才可做官,加之监生享有免除徭役待遇,许多监生只把国子监当作科举求仕的跳板,仅在考试时来国子监,以混个身份和资格。至道光末年,原有的教学制度已形同虚设,住监人数锐减,纪律混乱,国子监开始衰落。光绪三十一年(1905年),废止科举,设立学部,国子监归并学部,设监丞一员,秩正四品,总司文庙、辟雍殿一切礼仪事务,至此,国子监结束了作为国家最高学府和管理教育的职能。翌年,国子监南学改建为“京师第一师范学堂”,后改名为“北京师范学校”。

四、历代孔庙

孔庙是国子监的重要组成部分。立孔子庙堂于国学,始于唐贞观四年(630年),从此“庙学合一”成为古代官学营造的规制。北京孔庙作为元、明、清三代皇家祭祀孔子的场所,同时也是国子监行使礼制教化的场所。国子监与孔庙有“持敬门”相连。历史上,每年的仲春和仲秋即二、八月的丁日举行祭孔大典,称为“丁祭”。明、清两代皇帝亲诣孔庙释奠四十次,明代皇帝十二次,清代皇帝二十八次,其中以清高宗最多,共十次,最后一次是在乾隆六十年(1795年)二月,亲诣孔庙行上丁释奠礼,以昭崇儒重道至诚之意。

元仁宗皇庆二年(1313年)开科取士。殿试考取后“择日,诸进士诣先圣庙行舍菜礼,第一人具祝文行事,刻石题名于国子监”①。从此以后,为开科进士题名刻石立碑成为国子监、孔庙的规矩。孔庙现存有进士题名碑一百九十八通,其

---

① 宋濂、王祎:《元史》卷八十一《选举志》,中华书局,1976。

中元代三通,明代七十七通,清代一百一十八通,镌刻有元明清三朝五万一千六百二十四名进士姓名、籍贯、名次。对于研究古代教育史、科举史具有重要价值。

孔庙大成殿

孔庙院内有一口明代古井,井水浅而甘洌,相传饮之并以井水研墨,便能文思如泉涌,妙笔生花,被当时文人誉为"圣水",清高宗赐名"砚水湖"。

1912年1月9日,南京临时政府教育部正式成立。北京国子监、孔庙先后归属教育部和内务部管辖,而祭孔令却不断变化。4月,首任教育总长蔡元培发表《对教育方针之意见》一文指出:"忠君与共和政体不合,尊孔与信教自由相违",并在首次全国临时教育会议上提出"学校不拜孔子案"。9月,教育部随即颁布《普通教育暂行办法》规定:"小学读经科一律废止",将旧历八月二十七日孔子诞辰日列入学校自定仪式。1913年11月和1914年2月,大总统袁世凯又分别发布尊孔典礼令和祭孔令,并亲自主持祭孔典礼。

袁世凯死后,北京孔庙祭孔大典仪礼规制基本沿袭,只是主祭者多为国务

进士题名碑

总理或教育总长,少有大总统身影。如:1916年秋,黎元洪大总统下令"九月七日为仲秋上丁孔子祭期,特派教育总长范源濂恭代行礼"。是年,范源濂派人将悬挂在大成殿清代帝匾全部取下保存,改悬黎元洪书写的"道洽大同"匾额。与此同时,一些社会名流也纷纷发文,对祭孔进行抨击。如:陈独秀在《新青年》上连续发表了《宪法与孔教》《袁世凯复活》和《孔子之道与现代生活》等文章,指出封建礼教不适于现代生活,亟须改弦更张,号召青年"向腐败的封建意识战斗"。李大钊更是抨击孔子"数千年前之残骸枯骨""历代帝王专制之护符"。这说明在民国初期,关于尊孔

祭孔及确定孔教为国教问题上,曾展开过激烈的争议。历史潮流不可逆转,终于在 1928 年祭孔之礼废止。

1912 年,国子监曾作为国立历史博物馆筹备处办公处。这期间,鲁迅先生供职于临时政府教育部社会教育司,负责博物院、图书馆、美术馆、动植物园、演艺会等工作。他直接参与国立北京历史博物馆筹建,曾多次到国子监监察。1914 年 5 月至 8 月,历史博物馆筹备处,以国子监清乾隆石刻十三经序文、表章经学之宝等十三种器物,参加了在德国莱比锡举行的"万国书业雕刻及他种专艺赛会",这是国子监文物第一次走出国门参展。鲁迅当时负责调集展品工作,《鲁迅日记》中有相关记录,他在 1913 年 11 月 20 日的日记中写道:"历史博物馆送藏品十三种至部,借德人米和伯持至利俾瑟雕刻展览会者也,以其珍重,当守护,回寓取毯二枚,宿于部中。"次日"上午米和伯来部取藏品去"①。1917 年 1 月,京师图书馆(国家图书馆前身)从什刹海广化寺迁址方家胡同原国子监南学,作为馆舍重新开放。

1928 年 1 月,国子监、孔庙正式对外开放。按内政部规定:天坛、孔庙等遇本市学校等社会团体参观,票价减半,以示优待;本市或外省市来参观的学校、团体持北平市政府公函均可免票;国子监随同孔庙开放,不另售票,票价大洋四角。昔日皇家禁地得以对公众开放,吸引了众多中外参观者,当时的主要报纸《晨报》《顺天时报》等均刊发消息。据史料不完全统计,1928 年 10 月至 1933 年 10 月,参观国子监、孔庙的社会团体、个人、外宾有两千余人次,主要是来自北京、河北、天津、山东、东北、上海、云南的各类学校的师生,作为学校"研读课业"或"研修旅行"的重要目的地。为确保孔庙的保护,1929 年 6 月内务部、财政部、教育部联合公布《孔庙财产保护办法》。1934 年以后,国子监、孔庙划归北平特别市管理坛庙事务所,后改为北平市社会局管理坛庙事务所。

新中国成立后,1953 年,孔庙开始筹备首都博物馆,1981 年 10 月博物馆对外开放。国子监于 1956 年辟为首都图书馆。2000 年后开展了文物腾退及大规模修缮,2007 年正式作为孔庙、国子监博物馆。

---

① 《鲁迅日记》(第一册)。

第二节　地方官学

东城既是中央官学国子监所在地,也是元、明、清时期地方官学所在地。古代地方官学是按地方行政建制设立,西周时期就有"家有塾,党有庠,术有序,国有学"的记载。各级地方官学,既是教学机构又是教育行政管理机构。历代王朝都重视地方官学,尤其是明代推行"科举必由学校"的政策,极大地促进了地方官学教育的发展。京师的官学,无论办学规模、师资力量和朝廷支持力度,都远超其他地方官学,成为北京教育历史文化的一大特色。

一、大都路学

元朝重视地方官学建设,按地方行政建制设立官学正式形成于元代。元世祖即位不久,采纳了名儒王鹗提出的选用各地著名儒士担任各地区的提举学校官的建议。至元十三年(1276年),元世祖为全国各地的提举学校官正式授予印信,制定品级,划拨"学田"。将大都地区的最高学府命名为大都路学,并设其衙署之额"提举学校所",为正六品官衙。

据史料记载,大都路学又称大兴府学。元世祖于至元十三年(1276年),设大都路学官署,另设置州、县学。这时的大都路学并不在东城域内,而是沿用了旧燕京城国子监学校舍(在西城域内)。大都路学设提举学事、教授、学止、学录各一至二人,另设斋长、教谕等,辅助教授工作。多位著名学者成名之前在大都官学任教,如"儒林四杰"之一的虞集(1272—1348年),字伯生,宋朝丞相虞允文的后裔,祖籍四川仁寿,于大德六年(1302年)出任大都路学儒学教授。此后,历任国子学助教、国子博士、国子司业,至国子祭酒。大都路学的教学内容、管理办法、授课方式、师资来源及师生待遇等,与国子学相近,所不同的是学生的来源。国子学的学生主体是贵族官僚子弟,路学的学生主要是儒户子弟和其他阶层的好学子弟。

二、顺天府学

明清时期,京畿地区属顺天府管辖。城区设大兴、宛平二县。今东城地域属大兴县管辖。明洪武初年,在教忠坊建立大兴县学(今府学胡同)。永乐元年(1403年)改北平为顺天府,大兴县学始称顺天府学。明代定都北京后,大兴、宛平两县县学即被裁撤,连同生员名额统归顺天府学。

顺天府学大门

顺天府学也是按照庙学合一规制建设,东边为文庙,西边为学宫。永乐年间,兴建顺天府文庙明伦堂、大成殿、东西斋舍。宣德年间重建大成殿,配以东西两庑及戟门,并在明伦堂东西建六斋。在学宫附近建有文丞相祠,这里曾是囚禁南宋抗元民族英雄文天祥的地方。至万历四十一年(1613年),庙学格局修建完整。府学胡同西段立有"教忠""育贤"二坊。清代京师顺天府学,沿用明代顺天府学旧址及建筑,并经过多次修葺扩充,逐步形成现今规模及格局。

顺天府为首善之区,府学从建筑规制、生员额定、教官配置、拨付银两等方面均高

文天祥祠门　徐子枫供图

顺天府学全图

于其他地方府学。比如：按照朝廷地方官学相关规定，府学为四斋，州学为三斋，县学为二斋，而顺天府学则为六斋，设斋数量上竟然与国子监相同。反映在生员定额上也是如此，普通府县学的生员定额：府学四十名，州学三十名，县学二十名，而顺天府学名额为六十名。顺天府学设教授、学正、教谕各一人，训导六人。教授一般从其他教官和官员中递升，学正、教谕和训导主要从会试没中的举人和国子监贡生中选派。明代顺天府学的生源仅限于京师及大兴、宛平两县，经考核选拔优异者，年龄在十五岁以上。清代顺天府学早期有生员八十余名，最多达到二百多名。凡参加入学考试的统称为童生。童生报考要经过严格的资格审核甚至担保后，通过多轮考试合格方能入学。由于科举仅对生员，官学基本作用就是为科举考试或向国子监推荐贡生。由此可见，古代官学教育目的就是服务于科举制度，为朝廷培养选拔人才。

通过考试"入学"后的童生称为生员，又称庠生，俗称"秀才"，一旦录取便享有官府给予的优待。比如：明洪武年间规定，每月按量划拨米柴，免除生员家人一定的差徭等。清代初期规定生员每人每年给银十二两。明代地方官学的经费，主要靠官府拨给的学田和官吏及民间士绅的捐款。据记载，明末顺天府学共有学田二百六十多亩。清代，由于旗人圈地，学田无存，官学改由官府拨款。

明代顺天府学教学内容以传统经史为主，并将礼、乐、射、御、书、数"六艺"纳入教学。清代顺天府学的学习内容，与国子监相仿，也以明经治学为主，还要学习"大清律例"刑名钱谷等施政条例。明清地方官学实行的分斋制度，将生员

167

大致分为三等，成绩最好的是廪膳生员（又称"廪生"），即享受官府发给膳食津贴的生员；其次是增广生员（又称"增生"），相当于扩招，官府不给膳食津贴的生员；还有一种是附生员（又称"附生"），相当于旁听生。每年由学政考试，按考试成绩等第依次升降。

府学胡同文丞相祠　朱天纯摄

　　清光绪二十九年（1903年），顺天府学改为顺天府高等小学堂，后改称左翼八旗小学堂，是我国近代较早创办的新式小学堂。1923年改称京师公立第十八小学校；1934年改称北平市市立府学胡同小学；1949年改称北京市第三区中心国民小学；1958年至今为北京市东城区府学胡同小学。现校内存有十二通明清石碑，其中明代的八通，分别为洪武、万历、天启和崇祯年间立碑；清代的四通，分别为康熙、嘉庆、咸丰年间立碑。碑文详细记载府学的设立、教学、管理和建设情况，是北京教育史珍贵的实物遗存。

168

第三节　八旗教育

八旗教育始于八旗制度。八旗的前身是由女真人原始狩猎组织"塔坦""牛录"发展而来,明万历二十九年(1601 年),努尔哈赤整编牛录,正式建立四旗。万历四十三年(1615 年)整编为八旗,即:正黄旗、镶黄旗、正蓝旗、镶蓝旗、正白旗、镶白旗、正红旗、镶红旗。八旗制度是清朝统治的重要基础。"以旗统人,以旗统兵""出则为兵,入则为民"的八旗,实际上是一个社会化军事组织。以此为基础,成就了独具特色的京师八旗教育。

清朝入关后,为了提高八旗子弟的文化素质,大力发展八旗教育,设立了分别面向宗室觉罗子弟、满蒙汉军子弟的各类官学,包括宗学、觉罗学、世职官学、景山官学、咸安宫官学和唐古忒官学、蒙古官学、回缅官学,以及各京营办的学校。逐步建立起自上而下、覆盖面广、门类齐全的八旗教育体系。

从生源上看,既有八旗贵族子弟,也有择优录取贡生、监生及京营官兵;从办学上,既有高中级分级分类,也有低级分级分类;从内容上,既有满汉蒙文、"四书""五经"、骑射,也有天文、算术、医学等;从管理上,既有国子监管理的,也有内务府、宗人府、理藩院管辖的。由于八旗军民合一的社会结构,为教育的普及创造了条件,几乎是有旗人的地方就有学校,基本满足了八旗子弟接受教育的需求,也为旧官学向近代教育转型发展创造了条件。如此庞大的京师八旗教育体系,在我国古代教育史上独树一帜。

一、八旗官学

八旗官学是指为宗亲以外八旗子弟建立的学校。清代各朝重视八旗教育,八旗官学经历了一个不断发展完善的过程。顺治初年正式建立八旗官学制度,康熙、雍正时期,八旗官学进一步规范,乾隆年间八旗官学制度更加完善,特别

169

是在教学内容上，进一步与国子监接轨，更加重视以儒家文化培养、教育八旗子弟。

清初，八旗子弟都入国子监读书，后因往返不便，加之学生渐多，顺治元年（1644年），祭酒李若琳奏准，"八旗各择官房一所，建为学舍，以教八旗子

正白旗官学建筑遗存大门

弟。每旗设学长四人，以国子监二厅六堂教官为教习，除每月逢六日各师长率各旗肄业子弟赴考监课外，令祭酒、司业等不时稽查，分别勤惰以示劝惩"[1]，由此开启了八旗官学之路。

清朝定都北京后，实施旗民分城居住的政策，将内城全部划为旗人居住区。内城实行八旗分区驻防，按照满族围猎的配置传统，"两黄围底，两红右围，两白左围，两蓝围端"的格局驻扎。东城域内为左翼四旗，从北至南依次为镶黄旗、

镶黄旗官学遗存大堂

正白旗、镶白旗、正蓝旗。为解决子弟教育问题，各旗在驻地防区设立官学一所，属国子监管理。域内的镶黄旗官学在安定门大街圆恩寺胡同，有房四十二间（今黑芝麻胡同小学前身）；正白旗官学在朝阳门内南小街新鲜胡同，有房二十五间

---

① 昆冈、刘启端：《大清会典事例》（光绪石印本），卷一千一百三十五《八旗都统·教养·官学》。

(今新鲜胡同小学前身);镶白旗官学在东单观音寺胡同象鼻坑(今春雨一巷、二巷,相传此地曾为皇宫养象之地,设有象洗澡的水坑,故名),有房三十七间;正蓝旗官学在东单牌楼北新开路胡同,有房四十八间。

雍正五年(1727年),清廷逐步建立起比较完备的八旗官学制度,统一各旗官学生人数为一百人,其中满洲六十人,蒙古、汉军各二十人。八旗官学与国子监的联系更为密切。八旗官学教习由国子监贡生担任,教学内容包括汉文、满文、步射和骑射、"四书""五经"及诗词歌赋等。朝廷规定十三岁以下学生会识字、背书、默写,十四岁以上学生还要会讲解所学内容。国子监的祭酒和司业会不定期巡查各旗官学,检查学生学习情况。各旗官学除日常小考外,还有月课、季课、春秋会考及定期率学生到国子监参加考试。为了保持和传承马上民族"武功定天下"的传统,八旗官学特别重视对骑马射箭的训练,规定十三岁以上者学步射,十六岁以上者学骑射,春秋两季每五日演习一次。如今国子监西侧的箭厂胡同即是当时练习射箭的"射圃"。清顺治八年(1651年)开始的乡试、会试仍规定旗人报考"必先试以马步射,方准入试,以示不忘本"①。

八旗官学生的待遇主要靠膏火,奖赏及赏赉为数很少。膏火即朝廷供给学生的经费。八旗官学生拨发膏火,始于雍正五年(1727年),标准为"满洲、蒙古八旗官学生,每名月给银一两五钱,汉军每名月给银一两,并由本旗关领"②。八旗官学生的出路,最好的即是升入国子监为监生,一般的则通过考试进入清廷各部门服务。

八旗官学还专门设有唐古忒学、蒙古学、缅学等,主要教习唐古忒(藏)、蒙古、缅甸等文字,兼有负责章奏的翻译。其中,唐古忒学设立于顺治十四年(1657年),隶属理藩院,置承办学务司业、助教、教习等管理学务和教务。学生分正额和额外,正额生二十四人,由咸安宫官学、蒙古官学及国子监学中选取,额外生十六人,选八旗子弟入学。学习期限为五年。期满由理藩院组织考试,合格者补用,不合格者继续学习。

由于长期受中原文化影响和同化,八旗教育不可避免地出现难以解决的问题。如:上层贵族子弟前程无忧,毫无学习动力;一些子弟生活奢靡,染有不良习气,加之教习关系特殊,难于调教管理;八旗学校日常以自学为主,间有会讲、

① 王先谦:《东华续录·嘉庆朝》(光绪刻本),嘉庆四十五,嘉庆二十三年戊寅六月。
② 梁国治:《钦定国子监志》(文渊阁),卷四十五《经费四·廪给》。

训导、教练,学生只图月例膏火,无心入学肄业,逃课避考普遍。加之,清代中后期中国处在内忧外患环境中,清廷不断削减官学经费,八旗官学开始逐渐走向衰落,到了有名无实的地步,虽然严旨斥革惩处,经过几番整顿,也未能彻底改变学风日下、官学废弛的局面。

至鸦片战争前,京师有八旗官学和其他八旗学校四十余所,在校学生三千多人。光绪十三年(1887年),清廷批准将算学列入科举考试科目,并筹建八旗书院,正式定名为经正书院,以培养"体用兼备""讲求实用"的人才。管学大臣用修建八旗官学结余经费购得安定门内郎家胡同校址。光绪二十年(1894)秋,书院建成开课,学生限于八旗官学中"性情敦笃,有志大成"者。

1927 年京师公立第一中学校校门
徐子枫供图

光绪二十八年(1902年)正月,谕旨改八旗官学为学堂。管学大臣张百熙推举宗室毓朗为学堂总教习,刑部侍郎乔树枬为副总教习,翰林院侍读宝熙为正总办,翰林院编修刘若曾为副总办。不久后又上折,制定了八旗学堂大纲:改建学舍,学制划一,变通膏火,筹划经费,优予出身,慎选教习,广收书籍,购置器材。翌年,改为宗室觉罗八旗高等学堂,归学部直辖,有职员十四人、教员十五人、学生二百二十八人。学生免交学费,每月可领取饷银。民国后改为京师公立第一中学(今北京市第一中学的前身)。八旗官学按序列改为一至八高等小学堂,次年又建左翼八旗第一至八初等小学堂等,后来发展为近代学校,有的保留至今,且为东城优质校。

二、宗 学

宗学是专门为皇族子弟设立的学校。为提高皇族的文化素质,早在明代就有专对宗室子弟的宗学,有比较完备的管理体系,设有负责王室子弟教育的长史、纪善、伴读、教授等官职。只是明代的宗学不在北京,而是分布在各个王府。由于清廷皇族均在京师,使得清代宗学发展更加完备。

按照清廷规定,努尔哈赤后裔为宗室,以腰系黄带为标记,故称"黄带子"。努尔哈赤兄弟子侄后裔为觉罗,以腰系红带为标记,故称"红带子"。二者是八旗血统中最高贵的宗族,由宗人府管理。

清代宗学沿袭明制。顺治十年(1653年)正式系统设立宗学,制定了详细的教学规划。每旗各建一所宗学,每学用学行兼优的满汉官各一员为之师范,凡皇族直系子弟十岁以上未封爵的都要入学读书,分习满文、汉文,并兼学骑射,在学的年龄以三十岁为限。雍正二年(1724年),清世宗下令建立集中规范的宗学,改为八旗设左右翼宗学各一所。规定每学以王公一人总其事,设总管二人、副管八人,选宗室中辈分年长者,拟定正陪,引见补授,令其轮流值日。选满文教习二人、骑射教习二人,汉书教习每学生十人设一人。

乾隆年间,对宗学教育进行调整完善,特别强调宗室子弟的骑射技能,警惕渐习汉俗。为加强教学管理,设立左右翼宗学总稽课程官,以满汉京堂官充任。每月对经义、翻译及射艺进行考试,对成绩优异者奖励笔墨,低劣者教诫或黜退。每年9月,由宗人府奏请考试翻译及经义、时务策各一道,钦命学士等官阅卷,分列六等,分别奖惩。嘉庆年间两次议准增加左右翼宗学名额,使各翼宗学人数达到一百人。

东城域内设有左翼宗学,校舍在灯市口大街东,有房一百零三间,后迁至史家胡同。学生每人每月给米三斗,给银三两,另拨付笔墨纸张,冬季给炭一百八十斤,夏季每日给冰一块,宗学觉罗学生的待遇明显高于官学生。光绪三十一年(1905年),左翼宗学改名为八旗第五初等小学堂,宣统二年(1910年)改为左翼八旗中学堂,1912年改为京师第二中学(今北京市第二中学的前身)。

三、觉罗学

觉罗学是专为清显祖旁系亲属子弟建立的学校,亦属宗人府管辖。清初只设宗学,后因宗学满足不了皇帝旁系子弟入学需求,雍正七年(1729年),令八旗衙署各建觉罗学。简派教习,负责觉罗子弟的授课训导,学习内容为满汉文及骑射。凡八岁以上十八岁以下的子弟均入学读书,超过十八岁的可自愿申请入学,但三十岁之前必须毕业。学习方式和学生待遇与宗学基本相同。每人每月给银三两、米三斗及纸张笔墨,并且冬季拨炭,夏季给冰,待遇优厚。

东城域内设有镶黄旗觉罗学在香饵胡同;正白旗觉罗学在新鲜胡同;镶白旗觉罗学在东四十条;正蓝旗觉罗学在大阮府胡同。每所学校有三十至四十人,共有学生一百五十多名。巴氏觉罗学堂,建于同治七年(1868年),校舍位于前门外的李真人祠。

觉罗学各校由派遣的贵族统领负责管理,左右翼各派四名官员做稽查员,轮流巡视本翼学校。每学设副官两人、骑射教习一人、满汉教习各两人。觉罗学课程为满文、汉文、经书及骑射。每年春、秋考试两次,每三年主管大臣会同宗人府官员联合举行一次考试,对优秀者进行奖励,次者教训,劣者黜退。学生学成后,可以参加岁考、科考以及乡试、会试,或报考翻译科的中书、笔帖式等官位。光绪三十四年(1908年)正式裁撤八旗觉罗学等,改设八旗高等学堂、左右翼高等小学堂和初级小学堂。

四、八旗义学

八旗义学初设于康熙三十年(1691年),是为教习八旗幼童满、蒙、汉语及骑射而设立的,此学称之为义学。雍正时期,八旗义学正式作为八旗官学的补充,是专门为贫穷八旗子弟设立的学校。

雍正元年(1723年),清世宗下诏:"宗室内有俊秀情愿读书,及八旗秀才、童生内,或有家贫不能延师读书者,宜各设立学堂,一概教育。"之后,分左右翼设立义学,雍正六年(1728年)增至每旗一学。域内镶黄、正白、镶白、正蓝四旗各设义学一所,共有房屋九十四间,各设满、汉教习,专收家庭贫困无力延师的少年儿童入学,学习翻译及举业。课业由礼部管理,每季由礼部考试一次,按成绩决定去留。翌年,又设立八旗汉军清文义学和甲喇清文义学。这时期八旗义学设立的最多,但效果并不是很好,除汉军义学外,其他各旗义学学生寥寥无几。至乾隆二十三年(1758年),因学生过少,义学有名无实,清高宗下令裁撤:"国家设立学校,原以教育人才,乃自设立义学以来,不过仅有设学之名,无教育人才之实。且既设有咸安宫、国子监官学,复加恩于左右两翼,各设教训世职官学,则八旗有志读书者,尽可于此等官学内肄业。似此有名无实之义学,适足为贻误旗人之地。所有义学,著即行裁去。"[1]

五、世职官学及其他学校

世职官学是为世袭爵位的八旗子弟办的学校。始立于乾隆十八年(1753年),学校分左右翼,各设两所。左翼:镶黄、正白两旗设一所,在安定门内交道口。镶白、正蓝两旗设一所,在朝阳门内干面胡同。招收八旗有世袭爵位的十岁至十八岁子弟入学,学习满汉文及骑射。学生修业三年,期满清廷派王公大臣进行考试。考列成绩一等的引荐入朝,二等的本旗任职,三等的留校继续学习,待三年后再行考试,如仍无可造就,即行革退,世爵也由应袭人另行承袭。

咸安宫官学。始设于雍正七年(1729 年),隶属内务府管辖。初期的官学设在紫禁城寿康宫长庚门外,乾隆十六年(1751 年)迁至西华门内尚衣监旧址,乾隆二十五年(1760 年)移至器皿库西。学生主要选自内务府镶黄、正黄、正白三旗和景山官学俊秀者,满八旗贡监生、官学生及俊秀者充补,每旗十名,共一百一十名。嘉庆十四年(1809 年)规定学生入学年龄在十五岁以上、二十岁以下。清廷按日均廪银五分、粳米一升及笔墨纸张等,逐月发放。至道光二十三年(1843 年)核减月费,仅发五成。每五年由吏部清简大臣组织一次考试,分别等第,考一、二等的录用,三等的留校继续学习,四等的责令退学。光绪八年(1882 年),整顿官学,重修章程,提出培养"体用兼备"的人才,课程内容除经书、诗文、翻译外,增加了经史、策论、本朝掌故等。光绪三十一年(1905 年)内务府分别在魏家胡同、北池子云神庙和东板桥路南,设立第一、第二、第三初等小学堂。

景山官学。建于康熙二十五年(1686 年),隶属内务府,是专门为内务府三旗子弟设立的学校。内务府三旗,也称上三旗,即镶黄、正黄和正白,被安置在皇城内,从事由宦官执掌的事务及内廷禁地门户的宿卫。校址在景山北上门两旁,分设满文、汉文官学。选招内务府佐领、内管领子弟三百多人。嘉庆十三年(1808 年),再定各旗学生员额,分设满文生、汉文生,限入学年龄为十岁以上、十八岁以下,肄业期限为十年。光绪二十九年(1903 年),景山官学改为内务府

① 昆冈、刘启端:《大清会典事例》(光绪石印本),卷一千一百三十五《八旗都统·教养·盛京官学》。

三旗高等小学堂。

武学。元朝在建立大都城后，为巩固统治，防范汉人，曾下令收缴民间兵器，禁止民间习武。北京的武学，最初创于明代洪武年间，仅在大宁等卫儒学内设武学科目，训练军官及子弟。正统六年(1441年)，正式设京卫武学于黄华坊禄米仓以东、太平侯张辄的旧宅，这是明代第一所官办武学学堂，今尚有因学而得名的武学胡同。《宛平志》载:京卫武学，明属兵部试场，明朝曾令都、司、卫所十岁以上的子弟，经选拔推荐至武学读书。学习内容除"四书"外，还有《武经七书》《百将传》《大诰》等。武学生的考核由兵部和武官负责，对弓马娴熟、熟识兵书、通晓兵略的学生，分等级遇缺推补，否则不能提拔。清康熙三年(1664年)，武学改属顺天府，其殿庑衙舍已毁。武学设教授一人、训导六人，武学生主要来源于现役军官及勋旧武官子弟。清代统治者历来重视讲武习艺，强调文武并重。入关后仍规定各类官学考试骑射。清沿明代京卫武学，并设立了武举制度，武学生的出路是参加武科举乡试。雍正三年(1725年)，改京卫武学为顺天武学。到光绪二十七年(1901年)，武举制度宣布废止。

第四节　书院、社学、私学

书院,是我国古代由学者主持的具有独特文化特色的教育机构。书院兴起于宋代,盛行于南方。元代的太极书院,是北京也是北方创建最早的书院之一。明代北京的首善书院,受东林学派影响被朝廷下令取缔。清初,对民间兴办书院严加控制,雍正时期逐渐放开,敕令都会之地都应建立书院,朝廷给予膏火补贴。清代北京正式建立的首个书院即是坐落在东城的"金台书院"。

一、金台书院

其前身为"首善义学",设立于清康熙三十九年(1700 年),是清代北京最早的义学。乾隆十五年(1750 年),首善义学经过大规模的修缮扩建,借东郊"燕京八景"之一的"金台夕照"之意,改名为金台书院,是清代京师第一所书院。

金台书院隶属顺天府管理,相当于顺天府附属学校。金台书院的山长(后改称院长)多为名士担任。如康熙年间的举人王源、雍正年间的进士陈兆崙,都曾做过金台书院的院长。乾隆四十九年(1784 年),由管理顺天府的胡季堂和顺天府尹稽查觉罗学虞鸣球合撰的《金台书院记》,阐述了办学宗旨和培养目标,指出书院发端于讲学,发明"五伦五常",讲述"修己治人"之道,培养既有真知灼见又能付诸实际

金台书院正殿

行动的人才,达到"处为醇士,出为名臣"的标准。

书院招收的学员主要是京师和各省参加会试的举人、贡生及顺天府的童生。书院设正副学长各二人,上舍生六人,内课生十六人,外课生二十人,每月发膏火银。教学内容主要是"八股文"以及经书义理、临摹法帖等,每月初一、十五,书院都要开设命题考试。每月教师考课,称为师考,每季由顺天府官员主持考课,称为官考。顺天府长官常会亲临考场监考。对考试成绩优异的学生给予奖励,发现特别出众的人才还会上疏推荐给皇帝。

金台书院日常经费由顺天府拨付,修建经费除余存公银和学田收入外,主要靠官员及社会募集捐款。如光绪五年至七年(1879—1881 年),书院进行了一次大规模的重建。时任直隶总督李鸿章捐银一千两,还有道台、府尹、州县官员及富绅纷纷解囊,累计募得白银一万四千六百三十一两。金台书院设立一百五十年,培养了大批人才,成为以考课为中心的科举预备学校,曾到书院学习的学员多达千人,历届会试中进士的学员少则数十人,多则达百人。其中陆润庠、王仁堪先后于同治十三年(1874 年)和光绪三年(1877 年)考中状元。书院存有应试学子金榜题名的"状元"匾额,金台书院又被百姓称为状元府。

光绪三十一年(1905 年)清廷废除科举后,金台书院停办,校址改为顺直学堂。1912 年顺直学堂改为顺直中学,后改为师范学校、京师公立第十六初高等小学,1934 年改名为北平市立东晓市小学校。后多次易名。解放后为崇文区第一中心小学,今为北京市东城区金台书院小学。

二、社　学

元代大都城快速发展,人口相对密集,官学教育机构只能满足少数人,大多数人只能从其他途径获得受教育机会。大都的达官贵人子弟有家馆、族学,城市一般民众及贫穷家庭的子弟只能靠私塾、社学、义学等教育机构。

社学,是兴盛于元明时期的一种民众教育形式。始于元代,元世祖至元二十三年(1286 年),朝廷颁令各路劝农立社,每五十家为一社,每社设社学一所,选择通晓经书者为学师,农闲时令子弟入学学习。学习的内容除《三字经》《百家姓》《千字文》外,还有日常礼仪规矩常识等。对学有所成者,报官备案以候任用。

此外,元代的大都地区还设置有诸多军卫、驿站等机构,这些机构也类似于一个个社会团体,除了完成日常的军卫、驿站工作之外,也设置有自己的学校,以培养子弟接受教育。许多军卫、驿站中的学校,还由政府派遣教官,主持学校的教育工作。由此可见,这类学校的规模,应该也颇为可观。

明朝沿袭了元代社学制度,社学作为社会教化及初级教育机构,得到朝廷提倡和鼓励。洪武年间,诏令各府州县学下设立社学,凡民间立社学,地方官府不得干预。学习内容上除了蒙学识字外,还增加了《御制大诰》等律令。永乐年间,域内有社学九所。清代,社学在京畿地区普遍荒废,逐渐被义学和私塾所代替。

三、私　学

旧时私学包括义学和私塾。义学,也称义塾,是指旧时的一种免费教育形式。专收贫穷子弟入学,一般以蒙学识字为主。京师为"首善"之地,首开义学亦为"首善义学"。

首善义学,设立于清康熙三十九年(1700年),由顺天府尹钱晋锡在崇文门外金鱼池"洪庄"(洪承畴花园)创办,是清代北京最早的义学,专收大兴、宛平两县的贫困寒童。学生人数、年龄均不限,教读《三字经》《百家姓》《千字文》等。康熙四十一年(1702年),清圣祖为其赐予题写有"广育群才"的匾额,又议准京师"五城各设一小学,延塾师教育有成才者,迁入义学,即义学小学。每年廪饩共三百两,于府县按月支给"[1]。雍正元年(1723年),命各省改生祠、书院为义学。乾隆元年(1736年),议准"义学之设原以成就无力读书之士,令府尹转饬大兴、宛平两县,清理义学基址,酌量扩充,葺旧建新,俾生徒得以聚处。遴选文行兼优之士,延请为师。凡愿就学者,不论乡城,不拘长幼,俱令赴学肄业。傥有奋志读书而贫乏无力者,酌给薪水,以多方成就之。至建修房屋、师生膏火等费,于存公银两内酌量奏请。至造士之典,务须经久,府尹查勘所属官地,量拨数顷,以资逐年之用"[2]。这则谕令从办学初衷、存量增量、生源教师、选址基建、资金拨地、使用经费,可谓事无巨细,皆加以关照,足见统治者对兴办义学的重视。

在朝廷的倡导下,京师不少中央官员、地方大员及富豪士绅积极创办义学,

---

[1] 昆冈、刘启端:《大清会典事例》(光绪石印本),卷一千九十二《顺天府·考试·书院义学》。

[2] 同上。

179

涌现出形式各异的义学,供贫寒子弟读书,免其学费,形成北京民办教育的良好风气。清乾隆晚期,由于不少义学资金缺乏及学生过少,开始逐渐裁撤停办。至光绪年间,域内有崇正义学、诚正义学、励学义学、正蒙义学、集善义学等。光绪二十九年(1903 年),同仁堂乐氏在打磨厂乐家胡同创办普善义塾,光绪三十二年(1906 年)改为普励小学堂。

私塾,是指由塾师个人设立的家塾或学馆,采取个别教授的方式。元初,赵思文、张谦、郭思恭等名儒,均在大都地区开设过私塾。明代,罗汝芳、王艮、李贽也曾在北京创办私学。清代八旗教育制度,基本保障了京师旗人享有教育的机会,客观上压缩了私学需求的空间,京师私学总体发展并不兴旺。

私塾主要以蒙学教育为主,也有成人教育的私家教学。主要有两种形式:一种是以传授村肆和市井小民子弟的私塾、家塾、学馆,一般是由一个先生教授若干学生,有固定的场所,学生上门找先生;另一种是教授富贵人家子弟的学校,称坐馆、教馆,一般是一对一或几个子弟,先生上门教学生。以成人为主的私教,则是以一些名师大家的传道授业为主。京师开办私家教学的教师,多为来京科举应试落第的文人。

光绪三十二年(1906 年),京师督学局劝学所开展了私塾改良运动。根据《奏定初等小学堂章程》规定,凡学生数不足三十名者称"家塾",三十名以上者改称"初等私立小学"。通过培训塾师、改革课程、设奖励金、组织观摩会等劝办措施,将私塾逐步改良为初等小学堂。两年以后,域内经改良的私塾已达一百余所。

第五节　清末教育

清代后期教育制度日趋没落,旧式学校已经名存实亡。鸦片战争后,伴随西方列强政治、经济、文化的入侵,无论"洋务运动"还是"维新变法"的人士都一致认为,中国的战败,在于教育不良。"国势之强弱,系乎人才,人才之消长,存乎学校。"①要救国图存,实现维新变法,必须"兴学校、开民智"。域内京师同文馆的设立和京师大学堂的创建,标志着中国近代学校教育开端,开启了北京近代教育进程,掀起了兴办新式学堂的热潮,北京再次确定了全国教育中心的地位,也推动了东城域内近代教育的发展。

光绪二十七年(1901年)六月,清廷颁发"欲推广学堂,必先停科举"的兴学诏书。光绪三十年颁布由管学大臣张百熙拟定、经张之洞重新厘定的《奏定学堂章程》,史称"癸卯学制"。这是近代中国第一部法定颁布施行的全国统一的从小学到大学的系统学制,对各级学校建制、招生分配、课程设置、学校管理等各方面均做出具体规定,由此奠定了中国近代学校制度的基础。《奏定学堂章程》是清末教育制度变革最成功的体现,许多内容远超"戊戌变法"百日维新提出的兴学设想,在中国近代教育史上具有里程碑意义。

光绪三十一年(1905年)八月,正式宣布废止科举制度,设立学部。京师设立学部直辖的督学局及劝学所,宗室觉罗和八旗官学、书院改设学堂,划分学区,改良私塾,兴办女子学堂,推行社会教育,设立半日学堂、艺徒学堂、简易识字学塾等,初步形成了较为完备的近代学校教育体系。北京的教育开始从传统封建教育向西式教育转型。这时期,东城始终走在教育变革的前列,域内聚集了高等、中等、初等、师范及专科等各类学堂和西方教会学校,见证了北京近代教育的兴起与发展。

---

① 《戊戌变法资料(四)》,第493页。

一、京师同文馆

第二次鸦片战争后，清廷与英法等国签订不平等的《北京条约》，西方列强取得在北京建立使团的权利。清廷专门设立了总理各国事务衙门。为解决通晓西文译员严重不足问题，同治元年（1862 年）五月，设立京师同文馆。这是北京近代第一所外语学校，也是中国近代第一所官办新式学校。

总理各国事务衙门

京师同文馆隶属总理各国事务衙门，由"总理衙门"大臣总管，设于东堂子胡同"总理衙门"院内东部，称东所。创立初期，仅设英文馆，学生十人。专门招收十五岁以下"天资聪慧"的八旗子弟，每旗保送二三名，聘英国传教士包尔腾任英文教习。同治二年（1863 年），开设法文馆和俄文馆。同治六年（1867 年），增设天文算学馆。开始招收三十岁以下的满汉举人、进士、国子监贡生及五品以下的京外官员入馆学习，"厚给薪水，优与奖叙"。馆内西文教习均聘外国人，课程设置以外文为主，兼学自然科学和实用技术。同治八年（1869 年），聘精通中文的美国传教士丁韪良为总教习，并先后聘请五十余名外国人

京师同文馆

182

任教,拟定了同文馆《八年课程计划》,严肃了教学秩序,强化了考试管理,将近代西方教育体制及观念介绍到中国,使同文馆的教学日臻完善。

丁韪良(1827—1916 年),字冠西,美国印第安纳州人。清道光三十年(1850 年)来华传教。咸丰八年(1858 年)任美驻华公使翻译,参与《中美天津条约》签订,同治二年(1863 年)定居北京,设立长老会。他是同文馆第一任总教习,并在此工作长达三十二年之久。同治十年(1871 年),同文馆增设德文馆。光绪二年(1876 年)建立了近代中国最早的化学实验室和博物馆。光绪十四年(1888 年)建立物理实验室。为了配合天文教学,同文馆建造了一座星台。星台高约五丈,顶盖可四面旋转,内设观察天象的仪器。光绪二十三年(1897 年)开设东文馆、制造测绘馆。

同文馆的规模不断扩大,学生从最初的几十人增加到一百二十多人。学制也从三年延长至八年。前五年的课程相当于初中,后三年的课程相当于大专;前三年侧重于学习外语,后五年侧重于学习科学技术知识,逐步加设了医学、化学、生物、物理、万国公法等教学内容。京师同文馆开始由专门的外语学校转变为近代新式的综合学校。

同文馆的考试制度有月考、季考、岁考和三年一次的大考。大考由"总理衙门"执行。每届大考后,清廷对成绩优秀者授予七品、八品或九品官,成绩劣者降格留馆。同文馆的毕业生,部分留馆任教并承担西文书籍翻译工作,部分担任外国使节的译员。

光绪二年(1876 年),清政府开始在英国等国家设立常驻使馆。同文馆为这些驻外使馆提供了大量外语和外交人才。其中不少人后来成为中国早期外交官、外语著译家和近代科技人才。如著名外交官周自齐、胡维德、陆徵祥、颜惠庆,著译家张德彝等。

同文馆开办期间,翻译印刷了大量讲义、西方书籍和文件。馆内备有四套中文活字和罗马活字及七台手摇印刷机。同文馆八年制学生,后两年都要译书。如丁韪良的《万国公法》《格物入门》,比利干《化学指南》《法国律例》,汪凤藻、凤仪《公法便览》《政治经济学》等数十种,对传播近代西方科学和知识起到积极作用。

京师同文馆的成立和发展,对中国近代新式学校的建立,特别是外语教育、科学教育和军事教育,以及我国的外交事业、技术制造,产生了巨大的影响,培养了一批新型人才。为北京近代教育的发展,打下了基础,提供了借鉴。广东、上海也相继成立了广州同文馆和上海同文馆。

二、京师大学堂

京师大学堂是我国近代第一所新型国立高等学府，创建于百日维新期间，是北京大学和北京师范大学的前身。

光绪二十四年（1898 年）四月，清德宗下《明定国是诏》，宣布设立京师大学堂，指出："京师大学堂为各省之表率，万国所瞻仰，规模当极宏远，条理当极详密，不可因陋就简，有失首善体制。"①任命孙家鼐为管学大臣，许景澄为中学总教习，丁韪良为西学总教习。孙家鼐（1827—1909 年），字燮臣，安徽寿州人，咸丰状元，历任工部、礼部、吏部尚书，曾与翁同龢同为光绪帝的老师。许景澄（1845—1900 年），字竹筼，浙江嘉兴人，同治进士，曾出使法、德、意、荷、奥等国，比较了解外国情况。

清廷拟定大学堂开办经费为白银三十五万两，常年用款白银二十万零六百三十两。户部指定以华俄道胜银行的中国政府存款利息支付，不敷之数由户部补足。拨景山东街马神庙和嘉公主府为校舍，加以扩建，修复原房三百四十余间，新建一百三十余间。另将官书局、译书局划归大学堂。由梁启超参照日本学制起草了京师大学堂章程，共八章五十四节，办学宗旨为"中西学并重"，达到"培养非常之才，以备他日特达之用"。对大学堂课程设置、入学资格、学生考核、管理体制等做出规定，并规定"各省学堂皆归大学堂统辖"。这时的京师大学堂不仅是全国最高学府，还是全国最高教育行政机关。这个章程是中国近代高等教育最早的学制纲要。

京师大学堂在筹办及开办初期，接连遭遇"戊戌变法"失败和八国联军侵华，甚至一度被迫停办。戊戌维新仅存在了百日，新政诸项内容唯京师大学堂"以萌芽早，得不废"，但教学方针和教学内容却发生了很大变化，学堂规模也较原计划大为缩小，除附设中小学外，仅设仕学馆，让举人、进士出身之京曹入大学堂学习。"京曹守旧，耻入学，赴者绝鲜。"②大学堂原定招收五百人，开学时学生不及百人，讲舍不足百间，课程仅设诗、书、易、礼四堂，春、秋二堂，每堂不

① 《申报》，Jul. 18, 1898《筹办京师大学堂奏片并章程》。
② 《庸言》，Jun. 1, 1913, V. 1《国闻·京师大学堂成立记》。

过十人。次年,学生增至近二百人,原有各堂名改为立本、求志、敦行、守约,另设地理、史学、政治三堂。上午学经史,下午学科学。

当时的大学堂仍然沿袭传统书院式教学,担任经史课程的教习大都是翰林院官僚腐儒。"戊戌变法"后全面恢复科举制度,大学堂学生只有参加科举考试得中后,才能获得做官的资格。因此,学生无心在大学堂学习,每届科举试期,大学堂学生便纷纷请假赴考。光绪二十六年(1900年)夏,义和团进入北京,焚烧教堂洋馆,社会秩序大乱,学生纷纷告假回乡。加之华俄道胜银行被损毁,户部存放的办学经费没了着落,时任管学大臣的许景澄奏请暂行裁撤大学堂。不久八国联军入侵北京,京师大学堂遭到破坏,被迫停办。

光绪二十八年(1902年),京师大学堂恢复,任命礼部侍郎张百熙为管学大臣,负责筹办事宜。张百熙(1847—1907年),字野秋,湖南长沙人,同治进士,早年担任过光绪侍读。张百熙受命后,主张脚踏实地,一切从头做起,开始对大学堂进行整顿,辞退西学总教习美国传教士丁韪良,改聘"桐城派"的领军人物吴汝纶为总教习。吴汝纶(1840—1903年),字挚甫,安徽桐城人,同治进士,授内阁中书。革新教学内容和考试方法,增加经费,扩充校舍,购置设备、图书等。提出暂不设本科,先办预科,为本科做准备。预科分为二科,"一曰政科,二曰艺科。以经史、政治、法律、通商、理财等事隶政科,以声、光、电、化、农、工、医、算等事隶艺科"①。同时设由师范馆和仕学馆构成的速成科。

同年,大学堂设藏书楼,由管学大臣咨行各省官书局,调取江、浙、鄂、粤、赣、湘等地官书局刻印的经史子集及时务新书,并通过外国教习从欧美、日本购进各类科技图书。大学堂藏书中不乏《十三经注疏》《水经注》《御批通鉴辑览》《玉函山房丛书》等大批珍贵书籍,其中不少是宋明刻本或明清手抄本,十分罕见。1912年,藏书楼改为北大图书馆,是北京最早的近代大学图书馆。

为借鉴西方的教学方法和教学内容,张百熙通过出使美国钦差大臣设法采集美国哥伦比业大学、宾夕法尼亚大学、耶鲁大学等十三所学校的课程章程目录,作为编制大学堂课程教材的参考。大学堂还设立译书局和编书处,译书局负责编译有关西学方面的课本和资料,编书处负责编辑有关国学方面的教材。

光绪二十八年(1902年)七月,张百熙主持拟定我国第一部学校教育体系的章程,上奏清廷批准颁布,称为《钦定学堂章程》,史称"壬寅学制"。壬寅学

① 《清史稿·志》(北京清史馆刊)卷一百十四《志八十九·选举二·学校下》。

制虽正式公布,但并未施行。翌年重新拟定《奏定大学堂章程》,章程共八章八十四节,对大学堂的办学纲领、科目设置、课程安排、招收办法、毕业分配、教师聘用、领导体制和教学纪律等都做了详细规定。大学堂分大学预科、大学专门分科和大学院三级。大学院相当于后来的研究生院,大学专门分科即大学本科,分科相当于后来的学院,科下又分目,相当于后来的系。当时分科大学共设七科三十五目。具体分科为政治科、文学科、格致科、农业科、工艺科、商务科、医术科。大学预备科学制三年,毕业后给予举人身份,可升入大学分科,大学堂分科学制三至四年,毕业后给予进士身份,可升入大学院深造。后增设进士馆、译学馆及医学实业馆。

同年,京师同文馆并入大学堂,后改办为译学馆,在北河沿购建馆舍(后来的北大三院),分设英、俄、法、德、日五国语言文字专科。经过积极筹办,光绪二十八年(1902年)10月14日,京师大学堂正式举行招生考试,结果仕学馆录取三十六名,师范馆录取五十六名。11月25日,大学堂再次招生,仕学馆、师范馆又录取九十名。12月17日举行入学典礼,宣布正式开学。同年,清廷将内务府所属汉花园拨给京师大学堂,用于改建操场和新建房舍,即后来的北京大学一院。当时的大学堂,除仕学馆、师范馆外,还有附属中小学,即由原清宗室、觉罗学和八旗官学改并为小学堂八处,中学堂两处,统归管学大臣督率办理。

张百熙对大学堂的整治,引起顽固守旧派的仇视和反对。清廷以"喜用新进",有改良主义思想为由,在光绪二十九年(1903年)加派满人荣庆为管学大臣,张百熙改任监督,使他一腔兴学抱负难以实现。

光绪三十年(1904年)初,清廷改管学大臣为学务大臣,统辖全国学务,加派孙家鼐为学务大臣,另设总监督,专管京师大学事宜,派张亨嘉为总监督。同年,京师大学堂首次选派四十七名学生赴日及西洋留学。翌年,大学堂选德胜门外原武举会试操场,筹建大学堂分科学院,并请日本建筑师真水氏设计,建设预算二百万元,计划四年建成,但迟至光绪三十四年(1908年)才开工。前一年,京师大学堂曾设立两年制博物实习科,招生三十七人,培养了我国第一批博物馆专业人才。同年,大学堂举办了第一批速成科毕业典礼,这是我国培养的第一批大学生。至宣统二年(1910年)京师大学堂已发展成为具有经、法、文、格致、农、工、商、医等八科,真正意义上近代综合性高等学府,造就了一批新型人才,有的成为辛亥革命的骨干和著名学者。

三、教会学校

第二次鸦片战争以后,清廷被迫允许外国在京设立使馆,列强逐步获得在中国境内传教和开办学校的权利。光绪二十七年(1901年),不平等条约《辛丑条约》签订后,外国教会纷纷派传教士来京传教。为了扩大教会影响,他们用"庚子赔款"修教堂、设医院、办学校。西方教会势力在京师形成各霸一方的局面。由于域内有东交民巷使馆区,教会势力在东城地域更为凸显。西方教会势力范围:美国基督教美以美会占据了外城,主要在崇文门内地区;美国公理会占据东城,主要在米市大街、东四地区;美国长老会占据北城,主要在安定门内地区;救世军主要在王府井地区。北京各教会早期兴办的学校大多集中在东城,坊间所称京城"四大教会名校"育英、贝满、汇文、慕贞都在东城域内。

同治三年(1864年),美国基督教公理会在灯市口开办的"育英学堂"和"贝满学堂"是北京最早开办的教会学校。"育英"前身原为"男蒙馆",初期仅办小学,至光绪二十一年(1895年)开始设中学。1922年,教会将教育行政权完全交与中方董事会,并推选华人为校长。如今的灯市口小学、北京市第二十五中学前身即是育英学堂。"贝满"是西方传教士在北京设立的第一所女子学堂。同治三年(1864年),美国公理会传教士裨治文的妻子格兰德女士为纪念去世的丈夫,在同福夹道创办贝满女学堂。原为"女蒙馆",仅办小学,同治九年(1870年)开设中学,即今北京市第一六六中学的前身。

同治四年(1865年),美国基督教长老会牧师丁韪良在方巾巷创办崇实馆,后改为私立崇实中学校,迁至安定门内二条胡同,建有两栋规模宏大的西式教学楼,设立了操场、图书室等。1923年,试行新学制,设高初两级中学,并附初中补习班。后添设机械工程和建筑工程职业

育英学堂

187

旧日汇文中学

科。因学校设备齐备,师资力量强,"负笈求学者日众"①,渐成为京城一所名校。今为北京市第二十一中学。

同治九年(1870年),美国长老会在东单北米市大街总布胡同,创办崇慈女子小学堂及北京第一个学前教育机构司安幼稚园,光绪二十七年(1901年)为崇慈初等女学堂,1924年改为崇慈女子中学,即今北京市第一六五中学前身。

同治十年(1871年),美国基督教美以美会在崇文门内船板胡同开办蒙学馆,后扩充为汇文学校,光绪十一年(1885年)设立中学,光绪三十年(1904年)改名为北京汇文大学校,设有小学部、中学部和大学部。1918年,另组建燕京大学,只保留大学预科及中学二部,即今汇文中学及汇文第一小学的前身。

同治十一年(1872年),美国美以美会派遣班美瑞和博慕贞两名女教士,在崇文门内孝顺胡同设立女学堂,设蒙学、养正、成美、备学四馆,招收"十岁而不缠足"之女子入院学习。博慕贞担任校长达十年。后以慕贞定为校名,成为京城一所著名女子学校。1952年,更名为北京女十三中,即今北京市第一二五中学前身。

光绪二十九年(1903年),基督教公

协和医院旧址

---

① 《北京市志稿》(文教志中)。

理会开办博氏幼稚园,即今东华门幼儿园的前身。光绪三十二年(1906年),由美国公理会、长老会、伦敦布道会、美以美会、圣公会及伦敦医学会所在东单三条合办北京协和医学校。

早期的教会学校均属初等学校,办学规模不大,条件比较简陋,学生人数很少,如汇文学校初设蒙学馆仅有四名学生。为了吸引学生入学,有的教会学校甚至采取免收学费,提供食宿、服装、床褥等手段。经过二十几年的发展,教会学校从学龄前、初等、中等教育逐步发展到高等教育,学校种类从普通教育、专科教育、职业教育到特种教育。首开北京女子教育、学前教育、特种教育之先河。光绪十三年(1887年),英国传教士戈登库明在甘雨胡同创立瞽叟通文馆,开创了北京也是中国最早的盲人教育。

教会学校开设的课程,以宗教教义为中心,按西方教育体制和教学方法,策略性地结合中国传统文化,传授各类科学文化知识。例如贝满女校的课程设置有:"四书"、女儿经、算术、地理、历史、科学初步、生物、生理学等,《圣经》及与其相关书籍为必读书。在学校管理上,从早期各教会独自办学、自我管理,逐渐发展为合作办学、共同管理,进而成立"中华教育会",定期讨论各教会学校的重大问题。教会学校也从初期的设施简陋,学生寥寥无几,多为无家可归的幼童或家境贫寒的子弟,发展到富庶家庭以送孩子上教会学校为荣耀,争相送孩子去那里读书。如育英学堂建校初学生不足三十人,至1927年来校就学学生达四百余人。东城域内的基础教育包括学前教育及特殊教育在北京是创立最早的,这其中有很大因素是兴办教会学校。清同治三年至十一年(1864—1872年),域内有六所小学堂,均为教会学校,教会学校的创办客观上促进了域内基础教育的发展。

教会办学是西方传教布道的重要手段,但同时把近代西方文明和文化教育传入中国,促进了中西方文化交流,推动了北京近代教育的兴起和发展,培养了一批近代科技文化人才,亦成为北京民众了解认识西方文化观念的重要窗口。这些教会学校后来大都成为北京的名校或优质校,对东城的教育文化产生了重要影响。

四、华文学校

为了有效传播西方文化,扩大基督教的影响,教会不仅创办面向中国人的各类学校,还开办了面向传教士教授汉语的学校。华文学院,位于东四北大街

华北协和华语学校旧址　徐子枫供图

头条（今朝阳门内大街203号），是由英国伦敦教会最先倡导在北京成立的一所传教士汉语培训学校，宣统二年（1910年）创办，初名为"华北协和华语学校"。建校之初，既没有建立正常的教学秩序，又没有固定的校舍。1916年任命基督教青年会干事裴德士[1]为校领导后，教学秩序才逐渐步入正轨。

裴德士上任后，对学校进行了大刀阔斧的建设和改革。首先是筹款建校。由设在纽约的基督教传教机构总部，筹集三十五万美元，在朝阳门内清代怡亲王府西跨院，建起了具有现代化设备的"T"字形教学楼。其次是建立完整的教学体系。不仅教授中国语言课程，还开设了中国历史、地理、政治、经济、文学、艺术、风俗、哲学、音乐、神话、考古、宗教等课程。那时，在这里讲课的，大都是赫赫有名的中国学者、教授，如梁启超、王国维、冯友兰、胡适、林语堂、徐志摩、赵元任、周作人、梁漱溟等，他们与富路特、恒慕义、芳泰瑞、孔德思、拉塞尔等美国学者一起，在这里构建起独特的中西文化交流平台。"华文学校就像一个气阀、一个中转站，在这里你可以完全沉浸于华人的海洋中。"[2]这时的协和华语学校开始从传授华语向中国研究中心转变。

华北协和华语学校，从只有几个传教士发展成为容纳海内外知名学者、教授的教学团体，在半个世纪里，辗转办学，从始创到发展，从发展到成熟，完成了教育转型，成功地建起学院化的中国研究中心。据相关历史档案记载，该校共培养学生两千五百余人，除外国传教士外，还有外交官、军官和企业家。包括美国"头号中国通"西方"现代中国学之父"的费正清，曾于1931年在此学习中文；

---

① 裴德士（1880—1959年），出生于美国南部阿拉巴马州莫比尔市的一个船夫家庭。1904年毕业于哥伦比亚大学。著有《金陵大学汉语系》《北京华文学校》《语言学校和学习班》《汉语学习简论》等调查报告及专著。

② 《费正清中国回忆录》，中信出版集团，2017年2月，第47页。

约瑟夫·华伦史迪威是第一位军官生,后来成为美国陆军著名的四星级上将;韦慕庭毕业后留校任教,成为外国人在中国社会研究方面的先驱;恒安石也曾在此学习中国语言和文化,1981 年至 1985 年,担任美国第二任驻华大使,为中美关系的改善做出过积极贡献。退休后,仍然关心美中关系的发展。他曾说:"我很理解中国人民面临的问题。有些美国人确实想阻止中国的发展和强大,可是,这是不可能的,这种想法不但是错误的,而且也是做不到的。"

华北协和华语学校,在中国办学达三十余年,为促进中外交流做出了贡献。1942 年太平洋战争爆发后迁回美国加州继续办学,定名"华文学院",直至停办。

五、"庚款"赴美游学

清光绪三十四年(1908 年)《辛丑条约》签约国之一的美国,为加强吸引中国学生赴美学习,培养造就"亲美"人才,通过所谓"庚款兴学"法案,以向清政府退还部分"庚子赔款"为名,创办学校选派和培养赴美留学生。宣统元年(1909 年)四月,在侯位胡同(后迁史家胡同)成立游美学务处,附设游美肄业馆,负责考选学生出国留学。从此,留学教育热潮兴起。

清廷派周自齐为总办,唐国安、范源濂为帮办,负责考选学生赴美留学。按两国草拟的规程:自退款第一年起,连续四年,每年至少选派留美学生一百人。如四年派足四百人后,则从第五年起,每年至少选派五十人赴美留学,直到退款用完为止。1909 年 9 月,游美学务处举行第一次庚款留美考试,从报考的六百零三名学生中,共录取了唐悦良、梅贻琦、胡刚复等四十七人。第二年 8 月举行第二次庚款留美考试,录取赵元任、竺可桢、侯德榜等七十人。第三年 7 月又举行第三次考试,录取胡适等六十三人。同时还录取预备生一百四十三人,入肄业馆。庚款游美选考比较严格,被选派的学生须"身体强壮,性情纯正,相貌完全,身家清白,恰当年龄"。考试科目和试题均按中学毕业入大学的程度设置。三批直接赴美学生共一百八十人,尚未达到中美商定派遣人数的半数。

从史家胡同走出的庚款留美学子中,不少人成为我国现代科学技术领域的先驱和思想文化界著名学者。宣统二年(1910 年),游美学务处肄业馆改名"清华学堂",孕育了举世闻名的清华大学。

六、新式学堂

清末兴学,北京自得风气之先。清廷设立八旗学务处,率先将宗学、觉罗官学和八旗官学改为中小学堂,景山官学改为内务府三旗高等小学堂。八旗学务处管辖高等小学八处,左翼初等小学八处,右翼初等小学七处。其中东城域内就有十处,即:前圆恩寺胡同的镶黄旗官学改为八旗第一高等小学堂,新鲜胡同的正白旗官学改称八旗第三高等小学堂,象鼻子中坑的镶白旗官学改为八旗第七高等小学堂,东单新开路胡同的八旗官学改为第五高等小学校,府学胡同的左翼八旗小学堂,什锦花园吉祥胡同的左翼八旗第三初等小学堂,东直门内羊尾巴胡同的左翼八旗第四初等小学堂,东四十二条的左翼八旗第六初等小学堂,香饵胡同的左翼八旗初等小学堂,崇外南岗子胡同的左翼八旗第十小学堂。

清末宗学及八旗官学改为学堂后,清廷仍念念不忘对王公子弟作为皇室之藩屏、国家之干城的作用,尤其重视贵胄子弟接受特殊的军事教育。光绪三十一年(1905年),练兵处、兵部奏请设立贵胄学堂,"令王公大臣各遣子弟投考入学,亲习士伍,洵属振兴武备之资"①。学堂总督为庆亲王奕劻和陆军部尚书铁良。翌年5月在煤渣胡同神机营旧署开学。三年后,在东城铁狮子胡同和亲王府旧址新建的陆军贵胄学堂校舍建成,学堂迁入新校址。光绪三十三年(1907年),在原校址创立贵胄法政学堂。依据《陆军贵胄学堂试办章程》,学堂专招收王公世爵四品以上宗室、现任二品以上京外文武大员年龄在十八岁以上、二十五岁以下聪颖子弟,教以普通学术和陆军初级军事学,开设日语、德语,并入军队观察实习。学堂规定学生名额一百二十名,学制为五年。对毕业考试优等者,由练兵处遴选合格送往国外留学。第一期学生有恭亲王溥伟、醇亲王载沣、顺承郡王纳勒赫、多罗贝勒载洵、多罗贝勒载涛、奉恩镇国公溥堃、溥估等。

清末新式学堂分官立、公立、私立。这时期内城的官立学堂明显多于外城。光绪三十三年(1907年),东城的内城区域有官立小学堂十七个、公立小学堂五个、私立小学及中学附设小学堂七个,共有学生两千六百七十三人。而外城区域尚无官立小学堂,但促进了公立、私立学堂的发展,至宣统元年(1909年)外

---

① 朱寿朋:《东华续录·光绪朝》(宣统铅印本),光绪一百九十六,光绪三十一年乙巳,九月。

城有公立小学堂八个,私立小学堂三十个,学生一千四百四十三人。

为缓解兴学与朝廷无力短时间内设置学校的矛盾,光绪三十四年(1908年),京师劝学所集中开展了改良私塾运动。在组织劝学员调查摸底基础上,拟定《初等小学校简易科课程》试行,开办旨在培训塾师的夜学师范传习所,成立私塾改良研究会,研究制定办法、简章、评定等次及设立名誉金,发布《京师内外城私塾从速改良》通告,卓有成效地开展劝导改良工作。凡评定为中等以上者,给予名誉金,授"某学区第几私立小学堂"名牌。凡能遵照《奏定初等小学堂章程》规定进行教学者,换"京师第几私立初等小学堂"名牌,与官立学堂同等待遇。至1909年底,相当一批私塾改良为初等小学堂,极大地促进了清末北京教育事业的发展。

清末新式学堂在保留了读经讲经、国文、历史的前提下,开始采用西方教学方式和内容,教授算术、地理、格致等自然科学常识,开设体操、图画、唱歌、手工等课程,注重培养学生的审美和动手能力。小学堂学制为四三制,即初等四年,高等三年,分单级、多级、半日。中学课程设置,严格按照《奏定中学堂章程》,基本分为十二门科目,包括修身、读经讲经、中国文学、外语、历史、地理、算学、博物、理化、法制理财、图画、体操。每周合计三十六小时,其中外语的课时超过了读经讲经,并且注重培养听读能力。早期学堂没有统一的教科书,多是教员口授,学生做笔记,中学堂教材多采用译本。光绪二十八年(1902年),京师大学堂开始编辑出版中小学教材。

这时期,京师开始创立招收普通子弟就学的学堂,这些学堂有官立,更多的则是公立和私立。公立学堂除士绅兴办外,主要由在京同乡京官共同出资兴办,成为清末兴学的突出特色。为解决快速增长的办学需求,清末管学大臣孙家鼐与顺天府尹胡燏棻等提议,暂借京师庙宇为校舍设立中小学堂。利用庙宇改建学校成为近代北京校园建设的特点。域内的普渡寺、贤良祠、净土寺、圆恩寺、吉祥寺、僧格林沁祠、凝和庙、南药王庙等众多庙宇都曾作为学校使用,有的一直延续至今。

长期以来,东城在学校布局、校舍设施、师资力量和教学质量等方面居全市前列。如:北京一中,前身为清经正书院,后改设宗室觉罗八旗中学,民国后为京师公立第一中学校,其教育、教学及学校设施、设备堪称一流。据《创建碑记》述:"栋桮增建,丹腹重新,义路礼门,规模大启。"学校占地八亩,设有教室、礼堂、图书馆、办公室、接待室、音乐室、实验室、劳作室、游艺室、休息室、教员宿舍、学生宿舍、饭厅及厨房。当时图书馆藏书五万四千余册，仪器标本一千余件，教具两千余件（套）。学校运动场占地四亩，直到新中国成立初期，一中仍是北京市为数不多的拥有四百米跑道大操场的学校。

北京一中故园绘图

清光绪三十二年（1906年），在国子监南学旧址，设立京师第一师范学堂，开启了北京师范教育进程。师范学堂归学部直辖，由京师督学局负责管理。招收学生约三百人，有教师十人，还聘有日本教师两人。学堂设简易师范科和优级师范科。同期，京师还设有多所初级师范学堂和师范传习所，其中东城夜学师范传习所，设在史家胡同第五初等小学堂；东北城夜学师范传习所，设在第一师范学堂。清末兴学尤为重视师范教育。京师大学堂开办之初，设速成科既有师范馆，后改为优级师范科。光绪三十四年（1908年）四月，学部改京师大学堂优级师范科为优级师范学堂，正式脱离大学堂，校址迁至厂甸，是我国独立设立高等师范学校之始。

私立求实中学校。创设于光绪二十七年（1901年），校址在鼓楼东大街。光绪三十年奉学部大臣批准立案，学校初创为四年制初中，只收男生，后改为三年制初中，并男女生兼收，校舍进一步扩大，借干面胡同房舍立为二院。

顺天高等学堂。始建于光绪二十八年（1902年），校址位于地安门北皇城根。1914年改为京兆公立第一中学。1928年改为河北省立第十七中学。1931年改为河北省立北平中学，校址迁于地安门外兵仗局。1940年改为北京市立高级中学。1945年改为河北省立北平高级中学。1949年改为河北北京高级中学，即今北京市地安门中学。

京师公立第二十七小学堂。光绪三十二年（1906年）创立，是废除科举制度后，北京创建的第一批新式学堂之一，位于安定门内方家胡同。1930年1月，更名为北平特别市市立第十七小学校。1949年改称北京市方家胡同小学。1918年，老舍于北京师范学校毕业，曾被派到方家胡同小学任校长。

清真第五初等小学堂。创建于清宣统元年（1909年），位于东花市手帕胡同,是北京最早建立的回民学校,今东城区回民实验小学前身。建校之初,提出"回汉多教,开通风气"的办学主张,广受社会关注。1932 年,学校改名为西北第二小学。1940 年,学校更名为私立穆德小学。1941 年由于学生剧增,急需资金改善办学条件,当地回教会及回教民众纷纷解囊相助,著名京剧艺术家马连良、侯喜瑞、萧长华、尚小云、叶盛兰、荀慧生等为学校义演募捐。1943 年底,位于花市灶君庙的新校舍落成。

警务学堂。成立于清光绪二十六年(1900 年),校址在北新桥西。由全权大臣奕劻创办,聘请日本人川岛浪速为监督,是我国警察教育的开始。1912 年改组为警察学校。1917 年改设警官高等学校,学制三年,入学资格为高级中学及大学预科毕业生。1934 年迁至南京。[①]

税务学校。创建于光绪三十四年(1908 年),原名为税务学堂,校舍在大雅宝胡同。1911 年,改称税务学校,为教育部认可的高等专门学校,学制四年。1929 年,设第一、第二两分校于上海。

清末女子教育开始受到关注,女子的初等教育有了相当的发展,女子的中等教育和高等教育发展缓慢。至 1912 年,除教会学校外,京师地区还没有一所女子中学。女子受教育在很大程度上是自身争取来的,如域内的慧仙女工学校和箴宜女子小学。

慧仙女工学校。创办于光绪三十二年(1906 年),系私人出资,学部立案的近代女子职业学校。办学者为工部郎中布鲁特氏承厚之妻慧仙。光绪三十一年(1905 年)承厚病逝。翌年,慧仙因伤心过度随亡夫而去。临终前,嘱咐其母曰:"中国风俗,向以家产遗子孙,无捐以举公众事业、造社会幸福,有之,请自慧仙始。我死,以我家遗产兴女工。"并全权委托世好诚璋办理。诚璋字裕如,汉军正黄旗人,内务府郎中,授农工商部左参议,曾任京师劝工陈列所总办,农事试验场总办。慧仙将遗产分为五项全部捐出办学,共计白银二万六千七百两。其中"自立女工习艺所银一万四千五百两"。在安定门内北锣鼓巷净土寺购地一方,"建女工学校一所,附以女学两班",实际招收一百多人,分为高等、初等及女工三班,既传授普通知识又传习纺织技能。光绪三十三年(1907 年)正月开学,诚璋任该校总办。慧仙捐资兴学在京师引起关注,学部上奏"该命女系出名门,深明大义,不吝巨资,捐办学堂,在巾帼中实为罕觏""其热心教育,慨捐家

① 《北京市志稿》(文教志上)。

产,为数甚巨"。慈禧太后、清德宗分赐"培才劝学""育才兴学"匾额,一校同颁二匾实属罕见。不久,慈禧太后面谕学部,振兴女学。同年,学部拟定《女子师范学堂章程》及《女子小学章程》上奏朝廷,从此女子教育正式纳入国家的学制系统。北京五塔寺石刻艺术博物馆存有"慧仙女工学校碑",对此有详细记载。

私立箴宜女子小学。由清宗室继识一女士,将位于东四牌楼北六条班大人胡同(今育芳胡同)的私宅捐出,于光绪三十二年(1906年)创办,1912年改称箴宜女子师范学校。继诚(1861—1916年),号识一,满族镶白旗,康熙帝二哥裕宪亲王福全六世孙女。继识一女士办学慷慨,生活却节衣缩食。由于繁重的办学及生活压力,积劳成疾,因病殉职,年仅五十五岁。京师学务局发表悼词,盛赞继识一女士:"罄一己之产,竭毕生之力,兴学育才。"时任教育总长范源濂深感其为"开启民智,兴学育才"的贡献,遂呈报代理总统黎元洪颁发匾额,予以褒奖。

第六节　民国教育

1911 年"辛亥革命"推翻了清王朝,结束了延续两千多年的君主政体。孙中山在南京宣誓就任中华民国临时大总统,组建临时政府,废除晚清学部,改建教育部,任命蔡元培为临时政府第一任教育总长。随之教育领域开展了一系列变革,制定了一系列教育法令,确定了新的教育宗旨,颁布了史称"壬子—癸丑学制",规定初等小学为义务教育,兴起教育改革思潮运动,西方教育理论广泛传播,新式教育制度逐步建立,推动了传统教育向西式教育的转变。这时期被誉为中国近现代教育史制度改革的"黄金"时期,并呈现出一个显著特点,即推动教育变革的主要力量并不是政府,更多的是民间教育团体和大批教育理论家、思想家、教育先行者。

这场改革集中体现在由全国教育会联合会于 1922 年讨论修改、同年 11 月以大总统令颁布的《学校系统改革案》,史称"壬戌学制"。新学制借鉴了美国学制,缩短了初等教育年限,延长了中等教育,增设职业教育,取消了大学预科,大学采用选科制等,极大地促进了我国教育事业现代化,其作用重大、影响深远。这一时期,许多教育改革的有识之士活跃在以北京大学为中心的教育领域,对东城的学校教育发展、社会风气及城市文化的变化产生重要影响。

一、高等教育

东城是近代中国高等教育的发源地,民国初期仍然占据着重要地位。1948年,域内有大学五所,即北京大学、朝阳大学、中法大学、协和医学院、北京艺术专科学校,占全市高等学校总数的 38.4%。这些高等学校自成立起,就充分显示出其特有的"出类拔萃"的教育特质。

(一)国立北京大学。辛亥革命后,1912 年 2 月,南京临时政府任命严复为京师大学堂总监督，接管大学堂事务。蔡元培北上到京就任教育总长。5月1日，由教育部下令，改京师大学堂为北京大学，大学堂总监督改称大学校长，各科监督改称学长，严复遂任北京大学首任校长。这是民国时期中国正式改建的第一所国立大学。

国立北京大学校门旧照　徐子枫供图

严复（1854—1921年），字又陵，福建侯官人，就读于福州船政学堂，后派赴英留学，毕业于格林尼茨海军大学。回国后，长期在天津水师学堂任教，最早翻译出赫胥黎的《天演论》、亚当·斯密的《原富》、孟德斯鸠的《法意》等许多西方学术名著，主张变法维新，抨击顽固保守，是我国著名的翻译家和资产阶级改良派。严复接办大学堂后，面临经费短缺，只能借款应付，得以勉强复课。为了节省经费，不得已采取归并科目，精简机构，裁减职员等措施。这期间，北洋政府几次提出停办北大及将北大并入天津北洋大学。为此，严复坚决反对，据理力争，他向教育部呈写了《论北京大学校不可停办说帖》和《分科大学改良办法说帖》，陈述了北京大学不可停办的理由。在以严复为首的北大师生坚决斗争下，北京大学才没有被取消，得以继续办下去。1912年10月，严复被迫辞去北大校长职务。在此之后的四年里，章士钊、马良、何燏时、胡仁源先后继任北大校长。北京大学在艰难中前行。

1916年12月26日，蔡元培被正式任命为北京大学校长。1917年1月4日，到校就职。从此北京大学历史进入一个新阶段。蔡元培（1868—1940年），字鹤卿，号孑民，浙江绍兴人，光绪进士，翰林院编修。光绪二十八年（1902年），创立中国教育会和爱国学社。两年后，与章太炎、陶成章等创立反清革命团体光复会，次年加入同盟会，任上海分部负责人。光绪三十二年（1906年），到北京译学馆任教习，讲授国文及西洋史。次年赴德国莱比锡大学，攻读哲学、伦理学和文学，主张教育救国。蔡元培担任教育总长期间，起草了《大学令》等一系列教育法令，对中国的教育制度进行了资产阶级民主性质的改革。北大作为当时全国唯一的国立大学,《大学令》就成为北京大学的基本章程和办学纲领。

蔡元培在就职演说中指出:"大学者,研究高深学问者也。""大学学生,当以研究学术为天职,不当以大学为升官发财之阶梯。"而应"抱定宗旨,为求学而来。入法科者,非为做官;入商科者,非为致富。宗旨既定,自趋正轨"。明确提出"囊括大典、网罗众家、兼容并包"的办学方针,主张实行"思想自由,学术自由"。全力推动北大的整顿和革新。

不拘一格延揽人才。"广延积学与热心的教员,认真教授,以提起学生研究学问的兴趣。"他首先整顿充实教师队伍,裁减不称职教师,包括一些不称职的外籍教员。聘请一批在新文化运动中涌现出来的思想进步、学有专长的学者,如:聘请极具革新思想的陈独秀为文科学长;中国第一个介绍爱因斯坦相对论的夏元瑮为理科学长;李大钊任北大图书馆主任;曾留学英国、日本,专攻哲学和教育学的杨昌济为伦理学教授;胡适为文科教授;刘半农为文预科教授等。当时在教育部任职的鲁迅,也受聘为北大兼职讲师,并为北大设计了校徽。整顿充实后的教师队伍面貌焕然一新。

改革学校领导体制。设立北大评议会和行政会议。评议会为全校的最高立法机构和权力机构,评议员由各学科学长和教授组成,不是教授不得当选评议员,体现了教授治校的精神。评议会制定和审核学校各项章程、条例、预决算,决定学科的废立,审核教师的职衔和学生的成绩。行政会议为全校的最高行政机构和执行机关,评议会决定的事项,一般由行政会实施。废各科学长,设教务处,统一领导全校教学工作。

北大第一任教务长为马寅初。调整学科设置,废门改系,原北大设文、理、法、工、商各科,科下设门。将门改系后,全校共有十四个系,各系设立教授会,负责规划本系教学工作。废除年级制,实行选科制,后又相继增设教育系、东方文学系、生物系和心理系。1920 年,北大首开女禁,招收本科女生,开创我国大学教育男女同校之先河。1935 年,梁思成在沙滩北街为北京大学设计了女生宿舍。这栋三层局部四层砖混结构建筑,是他留存下来为数不多的代表性建筑,独具匠心的设计充分照顾了女生的特点。

蔡元培倡导思想学术自由。包容不同学派、不同政治倾向的学者,真正实现了"网罗众家"。他们中既有提倡新文化的李大钊、陈独秀、胡适、鲁迅、钱玄同等,也有坚持旧文学的林纾、刘师培、辜鸿铭、林埙、梁漱溟等,还有马叙伦、李四光、李石曾等知名学者,可谓是古今、新旧、中外同台对垒,开创了学术自由、思想自由的一代新风。这时的北大学术空气浓厚,讨论辩论盛行,各科几乎每周都举办学术讲座。各类学术、政治团体如雨后春笋,纷纷成立。毛泽东在北大图书馆工作期间,曾参加新闻研究会和哲学研究会。由蔡元培发起组织的进德社,是一个提倡培养个人高尚品德的组织。规定会员以不嫖、不赌、不纳妾为基本条件,成立之初入会者有五百余人。

蔡元培担任北大校长十年,把一个腐败沉闷的旧北大改造成为学术自由、百家争鸣、思想活跃、蓬勃向上的新北大。由他首创的思想自由、兼容并包的办学方针和民主办校、重视科研、维护学术研究自由的办学思想,影响了整个中国的大学教育。

1918 年,在沙滩原清内务府汉花园修建了著名的红楼,成为北大的主建筑。红楼坐北朝南,地上四层,地下一层,砖木结构,整体红砖清水墙面,平面呈"工"字形,造型为西洋近代古典风格,是北大文学院和图书馆所在地。1919 年,北大有教职员二百一十人,其中教授九十人,占百分之四十三,在校学生一千九百八十人,其中研究生一百四十八人,成为当时中国规模最大、影响最强的高等学校。

北京大学还是一所具有光荣革命传统的学校。北大是新文化运动的中心和五四爱国运动的策源地,也是早期研究传播马克思主义的中心和中国共产党的主要孕育地。1917 年初,《新青年》编辑部随陈独秀由上海迁到北京,编辑部设在与北大三院仅一墙之隔的箭杆胡同 9 号,实现了"一校一刊"的结合,变陈独秀一人主撰的"独人杂志",为陈独秀、李大钊、鲁迅、胡适、钱玄同、沈尹默、周作人、刘半农等轮流主编的"同人杂志",发行量从创刊初期的一千册发展到一万五千册,与之后创办的《每周评论》一起成为五四时期新文化运动的主阵地。俄国十月革命后,《新青年》成为宣传马克思主义最重要的刊物,后来成为中共中央机关的理论刊物。

1920 年 3 月,成立了北京大学马克思学说研究会,研究会设在北大学生宿舍西斋,取名为"亢幕义斋"(英文"共产主义"的译音)。"学说研究会"按唯物史观、阶级斗争、剩余价值、无产阶级专政、社会主义史等十个专题,会员分组进行研究,举办定期的讨论会、讲演会。当时,北大图书馆是我国第一个存有马克思主义书籍的图书馆,收集了数百种有关马克思主义的汉、英、德文书报杂志,促进了马克思主义在中国的传播。1920 年 10 月,李大钊在北大建立了北京共产主义小组和北京社会主义青年团。北京共产主义小组的第一批成员全是"北大人"。北大曾涌现出大批早期的共产主义者,成为后来建立中国共产党的重要骨干,北大为中国共产党的创立做出重要贡献。

1927年7月,奉系军阀统治北京,将北京大学等九所国立大学合并,成立京师大学校,后改为中华大学,又改为北平大学。此时的北京大学改称北大学院,成立了北大文学院又称北大一院,位于沙滩红楼,院长胡适;北大理学院又称北大二院,在马神庙原京师大学堂旧址,院长杨钟健;北大法学院又称北大三院,位于北河沿原译学馆旧址,院长周炳琳。1929年8月,由于北大师生的强烈反对,最终脱离北平大学,恢复北京大学的名称。1930年,蒋梦麟任北大校长。

七七事变后,北大与清华大学、南开大学共同组成长沙临时大学。1938年4月,由长沙迁至昆明,改名为国立西南联合大学。抗战胜利后,西南联大宣告结束。1946年5月北大在北平复校。北平和平解放后,北大成立校务委员会,汤用彤任主任,1951年2月马寅初被任命为校长。1952年院系调整,原燕京大学并入北京大学,北大迁至海淀燕大校址。

(二)私立中法大学。中法大学前身是1919年由蔡元培、李石曾、吴稚晖等人发起创办的留法勤工俭学会。学会以"勤于作工,俭以求学"为宗旨,号召中国青年学生去法国留学。1920年,将法文预备学校改成北京中法大学。本部设在东皇城根北街理藩部旧址,占地约四十亩。校舍分大礼堂、图书馆、教室、实验室、体育场等。

1921年,学会在法国创办"里昂中法大学"。董事长孙宝琦,首任校长为蔡元培,周作人、钱玄同等一些教育界、文化界名人兼任校董,沈尹默曾任中法大学文学院分院主任,兼任孔德中小学董事会主席。学制四年,学生人数二百零二人。按照该校《留学简章》

中法大学旧照

规定,每届每院选拔五名优秀毕业生赴法留学,里昂中法大学为他们提供奖学金,免除学费、食宿费,发放船票及置装费。据统计,1926 年至 1939 年,北京中法大学先后选送了九十三名学生赴法留学。中法大学借鉴法国学区制方式,设有大学部、中学部、小学部、海外部,实践三级教育,附属中、小学各四所,域内的孔德学校是创立最早的。

1926 年中法大学正式获得教育部认可。创立四年来,北京中法大学已经发展有服尔德学院,后改为文学院,孔德学院后改为社会学院,居里学院后改为理学院,陆谟克学院后改为医学院,分别以法国文学家、哲学家、科学家的名字命名。1929 年成立中法大学药学专修科。1931 年成立镭学研究所。三十年间,北京中法大学共有本科毕业生五百六十九名。里昂中法大学共注册中国学生四百七十三名,其中有一百三十一人取得博士学位。他们中大多学成回国,不少成为我国科学界、教育界、文化艺术界著名专家学者及国家领导人。如著名科学家郑大章,著名医学家姚碧澄、范秉哲、杜棻,著名生物学家郭文明,语言文学家郭麟阁、罗大刚、齐香,著名翻译家沈宝基、李治华,著名建筑家林克明,著名艺术家常书鸿、王临乙等,以及共和国十大元帅之一的陈毅。

1950 年,中法大学停办,原有的文史系、法文系并入北京大学,经济系、生物系并入南开大学,数学系、物理系、化学系并入华北大学工学院,即现在的北京理工大学。

留法勤工俭学是我国近代继赴日留学后又一次留学高潮,中法大学与留法勤工俭学运动有很深的关联。在这场运动中,先后有二十批一千七百余人赴法留学。他们心怀大志,近距离接触西方文明,孜孜不倦地追求真理,寻求救国途径和方法,涌现出周恩来、邓小平、聂荣臻、赵世炎等一大批革命先驱。

里昂中法大学成为中法文化教育交流的典范。2014 年 3 月,在中法建交五十周年之际,习近平主席成功出访法国,抵达法国的第一站是里昂,在里昂中法大学旧址,习近平主席为"里昂中法大学历史博物馆"揭牌。

(三)朝阳学院。1913 年由汪有龄、江庸与北京法学会同人发起创立,初名为北京私立民国大学,并推选汪有龄为校长。校址选在朝阳门内海运仓,占地九万余平方米,校舍面积两万余平方米,"地宏敞,远尘嚣,鸠工增葺,即现校舍也"①。初设法律、政治、经济、商业诸科。1914 年 5 月,经教育部视察认可,评

---

① 《北京市志稿》(文教志上)。

价为"管教认真,成绩大有可观"。1916年改名朝阳大学。1928年9月,校董会选举江庸为校长。

按南京政府规定,凡大学必须有三个以上学院,朝阳大学只有法律系、政经系,1930年,被改称朝阳学院,同时,经教育部批准立案。学院大学部设法律学、经济学、边政学三系及专门部法律、政经两科。全院教员五十九人,在校学生大学部五百一十二人、专门部一千零四十四人,合计一千五百五十六人。

朝阳学院创办者、发起人、校董及教授大多是当时司法界知名人士,除校长汪有龄、江庸外,还有居正、夏勤、郁华、石志泉、余棨昌等,他们中有的曾任北洋政府司法总长、南京国民政府立法院院长、最高法院院长、次长、司长等司法要职。朝阳学院首开我国司法教育先河,"声望卓著,成绩优良"。历届毕业学生因大多任职于法院及从事律师行业,业内有"无朝不成院"的说法。1949年,华北人民政府接管该校,并以此为基础建立了中央政法学院。

(四)燕京大学及协和医学院。北平私立燕京大学成立于1918年,由基督教美以美会、公理会、长老会,将位于域内的汇文大学、华北协和女子大学与通州协和大学合并,组建为燕京大学。初期,男校设在崇文门内盔甲厂,女校在灯市口同福夹道。燕大聘请金陵神学院司徒雷登任校长、教务长等职长达二十多年,即便是在担任美国驻华大使期间,燕大校务委员会仍然为他保留教务长位置。燕大采取美国大学通用的选课和学分制,课程分为公共必修课、专业必修课和选修课三大类。1920年燕大购得位于海淀的原睿亲王邸园及附近房地,开始设计建设燕大新校园,1926年新校园基本建成并正式迁校。

与燕大同期创建的私立北平协和医学院,位于东单三条胡同豫亲王府旧址。其前身为创设于清光绪三十二年(1906年),由美国公理会、长老会,伦敦布道会、美以美会、圣公会与伦敦医学会所合办的北京协和医学校。1915年,改归美国洛克菲勒基金会接办。1929年,更名为私立北平协和医学院。院舍占地一百五十六亩,楼房十四座,主要建筑有大礼堂、解剖室、动物室、生物化学室及图书馆、生物学及药物学室、内外科病室、门诊室及实验室等。图书馆藏书约六万册,其中外文图书五万余册。

这是一所集教学与实习于一体的医学院。建院之初即提出要"建立一个与欧洲、美洲同样好的医学院和护士学校"。以提倡医学、公共卫生及造就医师、培植医学教员为宗旨。确定了高标准、高起点、高水平的"三高"办学方针,实行导师制、淘汰制,确保教学质量。学院兼收男女生,用英文教授,五年毕业,入院学生须先于生物学、化学、物理学已有相当程度。为此,1921 年,协和医学院与燕大达成协议,燕大的生物学、化学、物理学系的学生可以到协和医预科学校选课。1926 年,协和医学院正式将预科学校并入燕大,燕大通过合并不仅获得了当时全亚洲最好的自然科学实验设备,更重要的是获得了洛克菲勒基金会长期且数目可观的资助。如 1936 年至 1937 年,洛克菲勒基金会的资助占燕大总资金的百分之十一,占学校年度预算的百分之二十一。

燕大的医预科被誉为燕园“精华”,医预科生历来是燕园的佼佼者。医预科以课程重、试验多、考试难、淘汰率高而著称。三年下来,最后能通过协和医学院入学考试的人数,一般只有当初选修人数的四分之一。1919 年 10 月,协和医学院本科正式开学,首批学生九人,其中五人为本校预科考入的。1941 年,太平洋战争爆发,医学院连同医院、护校相继停办,1945 年恢复,1951 年 1 月教育部、卫生部接管,改名为中国协和医学院。

二、欧美同学会

清同治十一年(1872 年),容闳先后率一百一十名幼童赴美留学,史称“中国幼童留美运动”,开启了中国留学事业。继庚款赴美游学后,相继兴起赴日、赴法留学潮。北洋时期推崇西方教育体系,重视留学和留学生事业,提出“求外国高深之学术,促进本国之文明,启发社会之知识”的留学宗旨。教育部制定实施了特别官费、一般公费、自费留学政策及留欧、留美管理规章,形成了比较完备的留学管理体系,对留学事业的发展起到促进作用。

辛亥革命前后,大批海外学子纷纷回国实现报国梦想。在中国近代反封建斗争中,留学人员始终是一支重要力量,做出了突出贡献。欧美同学会正是应运而生的留学人员爱国报国的产物,同时也显示出社团组织在当时“名流荟萃”的特色。

欧美同学会成立于 1913 年,由著名外交家顾维钧、清华学校校长周诒春等发起,在业已存在的留日会、留英会、留美会、留法比德会基础上建立起来的“联合更广泛的社团组织”,是全国第一个欧美同学会。“这个新组织开始日益引起政府和公众的注意。”①

① 《顾维钧回忆录》。

欧美同学会成立之初,在西交民巷。1916年5月获准使用东安门内南湾子石达子庙庙产,"大殿三间,东、西配殿各三间,山门三间,厨房三间,西院群房十五间,共三十四间"作为会所。石达子庙,又称什鞑子庙,即普胜寺,前身为明朝皇城东苑的崇质宫。明英宗"土木堡之变"获释后曾居于此,明末毁废。据普胜寺创建及重修碑记载,该寺为清顺治八年(1651年)奉旨敕建,重修于乾隆九年(1744年),为蒙古高僧恼木汗驻锡处。

1917年2月欧美同学会修葺完成,之后又经多次修改建,较大一次扩建是在1925年,向国内外同学募捐,由会员贝寿同主持设计。扩建内容除大会议厅、图书馆、游艺室外,还有餐厅、浴室、招待所等服务设施,基本形成目前会址的规模。

欧美同学会会员都是受过国外教育的各类人才,可谓学问精深,名流荟萃。第一批会员共计二百四十余人,有的留学美、英、法、比、德、奥、俄、日、丹麦,还有的留学两个以上国家,年龄最大的六十六岁,最小的二十岁。早期会员大多为政府公职人员,几乎囊括了当时北洋政府所有部门,包括内务部、外交部、财政部、农商部、教育部、交通部、海军部、陆军部、司法部等。有的则担任要职,如海军总长刘冠雄、萨镇冰,外交总长陆徵祥、孙宝琦,教育总长汪大燮等。其次是教育界、卫生界、科学界、文化界、军事界的精英,如周诒春、严复、辜鸿铭、武连德、丁文江、任鸿隽、李石曾、吴宓、赵元任、林语堂、蒋百里等。

欧美同学会成立以来,以"讲学、言志、敦品、励行"为宗旨,致力于联络感情、研究学问,会员广泛,活动频繁,影响甚大。会员几乎囊括了北京的知识精英,七七事变爆发前,欧美同学会会员总人数达到一千零五十七人。欧美同学会虽然不是教育机构,但对北京教育文化的影响深远。学会"积极开展各类活动,传播民主思想,普及科学知识,促进中外交流,为推动我国科教文化事业发展发挥了重要作用,成为当时热爱祖国、追求民主、崇尚科学的著名社团"[①]。

三、国民教育

清末民初北京教育经历了从传统向现代化的蜕变。书院改称学堂,学堂改称学校,突出反映了学习资产阶级民主共和的教育制度,这时期各种教育思潮

---

① 《韩启德在欧美同学会成立100周年庆祝大会上的讲话》(2013年10月21日)。

私立孔德学校(智德前巷校区)

云涌,教育人才辈出,最具影响的有国民教育思潮和实用主义教育思潮,进而催生了平民教育运动和实用教育运动。推翻两千年君主专制后,资产阶级国民教育受到极大的推崇。国民教育亦称"普及教育",一般指国家规定必须接受的基础教育。国民教育走向"平民化",是当时历史发展的大趋势。

1915年京师开始将初级小学改称国民学校。据1917年1月京师学务局印制的《京师地方教育处所一览》,共统计学校一百八十三所,以国民学校排序的有九十六所,其中东城域内三十四所,约占国民学校总数的百分之三十五。这些国民学校既有附设在八旗官学改建的高等小学校内,如镶黄、正白、镶白旗包括满洲、蒙古及汉军设立的国民学校;另有自然排序的京师公立国民学校;也有按地域划分排序的如设在南锣鼓巷秦老胡同的京师公立景山第二国民学校;还有私立的国民学校如私立普励国民学校、私立崇文求智国民学校等。[1] 1922年,普遍改为京师公立小学校,按数字排序。1934年,市立小学校改为以所在地命名。

平民教育运动始于1916年全国教育联合会通过的《注意贫民教育案》和1919年10月通过的《失学人民补习法》。国民教育破除了千百年来封建统治者独占教育资源的局面,使普通平民百姓享有受教育的权利。教育从以帝王将相等贵族为中心转变为以民众为中心,明确教育的目的是为国家培养有用之才。这一时期,众多平民学校相继创立,涌现出许多教育理论家和实践者,极大地推动了北京现代教育的发展。

东城是北京平民教育运动的试验场。平民教育在域内呈现两个特点。一是集中创办了一批学校。20世纪二三十年代,是东城地域学校发展最快的阶段,学校如雨后春笋般呈现。据《北京志稿》资料记载:以大同中学、大中公学、

---

① 《北京档案史料》2017年2月期。

孔德学校、北平平民学校、京兆模范小学、市立北池子小学、北平聋哑学校、北平女子第二中学等为代表的一批学校相继建立,且布局较为合理,为东城中小学教育发展打下了很好的基础。基础教育资源的红利甚至延续至20世纪五六十年代。至1948年,域内有中学16所、220多个教学班,学生1.07万人,教职工800余人;小学121所、770多个教学班,学生3.6万余人,教职工约1100人;幼稚园7所。

二是许多教育家投身平民教育实践。呈现大师创建、大师办学、大师指导的特色,对东城的教育文化产生了深远的影响。如:蔡元培在任北大校长前后,在域内还先后创建了中法大学、私立孔德学校、私立大中公学,并担任校长。李石曾创办中法大学、北平戏曲专科学校,曾任私立大中公学董事长。胡适曾担任育英学校校董,在灯市口创办私立艺文中学校,由高仁山任校长。社会名流蔡诗可创办北平平民学校,陈彦安在东单栖凤楼创办第一蒙养院,黎锦熙创办两吉女子中学,杨为桢创办北京立达中学,山西同乡京官在北五老胡同创办山西中学堂,等等。他们关心平民教育事业,主张以民众为中心,热衷教育改革,倡导教育为国家、社会、民众服务,注重德育、美育教育,这些教育思想和教学实践,深深地影响着东城的学校教育,极大地提升了教育质量,从此确定了东城在北京教育界的重要地位。

(一)中等教育。民国时期的中等教育,包括普通中学、师范学校及职业学校三种。为培育师资力量尤其重视师范教育,而普通中学及职业学校教育,主要由外省旅京人士创办,官办的相对较少。[①] 东城中等教育的创建与发展,主要在平民教育运动前后,私立中学开办日盛,各教会将书院、小学相继改组或扩充为中学。1935年,北京共有市立中学7所,其中4所在东城域内。据1938年《北京市市立私立中学校调查表》,全市63所中学中,在东城域内的有22所,占34.9%,其中大部分是私立中学。

例如:私立大同中学,1923年6月,在地安门外方砖厂原新民大学旧址创立,校长谭熙鸿。后多次迁址,1929年迁至东单北外交部街睿亲王新府旧址。又如私立今是中学,1925年10月,由冯玉祥捐助创建,是“五卅”爱国运动后,专为收容教会学校退学学生而成立。校址初设颐和园,后迁至大佛寺东街。此外,私立进德中学,1927年由王晃辉、周宝堃等发起创立,校址在前鼓楼苑。私立立达中学,创办于1931年,以职业科为必修科的初中校。私立竞存中学校,

---

① 《北京市志稿》(文教志中)。

校址北新桥南大街梯子胡同,等等。

这个时期,女子中学得到快速发展,例如:私立惠中女子初级中学,校址在交道口南大街,创设于 1912 年,初名京师刺绣传习所,1923 年改名为中央女子工艺学校,1928 年,停办刺绣班,转办中学,改为私立惠中女子初级中学校。又如私立两吉女子中学,校址在地安门外东黄城根,创建于 1922 年,原系国立北京女子高等师范附设女子高等补习班。后改为京师私立女子两级中学。1930年,添设高中,改称私立两吉女子中学。

(二)初等教育。北京创办小学堂始于清光绪二十四年(1898 年),京师各官学、义塾一律改设为高初两等小学堂,归由京师学务局,后改督学局管理。民国时期将小学教育作为普及教育的基础,小学校创建进入高潮,"尤以私立小学为最巨"。1937 年全市国立小学 3 所,其中东城域内 1 所,市立小学校 55 所,其中东城域内 27 所,私立小学 91 所,其中东城域内 31 所。私立小学校占小学校总数的 60%以上。①

域内国立小学为扶轮学校,创办于 1922 年 11 月,定名为扶轮公学第十八国民小学。由铁路同人教育会管理,后由交通部收回部辖,改名铁道部北平扶轮第一小学。域内 27 所市立小学中,除 9 所为原八旗官学外,还有方家胡同小学、郎家胡同小学、东板桥小学、大阮府胡同小学、崇外手帕胡同小学、打磨厂小学等 18 所。

域内私立小学主要由社会集资、私塾改良、教会及外省旅京人士创办。如私立孔德学校,由华法教育会蔡元培、李石曾和北大沈尹默、马幼渔等,于 1917年创办,初期在方巾巷后迁至东华门大街。这是一所新型学校,以法国近代实证主义哲学家 AugusteGomte(1798—1857 年)的姓"孔德"作为学校校名。学制为初小四年、高小二年、中学四年,一共十年。又如私立普励小学校,校址在打磨厂,前身为普善义塾,后改设普励学堂,1912 年始称普励小学校。此外,私立汇文第一小学校,由美以美会创办。私立求是小学校,校址在北芦草园,原为私塾后改为京师第十二小学堂,1924 年始称求是小学。

1932 年,教育部制定《短期义务教育实施办法大纲》,提出:"在经费困难、初级小学不易普及设置时期,为救济年长失学儿童起见,制定短期义务教育实施办法,以利推行。""短期义务教育,以特设之短期小学或小学及改良私塾内添

---

① 《北京市志稿》(文教志中)。

设之短期小学班施行之。"①简易小学为全日制,招收失学之学龄儿童,授以简易课程,修业年限为四年。短期小学均为一年制。据 1938 年《北京市市立简易小学调查表》和《北京市市立短期小学调查表》统计,全市共有市立简易小学 32 所,其中域内 15 所,占 47%;共有短期小学 183 所,其中域内 49 所,占 27%。

民国初,小学课程设置删除了读经讲经,将国文改为国语。1922 年 10 月,第八届全国教育会联合会决议新学制学校课程,分为国语、算术、卫生、公民、历史、地理、自然、园艺、工用艺术、形象艺术、音乐、体育等十二科,并规定小学校授课以分计算。初级小学前两年每周至少 1080 分钟,后两年至少 1260 分钟,高级小学至少 1440 分钟,各科均为百分比计算。

1929 年,南京教育部颁布幼稚园及小学校课程暂行标准,分党义、国语、社会、自然、算术、工作、美术、体育、音乐九科。高小课外作业加授童子军课程。四年后正式公布小学课程标准为,公民训练、卫生、体育、国语、社会、自然、算术、劳作、美术、音乐共十科。其中社会、自然、卫生三科在初级小学合并为常识科,美术、劳作两科在低年级合并为工作科。授课时间上,以 30 分钟一节课为基本,视科目性质分别延长至 45 分钟或 60 分钟。

(三)学前教育。19 世纪末,美国基督教长老会在域内创办司安幼稚园,成为北京第一个学前教育机构。民国初年,陈彦安在东单栖凤楼建立蒙养园。1922 年私立孔德学校在方巾巷开办幼稚园,后迁至北河沿(今东华门幼儿园前身)。1925 年,京兆高级小学附设幼稚园,成为域内第一所公办幼儿园(今分司厅幼儿园前身)。

1933 年,北平市社会局制定幼稚园课程实施方案,并鼓励私人办园,至 1935 年域内幼稚园增加至 10 所,其中 5 所为教会办。1948 年 10 月,北平全市有幼稚园 15 所,域内有 7 所,多为半日制,收托幼儿近千名,占全市入托幼儿的二分之一。

四、职业教育

北京的各类专科学校自清末始创,无论是属于学制规定的各种高等学堂、师范及实业学堂,还是未纳入学校系列的专门学堂,均得到大发展,成为北京教

---

① 《北京市志稿》(文教志卷十五),第 304 页。

育的一大亮点。其中,尤以数量较多、门类较全成为职业教育的一大特色。

民国初期,教育部陆续将清末专业学堂和高等实业学堂改建为新型专门学校。在实用教育运动推动下,一大批职业专科学校应运而生。作为首善之区,东城是职业专科学校最集中的地区之一,以国立、部立及教会创办居多,同时,作为传统商业区,职业学校中又以商校及生计技能学校为主。

例如:国立北平大学商学院,院址在东单东总布胡同,前身为清光绪二十五年(1899 年)由中东铁路道胜银行股息出资创办的东省铁路俄文学堂,1912 年更名为外交部俄文专修馆,后改为外交部俄文法政专门学校,1928 年并入国立北平大学,称国立北平大学俄文法政学院,后改组为商学院。

其他则有:税务学校。创建于清光绪三十四年(1908 年),原名为税务学堂,校址在大雅宝胡同。1911 年,改称税务学校,为教育部认可的高等专门学校,学制四年。1929 年,设第一、第二两分校于上海。

盐务学校。创设于 1920 年,当时直辖盐务署。1928 年盐务署并入财政部。校址在灯市口,学校设本科及预科,本科三年毕业,预科一年毕业。

国立第一助产学校。1928 年,卫生部会同教育部设立中央助产教育委员会。1929 年 1 月委员会第一次会议决议,在北平筹办第一助产学校。是年 10 月招生开学,正式成立。校址在交道口南大街。学校附设产院,院长由校长兼任。学制为本科二年,专收高中毕业女生。附设助产士训练班及护士助产训练班,均六个月毕业。护士助产训练班须护士学校毕业并经中华护士会公开考试。

市立高级工业职业学校。校址在东四北什锦花园。光绪三十三年(1907年),原为京师督学局创办的京师初等工业学堂,学制四年,以培育技术人才。1920 年,改组为中学程度的京师公立职工学校,设金、木、化妆品三科。后改称京师公立职业学校,分设机械、化学两科。1933 年后又改称市立高级工业职业学校。

私立才正高级商业学校。1914 年,由北京基督教青年会首任总干事格林及董事雍剑秋发起创办,初名为财政商业专门学校,是中国首家财政商业学校。学校设在米市大街金鱼胡同青年会,后迁至无量大人胡同,设有本科及预科。1931 年,改称北平私立商业专科学校,分设会计、银行、贸易三系,仍设高中三班。后改为高级商业职业学校。至 1945 年,毕业学生千余人,培养了北京地区最早的现代商业人才。

私立人右商业学校。创办于 1924 年,经学务局立案的初级商业学校,校址在崇文门外上头条,设商业科及各种补习班。

私立同仁高级护士职业学校。由美以美会同仁医院发起创办,1918 年正式成立护士学校,同时向中华护士学会注册。1937 年,获得教育部及北平市教育局立案。历届毕业生均服务于医院及公共卫生机构。

北平戏曲专科学校。校址在崇文门外木厂胡同(今东兴隆街)。1930 年,由李石曾创办的一所专门培养京剧人才的戏曲专科学校。聘请戏曲家焦菊隐及夫人林素珊出任首任校长和副校长,京剧大师程砚秋和剧作家金仲荪任董事。一年后,更名为中华戏曲专科学校,后又改称北京市私立中国高级戏曲职业学校。戏校开科齐全,兼顾文化课,注重提高学生传统文化素养,以求培养适合时代的戏剧人才。专业课和文化课皆请当时戏剧名人及著名学者讲授。学校破除旧科传统,首创戏校男女同校。先后办过五科,招收学生 200 余名。著名戏曲家傅德威、王金璐、马崇仁、侯玉兰、高玉倩等,皆毕业于该戏校。

市立第一职业补习学校。创办于 1934 年,初期在碾儿胡同,原名第一工读学校,后迁至安定门内东公街。学校设雕塑科、木工科、缝纫科,修业期为二年。同期在西公街,创办有市立第三职业补习学校,设工艺图案科、商业美术科。

东城域内有多处仓场遗存,清末以来为军队使用。北洋时期,许多军事专科学校迁至或设立在东城,东城是北京近代军事专科学校最集中的地区。如:军需学校,校址在煤渣胡同,其前身为创立于清光绪三十年(1904 年)的保定陆军速成学堂经理一科,光绪三十三年(1907 年)划出设立陆军军械经理师范学堂,宣统二年(1910 年)改为军需学堂,是我国第一所军队后勤学校。民国后改为军需学校,设陆军学员班、海军学员班,历届毕业生共两千余人。1928 年底南迁。

陆军军医学校。为专门培养军医司药人才的学校,初设于天津。1918 年,迁至东四六条胡同。校内设普通科、本科、研究科。各科学制为普通医科四年,药科三年。医药两本科均为一年,医药研究科则为半年至一年。

陆军兽医学校。清光绪三十年(1904 年)成立于保定,原名北洋陆军马医学堂。1912 年更名为陆军兽医学校,是为培养军队兽医人才、编纂军马教科书、军马卫生及施行蹄铁教育的专门学校。1919 年,迁于朝阳门内富新仓。学制分本科与候补掌工两种。本科学生修业年限为四年,另加见习,候补掌工见习期为六个月。校内设有病马厂,以供学生实习。

五、社会教育

民国时期,在发展学校教育的同时,开始注重社会教育。教育部专门设立社会教育司,负责图书馆、博物馆、动植园、美术馆、体育游戏场、感化院及其他社会教育事务。首次把成人社会教育纳入议事日程。社会教育开始受到关注,并有了长足发展,是北京及东城教育界不断发展的最好例证。

1912 年,京师学务局内设通俗教育科,统筹社会教育各项事务。民国初期,京师警察厅为贫困儿童设立的半日学校,1928 年后改为民众学校。北京的民众教育兴盛于 1919 年。普遍办起以扫除文盲为主要目的的各类民众学校,成为北京社会教育事业的亮点。据《市立民众学校一览表》和《公安局立民众学校一览表》统计,全市共有市立民众学校 22 所,其中域内 7 所,占 23%;公安局立民众学校 40 所,其中域内 20 所,占 50%。这类学校多附设于市立小学校内,北京各高等院校的学生会也纷纷设立民众学校。在蔡元培积极倡导下,北京大学由邓中夏等发起,组织了"北大平民教育演讲团",毛泽东也曾参加这个讲演团。民众教育馆作为主要的社教机构之一,在民国社会教育工作中发挥了重要作用。

京兆通俗教育馆记拓片

最具代表性的是 1925 年 3 月设立在钟鼓楼的北平市第一民众教育馆,亦称京兆通俗教育馆。

该馆的创办人为京兆尹薛笃弼(1892—1973 年),他是山西运城人,法政学校毕业,早年参加同盟会。1923 年任北洋政府司法部次长、国务院代秘书长。1924 年任内务部次长、京兆尹。呈请内务部拨北京钟鼓楼为"京兆通俗教育馆"馆址,并亲自发起募捐,个人捐募款洋八百元,共捐拨款洋一万五千余元。利用鼓楼一层东、西、中八个券洞分设图书部、演讲部、游艺部及博物部,另附设平民学校。他又将鼓楼改称"明耻楼",展示八国联军入侵北京时屠杀人民和抢劫财物的图片、实物和模型,供人参观,"以启国人爱国之心"。

钟鼓楼四周空地辟为"京兆公园""世界公园"及运动场,钟楼设有民众电影院。1925 年 10 月 4 日正式开馆,隶属北平市教育局,首任馆长王凤翰。1928年改为"北平市通俗教育馆",1932 年改由市社会局直辖,改称为"北平市市立民众教育馆"。日伪时期,勒令改称"新民教育馆",设施设备及馆藏图书等遭到破坏。抗战胜利后,修葺重设"北平市第一民众教育馆",进一步充实陈列,购置书报,增设识字班,扩充辅导人员。

教育馆事业分为社会式与学校式两种,包括语文教育、生计教育、健康教育、电化教育、娱乐教育、陈列、中心活动和辅导事业等。针对北城贫苦民众多,失业、失学的男女青年多,教育馆又开设了民众识字班、妇女补习班、儿童读书会等,设置阅书报处和壁报。在东四南演乐胡同又曾设立民众学校,课程内容及学程,均依照现行初级小学校规制,免费招收无钱就学的学龄儿童,共开设有三个班,共有一百一十七名学生。民众教育馆,为北京的平民教育事业做出了突出贡献。这段历史被铭刻在钟楼门前《乾隆御制钟楼碑记》石碑的背面,由薛笃弼撰文的《京兆通俗教育馆记》碑文中,成为北京教育文化的珍贵记录。

东城的教育历史源远流长,折射出北京教育乃至中国教育史的发展历程,涌现出许多教育思想家、教育实践家,产生了许多名校和名师,培养了众多优秀人才,独具特色的教育文化,成为东城地域文化最显著的特色。

(一)教育文化底蕴深厚。从元明清三朝的国子监到七百多年后依然书声琅琅的顺天府小学,东城的教育文化源远流长。特别是近代以来,京师同文馆、京师大学堂、北京大学及诸多西方教会学校的创立,对东城教育文化产生了深远影响。目前,域内 356 处不可移动文物,其中涉及教育文化的有 45 处,占12.8%。而具有百年以上历史的学校则有 23 所,占东城区中小学总数的 31.5%。

教育文化给东城留下很深的烙印。贡院是明清两朝顺天府乡试和京师会试试场所在地,位于北京内城东南(今建国门内中国社会科学院)的位置,至今附近尚有以贡院命名的街巷。科举考试是中国古代读书教育的最终目标,金榜题名是天下所有读书人的梦想。明清科举除恩科外,正式考试分乡试、会试和殿试,每三年举办一次。无论顺天府的乡试以及礼部举办的全国会试还是皇帝亲自举行的殿试都在东城。每逢科场考试即是京城一大盛事,来自直隶各府县的科举生员及来自全国各地的举人会聚京城,京城乡馆、试馆、会馆住满了应试的举子。据统计,明代在北京举行的会试,共 78 科、22967 人中进士;清代共举行会试 114 科、26846 人中进士。①

早在元代实行科举制度以后,每当会试之后,都会在皇城城门两旁颁布考中进士的名单,并由礼部宴请新科进士。而在明代的北京形成定制,会试发榜后,顺天府

北大红楼——北京大学旧址　张红叶摄

衙设宴庆贺新科进士,称为鹿鸣宴。"上御奉天殿传制、礼毕。张挂黄榜于长安左门外。顺天府官用伞盖仪从、送状元归第。明日赐状元及进士宴于礼部。"② 就是说,会试得中的进士参加金殿传胪、唱名赐第、长安街观榜、参与恩荣宴,顺天府官则备伞盖仪从。整个盛大的过程都在东城域内,使得这一地区的传统文化氛围极其浓厚。

民国时期,北京大学在东城域内的校舍多达数十处,大多在北大红楼所在的沙滩地区。这里被北大人自喻为中国的"拉丁区"③。所谓沙滩地区,即是北大一、二、三院所在周边地区,如中老胡同、松公府夹道、三眼井胡同、东高房胡同、大学夹道、骑河楼、银闸胡同、翠花胡同、中老胡同等。当时的北大实行开放式教学,允许校外学生来校听课,在沙滩一带逐渐形成了许多学生公寓,除了北大的学生外,还聚集了来自全国各地追求新文化的知识青年,沙滩地区是北大师生及向往北大的文化青年学习生活的圣地,"北大红楼"已经成为北京的文化地标。

(二)名校云集名师荟萃。东城地域优势明显,体现在教育文化上,表现为官学教育发达,教会学校聚集,民众教育普及,优质资源众多。清代八旗官学的设立及合理布局,为东城学校的进一步发展创造了条件。民国初年,东城域内

① 俞启定:《书院北京》,第 109 页。

② 《大明会典·卷之七十七》。

③ 法国的大学区和文化区,位于巴黎塞纳河左岸,因在这里学习的学生主要语言为拉丁语而得名。

214

20 所市立小学校中,有 9 所原为八旗官学,占 45%。域内曾有京师同文馆、京师大学堂、北京大学等高等学府,决定了东城教育文化的高起点。作为教会学校设立最早、数量最多、质量最好的地区,东城又是北京教育接触西方文明和科学技术的窗口,汇集了被京城人冠誉"男育英,女贝满"等多所教会学校,以及一中、二中、五中、汇文、慕贞、崇实、孔德等名校,东城学校的教育教学及学校设施在相当长的时期代表了北京教育的最高水平。

同样,在相当长的一个时期,东城域内会集了大批教育先行者、教育理论家、教育思想家、大学校长、著名学者和知名教授,灿若星河。他们不仅工作在东城,而且大多居住生活在东城,为东城的教育文化增光添彩。据 2014 年《北京市东城区名人旧居调查报告》,现存 185 处名人旧居中,涉及文化教育界名人 51 处,占 27.5%。蔡元培、李石曾、陈独秀、杨昌济、胡适、梁实秋、范文澜、马叙伦、叶圣陶、冰心、司徒雷登、贝熙业等,皆曾居住在东城。

鲁迅、谢冰莹曾任教大中公学高中新文艺科和国文教员。老舍曾任方家胡同小学校长,后在一中兼课。陈翰生、钱玄同、徐楚波、杜仁懿、黄子彦等,都曾在东城的学校任教或参与管理。他们的子女也多是在东城的学校就学。据原北京市第二十七中学校长钱秉雄回忆:"1918 年 2 月,孔德学校正式开学,学生只有二十余人,女生居多数。大多数学生是创办人如蔡元培、李石曾、沈尹默、马叔平、齐竺山、齐如山等先生的子女。李大钊的子女李葆华、李星华等也在这里上过学。蔡元培的子女蔡威廉、蔡柏龄,刘半农的儿子刘育论等,也都在这里度过他们的中学生活。"①

得天独厚的教育文化和长期的创新实践,造就了东城众多知名校长、园长和知名教师。如:高凤山、徐楚波、杨崇瑞、张雪门、丁佑曾、蔡以观、高仁山、陈锦诗、孙敬修,等,他们孜孜不倦,勤奋耕耘,潜心治学,努力探索,为北京的教育事业做出了重要贡献,为东城教育文化留下了宝贵的财富。

(三)秉承传统全面发展。早在明、清时期,国子监对入监者要求甚高,《明史》载:"凡……入监者,奉监规而训课之,造以明体达用之学,以孝弟、礼义、忠信、廉耻为之本。"②旨在为国家培养治理人才,从一开始就重视学实,实行历练

---

① 北京市政协文史资料委员会编:《北京文史资料精选·东城卷》,第 203 页。
② 张廷玉等:《明史》(同文书局石印本)卷七十三《志第四十九·职官二·国子监》,中华书局,1974。

政事,强调"教有成效""学有实用"。近代兴学,面对列强船坚炮利,改良教育,救亡图存。《奏定大学堂章程》明确提出"京师大学之设,所以激发忠爱,开通智慧,振兴实业""端正趋向,造就通才,为全学之纲领"。① 民国时期,孙中山先生认为教育和求学的目的是为国家、社会、众人服务。蔡元培倡导"五育"(军民教育、实利教育、公民道德教育、美感教育及世界观教育),并体现在教育部颁布的教育宗旨中,即:"注重德育教育,以实利教育、军国民教育辅之,更以美感教育完成其道德。"

东城的教育始终坚持全面发展,立德树人,注重社会实践的传统,倡导"事实""实学""启发""多问""多见"的求实学风。这一传统和学风,在 1919 年 12 月蔡元培纪念孔德学校二周年演说中得以阐述和体现:"我们这个学校用孔德做校名,并不是说除他一个人的学问之外都不用注意,也并不是就用他的哲学来教小学生。我们是取他注意科学的精神,所以各科教学偏重实地观察,不单靠书本子同教师的讲授。要偏重图画、手工、音乐和体育运动等科,给学生练习视觉、听觉、筋觉。为研究社会组织的主义,给学生时时有共同操作的机会。"②

民国时期,在教学上广泛采取辅导、启发、比较、联络、演绎、归纳等方法,培养学生学习兴趣,养成无须督促自知用功的精神。育英中学实行课前预习,划定参考书籍,呈交预习作业,师生共同讨论。崇实中学为培养学生动手能力,开设织毯、皮件、印刷等科,增加半工半读学生的招生名额。艺文中学,率先试行道尔顿教学方法,废除按班级、时间统一授课制度,充分发挥学生主动性,教师指导每个学生拟订适合自己的学习计划、学习时间。五中始终坚持生活俭朴、学风浓厚、成绩优良的平民校风和不重出身、不维权贵、崇尚修养、崇尚才学的办学方针。今是中学校采用启发式教学法,讲课与实习并重,综合运用教、学、做三法,尤其注重思想、行动、精神方面的教育。一中在教学方面教师综合采取启发兼注入式法,学生侧重预习,注重师生共同探讨问题,强调从思想、行动、生活三方面加强教育。

学校普遍注重美育和体育教育。倡导"以美育代替宗教",强调学生均须参加体育锻炼,以享受健康为幸福,不以比赛成绩博一时荣誉。汇文中学曾是"中国奥运第一人"刘长春当年备战训练的地方,学校规定,初一、初二必修童子军,

---

① 《申报》,Oct. 7,1902,Num. 10586 · 下《京师大学堂章程》。
② 北京市政协文史资料委员会编:《北京文史资料精选 · 东城卷》,第 205 页。

初三必修武术,高中全体必修军操。立达中学提出要让每个学生均有涉足运动场的机会,而不是少数人之间的畸形竞争。育英中学有各种体育团队七八十个。崇实中学规定凡体育不达标学生不准毕业。贝满女子中学在历届市内运动会得分名列前茅,1932 年春季,曾获得北京市初高中总分第一名。一中的足球队、篮球队在全市比赛中屡获佳绩。

东城教育的发展历程始终与国家命运紧密相连,东城的学校具有光荣革命传统,涌现出众多先进分子、英雄人物、革命领袖和卓越人才。1919 年初,由蔡元培、李大钊、陈独秀等发起成立的北京工读互助团,共有四个互助组,其中三个组设在东城。1926 年 4 月 28 日,与李大钊一起从容就义的共产党员和革命者中,还有北大的范鸿劼、杨景山、张挹兰、邓文辉、李昆等烈士;三一八惨案死者中有北大学生张仲超、黄克仁、李家珍,燕京大学学生魏士毅;一二九运动牺牲者中有河北北平高级中学学生郭清;等等。

1926 年,李大钊在北平一中组建共青团支部,同年彭雪枫在汇文学校建立北京第一个中学党支部。1948 年春,为迎接北平解放,汇文中学有十六名进步学生被捕。1950 年朝鲜战争全面爆发,东城的青年学生踊跃报名参军,北京一中高一甲班有三分之一学生参加了志愿军,全校有一百五十多人参军参干。汇文中学有十二名学生参加了志愿军文工团,一百零八人报名参加军干校。昔日的教会学校贝满女中先后有九十名学生参军赴朝。

进入新时代,东城在历史长河中形成的先进的教育理念、办学治校的好传统和优秀的校园文化,依然具有很强的生命力,无论从平民教育思潮到今天创建宏志班、宏志中学,从昔日"大学区"设想到如今实施的"盟贯带"教育综合改革①,赓续发展,历久弥新,教育文化发挥着独特的优势。今天,东城区以"办好人民满意的教育"为指引,在"崇文争先"理念下,正在深化教育综合改革,扎实推进中小学集团化办学,全面实施"双名工程"②,大力创新学院制课程建设,努力创建"全国义务教育优质均衡发展展示区",让东城的基础教育教学保持北京市前列,在全国文化中心建设中,努力擦亮教育这张亮丽的名片。

---

① 通过深度联盟、九年一贯,建立优质资源带。
② 名教师工作室、名校长书记工作室。

第四章

科技文化

辽金以来,北京逐渐由北方的军事重镇走向统一的多民族国家首都。随着北京地区在中国历史进程中的地位越来越重要,这一地区的科技文化也越来越发达。东城作为北京老城的核心组成部分之一,是北京科技文化的主要承载地。东城的科技文化,以天文历法、医学以及建筑等方面的成就最为突出。

第一节 天文历法

以建筑整齐、仪器完好、历史悠久而闻名于世的古观象台,是东城古代天文工程建筑的杰作。颁行于元代的《授时历》,是我国古代创制最精密的历法。郭守敬不仅主持制定当时世界上最先进的历法——《授时历》,还改制并发明了简仪、圭表等多种新仪器。北京钟鼓楼作为元、明、清三代的报时中心,它的报时器具、报时方法的应用,是众多钟鼓楼计时、报时文化的代表。清代,顺天府进春仪式得到统治者的高度重视,显示出统治者"顺时而奉天"的基本治国思想。

一、古观象台

古观象台位于建国门立交桥西南角,是明清两代的皇家天文台。从台体建筑、附属院落到天文仪器等方面综合来看,它是目前我国现存天文台中最为完整的一座,是世界上少有的珍贵天文古迹,也是人类建筑史、铸造史、中西文化交流史上的重要遗存。1982年被列为第二批全国重点文物保护单位。

北京古观象台的历史,最早可上溯到元代。据《元史》记载,至元十六年(1279年),天文学家郭守敬、王恂等人在大都城内东南角建太史院,地点在今古观象台北侧中国社会科学院院部大楼所在地。郭守敬等人共设计制造了浑天仪、简仪、玲珑仪、仰仪、高表、立运仪、证理仪、景符、窥几、日月食仪、星晷定时仪、候极仪、正方案、悬正仪、座正仪等十余种天文仪器，安放于内。根据当时学者杨桓所著的《太史院铭》可复原出元太史院的建筑布局。太史院院墙长约一百二十三米，宽约九十二米，院内主体建筑为一座高七丈、

古观象台

共分三层的灵台，内设推算、测验、漏刻三个局，共有工作人员七十余人。太史令是太史院的最高长官，相当于现今的天文台台长。

灵台的下层为专供太史令及管理人员的办公用房；中层为研究用房，按离、巽、坤、震、兑、坎、乾、艮八方，分成八个房间，分别放置图书、资料、盖天图、浑天象、水运浑天、漏壶等；灵台上层放置简仪和仰仪，简仪的底座上设有正方案。灵台左面建有一座小台，上面安设有玲珑仪，灵台右面建有四丈高表，表北为石圭；灵台南面的东西两角为印历工作局，再向南是神厨和算学。元太史院的全部建筑现已荡然无存。不过，可以明确的是，元太史院与明清观象台并非一处，但它们的地理位置相距很近，在选址上有一定传承关系。

现在的北京古观象台建筑始于明朝。永乐十九年(1421年)，明成祖朱棣迁都北京。南京的钦天监仍然保留，由于天文仪器搬运不易，所以仍留南京观测。另在北京设立钦天监，暂借元太史院残余的房屋办公，并在附近的城墙上用肉眼直接观测。正统四年(1439年)，以之前在南京用木模制作的浑仪、简仪等运回北京，校验后铸成铜仪。为了放置这些天文仪器用于天文观测，明政府决定筹建观象台。正统七年(1442年)，利用元大都城墙东南角楼改建而成观象台。据《明英宗实录》记载："正统七年二月壬子，造会同馆及观星台，三月戊子，造观星台成，四月癸卯，建钦天监于大明门之东。"据此可知，北京古观象台开始建造时称为"观星台"，钦天监设在今天安门广场东侧。

观象台建成之时，复制的浑仪、浑象、简仪三件天文仪器业已完成，当即置于台顶。正统十一年(1446年)，因所用的"简仪未刻度数，且地基卑下，窥测日星，为四面台宇所蔽。圭表置露台，光皆四散，影无定则。壶漏屋低，夜天池促，

简仪

难以注水调品时刻"等情况,经皇帝批准重新进行修造,加高了观象台的台基,将简仪增加了刻度部分,又加高了漏壶房的屋顶,以便加水时方便。同年,又增修晷景堂,将圭表移入晷景堂内。次年,因北京北极出地高,太阳出入时刻与南京不同,冬夏昼夜长短也不一样,测量仪器必须调整,且北京观象台漏箭都是按南京旧式仿制的,故不得不对之进行改造。自正统七年建北京观象台后,又经过十多年对仪器的改进、增修,其台上台下的主要建筑,与现在北京古观象台的情况已很相近。

景泰六年(1455年),在今北京中山公园西门附近又造内观象台(灵台),靠近皇宫,便于及时禀报天象观测情况,并可与原观象台的观测结果相互核校,这对防止测量错误和提高观测质量有很大作用。

明代的观象台上陈列有浑仪、简仪、铜球、量天尺、各类晷盘等仪器。据《明史·天文志》记载:"嘉靖七年,始立四丈木表,以测圭影定气朔。由是钦天监之立运仪、正方案、悬晷、偏晷、盘晷诸式具备于观象台。"崇祯年间(1628—1635年),徐光启、李天经等人又先后制造了极限大仪、平悬宿仪、平面日晷、候时钟、望远镜、交食仪、列宿经纬天球等仪器。

清初沿用明代制度,进行天文观测,将观星台改名为观象台。朝廷接受了德国传教士汤若望的建议,改用欧洲天文学的方法计算历书。康熙八年至十二年(1669—1673年),康熙帝任命比利时传教士南怀仁设计和监制新的天文仪器,制成大型铜仪六件,即测定天体黄道坐标的黄道经纬仪,测定天体赤道坐标的赤道经纬仪,测定天体地平坐标的地平经仪和地平纬仪(又名"象限仪"),测定两个天体间角距离的纪限仪、表演天象的天体仪,这些仪器在不同的坐标系中用以测定不同的坐标经纬,取代了以往的深仪和简仪等传统仪器。其中黄道经纬仪和纪限仪,在当时是中国过去所没有的。纪限仪应用几何学的原理,可

222

以测量60°内任意两颗星的角距离,打破了赤道、黄道、地平坐标的界限,使用起来灵活方便。纪限仪和象限仪在工艺制造方面难度较大,必须保证仪器各部分的重心都恰好落在支承轴上才能保持平衡。遗憾的是,南怀仁把测量地平坐标的仪器分解成了两件,导致日后使用起来并不方便。康熙五十四年(1715年),德国传教士纪理安又监制了新的地平经纬仪。地平经纬仪是将地平经仪和地平纬仪合二为一,它是清初天文仪器中较为别致的一架,采用组合装配结构和法国路易十四时期的装饰风格,且仪器背面的数字均用阿拉伯号码,而不用汉字,具有明显的法国特点。由于台面拥挤,七架仪器制成后都放在台上,原来的仪器被迫移到台下。

乾隆九年(1744年),清高宗弘历命钦天监按照中国传统的浑仪形式,再单独铸造一架新仪器。由德国传教士戴进贤设计监造,其间经历了试制三辰公晷仪、三辰仪等原始模型阶段,耗时十年制成。清高宗依据《尚书尧典》"璇玑玉衡以齐七政"之意,为其取名为"玑衡抚辰仪"。当然,由于戴进贤去世较早,很多后续工作是由他人完成的。玑衡抚辰仪主要用以测定天体的赤经差、赤纬和真太阳时,这是清代历史上最后一件大型铜仪,实际上是采用西法改造的一件传统浑仪,标志着清代全盛时期冶金铸造技术和雕刻造型工艺的最高水平。

法国使馆

光绪二十六年(1900年)八国联军入侵北京。德法两国侵略者曾把这八件仪器连同台下的浑仪、简仪平分,各劫走五件。法国将仪器运至法国驻华大使馆,后在光绪二十八年(1902年)归还。德国则将仪器运至波茨坦皇家花园展出,在第一次世界大战后,根据《凡尔赛和约》规定,被德国劫走的仪器于1921年装运回国,重新安置在观象台上。

辛亥革命以后,观象台改名为中央观象台,作为教育部的附属机关。1927年,南京紫金山天文台筹建后,古观象台不再做观测研究。1929 年改为国立天文陈列馆。九一八事变后,日本侵略者进逼北京。为保护文物,1933 年将置于台下的浑仪、简仪、漏壶等七件仪器运往南京,现仍分别陈列于紫金山天文台和南京博物院。

古观象台是中国也是全世界使用年代最久的历史遗存。从明正统七年(1442 年)到 1929 年,古观象台连续从事观测达 487 年之久。而古观象台不仅进行天文观测,也进行气象观测。它同时保存了自清雍正二年(1724 年)至光绪二十九年(1903 年)范围内每一天的气象资料,是世界上现存最早而又相当完整的气象观测记录。

二、钟鼓楼

北京钟鼓楼始建于元至元九年(1272 年),原名齐政楼,明永乐十八年(1420 年),钟鼓楼重建。清乾隆十年(1745 年),钟楼再次重建。在元、明、清三代,钟鼓楼专司更筹,铜漏壶、时辰香计时、鼓楼击鼓定更、钟楼撞钟报时,这在没有钟表的年代,对人们的起居劳作起着相当重要的作用。

鼓楼通高 46.7 米,三重檐,歇山顶,上覆灰筒瓦,绿琉璃剪边,是一座以木结构为主的古代建筑。鼓楼分上下两层,二层大厅原有计时器和大小不同的更鼓。鼓楼二层原有一铜壶滴漏,现已无存。《日下旧闻考》引《图经志书》:"上置铜刻漏,制极精妙,故老相传,以为先宋故物。其制为铜漏壶四:上曰天池,次曰平水,又次曰万分,下曰收水,中安铙神,设械,时至则每刻击铙者八,以壶水满为度,涸则随时增添,冬则用温水云。"此物早在明末清初就不存在了。鼓楼于清代曾一度采用时辰香计时。据《日下旧闻考》记载:"今鼓楼不用铜壶等物,唯以时辰香

鼓楼

定更次,鼓则銮仪卫派旗鼓手专司,香则钦天监所掌。"另有更鼓二十五面,其中主鼓一面,群鼓二十四面(代表一年二十四节气),为鼓楼定更报时的器具。群鼓同时敲击时产生极强共振效应,鼓声雄浑。现仅存主鼓一面,直径1.4米,腰径 1.71 米,鼓高2.22米,系用整张牛皮蒙

钟楼

制而成,历经沧桑,已残破不全。

钟楼通高 49 米,重檐歇山顶,上覆灰筒瓦,绿琉璃剪边,是一座无梁拱券式砖石结构的建筑,坐落在城台之上。钟楼内部设计成穹顶结构,配合下部"十"字券形门洞,形成了集聚声、共鸣、扩音于一体的声学结构。现钟楼二层悬挂的报时铜钟为明永乐年间铸造,重约 63 吨,堪称"古钟之最"。大钟钟体为铜锡合金,具有良好的硬度及韧性,钟体通高 7.02 米,直径 3.4 米,钟厚 0.245 米。钟体高大呈圆状,声音洪亮,且延展性好,延长音多;钟壁厚度自上而下分布均匀,上下口径相当,使声音缓慢荡漾而出,便于将钟声向四面八方传递,以达到最好的声响效果。

钟鼓楼及老北京民居　叶用才摄

北京钟鼓楼为古代都城报时,每日始于暮鼓,止于晨钟。依时定更,依更报时,是有严格规定的。古人将一日分为十二时,分别为夜半、鸡鸣、平旦、日出、食时、隅中、日中、

日昳、晡时、日入、黄昏、人定。后代人把一昼夜分为十二等份,用十二地支,即子、丑、寅、卯、辰、巳、午、未、申、酉、戌、亥来表示,每一等份为一个时辰,恰好等于现在的两个小时。后把子时分为子初、子正;丑时分为丑初、丑正……正好与现在的 24 小时相吻合。清代,钟鼓楼报时隶属銮仪卫管辖。据《钦定大清会典》记载:"率校尉鸣金伐鼓、夜则值更。神武门外钟鼓楼,设更鼓晨钟,每夜派校尉承值。"鼓楼每日击鼓定更,钟楼撞钟报时,把黑夜划为五更(五更是古代人夜间用来计时的单位,每更等于一个时辰,即两小时)。19 时(戌初)曰定更,又曰起更;21 时(亥初)曰二更;23 时(子初)曰三更;1 时(丑初)曰四更;3 时(寅初)曰五更;至 5 时(卯初)曰亮更,即天明之意。清代原规定报时方法为:定更及亮更皆先击鼓,后撞钟;其二更至四更则只撞钟,不击鼓。乾隆后改为只在夜里报两次更,即黄昏戌时称作定更,平旦寅时称作亮更,先击鼓,后撞钟,钟鼓敲击方法相同,俗称:紧十八,慢十八,不紧不慢又十八,快慢相间计六次,共计一百零八声。

铜壶滴漏时辰香计时方法在鼓楼的应用,为二十五面鼓依时定更提供了准确的时间。击鼓定更又为撞钟报时提供了保证,计时、定时、报时程序相互协调,缺一不可。

三、郭守敬与《授时历》

郭守敬(1231—1316 年),字若思,顺德府邢台县(今河北邢台)人。元代著名的天文学家,在天文仪器制造、天文观测等领域中成绩卓著,他主持编制的《授时历》标志着我国古代历法的巅峰。

元朝统一全国以前,《大明历》已经使用七百多年了,与当时的天象越来越不符,误差很大。刘秉忠曾提出修改历法的建议,由于当时正在进行统一战争,江南尚未平定,还不具备制定全国统一历法的条件。直到南宋灭亡以后,忽必烈才决定设立专门机构修改历法,派郭守敬等人主持这项工作。

在修历过程中,郭守敬提出了"历之本在于测验,而测验之器莫先于仪表"的主张。为此,他集中精力研制新的天文仪器。元大都太史院内灵台上层的简仪、仰仪、圭表、玲珑仪等仪表都是郭守敬主持设计制造的天文仪器。

简仪是测量天体坐标的一种仪器,由原来构造相当繁复的浑仪简化而来。在郭守敬之前,这个测天仪器存在着许多缺点。重叠的圆环把许多天空区域遮住了,缩小了仪器的观测范围;同时,好几个环都有各自的刻度,读数系统复杂,使用不便。郭守敬在此基础上,针对浑天仪存在的缺点进行了大胆的革新改造。他保留了最必需的两个圆环系统,又把其中的一组分出来,改成另一个独立的仪器,而将其他圆环系统完全取消。这样一来,既不会再发生因为圆环数过多而遮掩星体的现象,所测得的二十八宿星距的位置也比较准确。由于这一仪器既精确又简单,故又称其为"简仪"。

仰仪是用日影反测太阳真位置的仪器。它形如半个空心铜球,口径一丈二,深六尺,内刻赤道坐标以及经纬度,口朝天仰放在天文台上,故名仰仪。仰仪之上,架有横木,中心地方置一铜片,上开有小孔,阳光透过铜片小孔投影在仰仪底面上,观测者俯视即可看出太阳所在的经纬度,用它来观测日食的过程,更为清晰、方便。

圭表,是用以测度冬至与夏至时日影的长短,以确定太阳回归年长度的一种仪表。制历者无不以它求得一年长度的基本数据。水平放的部分叫圭,垂直部分叫表。用圭表测影,常有难以测准的弊病。表短影子短,虽然影像比较清晰,可是求得的数据往往误差大;表高则影子也长,虽然计算数据误差会减少,但往往因表影不清,不易观测。历代把表定在八尺以下,可郭守敬却把表增高到四十尺。他又发明了一种叫"景符"的辅助仪器,得到的日光投影长而实,测得数据的精密程度大大提高了。

玲珑仪,现原物已失。据说是一种通体镂空,罗列天象,人可从中窥视天象的浑天仪。因其雕镂精巧,得名玲珑仪。

郭守敬等人仔细研究了自西汉以来的七十种历法,并测量了许多恒星的位置,绘制出精确的星表,独创许多新的数学方法,进行大量计算,于1281年终于完成了《授时历》的编制。根据古书上"授民以时"的命意,取名为"授时历"。从元世祖至元十八年(1281年)起,《授时历》开始在全国颁布实行,使用时间长达三百六十四年(1281—1644年)。

为了新历法的精度,郭守敬组织领导了大规模的"四海测验",在全国设立了27个观测点(超过唐代一倍多,至今在河南登封还保留着当时的观星台和量天尺遗迹)。最北的观测点在西伯利亚,最南的观测点在西沙群岛。

《授时历》以365.2425日为一回归年,其精确度只比地球绕太阳公转一周的时间差了26秒,与现行公历(格里高利历)相同,但在时间上要早三百多年。

在恒星观测方面,郭守敬等不仅将二十八宿距星的观测精度提高到一个新的水平,而且对二十八宿中的杂坐诸星,以及前人未命名的无名星进行了一系列观测,并且编制了星表。如在《元史·历志》中载有周天列宿度,是至元十七年到至元二十三年间(1280—1286 年)二十八宿距星的距度测量值。

《授时历》除了根据实测考正所有天文数据外,还用招差法创立内插公式,推算日月五星的运行度数。《授时历》认为太阳在冬至点速度最高,在夏至点速度最低。郭守敬等人根据实测知道从冬至到常气春分前三日,太阳走一象限 91.31 度,只要 88.91 日;在这时间内有盈积 2.40 度,即太阳多行了 2.40 度。从春分前三日到夏至 93.71 日的时间内,也走了一象限 91.31 度,缩积也是 2.40 度,即太阳少行了 2.40 度。《授时历》根据这个实测结果,利用垛积招差法,计算冬至后某时的盈积分;它还利用招差法,制定了一个从冬至起按日盈积分数的表格。《授时历》应用招差法推算太阳、月亮以及五星逐日运行的情况,早于欧洲近 400 年。1670 年,英国天文学家格里高利最先对招差法做了在欧洲的首次说明。

四、顺天府进春

元明清时期,京畿迎春、进春仪式得到统治者的高度重视。清代顺天府的进春制度继承明制并不断完善。作为京师地区的一项重要典礼,顺天府在每年六月即移文钦天监,要求钦天监精确推算立春日期,精确到时刻,并根据推算结果绘制成春图,"以彩绘按图经置芒神、土牛"。春图中对春牛、芒神的形式和服色皆有严格的规定。春牛、芒神均在冬至后第一个辰日,胎骨用桑柘木。春牛身高四尺,代表四季;长八尺,代表八节;尾长一尺二寸,代表十二个月。牛身体各个部位根据立春日年干支、日干支的不同而涂成不同颜色。芒神身高三尺六寸五分,表示每年三百六十五日,芒神的年龄、衣服颜色、发辫、鞋袜等均视立春年、日干支而定。芒神所用柳鞭长二尺四寸,代表二十四节气。①

每年立春之前,"芒神、春牛由顺天府预备"②。为了移动、供奉方便,在春牛、芒神、春山底部安置木案一方,春牛、芒神合用一案,春山用一案,两案合称春座。上述准备工作完毕后,迎春、进春仪式即可遵照定例举行。进春典礼共

---

① 允禄等:《钦定协纪辨方书》卷二十《公规一·祀典·春牛经》。

② (乾隆朝)《钦定大清会典则例》卷六十二《礼部·仪制清吏司》。

有三个步骤:首先,迎春东郊;其次,进春于大内;最后,鞭春于府署。

在立春前一天,"府尹率僚属赴东郊迎祭",京师东郊建有迎春坊,并扎设彩棚,春座前均摆有供案,案上放置供品。府尹与属官至迎春坊后,于供案前行一跪三叩之礼,顺天府官试图通过祈祷祭祀芒神,确保新年农业丰收。行礼完毕,在顺天府官的护送下,春座由顺天府生员抬送至顺天府衙署彩棚之内供奉。然后礼部札顺天学政选取生员七十五人,抬芒神、春牛至礼部供奉,"大兴、宛平县令设案于午门外正中,奉恭进皇帝、皇太后、皇后芒神、土牛,配以春山,各陈于案"①。

立春当天,恭进皇帝的春座由顺天府尹护奉,自东安门、天安门、端门的中门进至午门外。顺天府尹随同礼部尚书于午门外齐集,待立春时刻到来,府尹立即奉皇帝春座由午门中门入,经昭德门,至后左门外。早已在此等候的銮仪卫太监将春座接至乾清门,府尹于乾清门外向皇帝跪进春图,陈于乾清宫西暖阁。皇帝观览完毕,内务府官员将春座抬至太和殿东暖阁供奉,往年的春座则被换出。恭进皇后的春座随皇帝春座行进。春座陈于交泰殿,皇后览毕,被抬到保和殿东暖阁供奉。

进春于大内的仪式结束后,顺天府官员皆退至府署,进行进春典礼的最后一个步骤——鞭春,即以彩杖击牛。"(府尹)退乃率僚属执彩杖立土牛旁,击鼓环击土牛者三,以示劝耕之意。"②至此,清朝顺天府进春典礼的一整套仪式遂告完成。

顺天府进春预示着耕种季节的开始,因此,进春典礼有着很浓郁的劝民耕种、勿忘农时之意。

---

① (乾隆朝)《钦定大清会典则例》卷二十七《礼部·仪制清吏司·授时》。
② (乾隆朝)《钦定大清会典则例》卷一百五十五《顺天府·进春》。

第二节 医　　学

医学是中国传统文化的一个重要组成部分。太医院是北京延续时间最长、等级最高的医疗机构。北京在成为首都后，东城会集了天下不少名医，在医学理论、实践方面取得了较大发展。为了临时救助贫民和乞丐，光绪二十八年（1902 年），清朝政府设立北京官医局。光绪三十二年（1906 年），又设立内城官医院，这是最早的近代北京官立医院。

一、太医院及其附属机构

早在先秦时期，各诸侯国中，即有了太医的设置，主要是为统治者的医疗提供服务。到了汉代，开始有了太医署的设置，则是皇家的御用医疗机构。到了金代，这个机构才被称为太医院，此后元、明、清各朝代皆加以因袭。太医院既是医疗机构，同时也是行政衙署与医学教育机构。

金代定都北京以后，建立太医院，召请名医为皇家服务。同时设有御药院、尚药院，归属于"掌朝会、燕享"的宣徽院。金代还在中都城设立了为贫民进行诊疗的机构惠民局。海陵王贞元二年（1154 年）十一月，仿照宋制，"初置惠民局"，后改为惠民司，隶属于礼部。惠民司的主要职责是"掌修合发卖汤药"。

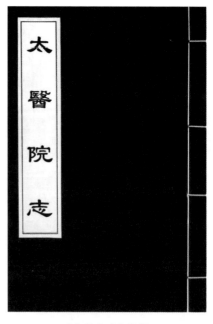

《太医院志》书影

到了元代,太医院是最高的医政管理机构。中统元年(1260年)正式设立太医院时,秩正二品,给银印。经过屡次革迁,太医院行政级别有所浮动,到至元二十年(1283年),太医院改称尚医监,官阶为正四品,给铜印,但仍比历朝医官品阶为高。太医院令史的选任和待遇,政府明文规定,"省拟太医院令史,于各部令史并相应职官内选取","太医院系宣徽院所辖,令史人等,若系省部发去,考满同诸监令史,拟正八品,自用者降等任用"①。元代太医院掌管一切医药事务,领各属医职,使它变成了一个纯粹的医药管理机构。从太医院官吏的品秩看,都普遍高于以往任何朝代。

太医院的职能之一是负责皇帝、皇后及皇族亲贵的医疗、药品配制等,所以,太医院设有御药院、御药局、行御药局、御香局等机构负责相关事务。元朝的御药院等四个部门,都是负责御用医药的机构,包括御用药品的收采、储藏、加工制造以及对皇帝随行医药的管理。

太医院中有很多从全国各地征召到大都的名医。如许国桢,出身于懂医的官宦之家,曾主管太医院工作。在宋、金、元三代宫廷秘方的基础上,正其讹,补其缺,求其遗忘,而附益之,主持编撰成《御药院方》,收录了治疗内、外、妇、儿、五官等科疾病的方剂千余副,其中很多是其他医书所没有记载的宫廷秘方,对临床应用有较大参考价值。

元太医院有一些隶属机构,太医院主要通过"领各属医职"来达到制奉御药物和总领天下医事的职能。依《元史·百官志》对太医院隶属机构的排序,列在首位的是广惠司,其职能是"掌修制御用回回药物及和剂,以疗诸宿卫士及在京孤寒者"。广惠司是太医院下属机构中品秩最高,也最有特色的部门。广惠司始置于至元七年(1270年)。在广惠司以外,世祖至元二十九年(1292年)又曾设置大都回回药物院。

广惠司聚集了一批有才能的回回医药人才,他们的治疗方法与汉地医生多有不同,所以社会上不免会有一些神秘化了的传闻。陶宗仪《南村辍耕录》卷九"奇疾"条有载:"今上之长公主之驸马刚哈剌咱庆王,因坠马得一奇疾,两眼黑睛俱无,而舌出至胸。诸医罔知所措。广惠司卿聂只儿,乃也里可温人也,尝识此症,遂剪去之。顷间复生一舌,亦剪之,又于真舌两边各去一指许,却涂以药

① 宋濂、王祎:《元史》卷八十四《选举四》,中华书局,1976。

而愈。时元统癸酉也。广惠司者,回回之为医者隶焉。"[1]

大都惠民局初置于中统二年(1261年),受太医院管辖,"掌收官钱,经营出息,市药修剂,以惠贫民"。其称谓与职能与此前宋朝和金朝的机构大致相同。

明代太医院衙署原建于永乐年间,与各部均建于前门内东南角,即现在的东交民巷西口路北附近。明代北京太医院概貌,在明代史书中并无确载。据清代任锡庚的《太医院志》记载:"在阙东钦天监之南,西向路东,门有照壁,朱色,立额黑漆'太医院'三字,随门左右,环以群房,为门役住所。衙内左为土地祠,北向,右为听差处,南向。听差处东北隅有井一、元二、门三。左右旁门二,随门环以群房,北者为肖槽祠,南者为科房,有甬路直接二门。过宜门平台,台右置铁云牌。大堂五间。"[2]任锡庚为清代道光、宣统两朝御医,曾任太医院掌印御医,对太医院是相当熟悉和了解的,其所撰史料具有较高的可信度。所以根据任锡庚的记载我们可以一窥明代太医院概貌。

太医院设院使一人,是院署的主要负责人,主管医疗和行政事务。另有左判院、右判院各一名,是院署的副主管官员。另设御医和吏目品级。又有医士、药剂以及文案等人。明代太医院,非擢任御医,如一般医士、吏目等,不得侍值内廷。

太医院主要的职责是受命于皇帝而行事。如嘉靖二十年(1541年)五月丁酉,因京师疫疠流行,皇帝命太医院差官顺天府措置药物,设法治疗。太医院遵照旨意,组织实施办理。又如万历十五年(1587年)太医院奉皇帝命选良医分拨五城诊视给药。

明代医生的征召、选任、罢黜权力也由太医院掌握。万历二十一年(1593年)五月,礼部题奏太医院管理医生的六项职责得到了皇帝认可。这六项职责是:"一预授填注,二分科顶利,三内外通叙,四大考等第,五甄别医官,六收补习学。"[3]

据《明史》记载,明代太医院掌医疗之法,凡医术十三科,医官、医生、医士,专科肄业,包括大方脉科、小方脉科、妇人科、疮疡科、针灸科、眼科、口齿科、接骨科、伤寒科、咽喉科、金镞科、按摩科、祝由科。

明代太医院下属机构惠民药局和生药库,各设大使、副使一人。惠民药局主要负责的是在太医院的领导下,对京城周围的民众进行药材发放、疾病治疗

① 陶宗仪:《辍耕录》卷九,中华书局,1958,第109页。
② 任锡庚:《太医院志》,1923年石印本,第29页。
③ 潘秋平:《话说国医·北京卷》,河南科学技术出版社,2017,第9页。

的工作。例如，嘉靖二十年（1541年）五月，京城疾疫流行，礼部左侍郎孙承恩上疏："乞命太医院及顺天府惠民药局，依按方术预备药饵于都民辐辏之处，招谕散给。庶庀危贫困之人得以有济，虽有疠气，不为灾矣。"得到嘉靖皇帝同意，并规定每年"正月十五日施药于朝天门外以溥济群生"，成为定例。生药库是贮存全国各地进贡的药材的地方。明政府规定，凡是天下四方解送缴纳的药材，以御医二员与大使一员，辨别验收，存放至生药库。

明代北京还出现了我国医学史上最早的民间医学学术团体"一体堂宅仁医会"。医会是徐春甫等于隆庆二年（1568年）发起创立的。徐春甫曾任职太医院，历时数十年，对前人医著进行厘定、整理，编著《古今医统》一百卷，对中国医学文献史做出不可磨灭的贡献。宅仁医会由当时一些客居于顺天府的医生组成，共有四十六人，多是当时较有名的医家，除徐春甫外，还有汪宦、巴应奎、支秉中等。医会的宗旨在于探讨研究医学知识，切磋提高医疗技能。医会制定二十二条会款对会员从治学内容、方法、态度到医生应具有的思想素质、道德品质、处世接物方法、对待患者的态度等，都做了具体规定。

清代太医院衙署自清初至清末变化不大。清军入京，接管延续使用了明朝遗留下来的官坊衙署。太医院也原地未动，依然袭用。院署内有大堂五间，是主要的建筑。南侧北侧各有厅房。大堂后面是先医庙，供有伏羲、神农和黄帝三神塑像。药王庙与先医庙并列，里面供有针灸铜人像。大堂二堂之后另有三堂五间，是坐东朝西的三进四合院建筑。该衙署自清初设立至清代中后期，其位置和形制基本没有变化，只不过到了清代末期，由于社会动荡和列强入侵等社会和政治原因才几经变更办公地点。今天我们在地安门东大街还能看到清代太医院最后一处衙署的遗址。

清代太医院沿袭明代旧址，重加修葺。光绪二十六年（1900年）后，被划为俄国使馆。太医院只得借东安门内大街御医白文寿住房为公所。翌年，又移至东安门北池子街大悲观音院为公所。太医院几经搬迁总不是办法。后发现地安门外皇城根兵仗局东有内务府抄产一区，右有吉祥寺空地一段，经与住持僧智法协商，允许在此地另建新署。光绪二十八年（1902年）开工，三年建成，时为光绪三十年（1904年）。新署较之旧署面积只有十分之一。

清代太医院医官品级一般为院使正五品、左右院判正六品、御医正八品。宣统元年（1909年）以后变动较大，医官品级普遍提高一级。太医院除了医政管理外，还负责皇帝平时及出巡时的保健，诸王公、公主、文武内大臣的派医视疾,军队及监狱医官差派等项工作。太医院通常隶属于礼部。

清顺治十年(1653年),设立了御药房,专司皇室成员的医疗保健。御药房设在乾清宫的东南侧,具体职责是为内廷采办、储存、配置药品和御医分班侍值。所谓侍值就是太医院御医按所业专科轮流为皇室成员诊病。侍值又分宫值和外值,宫值办公地点在皇帝寝宫旁的御药房,而外值则在东华门内的太医值房。御药房所需药材取自太医院生药库。此外,宫中还设有东药房和西药房,均为外值供奉。东药房(在紫禁城左腋)领班以御医为主,吏目、医士分班轮流值日,西药房(在紫禁城右腋)以院使、院判为领班,御医、御吏分别轮值。另外,在东华门内南三所之左有太医值房和御药库。御药库专门收贮各地方所贡药材,制造御药房及各药房所需丸、散、膏、丹等药。在御药库南是太医院值房所在地。清初御药库隶属太医院。到康熙十年(1671年)又规定,御药库不再属太医院管理,而设总管太监、管库首领等管理。

清朝政府比较重视医籍的整理及大型类书、丛书的编纂工作。乾隆年间,在太医院成立纂修医书馆,主持编纂医书。乾隆四年(1739年)十二月甲申,"大学士鄂尔泰奏:纂修医书馆应开于太医院衙门。其总修、纂修、收掌各官,令该院拣派"①。乾隆八年(1743年),纂修《医宗金鉴》书成。该书由太医院判吴谦总修而成,全面简要介绍中医学的各个方面,水平较高。自乾隆时作为医学教科书以后,一直到清末沿用了一百六十多年,这对于医学教育发挥了重要作用。

清初,从御医、吏目内选取学识素著者二人,令居东药房,教习御药房太监读医书,称内教习。光禄寺派厨役提供膳食。太医院每月发给津贴,年终考

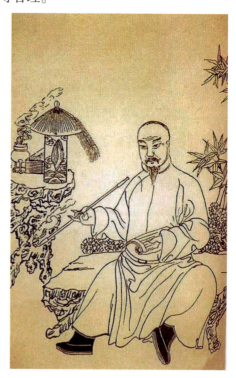

清代医学家王清任

---

① 《清实录》(第十册),中华书局,1985,第595页。

试完毕,根据成绩,奏准后发给师生奖赏。此制于乾隆二年(1737年)裁撤。此外,太医院也设有教习厅,称外教习。从御医、吏目内选择两位品学兼优者充任。他们长期住在衙署中,向太医院中的肄业生授课,并负责批阅未授职医士的月课。凡医官子弟均可获准保送入教习厅学习。太医院中医士、恩粮生学习的功课主要有《内经》《伤寒论》《金匮要略》和《本草纲目》等。

清代太医院分科包括:大方脉科、小方脉科、伤寒科、妇人科、疮疡科、针灸科、眼科、口齿科、正骨科、咽喉科、痘疹科十一科。嘉庆二年(1797年),咽喉与口齿、痘疹与小方脉分别合为一科,谓之"太医九科"。道光二年(1822年),清宣宗认为"针灸一法,由来已久,然以针刺火灸,究非奉君之所宜,太医院针灸一科,着永远停止",于是废除了针灸科。同治五年(1866年),因为太医院教习厅经费有限,于是重新整顿太医院。伤寒、妇人两科被归入大方脉科。到后来清代太医院分科仅剩下五科,包括大方脉科(含伤寒与妇人)、小方脉科、外科、眼科和口齿科。由此可见,清朝中医分科呈现出不断减并之趋势。

在清代众多的名医中,王清任是较有创新意识的一位医生。王清任行医治病与一般人不同,非常注意人体的生理构造。他曾说,治病不明脏腑,与盲人夜行无异。除了熟读《黄帝内经》《难经》《普济方》等医学经典外,他还注重理论与实践相结合。为此,他在崇文门外吊桥南刑场观察被剐男尸内脏,他还解剖鸡、鸭、牛、羊、马等动物内脏作为参证。最终,他历时四十二年,绘成《亲见改正脏腑图》,纠正了当时的一些错误认识,他的科学实证精神是难能可贵的。他所著的《医林改错》,提出活血化瘀学说,对祖国医学中的气血理论做出了新的贡献。

二、北京官医局

清末,我国各地到了夏秋之间,常常暴发各种传染病,其中尤以霍乱为多。北京作为首善之地,亦是如此。究其根本原因,是北京卫生状况十分恶劣,非常适宜霍乱病菌之产生和繁殖。

光绪二十八年(1902年)五月,给事中吴鸿甲上疏奏请设立北京官医局。光绪皇帝颁布上谕:"懿旨:给事中吴鸿甲奏请安插流氓,并设立医局一折。北京贫民众多,天气炎热,易染疾病,亟宜设法保全,随时医治。着加恩赏银一万两,交张百熙、陆润庠会同顺天府五城御史妥议章程,认真兴办,以卫民生而迓天和。"①政府命令设立内、外城官医局,官医局的总数一直维持在四、五或六处。总局一直设沙土园后孙公园,分局地点时有变化。东城设置的有驴市胡同分局、国子监分局等等。

早期北京官医局没有病房,只有门诊,后来有的官医局设立了病房。官医局诊查投药,一直均为免费。北京官医局引导人们从迷信走向科学,是与逐渐加大引入西医的比例分不开的。开始设立时,总办陆凤石只重中医,不许聘用西医,后来才同意聘用一名华人习西医者。"惟陆凤石侍郎守旧异常,仅允延用华医。后经某太史极力劝导,始允添请华人之通西医者一人,专治外科。议明凡遇内科各症,毋庸越俎。"②后来,逐渐加大引入西医的比例,使官医局逐渐走上正轨。终清朝灭亡,北京官医局的开办主旨一直是中医为主西医为辅。

清朝设立北京官医局的主旨是临时救助贫民和乞丐。"去岁夏间,瘟疫盛兴,传染死伤者,不计其数。故五城奏定设施医局,以便贫无力者前往诊治。"③

三、北京官医院

清末以前,普通北京人看病一般是到医生家中或开设的医馆看病,有钱人家也可请医生到家中。清廷所设太医院颇具规模,但主要是面对皇室、高官,普通民众难以企及。对于需要医疗诊治的广大平民,政府没有专门的官立医疗机构,一些社会慈善组织开展的慈善医疗也多是面向鳏寡孤独者,且大都是临时性的。

光绪三十二年(1906年)八月,清廷据善耆的奏请设立内城官医院,地址在东城钱粮胡同。由于"内城医院颇著成效"④,两年后,民政部又奏请在外城宣武门外梁家园设立外城官医院。内、外城官医院初设时归民政部直辖。宣统二年(1910年),内、外城官医院改归内、外城巡警总厅分别管辖。⑤

① 朱寿朋:《光绪朝东华录》(第五册),光绪二十八年五月,中华书局,1958,第4880页。
② 佚名:《集资送瘟》,载《大公报》第36号,1902-7-22(3)。
③ 佚名:《时事要闻》,载《大公报》,1902-09-01(1)。
④ 《民政部奏续行开办外城官医院日期》,载《政治官报》,1908(261),第325页。
⑤ 吴廷燮:《北京市志稿·民政志》,北京燕山出版社,1990,第347页。

官医院最大的特点是不再专门为皇室贵族服务,它的服务对象是普通民众,更侧重面对广大贫民。宣统二年(1910年)内、外城巡警总厅接管官医院后,共同制定的《内、外城官医院章程》第一条即规定:"本院系民政部奏请设立,纯属官立性质,所有来院诊治之人,概不收费,惟住院诊治者饭食费须由本人自备。"①即是说,内、外城官医院为官办,所有民众在医院看病,享受免费治疗。民国初年,根据当时的实际情况,警察厅在清末《内、外城官医院章程》的基础上修改制定了《内、外城官医院规则》,完善了就诊、挂号、药房、医员以及住院各项程序的详细规定。

筹建内、外城官医院的目的是为了推行新政,讲究卫生,除为有病的民众进行正常医疗诊治外,还负责防疫卫生事宜。光绪三十三年(1907年)秋季,北京时疫流行,情况危急,为对民众进行疗治,民政部饬令内、外城巡警总厅和刚成立不久的内城官医院"随时随处施给各种时疫丸散,以期迅速而重民命,其余各症仍由该医院照章挂号挨次诊治"。由于内城官医院"随时施治","各症均幸尚无贻误"。②

预防接种是内、外城官医院在防疫方面的重要工作。接种是预防传染病的有效措施,内、外城官医院每年都会在院内进行接种。还根据情况在内、外城设立分所,派遣官医院精通医学的官医分驻各分所种痘。1917年春,内、外城共开设接种分所八处:内城四处,其中钱粮胡同、鼓楼大街、骑河楼等三处在东城;外城四处,其中梁家园、花市等两处在今东城。③ 从1918年开始,接种分所逐渐固定为内城官医院、外城官医院、内城报子胡同内右四区警察署、外城花市大街路北火神庙四处。④

内、外城官医院设立后,在社会上产生了广泛的影响。除了一般疾病,民众出现需要医治的各种情况,如自杀未遂、砸伤、误服药物、车祸伤害、虐伤、精神病、摔伤等,也多是送往就近的官医院。1926年"三一八惨案"发生后,刘和珍

① 《内、外城官医院章程》,载田涛、郭成伟:《清末北京城市管理法规(1906—1910)》,北京燕山出版社,1996,第103页。
② 《民政部奏官医院秋季就医人数缮单恭折》,载《政治官报》,1907(51),第10页。
③ 《种痘局八处地点》,载《晨报》,1917年1月30日。
④ 《警厅设局种痘》,载《晨报》,1918年3月21日。《警察厅施种牛痘》,载《晨报》1924年4月3日。《京师警察厅布告》,载《京师警察公报》,1927年5月1日。

等遇害者被送到两所大医院救治,一是内城官医院,另一个是协和医院。①

　　清末与内、外城官医院同时建立的官医院,如官医局、中央大医院等,从各个方面来说,远远不及内、外城官医院,民国以后它们也都慢慢消失了。而内、外城官医院则一直存续,其实施免费医疗,救治效果显著,发挥了政府医疗救济机构的作用是根本原因。

---

① 《北平市警察局内左四区关于将执行政府伤亡男女及送官医院协和医院伤亡男女人数分析列表》,1920〔6〕-01〔04〕-01,北京市档案馆,J183-002-19566。

第三节 建 筑

明清紫禁城是中国古代建筑的典范,其宫殿建筑技术反映了中国古代官式建筑的最高成就。王府是仅次于皇宫的建筑。清代王府建筑,基本沿用了北京传统四合院的建筑风格,并且吸收了我国南北方的园林艺术。天坛、地坛是北京坛庙建筑的杰作。仓廒建筑更多体现在贮藏粮米需要的实用技术。清代后期,西洋建筑风格逐渐成为北京东城建筑中的主流。

一、明清紫禁城

伟大的建筑往往成为一个城市、一个民族甚至一个国家的象征物。宫殿建筑是最能代表中国建筑风格和成就的类型,而紫禁城是中国古代宫殿发展的集大成者。

紫禁城坐落于北京城的中心,是明、清两代二十四位皇帝居住过的皇宫,是世界上现存最大、最完整的木质结构的古建筑群。紫禁城始建于明永乐四年(1406 年),完成于永乐十八年(1420 年),清代又重建与重修,但整体布局保留了明代旧貌。

紫禁城城墙高 10米,南北长 961 米,东西宽 753 米,外有宽 52米、深 6 米的护城河。城墙每面开一门,四角

紫禁城城砖

239

建角楼。四门分别是：南为午门；北为神武门；东为东华门；西为西华门。由京城之外进入皇宫，要经过正阳门、大明门（大清门）、承天门（天安门）、端门、午门，以符应《周礼》所载有关"天子五门"之制。入宫后再经过太和门，直抵乾清门，才能够到达内廷的面前。如此共有七道门户，正符应天上北斗七星之数。

建造紫禁城的城砖采用山东临清州烧制的大青砖。之所以选择在临清烧制贡砖，是因为当地有一种"莲花土"，细腻无杂，沙黏适宜，适合烧砖；临清砖烧制大多以豆秸为燃料，烧出的砖青黑透绿，成色好；此外，临清在运河边上，交通比较便利。上好的临清砖，有"击之有声、断之无孔、不碱不蚀"的特点，这也是官府对贡砖的要求。一窑砖中成色最好的砖也只有半数符合官府的要求。经过层层筛选，检验合格的砖会用黄纸覆裹，朱砂印戳，再装船北上。每块临清砖长48厘米，宽24厘米，厚12厘米，重约24公斤。紫禁城墙总计用砖约1000万块。康熙年间，客居临清江南进士袁启旭写有一首《宫砖使者行》的诗，专门记录了当时皇宫派官到临清督造城砖的情形："秋槐月落银河晓，清渊土黑飞枯草。劫灰剧尽林泉空，官窑万垛青烟袅……朱花钤印体制精，陶模范埴觚棱好。"说明了城砖制作的精良和质量的考究。

建造紫禁城的木料在明朝多是取川贵湖广一带的楠木；清朝时，由于楠木过于稀少，康熙帝特命停止采伐楠木，改用塞外松木。采木要到深山老林中砍伐，砍伐好的原木单靠人力无法搬运，只能等到山洪暴发的时候，将大木冲下山来，扎成木排顺长江漂流到运河口，再由运河输送到京。康熙年间为重建太和殿曾有采木之议，四川巡抚张德地在其奏疏中转述了旧时木厂附近居民所述明代采运之法。奏疏较为完整地介绍了大木采伐运输的整个过程。主要有，伐木涉及诸多工种，囊括斧手、石匠、铁匠、拽运夫、水手等各色人夫，运至京城还须有相关官员调度相协。

紫禁城石材建筑

240

其中,从山里运出的一环,最为艰巨复杂,也最危险。

宫殿地面铺设的"金砖",产于苏州。它是采用太湖澄浆泥,经选土、练泥、澄浆、制坯、阴干后,入窑烧制一百三十天才能出成品。其工艺要求极为苛刻,要达到敲之有金玉之声,断之无微毫气孔。这种精致的地面砖尺寸有二尺二寸、二尺和一尺七见方等三种,在铺墁前要刨磨加工,铺墁之后还要烫蜡见光。[①]太和殿内的金砖,是康熙年间铺墁的,至今三百余年,仍显乌黑光亮,莹润耐磨,不涩不滑,宛如墨玉一般。清廷对金砖的烧造和运送要求极严。最初规定,金砖烧造要一正一副,即每烧造一块金砖,还要制造一块备用的副砖。后来因"料价繁费",才减为每正砖十块,烧造副砖三块。之所以称为金砖,除上述因素以外,还因为这种砖只运京仓,只供皇宫大内使用,故也称"京砖"。

宫殿屋顶用的琉璃瓦,明朝时在北京正阳门西南的琉璃厂烧制,清乾隆年间改到门头沟琉璃渠烧制。烧制黑瓦的窑厂就在今北京西南部的陶然亭窑台一带。

紫禁城里用的石料大部分采自京西房山大石窝。明代兴建紫禁城,采用了几万块巨型石料,以当时的生产力及运输条件,这实在是一项巨大而艰苦的工程。现故宫中最大的一块石雕是保和殿北面的"云龙阶石",其长 16.57 米,宽 3.07 米,厚 1.7 米,重约 200 吨。这还是清乾隆年间的体量,由于乾隆帝不喜欢明朝原有的雕刻纹饰,命人凿去 0.38 米后重新雕刻。若加上凿掉的部分,石雕的毛坯约有 300 吨。这一巨大的石料,在没有任何载重运输技术设备的情况下,唯一的办法只能是靠人畜的体力进行开采和运输,就是在运石的路上,每隔一里之远的地方挖上一口井,待冬天严寒结冰季节,取井水泼成冰道。再调集千余骡马换着拉动巨石,不断移动滑行,整整用了二十八天的时间,才把巨石运到京城。

紫禁城城墙的四隅矗立着四座角楼,堪称巧夺天工。它的设计者巧妙地运用了借境的手法,借鉴古画中《水殿招凉图》《黄鹤楼》《汉苑图》等临水建筑形式,以护城河碧波荡漾的水面为对景,映照出角楼的倒影,美轮美奂,颇有临水亭榭的诗情画意。

角楼的平面布局为两个"十"字相叠的曲尺形,四周环绕白玉石栏杆基座。重檐多角交错,上层檐由四角攒尖顶和歇山顶组成。四面亮山,正脊纵横十字

---

① 北京市文物研究所编:《中国古代建筑辞典》,中国书店,1992,第54页。

交叉,中安铜鎏宝顶。每座角楼各有九梁、十八柱、七十二脊,结构复杂,式样奇特,为古建筑中罕见的杰作。这些精致的角楼建成于明永乐十八年(1420年),后又在清代重新修缮过。角楼坐落在须弥座之上,周边绕以石栏。中为方亭式,面阔进深各三间,是紫禁城城池的一部分,它与城垣、城门楼及护城河同属于皇宫的防卫设施。

紫禁城内部包括沿中轴线分布的南部的外朝与北部的内廷两部分,由南而北依次排列着按照"前朝后寝"格局分布的庞大建筑群:前朝以太和、保和、中和三大殿为中心,以文华、武英两殿为两翼,这里是皇帝处理朝政的区域。内廷以乾清宫、交泰殿、坤宁宫为中心,东西两路又形成分别以宁寿宫和慈宁宫为中心的建筑群,这里是皇帝和嫔妃居住的区域。

值得注意的是,和其他宫殿相比较,坤宁宫正门开在偏东一侧,不在中轴线上,窗户由明代的菱花格改为直棱吊窗,窗户纸糊在窗外,这都是满族的风俗习惯。

除了上述中轴线对称的布局特征外,紫禁城沿用了中国常用的手法:利用平矮而连续的回廊以衬托高大的主体建筑,造成相对开朗而又主次分明的艺术效果。这种手法在太和殿的周围表现得尤为突出。

太和殿是我国现存木结构古建筑中规格、体制最高、面积最大的一座。其内部构件共有6行楠木柱,每行12根,形成了面阔11间(共60米)、进深5间(33.3米)的空间。楠木柱高14.4米,直径1.06米,均是整块巨木。上层檐斗拱出跳四层,下层檐斗拱出跳三层,是古代等级最高的斗拱。

紫禁城建筑为对称布局,院落组合、空间安排、单体建筑及建筑间的联系等,都体现出我国古代建筑的布局特征。紫禁城的建造还有技术上的特色,一是所有建筑均按建筑法式规定而建造,这些建筑法式在继承我国传统建筑形制的标准化、定型化的基础上有所发展。如清雍

太和殿脊兽

正十二年（1734年）由工部颁行的《工程做法》，就是针对包括宫殿建筑在内的房屋建筑修造的条例规范，将宫殿修造由工部的法式要求进一步制度化。应该说，明清宫殿的建筑法式较之以往更为完整、详尽、实用，地盘布局、台基栏杆、大木构架、屋顶式样、墙体形制、内外装修及

太和殿吻兽

油饰彩画等诸多方面都有明确规定。比如，清代宫殿修造由内务府会同工部共同负责，内务府设营造司，负责紫禁城的修缮事宜；营造司设"样房"和"算房"，负责设计图纸，制作"烫样"和估算工料。《工程做法》作为坛庙、宫殿、仓库、城垣、寺庙、王府等房屋建筑设计、施工、工料核算的准绳。建筑施工总计十一个专业，二十余个工种，分工明确，主要有木、瓦、石、扎、土、油漆、彩画、裱糊八大专业，各有所司并相互配合，共同保障工程质量。二是明清两代建筑用砖瓦和琉璃构件的生产，无论在数量上还是质量上都大大超过以往。宫殿建筑普遍采用琉璃瓦顶，重要殿宇使用金砖墁地，建筑装饰也极尽奢华。此外，紫禁城的建筑色彩，也是构成富丽堂皇建筑效果的关键。例如，由午门进入宫城时，沿途呈现的蓝天与黄瓦、青绿彩画与朱红门窗、白色台基与深色地面的鲜明对比，给人以强烈的艺术感染力。再以皇极殿为例，其檐下青绿彩画、斗拱和朱红檐柱、门窗形成了冷暖、明暗对比的总体效果；而每攒斗拱间的垫拱板与上下额枋间的垫板却是红色，檐柱上悬挂的楹联又以蓝色为主，如此形成对比色调互向对方渗透的局面，这些都在紫禁城建筑色彩细部的处理上发挥了重要作用。①

明代建筑师蒯祥（1397—1481年），出生于木工世家。永乐十五年（1417年），成祖皇帝朱棣在北京建造紫禁城，蒯祥随父应征来到北京，参加了许多重要的建设工程，先后主持、参与修建了承天门（今天安门），乾清、坤宁两宫，奉天、华盖、谨身三殿（今太和、中和、保和三殿）等建筑。蒯祥精通尺度计算，每项

① 夏燕靖：《中国艺术设计史》（第2版），南京师范大学出版社，2016，第187页。

工程施工前都做了精确的计算,竣工之后,位置、距离、大小尺寸都与设计图分毫不差,故有"蒯鲁班"之称。

清代康熙年间,江南木工雷发达被征调到京城,参加宫殿建设,其中包括紫禁城三大殿的复建。之后,雷发达及其后人以其精湛的建筑技艺设计的图样,被后人尊称为"样式雷"。如今保存在国家图书馆、故宫博物院等处的"样式雷"建筑图档,已经成为珍贵的建筑史资料。

二、王府宅邸

王府建筑,是清代北京城里最具特色的建筑之一。由于其府主的身份尊贵,清朝等级制度所规定的礼制差异等,使得王府成为规模显赫的四合院建筑。

北京现存的王府基本都是清代建造的。从历史上看,金代虽然沿袭了历代的分封制度,但在北京没有留下王府的遗迹。元代实行的是划地封藩制度,受封之王各有封地,不居大都。明代不仅沿袭元朝的分封制,而且分封的也都是朱氏宗室子弟。这些宗王一旦长大成人便被派遣到各自的封地去,以巩固明朝的统治。例如,洪武三年(1370年)朱元璋封其第四子朱棣为燕王,驻守北平城,以抗御塞外元朝的残余势力。于是,在元大都的皇城内改建燕王府,以便燕王朱棣驻守北平。

明建文四年(1402年),燕王朱棣经过四年的"靖难之役",最终夺取了帝位。为了暂时安抚那些依然雄踞四方的诸王,永乐皇帝迁都北京之前,还派人在北京城内大肆兴建了十座王府。《明成祖实录》记载:"永乐十五年六月,于东安门下东南,建十王邸,通屋为八千三百五十楹。"如今,明代十王府已踪迹不见,而王府井的名称却依旧。

入清以后,清朝统治者在总结历代封藩制利弊的基础上,更加认识到"封

孚王府后殿

244

而不建,实万祀不易之常法"。在"封而不建"的原则上,将明代表面上存在的郡国形式也取消了。规定"凡诸王授封以索行为封号","但予嘉名,不加郡国"。这样诸王贝勒受爵却无"国"可就,只能在京师建府而居。清代王府的建筑,基本上保留了北京传统的四合院式的建筑风格,并且吸收了我国南北方的园林艺术。清代的众多王府云集于北京,形成了一个独特的建筑群体和文化群体。

清代北京王府大都集中在内城,从前三门到永定门一带的外城基本上不建王府。据史书记载,乾隆年间京城有王府三十座,其中包括十九座亲王府、十一座郡王府。嘉庆年间有王府四十二座。随着时代的变迁,那些"铁帽子王"的王府可以世代承袭,而另一些王府则易主进行重新分封,有些皇子没有被封为亲王、郡王,就出现了王府数量不断变化的局面。到了清末,北京的王府有五十余座。目前,东城区现存王府共有十五座:孚郡王府(原怡亲王府)、恒亲王府(淳亲王府)、惇亲王府、和亲王府、惠亲王府、诚亲王府、肃亲王府遗存、理郡王府遗存、雍亲王府(雍和宫)、睿亲王府(普度寺)、宁郡王府、循郡王府、和敬公主府、蒙古王那彦图府、科尔沁亲王僧格林沁府。

在天子脚下,北京王府的建造必须合乎规矩。亲王府、郡王府、贝勒府、贝子府的建筑规制各有严格的规定。它们无论是群体建筑规模和房屋间数,还是具体的某个单体建筑和院落空间,都体现出很大的差别。不同府邸除了在正门间数、启门个数、基高尺数、正殿间数、翼楼间数、后殿间数、后寝间数、门钉个数、压脊种类等方面有详尽的区分外,甚至连门前下马桩的数量多少与高低也有严格的等级规定,不得随意设置,更不许僭越。据乾隆五十三年降旨规定:"亲王、固伦公主府之下马桩应高一丈,郡王、和硕公主府之下马桩应高九尺,贝勒之下马桩应高八尺。其行马,亲王、固伦公主应设八块,郡王、和硕公主应设六块,贝勒府应设四块。至于安设与否,仍听自便。"王公府第建造的等级差别都必须遵守,否则要受到制裁,轻则罚俸,重则夺爵。从整个清朝来看,很少有逾制的。绝大多数王府的建筑规格不仅不敢超标,甚至往往不能达标,不是间数不足,就是该建楼处建平房。

王府建制不同于普通官民宅院,尤其是中路的布局,《大清会典》中有着严格的规定。首先是府门,王府的大门有两重。正门南向,位于中轴线上,两侧有石狮一对,但并不临街,而是由成排的倒坐房和东、西群房在门前围成一个大院落,称"狮子院"。王府的办事机构就设在此院,来访亲友的车、轿、马匹也都停

和敬公主府后罩楼

放在这里。院的东、西墙上各有角门一间，均叫阿斯门，又称辕门，其中之一作为王府人员日常出入之所，另一门通常关闭。阿斯门外两旁摆放红漆軨禾木一对，还有上马石、拴马桩和八字大影壁。亲王府正门五间三启门，即面阔五间，中间三间开放；郡王府三间一启门。可见，王府大门的形制与普通官民宅门有明显区别。首先王府大门建于宅正南的中轴线上，影壁设在大门外，即外屏，规模也大得多，面宽五间或三间。而普通民宅门只能开在宅东南角，宽一间，影壁在内。皇家贵族的身份由此可见一斑。

进入宫门便是正殿，俗称银安殿。亲王府银安殿面阔七间，郡王府五间。大殿只有在举行大庆典礼才开放，平时都是锁着的。殿内设王爷的宝座，后列屏风三扇，上绘金云龙。正殿两翼各有九间配楼，两旁有左右夹道，可达后殿。后殿七间或五间，左右有配房。再往后，便是面阔七间的寝宫，又称神殿，西间是举行满族祭神仪式时跳神、吃肉的地方，东间是王爷结婚的洞房。在这进院中，仍保留着浓厚的满族关外遗风，如窗户纸糊在外，神殿内放着煮祭肉的大铁锅，院内立着神杆，俗称索拉杆，上有碼斗，斗内放祭天神的肉。神殿院内也设有左右配殿。神殿后院为遗念殿，专供奉先帝先后生前穿戴之衣帽等物。清代向例，帝与后崩逝后，由继位的皇帝将先帝先后生前穿戴的遗物，颁赐给各王公大臣，美其名曰"遗念"。此外，佛堂、祠堂皆在此院内。最后是后罩房或后罩楼。

以上是王府中路的布局。东、西路则可以自由配置，一般为居住区和花园（有的花园在中路后部）。

在清朝规制中，王府大门是王府主路建筑中最南边的建筑。就东城区现存的王府大门来说，王府大门南边有前庭院，有时还会设置一座街门，这是清朝规制所未规定的地方。东城区现存清代王府大门可归纳为以下三种形式。

第一种情况是王府大门不临街，而是在大门的南面设置倒座房，东西侧设置阿斯门,在王府大门前形成一个前庭院。此前庭占用了街道的位置,因此拦腰截断了王府前面这条大街来往的行人。一般的官吏、平民百姓至此需要绕行才能到达大街的另一端,这在一定程度上体现了王爷的等级地位。如和亲王府、恒亲王府(淳亲王府)、宁郡王府就是典型的例子。

第二种情况是大门和街门形成前庭院,街门外是大街,这种设置形式不会截断大街。和敬公主府、怡亲王府(孚王府)、诚亲王府、雍和宫属于这一类。

第三种情况一般是由于地段用地面积有限或其他原因,大门前没有设置前庭院,而是临街布置,通常会在大门前的街道对面设置一个影壁。实例有循郡王府。

东城区王府大门的形制在基本符合规制的前提下,在实建中仍然存在与规制有出入的地方,在实建中有些会略低于规制。如循郡王府的大门间数比规定的少两间。惠亲王府和诚亲王府屋顶为硬山顶,比其他亲王府所用的歇山顶屋顶形式较低。亲王府屋顶小兽的数量基本为五个,没有达到七个的要求,比规制略低。怡亲王府大门用绿琉璃瓦,雍和宫因为形制改变,改为皇家才可用的黄琉璃瓦,其他王府一般用筒瓦,比规制略低。[①]

三、天坛、地坛

天坛是明清两代皇帝祭祀皇天上帝的场所,始建于明永乐十八年(1420年)。1961年被公布为第一批全国重点文物保护单位,如今是北京七处世界物质文化遗产之一。

天坛属古代皇家祭天的礼仪建筑,布局严谨,形态庄重,色彩典雅。明代永乐年间始建北京的天地坛。据《春明梦余录》记载:"天地坛在正阳门之南左,缭以垣墙,周回十里,中为大祀殿,丹墀,东西四坛,以祀日月星辰。大祀门外东西列十二坛,以祀岳、镇、海、渎、山川、太岁、风、云、雷、雨、历代帝王、天下神祇。东坛末为具服殿,西南为斋宫,西南隅为神乐观、牺牲所。"这里所说的大祀殿是合祭天地的场所,是天地坛的中心建筑,也是最重要的建筑。大祀殿建于汉白玉高台之上,重檐庑殿顶,十二楹,北侧建有天库,东西有配殿。大祀殿的两侧有廊庑与东西配殿相通,形成封闭的矩形空间。

合祭天地之制,从明太祖洪武年间开始,经永乐、洪熙、宣德、正统、景泰、天顺、成化、弘治、正德诸朝,沿用了一百六十多年,共举行天地合祭礼仪一百零二次,因其合祀天地之制,故天坛始称天地坛。到了嘉靖年间,在大祀殿南建起了圜丘台,这种稳定的祭祀局面方被打破,天地坛也因此发生了根本变化。

嘉靖九年(1530年),明世宗朱厚熜实行天地分祀,决定在大祀殿南建圜丘祭天。圜丘又称圜丘台、祭天台、拜天台,是圜丘坛的主体建筑。平面正圆,全部白石砌成;分三层,高约一丈六尺;最上一层直径九丈,中层十五丈,底层二十一丈。每层有石栏杆绕着,三层栏板共合成三百六十块,象征"周天三百六十度"。各层四面都有九步台阶。嘉靖十三年(1534年),诏改圜丘为天坛。

乾隆十五年(1750年),清高宗因圜丘上狭窄,不敷陈设及行礼之用,诏令改圜丘规制。圜丘改造工程于乾隆十八年(1753年)竣工。重建后的圜丘为三层圆形须弥座石坛,围栏、望柱、出水皆以汉白玉石造成,上层坛面中心取京郊房山之艾叶青石,圆形,名"天心石",环天心石围砌以扇形艾叶青石,自内向外置为九重,数目尽取九及九的倍数。

圜丘的选址按古人"阳中之阳"的观念,选在都城的东南方巽位,各种数据也极尽至阳数。建造者通过圜丘反映了当时朴素而鲜明的世界观,表达了对天神的无限尊崇和渴望达到天人合一境界的强烈愿望,是建筑和景观设计的杰作。

嘉靖十七年(1538年),改泰神殿为皇穹宇,拆大祀殿。皇穹宇,位于圜丘以北,有正殿、配殿、围垣及券门等建筑。皇穹宇为砖木结构,正殿内没有横梁,全靠八根檐柱、八根金柱和众多斗拱支托屋顶,巧妙地运用了力学原理。三层天花藻井,层层收进,极具特色,为古建筑中少有。皇穹宇左右配殿为单檐歇山顶。皇穹宇围垣具有传声功效,俗称"回音壁"。

嘉靖二十四年(1545年),在大祀殿原址上建大享殿,大享殿坐落在三层石台上,为圆形三重檐攒尖建筑,与圜丘形成南北两坛建筑,中间一条长三百余米的丹陛桥将二者联成一体,形成建筑高低错落、天圆地方的总体布局。

乾隆十六年(1751年),清高宗诏改大享殿为祈年殿,大享殿的上青、中黄、下绿三色覆瓦也统一改为蓝瓦金顶。光绪十五年(1889年),祈年殿失火被焚。光绪二十四年(1898年),再度重建。此后,1934年和1974年又两度大修。重修后的祈年殿,是北京现存最大的圆形木结构古建筑,它采用中国传统的木结构建筑手法,斗拱支架,榫卯交接,造型华美,构架精巧,内部结构层层收缩上举,逐渐向中心聚拢,外部台基、屋檐层层重叠高升,有着优美的曲线、强烈的动感。祈年殿巨大的汉白玉圆形基座,放射形的出陛,形态庄重,雕饰精美。鎏金的宝顶,蓝色的屋檐,色彩典雅,熠熠生辉。

地坛是明清两代皇帝祭祀"皇地祇神"的场所。地坛又称方泽坛,建于明嘉靖九年(1530年),并于嘉靖十三年(1534年)更名为地坛。地坛坐北朝南,按照古代天阳地阴的说法,地坛的建筑尺寸以及建筑物的数量均为阴数即双数。如地坛内壝墙方二十七丈二尺、高六尺、厚二尺,外壝墙方四十二丈、高八尺、厚二尺四寸,与天坛的数目为奇数相反。

在古代中国,"天圆地方"的观念源远流长,因此,作为祭祀地祇场所的地坛建筑,最突出的一点,即是以象征大地的正方形为几何母题而重复运用。从地坛平面的构成到墙圈、拜台的建造,一系列大小平立面上方向不同的正方形的反复出现,与天坛以象征苍天的圆形为母题而不断重复的情形构成了鲜明的对照。这些重复的方形,不仅具有强烈的象征意义,而且还创造了构图上平稳、协调、安定的建筑形象。

空间节奏的完美处理,是地坛建筑艺术上的又一突出成就。全坛方形平面向心式的重复构图,使位于中心的那座体量不高不大的方形祭台显得异常雄伟,这种非凡的气魄,主要来自两个方面巧妙。首先是最大限度地去掉周围建筑物上一切多余的部分,使其尽可能地以最简单、最精练的形式出现,从而形成了一个高度净化的环境;其次则是巧妙的空间节奏处理手法:两层坛墙被有意垒砌出不同的高度,外层墙封顶下为1.7米,内墙则只有0.9米,外层比内层高出了将近一倍;外门高2.9米,内门高2.5米。两层平台的高度虽然相近,但台阶的宽度却不同:上层台宽3.2米,下层台宽3.8米,这种加大远景、缩小近景尺寸的手法,大大加强了透视深远的效果。

地坛建筑在色彩运用方面也颇具匠心。全部方泽坛只用了黄、红、灰、白四种颜色,便完成了象征、对比、过渡,形成协调艺术整体、创造气氛的作用。祭台侧面贴黄色琉璃面砖,既标明其皇家建筑规格,又是地的象征,在中国古代建筑中,除了九龙壁之外,很少见到这种做法。在黄瓦与红墙之间以灰色起过渡作用,又是我国古代宫廷建筑常见的手法。整个建筑物以白色为主并伴以强烈的红白对比,给人以深刻的印象。①

---

① 龙霄飞等:《帝都赫赫人神居:宫殿、坛庙、王府、四合院》,光明日报出版社,2006,第43—44页。

与天坛相应,地坛的瓦色、坛面尺寸及用砖数亦有改变,多取 8 数为则。乾隆十四年(1749 年),清高宗在命人大规模重修天坛的同时,也对地坛展开了拓展工程,前后历时 3 年始告竣工。经过这次修整,双层方形地坛,上层方 6 丈,下层方 10 丈 6 尺,高均为 6 尺。坛面铺方石,其中上层坛面中心,是 36 块较大的方石,纵横各 6 块;围绕中心点,四周铺石块 8 圈,最内圈 36 块,最外圈 92 块,每圈递增 8 块。下层坛面同样砌有 8 圈石块,内圈 100 块,外圈 156 块,也是每圈递增 8 块。上层共计 548 块,下层共计 1024 块,上、下两层合有 1572 块,皆为 8 的倍数。在下层坛面上,南部左、右设五岳、五镇、五陵山石座,凿山形花纹;北部左、右设四海、四渎石座,凿水形花纹,座下再凿池,可贮水。坛的四周仍环以水渠,是为方泽。泽之西南涯嵌白石龙头,虚其口,以注水,且有暗沟将其与神库内水井相连。这次拓展工程,对地坛内外坛墙及皇祇室等也进行了彻底整修。其中皇祇室和坛墙原来所覆绿瓦,一律被换成黄琉璃。[①]

四、仓　廒

自元代定鼎大都后,元明清三朝为解决北京食粮严重不足,以应皇族、官宦、军民人等俸禄口粮之需,在北京城内分建巨仓大廒,储粮备用。按元代规定,大都官仓隶属户部下设的“京畿都漕运使司”,仓以“间”为单位贮粮。明代较元代在官仓建制上有了改建与发展,规定三间为一廒,后改为五间为一廒,前后出檐,城砖砌筑,廒门悬挂匾额,廒内铺设木板防潮。到了清代,仓廒以明仓基础建立,规定每廒五间,顶上设气窗,廒内底部用砖铺砌,上设木板,并在墙下开气孔以便通风,仓墙上则开设窗户,封护檐后檐墙。至此,形成了一套十分完善的仓储管理体制。

据统计,元代有京仓 22 处。明世宗嘉靖四年(1525 年)北京京仓有 8 处,到明神宗万历十五年(1587 年)则增加到 11 处。清初,有京仓 8 处,到雍正七年(1729 年),京仓增至 13 处。这些京仓有不少分布在今东城区。其中,北新仓、南新仓、禄米仓就是至今留有遗存的集中体现仓廒特色的几处建筑。

北新仓,位于今东城区北新仓胡同甲 16 号,始建于明代永乐年间。据《明会典》记载:北新仓在明代前期有旧廒房 146 座,万历时仍有廒房 95 座。又据

《钦定户部漕运全书》记载:北新仓在清初时原有廒房 60 座;康熙三十二年(1693 年)添建 2 座,五十六年(1717 年)添建 12 座;雍正元年(1723 年)添建 6 座;乾隆元年(1736 年)添建 5 座,共累计建造为 85 座。光绪二十六年(1900 年),八国联军强占粮仓,北新仓改作他用。中华人民共和国成立后,将其作为机关单位使用,得到了较好的保护。

北新仓现存仓廒全部为清代形制,共 6 座仓房建筑,以廒为基本单位,每五间为一廒,合计九廒。建筑通体采用城砖砌筑,廒座明间前均建有抱厦,且大多数仓廒前后檐和山墙开窗,合瓦屋面,部分仓廒屋面带正脊。屋顶采用悬山形式,多已改砌为硬山式。廒顶中心位置开气楼。廒底砌砖,其上铺木板,板下架空以防潮。侧立面采用五花山墙,有的山墙上设有石制檩垫,用以代替山墙处的木制梁架来承托檩子,即采用硬山搁檩法。墙体用"大城样"以糙淌白砌法成造,砖面窑款多为清乾隆初年至中期的不同年份。每廒结构为五间七檩六搭椽,内用金柱八根。建筑的屋顶、墙身做法和构架形式与明代《工部厂库须知》卷四中"鼎新仓厂"记载的并不完全一致,印证了明清两代仓廒在建筑构造、工艺技术上的垂范传承和变通。

南新仓位于今东城区东四十条 22 号,俗称东门仓,是明、清两代北京的官仓之一,亦是北京现存古代粮仓中规模最大、现状保存最完好的皇家仓库。

南新仓旧址为元代北太仓,明永乐七年(1409 年)在元仓基础上建立南新仓。到清初有仓廒 30 座,乾隆时已增至 76 座。乾隆中期以后,国家财政逐渐困难,各处京仓储粮日益减少。至道光年间,该仓储粮已比清初大幅减少。民国时期,仓库整体被改为军火库。中华人民共和国成立后,又作为北京市百货公司的库房使用。

南新仓现存仓廒全部为清代形制,共 7 座仓房建筑,以廒为基本单位,每五间为一廒,合计九廒。廒底砌以硕厚城砖,上铺木板,板下以砖垫出尺许空隙,以隔断地气,通风防潮。廒墙亦以大城砖砌成,底部厚约 1.5 米,顶部厚约 1 米,墙体宽厚而稳固,既恒温,且防潮,粮食不易霉腐。仓房为悬山合瓦清水脊顶,前出轩,顶部开气楼。为防鸟雀出入,楼窗均以竹算编成隔孔蒙于其上。每廒结构为五间七檩六搭椽,内用金柱八根。建筑的屋顶、墙身做法和构架形式与明代《工部厂库须知》卷四中"鼎新仓厂"记载基本一致。

禄米仓位于今东城区禄米仓胡同 71、73 号,始建于明嘉靖四十一年(1562 年)。据《明会典》记载,禄米仓在明中期有旧廒房 74 座,万历时仍有廒房 49

座。又据《钦定户部漕运全书》记载，禄米仓在清初原有廒房 23 座，到雍正元年（1723 年）添建至 57 座。清朝后期，禄米仓及其他各官仓存粮日少，廒座也陆续撤减。至光绪末，禄米仓仅存廒 43 座。民国初期，禄米仓改为陆军被服厂。

禄米仓现存仓廒全部为清代形制，共 4 座仓房建筑。以廒为基本单位，每五间为一廒，合计五廒。廒房历经不同时期的动迁、修缮和改建，其屋顶、墙身做法和构架形式与明代《工部厂库须知》卷四中"鼎新仓厂"记载并不完全一致，特别是墙面排砖顺序方式较混乱，已无法判断是否为明清时期的原状。

五、西洋建筑

清代后期，"西洋楼式"和"西洋风格"建筑，逐渐成为北京东城建筑中的主流。

所谓"西洋楼式"，原指中国工匠和营造者对圆明园西洋楼建筑进行模仿和发挥，并掺杂进北京古代传统建筑装饰的样式。

六国饭店是"西洋楼式"的外国人的建筑。光绪二十八年（1902 年）建成的六国饭店坐东朝西，平面近似"山"字形，中部和南北侧翼西向山墙做半圆山花装饰，为北京"西洋楼式"建筑的早期典型。

据《清末北京志资料》记载："外国人经营之旅馆，大多在城内东单牌楼、崇文门内、东交民巷、东长安街等地。居现时北京旅馆中规模最大者为比利时人经营之瓦贡里（中国人称之为六国饭店或各国饭店），位于东交民巷御河桥畔，为砖瓦结构之二层楼房，巍峨耸立，乃北京最壮美之建筑物。"[1]

清末陆军部衙署主楼则是"西洋楼式"的官方最后建筑。光绪三十二年（1906 年）二月开始动工建造，次年七月（1907 年 8 月）建成。

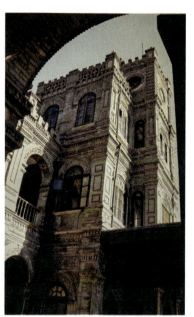

陆军部主楼

---

① 吕永和、张宗平译：《清末北京志资料》，北京燕山出版社，1994，第 418 页。

陆军部衙署南楼(主楼)是很大的一组办公楼,高二层(中央部分凸出,高三层)。平面呈"工"字形,中间为走廊,两旁为办公室,建筑四周设外廊。"全部建筑为灰砖砌造,木楼板,木桁架,铁皮屋顶。立面为砖柱分割,采用圆券,带有很多中国砖雕装饰。"①

"西洋楼式"建筑还走出皇家苑囿,作为"门面"而出现在北京的市井。"西洋楼式"作为门面在店铺建筑中表现最为突出,尤以前门大栅栏商业区为最。光绪三十二年(1906年)前后,前门大栅栏商业区的西洋楼式"门面建筑"基本上有四种形制:其一是用砖发券,券旁做柱墩,墩上做几排横线脚,顶上站狮子、花篮等装饰。其二是把正面的山墙或女儿墙做成半圆或其他复杂形式,其上刻有烦琐的花纹。其三是加洋式天棚门面,这大多数出现在大绸缎庄、茶叶庄等。建筑大都是中式楼房,高二三层,三四进勾连搭,前后带天井,上覆两坡式弧形桁架天棚,在天棚前做洋式门或铁栅栏。其四是在单层店面上另砌高墙,造西式假窗,做成两层楼的外观。

这些西洋楼式"门面建筑"大都由旧房改装,很少新建。建筑材料都很简陋。改装的门面,早期用砖墙雕花或斩假石,以后改为墙外抹水泥、涂油漆或作水刷石。有的则只是用板条抹灰搭盖,形同布景。装饰花纹则由刻石雕砖变为以堆灰涂色为主。②

所谓"西洋风格",是指移植到北京的西方古代建筑样式,则以东交民巷使馆区建筑为滥觞。

东交民巷中的使馆建筑,光绪二十六年(1900年)以前,多沿用中国传统旧屋加以改造,有少量是新建的单层外廊样式建筑。其后,除西班牙使馆维持原状外,其他各国皆扩大地盘,改建、扩建使馆,新建兵营,基本上秉承了各驻华国家的建筑风格,多以两层砖木结构板式建筑为主,长廊砖柱或石柱,砖砌拱券,样式各异。总体属18世纪中叶后流行于欧洲的折中主义复古式风格,个别部位引用了中国建筑的风格。③

---

① 中国近代建筑史编辑委员会编:《中国近代建筑史(初稿)》,建筑工程部建筑科学研究院,1959,第63页。

② 中国近代建筑史编辑委员会编:《中国近代建筑史(初稿)》,建筑工程部建筑科学研究院,1959,第70—71页。

③ 杨秉德主编:《中国近代城市与建筑(1840—1949)》,中国建筑工业出版社,1990,第414页。

英国使馆。咸丰十一年(1861 年)设,占用淳亲王府(后改称梁公府),并临玉河西岸建"西洋风格"大门。大门造型取材自凯旋门,但没有柱式点缀,仅门窗和檐口有简单装饰,并用灰砖砌出类似块石砌体的效果,整体上稳重坚实。

使馆办公楼多采用横贯整个建筑的两层券廊。这种具有浓厚"殖民地风格"的做法在 18 世纪流行于美洲,19 世纪后期传入东南亚及台湾。应用于东交民巷使馆建筑中,表明当时头号殖民帝国英国对往昔的流连之情。使馆雇员楼在采用英国都铎风格的锤式屋架装饰的同时,也采用中国传统的歇山顶、斗拱和瓦当等构件,在中式和欧式建筑之间形成过渡。这种拼凑做法在大门中也有表现,洋式大门上配有两扇中国大板门,上装七路门钉。①

义和团运动以后,英国新占梁公府北侧的翰林院,东部的銮驾库、鸿胪寺以及兵部、工部的一部分,就原址大为扩充。

日本使馆。同治十一年(1872 年)开设于北京,利用在东四六条胡同购买的中国民宅,没有专门新建使馆用房。光绪十年(1884 年),日本使馆购买了东交民巷路北的中国民宅,由日本外务省技师片山东熊设计,单层,砖木结构,仿古典主义风格、正面带券廊,柱子用线脚装饰,主入口重点处理,有三角形山花、拱券及壁柱,均有精细的砖雕花饰。本馆利用原有四合院,在保留北、东、西三栋房屋的基础上,重建南房。南房为单层外廊式建筑,主要供对外接待,按西式布置;其余三栋房屋供内部使用,按和式布置。这种处理承袭了当时日本国内宅邸中流行的洋馆、和馆并设的做法。

义和团运动以后,日本新占英国使馆对面、玉河东岸的詹事府、柴火栏及肃王府的一部分,而为新馆及兵营。新馆于光绪三十三年(1907 年)兴建,两年后建成启用。新馆工程由真水英夫主持,建筑设计利用肃王府的花园,保留了部分围墙和山石树木。建筑物为两层砖木结构,明显地受日本"西洋馆"建筑当时流行样式的影响,表现出法国宫殿建筑的情调。

荷兰使馆。同治十二年(1873 年)设,在东交民巷西口路南,主要有大门、办公楼和大使官邸。建筑主要采用 16 世纪后期尼德兰时期建筑风格,用红砖砌墙,白石做角隅、门窗框、横额、拱券及一些装饰线脚,坡屋顶,上做老虎窗,竖起的烟囱也是房屋轮廓的点缀。办公楼屋顶上用台阶式山花,上面开组合式券

---

① 杨秉德主编:《中国近代城市与建筑(1840—1949)》,中国建筑工业出版社,1990,第419—420 页。

窗,使屋顶造型更加丰富。建筑以水平划分为主,护栏、线脚、石额、檐口和屋脊线均有效地表现了这一特点。办公楼正面中间两间为入口,做成凹入的券廊,上下两层均用文艺复兴时期的"帕拉第奥母题"格式作为重点处理。大使官邸正面主

荷兰使馆

入口凹入,并用白石砌筑,使之突出,侧翼凸出,下为敞廊,上为居室,体形更富变化。使馆大门尺度适中、形式简洁,用"帕拉第奥母题"装饰,显得十分庄重,门头形象与官邸檐口相似,各建筑还用同一种徽记装点重点部位,以互用某种手法或构件的方式获得统一。[1]

　　义和团运动之后,荷兰原使馆在八国联军入侵时被毁,在原址扩占怡贤亲王府和附近民房、石厂、澡堂等,"就原地略向东移,盖西口失于美使新馆者,东收诸道胜银行旧址,南亦抵城根。无兵营"[2]。新馆于宣统元年(1909年)建成。

　　此外,使馆区还有洋行、银行等建筑,主要采用砖木结构,屋顶坡度很大,多建有穹顶楼,大量使用花岗石砌成,外观坚固厚重。例如德华银行,光绪十五年(1889年)设总行于上海,光绪三十一年(1905年)在北京设立分行,两年后在东交民巷建成新楼。银行大楼由德国倍高洋行设计,德商施密特公司承建。

　　东交民巷的德华银行具有明显的16世纪德国建筑的特点。平面基本上呈"匚"形,进出错落较多,房间组合复杂。建筑尺度适宜,不以无限制的高大傲慢压人。主入口在南侧,大小与其他门窗相当,只是略抬高,更庄重,以示重要。建筑立面富有变化,汇集了许多德国传统建筑手法。

　　① 杨秉德主编:《中国近代城市与建筑(1840—1949)》,中国建筑工业出版社,1990,第419页。

　　② 章玉和:《北京使馆界之沿革》,载《中和月刊》第3卷第4期,1942年。

德华银行建筑为砖木结构,主要为二层,局部三层。立面为混水墙面,并用抹灰堆塑出线脚纹饰,窗洞较大,系仿德国市民建筑木结构做法,在其东端二层有三间挑出阳台,栏杆遮阳是地道的德国民间做法。屋顶坡度很大,上开老虎窗,局部起假山花,做出台阶形、转角处起钟楼式的塔楼,其形象与德国阿夏芬堡宫(16世纪末建)的钟塔相似,其四角用仿木锤式结构造型。这座建筑(德华银行)的形象,在北京近代银行建筑中是独一无二的。①

正金银行旧址

———————————

① 杨秉德主编:《中国近代城市与建筑(1840—1949)》,中国建筑工业出版社,1990,第420页。

第五章

商业与手工业文化

历史上的东城，在北京城市发展中拥有较为重要的经济地位。漕运是元明清以来为保障经济秩序与都城生活而实施的一项重要的粮食供应制度，所谓"漕运之制为中国大政"①"漕粮关系国计"②。元代漕船可直达积水潭，明清之后则经过城东大通桥再陆路运输到京城，东城遂成为漕粮转入京城的首站，同时也一直是漕运仓储重地。此外，东城又是北京城营建木材的存贮地。明代大规模的城市营建工程，有大量物资由外地调运到北京，形成了以东城为中心的物料汇集地。永乐年间营造北京，所需要的木材、砖瓦、石料等物料的采办，是建材流通的主要内容，其中木材便集中存储在东城。

东城地区的商业发展，是构成北京城市商业繁荣的主要因素。从元代因漕运兴起而形成的积水潭、钟鼓楼区域，是大都城最为繁华的商业中心之一。明代以来，前三门商业区形成，从正阳门以东到崇文门地区，不仅是内外城的往来通道，更是京城最繁华之处。此外，东华门外的灯市、隆福寺庙市等，成为明清时期北京最具特色的节日经济。清末民初以来，王府井和天桥的鼎盛，成为北京城市消费的两极。新兴商品与新式营业模式的出现，成为北京商业现代化进程的主要表现。

位于今东城区的崇文门税关，是明清以来北京城的总税关。明初崇文门仅为京城的宣课司，很快"京师九门统于崇文"，成为运河沿线的重要税关之一，掌控所有外地进京的商税征收。清代以来，崇文门的税收在全国即已名列前茅，不仅是户部税收的主要来源，更是供应皇家财政的内务府税源之一，有着极为重要的财税地位。税关的设立，也带动了崇文门附近商旅经济的发展，大量外地商业会馆在此设立，形成了独具特色的商旅文化。

---

① 康有为：《戊戌奏稿》，宣统三年铅印本，第49页。
② 《明熹宗实录》卷三四，天启三年五月丙午，中央研究院历史语言研究所校印，中华书局，2016，第1765页。

第一节　漕运仓储

元大都粮食供应系统的形成和逐渐完善，首先是从运输体系的建立开始，这个过程主要是在元世祖平定江南、统一天下的时期完成的。漕运体系的改造，以隋唐时期的大运河为基础，经过改造，最终形成了京杭大运河的运输模式。海运的开通，也是在统一天下之后，开始从江南运送大批粮食北上京城。漕运及海运体系形成后，成为连接南北的两条经济大动脉，把江南的经济中心和大都城的政治中心紧密联系在一起。明代停海运以后，专行漕运，大运河作为都城经济命脉的作用更加突出。

一、漕运体系的变迁

元朝定都北京之后，大运河直接由杭州经江苏、山东、河北直达大都，大大缩短了航运里程，因而元朝对于京杭大运河的疏浚和整治，是中国运河开发与漕运变迁的重要阶段。《元海运志》记载："元都于燕，去江南极远，而百司庶府之繁，卫士编民之众，无不仰给于江南。"元朝政府同时实行海运。《元史·罗璧传》记载："至元十二年，始运江南粮，而河运弗便。十九年，用丞相伯颜言，初通海道漕运，抵直沽以达京城，立运粮万户三，而以璧与朱清、张瑄为之。乃首部漕舟，由海洋抵杨村，不数十日入京师。"①实际上，首次海运，从江南到大都，用了将近一年的时间。

另在《元史·食货志》中也记载，元世祖忽必烈听从伯颜的建议，每年从南方输送粮米以供给京师。自至元二十年开始，到天历、至顺年间，已经由最初的四万多石增加到三百多万石，成为京师粮食供应的主要来源，"所以为国计者大

---

① 宋濂、王祎：《元史》卷一百六十六《罗璧传》，中华书局，1976，第3895页。

矣"。由此可见,当时的大都城粮食供应是以海运为主的。元代漕运与海运两大漕粮运输体系的通行,保证了大都城的迅速发展。这个几百万石粮食供应的数量,是全国的财力所集,而绝非任何一个地区所能够承担的。元末农民起义,向大都转运粮食的漕运与海运体系遭到严重破坏和阻断,成为元朝走向覆亡的一个重要原因。

明代以来,每年额定运京的漕粮按照产地不同,有南粮、北粮之分,其中北粮来自河南、山东,南粮则来自南直隶、浙江、江西、湖广等。从明初开始,每年运送到京师的漕粮数量不断增加。永乐六年(1408 年),"令海运船运粮八十万石于京师";永乐十六年(1418 年),"令浙江、湖广、江西布政司,并直隶苏、松、常、镇等府税粮,坐派二百五十万石"。成化八年(1472 年),《明史·食货志》记载:"始定四百万石,自后以为常,北粮七十五万五千六百石,南粮三百二十四万四千四百石。"自此,每年漕粮运京四百万石成为定额,并一直持续到明末。漕粮数额,在万历《大明会典》也有详细记载:"岁运米四百万石,北粮七十五万五千六百石,南粮三百二十四万四千四百石。内兑运三百三十万石,改兑七十万石,除例折外,每年实通运正耗粮五百一十八万九千七百石。……以上凡有灾伤,就将二仓储备米内支运,务不失四百万石数额。"①其中,南粮三百二十四万四千四百石中,除浙江、江西、湖广共一百二十五万石外,应天、苏州、松江、常州、镇江、宁国、池州、庐州、淮安、太平、安庆、凤阳、扬州、徐州等地,承办剩下的漕粮。

除漕粮之外,明政府还例从苏、松、常、嘉、湖五府拨解粮食,每年要供应内府和京师的各级官吏俸米。其中,白粮主要是用以供应两京各衙门并公侯驸马之禄米。据《明宪宗实录》记载:成化六年(1470 年)前规定,每年苏、松、常、嘉、湖五府,输送内府白熟粳米及各府部糙粳米,数额为十六万石。而在《明神宗实录》中记载:到万历十七年(1589 年),进一步增加解送白粮的数量,规定此后从苏、松、常、嘉、湖五府解纳白粮二十万石。

清代规定每年由江苏、浙江、安徽、江西、湖北、湖南、河南、山东等八省承担漕粮的完纳任务,漕粮总额仍为四百万石。随着清朝统治秩序的巩固,京城的粮食仓储逐渐丰裕。康熙二十三年(1684 年)五月,仓场总督奏报"京八仓廒座贮米已满"。康熙六十一年(1722 年),雍亲王言,京城漕仓"通共五百六十二廒,又有院内露囤共十五围",建议增建四十二廒。雍正九年(1731 年)大学士蒋廷锡上奏

---

① 《大明会典》卷二七《户部十二·会计三·漕运·漕运总额》。

称:"京、通各仓共存历年漕、白一千三百五十八万石,计每年进京、通仓正耗米四百余万石,除支放俸饷等项三百余万石,可剩米一百余万石。今京、通仓廒座俱充盈。"此外,据估计,当时存放在京仓中的米粮,"足支五年"。由此可见,清初以来实施的漕运调粮政策,对于都城的粮食储备所起的作用十分明显。

二、京仓的设置与管理

漕粮仓储是政府稳定都城经济运行的重要保障。元世祖忽必烈效仿中原王朝,建立了从中央到地方的仓储体系,并构建了一套完备的管理制度。大都地区仓储系统的建立,始于元中统年间,这时忽必烈刚刚夺得皇权,正需要以上都开平府和燕京为基地,与幼弟阿里不哥争夺天下,因此,在中统二年(1261年)最先建造了四座粮仓,位于燕京西南的葫芦套一带,可以储存粮食约六十万石。此后,又先后在京城建造了多座粮仓,如至元四年(1267年)的永济三仓,至元十六年(1279年)的永平、丰润二仓,至元二十四年(1287年)的万斯南仓,至元二十六年(1289年)的既积、盈衍二仓,至元二十八年(1291年)的大积仓和至元二十九年(1292年)的广衍仓、顺济仓。到皇庆元年(1312年),又在京城续建有屡丰等七仓,自此位于京城的粮仓合计为二十二个。此外,元朝政府还在通州及河西务、直沽镇(今天津)等处建造有粮仓,大都地区的粮食储存系统基本形成。

明朝分别在京城和通州两地建有京仓和通仓。其中京仓主要供应京师百官、驻军之用,通仓除了供应京城之需外,还供应昌平、密云、蓟州等地的军队口粮。京仓与通仓的收贮比例,原规定为京仓四分,通仓六分。如正统元年(1436年),"运粮四百万石,京仓收十之四,通州十之六"①。明代的京仓,被称为"天子之内仓",主要用于储

南新仓遗址　安琪摄

备江南与山东、河南之粟、稷、麦、豆等粮,数额最多时可达千万石,少时也达数百万石。明朝在东城域内设有七座官仓,其中北侧有海运仓、北新仓,中部有南新仓、旧太仓、兴平仓和富新仓,南侧为禄米仓。正统三年(1438年)在裱褙胡同设立总督仓场公署。

清初京仓的设置主要沿用明代旧仓,分别是:禄米仓、南新仓、旧太仓、海运仓、北新仓、富新仓、兴平仓、太平仓,主要分布在北京城东部接近通惠河西端码头附近。此后,经过康熙、雍正、乾隆年间不断增修,京仓的数量和规模不断扩大,与旧仓合计为十三仓。今北京城区东部仍有海运仓、禄米仓、北新仓等地名,有些地方还保留有仓库遗址。

京仓主要用以供应京城贵族、百官和八旗官兵的食米,在歉收年份也用于京城的赈济平粜等事务。其中位于东城域内范围的粮仓具体如下:

(一)禄米仓,位于朝阳门内,与旧太平仓共建一处。原建仓廒二十三座,此后陆续增减,雍正元年(1723年)共计五十七座。

(二)南新仓,位于朝阳门内,原有仓廒四十六座,分别在康熙、雍正、乾隆年间陆续添建,乾隆年间达到七十六座。

(三)旧太仓,位于朝阳门内,原有仓廒六十八座,至光绪年间达到八十三座。

(四)海运仓,位于东直门内,原建仓廒四十座,康熙、雍正、乾隆年间陆续增建,到乾隆元年(1736年)共计一百座。

(五)北新仓,位于东直门内,原有仓廒六十座,康熙年间增设十四座,雍正元年(1723年)新建六座,乾隆元年(1736年)增建五座,共计八十五座。

(六)富新仓,在朝阳门内北侧,原有仓廒二十一座,康熙年间增四十三座,共计六十四座。

(七)兴平仓,位于朝阳门内北侧,原有仓廒五十九座,康熙年间添设九座,雍正元年(1723年)添建十二座,乾隆元年(1736年)添建一座,共计八十一座。

(八)储济仓,位于东便门外,原建仓廒一百零八座,乾隆元年(1736年)增加四十八座。后归万安仓管理,至光绪之前一直保持有仓廒一百零八座。

(九)裕丰仓,位于东便门外护城河北岸,共有仓廒六十三座。

从清代东城仓储建设的变迁历程来看,仓廒管理不断细化,与此同时仓廒的数量和规模也呈持续增加和扩大的趋势,这是清代以来漕运发展的重要体现,东城作为漕粮仓储的重要地位也在不断强化。

"京师百司庶府,卫士编氓,仰哺于漕粮。"①漕运畅通对于维系首都经济命脉与社会稳定的巨大作用,在运道淤塞或遭逢战乱的非常时期体现得尤其充分。如明成化六年(1470年)六月,北京地区发生严重水灾,城内居民饱受灾害之苦,四方流民大量拥入京城。《明宪宗实录》记载:这一年九月"京城比来米价腾踊,民艰于食,乞丐盈路。询其所由,盖因漕运军士途中靡费粮米,至京则籴买以足其数,遂使米价日增而民食愈缺"。针对这种状况,朝廷把赈灾不力的顺天府尹降职停俸,将官仓储备粮投入市场用以平抑物价,严令禁止奸贪之徒高价转卖牟利,放归国子监部分生员,逐出数以万计的云游僧人,以减少京城人口对粮米的消耗。

专业性的漕粮仓储系统的设立,也带动了附近地区的米粮贸易。东交民巷原为东江米巷,是元代以来重要的米粮贸易区。元代东交民巷和广场西侧的西交民巷是连在一起的一条胡同,名"江米巷"。其得名源于漕运,当时江南的粮食通过大运河运抵元大都,就在这里卸放,因此这条巷子被叫作江米巷。

---

① 孙承泽:《天府广记》卷一四《仓场》,北京古籍出版社,1982,第170页。

第二节　都城营建与木材存贮

明代北京都城的大规模营建,自永乐年间开始,一直持续到明朝中后期,此后历代亦有各项修缮活动。从洪武年间燕王府的营造,至壮阔宏大的皇家建筑的完成,再到此后历朝宫殿的修缮、城门的完善等工程,各种类型的营建工程基本贯穿于整个明代。对此,《明史·食货志》有较为详细的记载:明成祖永乐年间的宫殿、坛庙、王府的建造,到明宣宗时尚未完工。到明英宗重修南内离宫、明武宗重修乾清宫及西苑诸宫殿,再到明世宗建造各种宫殿,所费越来越大,"工场二三十处,役匠数万人,军称之,岁费二三百万。其时宗庙、万寿宫灾,帝不之省,营缮益急。……万历以后,营建织造,溢经制数倍,加以征调、开采,民不得少休"。繁重的征调与力役,导致政府财政日益亏空、人民负担日渐沉重,这也是明朝走向衰败的重要诱因。

一、明代采木

在北京城,大规模的营建工程所需物料数量众多,仅靠本地是不能完全提供的,特别是一些特殊物料的采办,则需要依赖其他地区提供。明朝历代各项营建工程众多,因此向各地的采造事务十分繁重,据《明史·食货志》记载:"采造之事,累朝侈俭不同。大约靡于英宗,继以宪、武,至世宗、神宗而极。其事目烦琐,征索纷纭。最巨且难者,曰采木。岁造最大者,曰织造、曰烧造。"[①]显然,这三项费用,是明朝政府财政支出的主要方面。

中国古代建筑多以砖木结构建筑为主,明北京的宫殿营建所选用的木材更为讲究,这些木材多从四川、湖广、山西、云南等地采伐运输而来,被称为"皇木

---

① 张廷玉等:《明史》卷八十二《食货志六》,中华书局,1974,第 1990 页。

采办"。《明史·食货志》记载:采木之役,自明成祖开始营建宫殿为始。永乐四年(1406年),遣工部尚书宋礼往四川,侍郎古朴到江西,师逵、金纯到湖广,副都御使刘观到浙江,佥都御使史仲成到山西,分别督办采木事宜。宋礼曾先后五次

神木谣碑

前往四川督办木材采办。《明史·宋礼传》记载:"初,帝将营北京,命礼取材川蜀,礼伐山通道,奏言:得大木数株,皆寻丈。一夕,自出谷中抵江上,声如雷,不偃一草。朝廷以为瑞。及河工成,复以采木入蜀。"①永乐十九年(1421年)四月,紫禁城三大殿毁于火,但因复建工程巨大,三大殿建筑一直未能及时恢复。一直到宣德年间为重建三大殿继续采办大木,《明宣宗实录》记载:命行在工部尚书李友直、刑部左侍郎樊敬、都察院右副都御史胡廙往四川,吏部右侍郎黄宗载、刑部右侍郎吴廷用,前往湖广采伐宫殿所用木材。

明武宗时,大规模的宫殿营建工程已告完毕,但各种修缮事宜仍需采办大木。为此,京师所用木材开始交派地方官进行督办。如正德九年(1514年)十月,为修建乾清、坤宁二宫,"工部以修乾清、坤宫会计材物事宜,上请命尚书李𨧨提督营建。升湖广巡抚右副都御史刘丙为工部右侍郎兼右佥都御史,总督四川、湖广、贵州等处采取大木。而以署郎中主事伍全于湖广,邓文璧于贵州,李寅于四川分理之。……张正蒙于真定、山西、河南,陕西主事俞祯于浙江、江西、直隶、徽州等处收买竹木"②。正德十三年(1518年),又因乾清、坤宁两宫遭遇火灾,再次前往湖广、四川、贵州三地采办大木。此后嘉靖二十年(1541年),因宗庙被火,朝廷遣工部侍郎郎潘鉴、副都御使戴金前往湖广、四川采办大木,嘉靖二十六年(1547年)再次派遣工部侍郎刘伯跃采大木于川、湖、贵三地。嘉靖

---

① 张廷玉等:《明史》卷一百五十三《列传第四十一·宋礼》,中华书局,1974,第4206页。
② 《明武宗实录》卷一百十七,正德九年十月己酉。

三十六年(1557年),令川、贵、湖广三省采木,山西真定采松木,浙江徽州采鹰架木。万历中期,为重建宫殿,采楠、杉诸木于湖广、四川以及贵州。明朝的采木工程一直持续到崇祯朝,直至崇祯元年(1628年)二月,诏令停止大木采办事宜,以休息民力。

南方大木一般走水路运送到北京,沿途路程十分遥远,"出三峡,道江淮,涉淮泗,以输于北",其"越历江湖,逶迤万里,由蜀抵京,恒以岁计"①。据记载,"楠木一株,长七丈、围圆一丈二三尺者,用拽运夫五百名,其余按丈减用。沿路安塘,十里一塘,看路径长短安设。一塘送一塘,到大江"。运木所费工役十分繁重,"计木一株,山林仅十余金,拽运辄至七八百人,耽延辄至八九月,盘费辄至一二千两之上"。运解时,督木同知将放出木头赴督木道交割,八十株扎一大筏,招募水手放筏,每筏用水手十名、夫四十名,差官押运到京。万历年间记载,在四川采木,从开始采伐到运送至京一般要费时达五年,"万历二十四年奉文采木,至二十五年起解头运,二十六年到京。二十七年起解二运,二十九年到京"②。故而,明朝贺仲轼在《两宫鼎建记》中记载:"照得楠杉大木,产在川贵湖广等处。差官采办,非四五年不得到京。"③

二、木材存贮

明代专门用以存储皇木的神木厂及台基厂均位于东城域内。其中,神木厂专门用来收贮南方大木,位于今广渠门外大通桥南,始建于明永乐十三年(1415年):"凡各省采到木植,俱于二厂堆放。"《明会典》记载:"营缮所需木植砖瓦,有五大厂。曰神木厂,曰大木厂,堆放木植兼收苇席;曰黑窑厂,曰琉璃厂,烧造砖瓦及内府器用;曰台基厂,堆放柴薪及芦苇。"此外,《嘉庆重修一统志》记载:"神木厂在广渠门外二里许,有大木偃侧于地,高可隐一人一骑,明初构宫殿遗材也。"台基厂主要堆放柴薪、芦苇等物料。

孙承泽《春明梦余录》记载:"京师神木厂所积大木,皆永乐时物。其中最巨者曰'樟扁头',围二丈外,卧四丈余,骑而过其下,高可隐身。"④神木厂中放置

---

① 黄廷桂等:雍正《四川通志》卷十六《木政》。
② 同上。
③ 贺仲轼:《两宫鼎建记》卷中。
④ 孙承泽:《春明梦余录》卷四十六,北京古籍出版社,1992,第1002页。

的"樟扁头"树身巨大,是明永乐时期所存储的。神木厂的得名,也因置有"长六十二尺,其竟高可隐人,中空如槎"的大木。《日下旧闻考》中则载:"神木厂,在广渠门外二里许……相传其木有神。"在乾隆御制《神木谣》中对于大木的形状有详细记载:"都城东有巨木焉,其长六十余尺,卧于地,骑者隔木立,弗相见也。"关于神木的树种,明代虞怀忠在(万历)《四川总志》中描述道:"本朝永乐四年伐楠木于此山,一夕不假人力移数里。遂封为神木山,岁时祭之。"清代李虹若《朝市丛载》一书中也认为:"其木系金丝楠木。"由此可以推断,神木厂中的"神木"应是楠木。

三、柴薪采造

台基厂设立在内城,主要用以堆放柴薪及芦苇。明代何士晋《工部厂库须知》中录有《台基厂》,记载:"台基厂营缮分差,与神木厂同储材木,与山西厂同储材为造作之场。"柴炭是古代居民日常生活与取暖的重要能源,明代永乐年间皇家所需的柴炭,多在附近的"白羊口、黄花镇、红螺山等处采办"。宣德四年(1429年),"始设易州山厂,专官管理。景泰间移于平山,又移于满城,天顺初仍移于易州"①。正统七年(1442年),易州山场每岁采办柴炭达到九千四百余万斤,比宣德年间规定的不足二千万斤增加了四倍有余。嘉靖八年(1529年),工部尚书刘麟奏请裁革易州柴炭厂委官,专选部署官一员督办。

明代末年的刘若愚在《酌中志》一书中对红箩炭做过详细描述:凡宫中所用红箩炭者,都是易州一带山中硬木烧制而成。运至红箩厂,按尺寸锯截,编小圆荆筐,用红土刷筐而盛之,故名曰红箩炭。一般每根长尺许,圆径二三寸不等,气暖而耐久,灰白而不爆。万历十七年(1589年),易州山厂工部主事张新上奏,考虑到红箩炭烧造木材处于藩篱境内,拟请在易州厂后择地种植以足供应:"易厂所司专为柴炭而设,岁计柴价银三十余万两。"因为"红箩大炭乃御前所用","每岁该七十万斤本厂领价烧造,此炭非杂木可烧,止用三种:曰青信,曰白枣,曰牛觔,总谓之甲木,尊其名也。由柴荆六十里至金水口始有此木,则所谓炮架藩篱,正应禁者。山厂以供应为急,而边隘以边墙为重,不若就厂后种植。

---

① 《明英宗实录》卷九十七,正统七年十月丙申。

今有隙地九顷可种四万余株,得以经久"。①

红箩炭之外,宫廷所用柴炭各有品类,如隆德等殿修建斋醮焚化,用杨木长柴;宫中膳房,用马口柴;内官关领,则片柴也。其柴炭存贮地方,有北厂、南厂、西厂、东厂、新西厂、新南厂等处,各有掌厂、签书、监工贮收柴炭。从总量来看,京城每年采办的柴炭数量为:天顺八年(1464 年)为四百三十余万斤,成化元年(1465 年)增至六百五十余万斤,二年再增至一千一百八十余万斤,三年更是增加到一千七百四十余万斤。嘉靖二年(1523 年)奏准,惜薪司每年供应各宫及内官、内使人员共各色木柴三千余万斤。② 其间在正德十二年(1517 年)及十六年(1521 年)又有过不同程度的加增。采办柴炭主要供给光禄寺、礼仪房、银作局、御用监、御马监、织染局、翰林院、太常寺、神乐观等处。

---

① 《明神宗实录》卷二一三,万历十七年七月丙寅。
② (万历)《大明会典》卷二〇五《工部二十五·柴炭》。

第三节　崇文门关的设置与税收

　　明清之际的战乱使得北京城一度十分萧条。伴随着北京都城地位的巩固，经济得到逐步恢复。康熙年间相关文献记载，北京城内"商民辐辏……太平日久，人口滋生多至数倍"①。为供应京城庞大的人口消费，大量商品从全国各地贩运而来，以满足京城日用所需。

一、税关制度沿革

　　崇文门原为元大都"十一门"之一的文明门，民间又称"哈德门""海岱门"。明朝永乐年间营建北京城，将南城墙向前拓展二里，但新开辟的三座城门仍沿用元代名称，直至正统年间将文明门改称崇文门。嘉靖年间修建外城之后，崇文门与正阳门、宣武门（"前三门"）成为内外城往来的通衢要道。清朝定都北京后，在城中实施

崇文门内大街

---

①　《清圣祖实录》卷二六八，康熙五十五年五月壬戌。

崇文门外

"旗民分治"政策,内城由皇城和旗人居住区组成,外城则由汉官平民居住区和商业区组成,前三门为内外城分界。明清时期的崇文门具有极为重要的经济地位,明代运河终点从城内的积水潭改为通州,外地客商经运河北上进京,一般在通州上岸之后经朝阳门外大道,再由崇文门进城。基于崇文门的交通枢纽地位,明清时期均在此设有税关,这里也成为仕宦往来、商旅流通的重要节点。如乾隆年间《北京形势大略》记载,崇文门"又曰海岱,言山陬海澨,皆梯航纳贡,税课司在焉"①。

清代崇文门的报税之例自顺治二年(1645年)开始。康熙五年(1666年)五月,"停崇文门监督出京货物税",自此崇文门只征收进城货物税。监督署位于崇文门外街东。此外,崇文门税关分别在城外设有税务稽查机构共四处,分别是卢沟桥、板桥、东坝以及海淀。其中,水路经运河至通州上岸,再由朝阳门外大道入朝阳门,至崇文门纳税。陆路进城通道由卢沟桥至广安门(明代称广宁门)进城,因将卢沟桥设为分税口,在此设役巡查。

中国第一历史档案馆馆藏档案记载:"崇文门所过一切官办物料、客商货物及行李、车驮,如从陆路进京者,俱由卢沟桥税局查明件数,送广宁门转押,崇文门税署查验有无输税,分别放行,此向来办理之章程也。"又因板桥为卢沟桥绕道,客商货物多由板桥走漏,在此设置稽查口。后查东坝原非通州、张家湾大路,因有商人将进京货物绕道至东坝私卸隐藏,再逐日暗运,故又在东坝设关巡查。另外,海淀分税口则征收特定商货税,包括钱粮、药材、烧酒税。②

①　杨从清:《北京形势大略》,1938年双肇楼校印本,第460页。
②　嘉庆《大清会典》卷十六《户部·贵州清吏司》。

二、税收与财政

清初崇文门税关原额 85099 两,康熙二十五年(1686 年),增加 9384 两,合计为 94483 两。康熙三十三年(1694 年)又增 8000 两,此项银两不久又于康熙三十八年(1699 年)裁减。康熙末年各关加增铜斤水脚银,并纳入各关正额之中。崇文门税关铜斤水脚定为 7692 两,与正额合计为 102175 两。

不过,清代崇文门历年实际征收税额远远高于正额 102175 两。雍正十三年(1735 年),崇文门实收税额为 304520 两。乾隆年间崇文门税收基本保持在三十万两左右。据朱批奏折记载:"乾隆四十年八月初三日,其至四十一年八月初二日,连闰计十三个月一年期满,尽收尽解,正余通计,共收银三十一万六千八十九两四千六分五厘。"乾隆四十三年(1778 年)税收高达 322641 两。乾隆五十年(1785 年)崇文门税收扣除日常支销后的税收基本保持在 28 万至 29 万两,一直到乾隆末年,崇文门税收基本保持在 32 万至 33 万两左右。

嘉庆年间,崇文门税收基本与乾隆中后期同,税收总额基本保持在三十一二万两左右;扣除支销银后,每年呈交至户部的税额为二十八九万两。具体来看,嘉庆元年(1796 年)至十年(1805 年),崇文门盈余额扣除支销银后大概为 17 万至 18 万两,最多者为嘉庆元年(1796 年),达 183775 两。嘉庆十一年(1806 年)至二十年(1815 年)间,崇文门盈余银总额自 18 万至 21 万两。嘉庆二十一年(1816 年)至二十五年(1820 年),崇文门盈余在 212680 两左右。需要注意的是,嘉庆四年(1799 年)钦定盈余银,虽规定崇文门盈余数额"自行奏闻",然在实际奏报中,崇文门税额仍有一个固定的参照。如,嘉庆十七年(1812 年)的档案记载,当年盈余银为 183938 两,"短少盈余银"28743 两;嘉庆十八年(1813 年),盈余银 194956 两,当年"短少盈余银"17727 两,由此可见,嘉庆年间崇文门盈余银比较标准,应为 212680 两。

此外,关于嘉庆元年(1796 年)至十年之间崇文门税收总量,可参考朱批奏折记载。内载,嘉庆七年(1802 年)八月初三日起,至八年(1803 年)八月初二日,共计十三个月,通计正额、盈余共收银 316729 两。较之崇文门正额银 102175 两,与盈余比较数额 212180 两合计后的 314355 两,属有盈无绌。再以表中盈余与正额合计可知,嘉庆元年至十年间,在扣除支销银后,崇文门税收总额大概为 27 万至 28 万余两,再看未扣支销的部分,即嘉庆十一年(1806 年)至二十五年(1820 年)之间,崇文门税收总额在 29 万至 31 万余两。因此,嘉庆年间崇文门历年税收变动范围与乾隆年间基本相同,且每年的税收变动趋势更为平稳。

再如嘉庆年间崇文门税收比较数额如以 314855 两(正额银 102175 两,盈余银 212680 两)为准,与其他税关进行比较,从税收定额来看,嘉庆年间崇文门在全国所设税关中居于第六位。不过,因崇文门只征收货物进城税,而其他税关都以商货转运为其大宗税收来源。如其他各关按照转运税与货物进城税比例 6∶4 计算,各关所征收进城货物税分别是:粤海关 359625 两、九江关 215712 两、浒墅关 176460 两、芜湖关 138826 两、淮安关 130591 两,由此可进一步确定,清代前期崇文门为征收进城货物税最多的税关,而京城也是吸纳外地商货数量最大的城市。

第四节　崇文门关的商品流通

明清时期崇文门关税额的增长,是京城往来商品流通的直接反映。京城旺盛的消费需求,使得往来于此的商品贸易极为鼎盛。以运河水路为例,康熙年间史料记载,"京师崇文门一关,五方物产、九土财货,莫不聚集于斯"。雍正年间的《崇文门税收则例》当中也曾明确写道:"崇文门乃五方辐辏之地,商贩多于外省。"

外地商货进入北京,主要走陆路和水路两道。其中城西卢沟桥"乃十五省通会之衢,车辙马迹相望于道"。广安门外附近更是热闹异常。清世宗题写的《广安门外石道碑文》记载:"京师为四方会归、万国朝宗之地。我国家幅员广大,文轨所同,廓于无外。梯山航海者,联镳接轸,络绎而交驰。广宁门其必由之路。"乾隆年间重修广安门外石道,碑文载:"广宁门(广安门)在京城西南隅,为外郭七门之一。然天下十八省所隶以朝觐、谒选、计偕、工贾来者,莫不遵路于兹。……其北路则径达安定、德胜诸门,而迤西接轫联镳,率由缘边腹地会涿郡、渡卢沟而来,则是门为中外孔道,尤不与他等。"①

通州石道碑

---

① 于敏中等:《日下旧闻考》卷九十一,第 1540 页。

再看运河转通州,至朝阳门一线。雍正年间,朝阳门至通州石道碑文载:"自朝阳门至通州四十里,为国东门孔道。凡正供输将,匪颁诏稽,由通州达京师者,悉遵是路。潞河为万国朝宗之地,四海九州岁致百货,千樯万艘,辐辏云集。商贾行旅,梯山航海而至者,车毂织络,相望于道。盖仓庾之都会,而水陆之冲逵也。"乾隆年间重修朝阳门石道碑文亦载:"直省漕艘估舶,帆樯数千里,经天津北上,至潞城而止,是为外河。引玉泉之水,由京师汇大通桥,东流以达于潞,用以转运者,是为内河。然外阔而内狭,故自太仓官廪兵粞暨廛市南北百货,或舍舟遵陆,径趋朝阳门。以舟缓而车便,南北之用有不同也。其间轮蹄络织,曳挽邪许,欢声彻昕夕不休,故常以四十里之道备水陆要冲。"①由此可见,除崇文门外,广安门与朝阳门皆为商货运输繁忙的水陆通道。

一、米麦粮食

庞大的城市人口每日消费粮米众多,因而各色米麦杂粮是输入北京城的最大宗货物。清代通过漕运体系,每年由南方运载粮食四百万石至京师以供食用。除漕粮外,还有商人自河南、山东以及盛京(今沈阳)等地贩售粮食前来。乾隆年间,北京城内的粮食贸易已十分兴盛,"查京城九门七市,每遇秋成,外来各种粮食,俱系车马载运,投店卖钱,即用车马运回,成千累万"。在京贸易粮食,大多由河南、山东等地贩运而来。清代档案资料记载,"向来京师市肆麦石,大半由豫、东二省,商贩前来,以资民食。"乾隆三十五年(1770年),因京师米价昂贵,令酌量采买麦二三十万石,运京平粜。翌年,仍令于附近水次地方,酌量购买,运送通州,转运入都。乾隆四十三年(1778年),因"今年河南、山东二省,春膏未渥,麦收未免歉薄,恐北来贩运,不能源源接济",以致"京师麦价,未免渐昂",为此下令由盛京(今沈阳)地区贩运粮食前来接济,"盛京各府属,本年雨水调匀,麦收自必丰稔,且彼处粮价,本视他省较贱。著传谕弘晌等酌量情形,采买二三十万石,即由海道运至天津,届期接运至京"。② 从各地贩运北京的粮食无论是通由运河,或经行海运,一般都在天津转运,由此也带动了天津粮食交

---

① 于敏中等:《日下旧闻考》卷八八《郊坰》。
② 《清高宗实录》卷一〇五四,乾隆四十三年四月癸巳。

易的鼎盛,史料记载,康熙年间天津北门外有杂粮店,"商贾贩粮百万,资通京师"①。

二、流通物资

除运送粮食外,漕船可携带一定数量的土宜(地方土特产)随船发卖,其中如食物、纸张、瓷器、糖、醋、油、酒、杂货、竹木器等项,均为京师日用必需之物。据乾隆五十二年(1787年)崇文门税关档案记载,当年南来漕船共有三千四百余只,所带土宜有茶叶、白糖、各色纸张、槟榔、白蜡、柏油、桐油、姜黄、鱼胶等商品计有二十余种。除土宜之外,大部分货物由北上商船运载,"京城都会之地,各省经营贸易,络绎往来"。这些商货为崇文门税收的主要来源,"查国朝设立崇文门税务,为天下总汇之区。每岁额征正余银三十万两。自烟、酒、茶、布及一切杂项,计货取税,皆有定例"②。如以晚清"值百抽五"税率计算,每年外地运至京师的商货价值高达六百余万两。

南产货物当中,茶叶运自浙江者,清代茶叶贸易施行茶引制度,在各省过关时缴纳过关税后便截去一角,到最终通过崇文门税关之后则"戳去中间"。乾隆二十三年(1758年)及二十四年(1759年),浙江行销顺天茶引,共计一万九千余道。另据统计,乾隆中期北京城内茶商字号数有一百余家,到乾隆末年城内茶铺多达二三百家之多。此外,一些产自江浙特产的水果、蔬菜在京城也备受欢迎,《竹枝词》曰:"水果不嫌南产贵,藕丝菱片拌冰盘。"

由福建运来的商品也不少。史载,京师"延、邵二郡纸商,每岁由闽航海……得顺抵天津",于"岁之冬十月,售纸入都"。③ 除纸张外,京师居民喜食闽广等地所产槟榔,竹枝词记载:"槟榔名号聚都门,口袋盛来紧系身。"

清入关后带来了满族的生活消费习俗,咸丰年间,每年由闽广地区抵津商船不下二百余只,其中商人苏泰安等人每年自广东驾船贩运木植以及洋镜、洋钟等熟货来京售卖。商人抵津后,先在"户海两关照例纳税",但因通永道关役乘机勒索,商货只能减价出售。

---

① 薛柱斗等:康熙《天津卫志》卷一《建置》。
② 中国社会科学院经济所藏钞档:道光二年十二月初三日监察御史任伯寅奏折。
③ 道光《延邵纸商会馆碑文》,李华《明清以来北京工商会馆碑刻选编》。

此外,亦有大量关东特产输入京师。乾隆时期的前因居士所著《日下新讴》载:"鲟头鹿尾关东品,元豹丰貂塞北裘。试向人间论衣食,肥轻端合让皇州。"不过这些商货并非日常用品,文中称:"每至冬月,关东货物初到,价值甚贵。鲟鳇鱼头每斤四五钱,大者重百余斤,动需五六十金。鹿尾之大者,价亦七八两。至丰貂、元豹,皆王公之服,他处难于销售,是以唯京师有之。凡外省或有需用者,必须来京购买。"①

关东地区多产人参,因其价值昂贵,多为京城权贵阶层所享用,"人参古玩好生涯,交接无非仕宦家"。据赵翼《瓯北集》中记载:清代中期北京城内"以白金一两六钱,易参一钱"②。清代崇文门税收则例规定,进城人参按照其品类分为平常、中等及上等参三个规格,其中平常参每百斤征银九两,中等参每百斤征银十八两,上等好参每百斤征银二十七两。据乾隆年间户科题本记载,乾隆三十七年(1772年)至四十六年(1781年),崇文门所征参税银最高时有二十三两余,如以中等人参为主,当年共进口人参一百二十余斤。

京城所需牛羊等牲畜多由西北地区贩运而来。道光十三年(1833年),崇文门监督耆英奏称:"直隶古北口牛贩赴京,并无官设税局,难保无绕道偷漏等弊,请于密云县所属穆家峪地方添设税局。"北京城内有专门的蒙货贸易处,《天咫偶闻》载:"御河西岸尽南,名达子馆,蒙古年例入都所居,携土货于此贸迁焉,贾肆栉比,凡皮物、毳物、野物、山物、菢物、酪物,列于广场之中而博易焉,冬来春去,古之雁臣也。此为里馆,安定门外为外馆,更巨于此。"骡马一般交由城内专门的牲畜行(作为中介的经纪)进行交易。城内设有专征进城牲畜税收的左右翼税关,乾嘉年间最盛时,两关牲畜税收即高达两万余两。

三、大宗商品

烟酒是明清时期京城大宗进口商品。清代京城贩来烧酒,"有南路、北路之分",其中南路"自崇文门司迆南,远自丰润、开平等处,近自通州、辛集、下甸、马驹桥等处",各路烧锅造酒皆须由外城起票押解赴崇文门报税,然后始能发卖各家,此南路烧酒现行报税之例也;北路"系崇文门税司迆北,远自张家口、宣化府

---

① 前因居士:《日下新讴》,《文献》第11辑,第205—206页。
② 赵翼:《瓯北集》卷三八,上海古籍出版社,1997,第919页。

等处,近自昌平州、顺义县等处",各路烧锅造酒皆须由关沟之南口税局起票押解赴崇文门报税,然后始能发卖各家,以上为北路烧酒的报税则例。① 乾隆年间,"京师九门,每日酒车衔尾而进。市价每烧酒一斤,值大钱十六文。数年以来,无此贱价。是必网利之富贾,贩酒车多,故其价大减。亦必附近之州县,私烧者众,故车载日来也"②。

清代京城酒馆众多,酒品丰富,《天咫偶闻》记载:京城酒肆有三种,"酒品亦最繁"。一种为南酒店,"所售者女贞、花雕、绍兴、竹叶青之属";一种为京酒店,"则山左人所设,所售则雪酒、冬酒、涞酒、木瓜、干榨之属","又有良乡酒,出良乡县,都中亦能造,止冬月有之。入春则酸,即煮为干榨矣";另有一种药酒店,"则为烧酒,以花蒸成,其名极繁,如玫瑰露、茵陈露、苹果露、山楂露、葡萄露、五加皮、莲花白之属"。③

汪启淑《水曹清暇录》中除前述酒品之外,另载"南来最好绍兴陈酿、杭州花露、镇江木瓜、无锡惠泉、仪征包酒、苏州女贞,然价极昂"④。嘉道年间,崇文门税关每日可进酒四五十车,如以四十车计之,可入税银三百四十余两。烧酒运至京师,交由经纪人销售,史料记载,"查崇文门过货经纪,惟烧酒一行钱粮最多,自乾隆三十九年七月内经顺天府府尹衙门奏明,将烧酒行经纪裁汰,归于崇文门办理",当年共收烧酒税银共计五千一百九十两左右。根据其征税则例"烧酒每车作为六千斤,连平余征银十四两四钱",可大致估算,当年贩往京师的烧酒多达千余车。

烟叶主要由易州、昌平等地运来,"易州、昌平州烟包,每包仍照定章作为三百二十斤,每包连平余共征银一两九钱二分"⑤。另外,近京地区所种植烟梗,即剥落烟叶之后弃诸野地之物,由穷黎百姓拾之入城售卖。经过崇文门时,规定每百斤征税 0.21 两,此项收税名目于乾隆年间裁撤。此外,崇文门进口商货中,诸如丁梨、脆枣等,皆为京畿所产,因距离京城较近,商贩一般选择肩挑背负进城售卖。

① 中国第一历史档案馆藏录副奏折:光绪十八年十一月初六日掌陕西道监察御史文郁,档号 03-7431-038。
② 《清高宗实录》卷一二七,乾隆五年九月丙申。
③ 震钧:《天咫偶闻》卷四《北城》,北京古籍出版社,1982,第 84 页。
④ 汪启淑:《水曹清暇录》卷十六《京城名酒》,北京古籍出版社,1998,第 1 页。
⑤ 光绪《清会典事例》卷二三八,《户部·关税》。

从商品流通状况来看,清代崇文门征税来源主要以南来货物为主,"每当春夏两季,总以南来货物为大宗"。部分年份因受灾严重,南来货物不足,导致崇文门税收大幅减少。如乾隆七年(1742年),虽因江南遭遇水灾,南来货物稀少,但有大量河南、山东豆麦船只北上来津,钱粮尚觉较丰。与之相反,如乾隆二十八年(1763年),因南来货物多于往岁,故崇文门所收盈余较常丰裕。该年除正额、盈余93700余两之外,还征收额外盈余银25176两,总计征银121300余两,首次突破12万两。而乾隆五十年(1785年)春季,因"运河水势浅阻,一切油船、茶船、杂粮、杂货等项船只尚未通行",再加上"近地民船又因上年截留北仓存贮漕米悉受雇剥运,是以过关货船较少"。该年实征关税96916两,比前一年份少收银11900余两。此后两年,同样因运河"水势浅阻,一切油船、茶船、杂货等项船只未能及时流通,以致商贩稀少",所征税银虽较乾隆五十年有所增加,但与乾隆四十九年(1784年)相比仍分别减少7300和9700余两。

　　当时天津关奏折曾称:"伏查南省货物为京城民间日用所必需,而粮船所带,有江浙之货,有江广之货,江浙布匹、丝线等物,尚有客商自行贩载,唯江西、湖广之竹、木、瓷器、纸、油等物,全赖粮船携带。"因上年河道浅阻,各帮船将货物中途起卸,"计过津关者,十无二三。到本年江浙各帮及湖南三帮,俱经过津。查验各船,虽有货物,究不比往年之多。亦缘上年客货附搭无利,是以本年除旗丁土宜之外,揽载甚少。此时京师货物虽销为流通,仍恐未能充足"①。

　　嘉庆六年(1801年)则因"本年六月雨水连绵,各路货物多被阻滞",因此未能收有额外盈余银。嘉庆十七年(1812年)较前最高之嘉庆十一年(1806年)少收银28700余两,原因为"南来绸缎、梭布等项到京迟滞,直隶所产烟布、烧酒各物运京较少",以致税钱少收。

　　除海路商船之外,运河虽然主要走漕船,但也有部分商船装载货物北上到京售卖。这些船只所载货物均只是在此转运到北京,据档案记载:"天津关惟赖南来货物船只及闽广海船载来糖斤等货,征收税料。"以上所谓"南来货物船只"指的是运河商船,包括油船、茶船、杂货等项船只,以及河南、山东豆麦船只。因此,从天津关的征收情况,也可以反映至此转运到北京的商货状况。

---

① 乾隆五十一年九月二十四日长芦盐政征瑞奏折,《宫中档乾隆朝奏折》第61辑,第604页。

第五节　市集分布与商业贸易

元代以来,北京作为都城所在,成为全国范围内最大的消费中心,来自各地的货物被贩运到京城市场上,到了清代初年,随着清朝统治的稳固和人口规模的增多,北京渐成"人物繁华第一都"①。

一、商业市场的形成

元代东城较为重要的商业市集,主要集中在钟鼓楼地区,已经形成了固定的商业街区。到了明代,"城中市肆北最盛,次则东牌楼街,西不及东……城外市肆人家,南最繁华,正阳门外、崇文门外次之,宣武门外又次之。东不及西,南不及东,北不及西焉"②。其中,位于地安门外的钟鼓楼一带,在元代商业就非常发达,到明代,这里依然设有米市、面市、羊市、马市、牛市、骆驼市、柴草市、皮帽市、鹅鸭市、柴炭市、铁器市等十九个专业性的交易市场。即使到晚清时期,地安门一带的商业仍然十分兴盛。

东四牌楼及东单牌楼地区是另外两处重要的商业区。东四牌楼商业区称为东大市,因其位于运河商货进城之交通要道而逐渐兴盛起来。东大市附近设立了多处仓储,专门用以存储运京的漕粮。这里除元代设立的七座仓储外,明代又增设禄米仓、新太仓、旧太仓、南新仓、富新仓和海运仓。作为古代社会重要的休闲娱乐场所,东大市附近聚集了众多的妓院酒楼,这里的勾栏院为当时城中规模最大者。东单牌楼因临近贡院,每逢春秋会试,士子多在此落脚,消费

---

① 郝懿行:《都门竹枝词》,雷梦水等编:《中华竹枝词》,北京古籍出版社,1997,第174页。

② 金昌业:《燕行日记》,林基中编:《燕行录全集》第32册第39、115—116页、第317页;第35册第444页。

东四牌楼旧照

市场呈现季节性的活跃，《竹枝词》言："缎号银楼也快哉，但能管事即生财。休言刻下无生意，且等明春会试来。"①每至会试之期，东单牌楼则瞬时热闹起来，"人数骤增至数万，市侩行商，欣欣喜色"②。

崇外地区因是掌管所有进城货物税收的崇文门税关所在地，物流畅达，商贸兴盛，因而得以跻身"前三门"之列。乾隆时期《日下新讴》载："万方辐辏极繁华，名称纷乘乱如麻。"崇外有花儿市，这里是北京通草、绢花制作的主要地区。

清末崇文门外一带因往来商旅很多，因而附近多有民间杂耍和说书之类的演出。在清代的竹枝词中对本地区商业状况有很多描述，如"海岱门（崇文门）前傍两衢，布棚连接小行庐。游人到此围环坐，听唱盲词说大书"③。此外，据清末《燕京岁时记》载，崇外大街西侧的花儿市每月在初四、十四、二十四日有市，市中所售皆日用之物。清末《竹枝词》记载中多见北京城内洋货盛销景象，如洋灯、眼镜等生活日用品已在市民中普及。

棋盘街位于皇城南侧，早在元代就已经会聚了大量商贩，形成颇具规模的商业市场。到了明代中期，这里因处内外城交会之地而商业更加兴盛。乾隆年间，随着城市经济的鼎盛发展，棋盘街更为热闹，"天下士民工贾各以牒至，云集于斯，肩摩毂击，竞日喧嚣"④。直至清朝末年，因受到八国联军侵略的冲击，棋盘街附近遭到战火劫掠，商业曾一度衰落。此外，"东长安门外三里许"有洋货肆三处，"肆肆皆数百间，皆九梁之屋"⑤。

---

① 得硕亭：《草珠一串》，《清代北京竹枝词》（十三种），北京古籍出版社，1982，第51页。

② 震钧：《天咫偶闻》卷三《东城》，北京古籍出版社，1982，第53页。

③ 褚维垲：《燕京杂咏》，《中华竹枝词》，北京古籍出版社，1997，第199页。

④ 蒋一葵：《长安客话》卷一《皇都杂记·棋盘街》，北京古籍出版社，1982，第11页。

⑤ （韩）李恒懿：《燕行日记》，《燕行录》第93册，第119页。

清末王府井等商业街的出现,带来了新式的百货商店以及西式餐馆等新兴的商业形式,促进了城市消费模式的变迁。光绪二十六年(1900年),英国人在东交民巷开设六国饭店,瞬时成为当时北京城内达官贵人、公使洋商豪奢消费去处。值得注意的是,六国饭店也深受在京众多达官贵人的喜爱,《竹枝词》记载:"海外珍奇费客猜,两洋风味一家开。外朋座上无多少,红顶花翎日日来。"①

除了固定商业街市外,定期灯市和庙市也是东城地区重要的商业模式。

东城隆福寺庙会为每月初九及初十两日,庙会当天,"一城商侩、货物所凑集",集市"广庭可方百步,周设帘幕,日用百物无不具,烂然如彩云朝霞"。② 东西庙市所售货物种类繁多,上自贵族所好,下自黎民百姓日常所用,无所不备:"东西两庙最繁华,不数琳琅翡翠家。唯爱人工卖春色,生香不断四时花。"③

灯市原为元宵节观灯而设,后来逐渐变为定期交易货物的集市。创设灯市的目的则是"太祖初建南都,盛为彩楼,招徕天下富商,放灯十日",迁都北京之后仍袭旧制。明代北京灯市最初设于紫禁城内的五凤楼前,后因考虑禁苑安全而迁至东华外。灯市开市日期为每月的初五、初十及二十这三日。随着灯市作为明代北京城内重要的定期市集的兴盛,也带动了灯市口地区

隆福寺庙会

① 吾庐孺:《京华慷慨竹枝词》,杨米人等《清代北京竹枝词》(十三种),北京古籍出版社,1982,第148页。

② 洪大容:《湛轩书外集》,《燕行录》第49册,第214页。

③ 杨静亭:《都门杂咏》,《清代北京竹枝词》(十三种),第81页。

商业贸易的发展。明代灯市主要陈设于今灯市口大街、灯市口西街、灯市口北巷、同福夹道一带。据记载,明朝灯的种类繁多,有纱灯、纸灯、麦秸灯、走马灯、五色明角灯等。灯上的绘画争奇斗艳,有百花如梅、兰、竹、菊、桂花、牡丹,鸟兽如凤、鸾、龙、虎,还有鱼、虫、十二生肖等等。明人谢肇淛记载,"余在燕都,四度灯市,日日游戏",灯市"每岁正月十一日起,至十八日止,则在东华门外,迤逦极东,陈设十余里,谓之灯市。凡天下瑰奇巨丽之观毕集于是,视庙中又盛矣"。据其载:明代灯市上的商贾有数千人,各色灯的价值则多达几万,自大内两宫与东西两宫,及秉刑司礼世勋现戚,文武百官,"莫不挟重货以往,以买之多寡较胜负,百两一架、二十两一对者比比。灯之贵重华美,人工天致,必极尘世所未有,时年所未经目者,大抵闽粤技巧,苏杭锦绣,洋海物料,选集而成,若稍稍随俗,无奇不敢出也"①。另据《日下旧闻考》记载,每逢上元灯节期间,"朝逮夕市而夕逮朝灯也。市在东华门东,亘二里。市之日,省直之商旅,夷蛮闽貊之珍异,三代八朝之骨董,五等四民之服用物,皆集。衢三行,市四列,市楼南北相对"②,市中繁华由此可见一斑。

此外,东城原为接待外国使臣的俄罗斯馆与安定门外的外馆,也形成了较为特殊的朝贡贸易。

清代京城设有俄罗斯馆,包括北馆和南馆两处,其中北馆位于京城东北隅东直门内的"罗刹馆",南馆在城南的东交民巷,其前身是明代外藩朝贡的会同馆。康熙三十二年(1693年)清廷拨南会同馆"高丽馆"为俄罗斯馆,供俄国莫斯科商队来京临时住宿。议定:俄罗斯商人来京,人数不得超过二百人,每三年来京一次,"尔后二百人以内之俄国商队,每三年一回至北京,寓俄罗斯馆,八十日间,许以免税通商"。俄罗斯馆的设立,对于俄商的对华贸易有着非常重要的作用。在俄国人自己的记述中写道:"俄国派赴北京的布道团,虽与贸易没有直接关系,但对我们仍然大有裨益。他们处于中国的中心,能够摸清它的特点及其居民的需要,并且熟悉那些合中国用的货物得以畅销的条件。"当年使臣义杰斯通过对北京和莫斯科市场的分析,认为适合在北京销售的俄国商品主要是各种皮货,如貂皮、貂鼠皮、松鼠皮、山猫皮、狐皮等。据统计,自康熙三十七年(1698年)到康熙五十七年(1718年),先后有十批俄国商队来京;雍正五年

① 谢肇淛:《五杂组》卷三《地部一》。
② 于敏中等:《日下旧闻考》卷四五《城市内城·东城一》。

（1727 年）至乾隆二十年(1755 年)，又有六批俄国商队来京。

安定门附近的外馆，原为接待蒙古进京朝觐的蒙古王公，清代以来这里也成为众多旅蒙商号的聚集地，居于内、外馆的年班使臣尚可在京进行贸易。民国初年是外馆商业发展的鼎盛时期，大量商号以外馆为其总庄，在外蒙地区的库伦、乌里雅苏台、科布多等地设立多处分庄。民国《北京旅行指南》中记载："黄寺之东为蒙古外馆，屋瓦鳞次，市廛栉比，为蒙汉商贾交易居住之所。民初外馆营业甚盛。"①又据《1919 年京师总商会众号一览表》中记载，仅外馆杂货行商号即多达一百四十九家，且获利十分丰厚。1934 年调查外馆贸易之状况记载道："外馆如北平德胜门外及安定门外多数商店即蒙古宿店，兼蒙古贸易业者之当地。由商店派出店员于各地。在铁路开通以前，蒙古日用品由北平输入者，皆经外馆之手……外馆与蒙古人民交易，多以茶、烟草、砂糖、磷寸、棉布、绢物等类，运入蒙古交换羊毛，后其他皮毛等类，其间得利甚多，资本多数十万两。"外馆商人所进行的是北京与库伦地区的双向贸易，即将绸缎、布匹等货物运输到外蒙进行销售，同时将当地的高级绸缎、瓷器、上用黄茶、宗教祭祀用品贩运到北京地区，形成了著名的京库大道。

二、近代消费中心：王府井与天桥

民国建立之后，京都市政公所对皇城实施改造，长安街畅通，前门地区不再是东西城之间的必经枢纽，交通地位下降，一定程度上影响了客流的聚集。同时，前门周边的东交民巷化为使馆区、西交民巷逐渐形成为金融街，使前门商业范围缩小，辐射面也相应缩小。此外，王府井、西单等新兴商业街区的兴起，对商贸繁荣的南城造成了较大冲击，"唯东西城繁荣之发达，即系南城之凋敝。盖城内一切商业，无不具备，顾主自可就近购办，无须再赴城外，而舍近求远。以故平市之繁荣，内城与外城适成一比例"②。

庚子事件之后，清政府开始在京师地区推进近代市政，王府井所处的东安门外成为北京最早进行道路建设区域，"迨光绪末季，值肃王善耆司警政，始以

①　马芷庠编著，张恨水审定：《北平旅行指南》，经济新闻社，1937，第 230 页。
②　《北平市况：南城的繁荣已被东西城所夺》，《大公报》，1933 年 3 月 2 日。

抗日战争前的王府井大街

其地改建市场。最初因陋就简,仅具雏形而已"①。东安门外由于地处皇城主要进出口,又靠近东交民巷使馆区,这里也就成为北京最早开启市政建设的区域之一。1914 年京都市政公所成立之后,首先选择了以王府井大街所在的内城左一区为示范区域,开始道路改造工程,包括拓宽道路、房屋基准线测量、整修明沟、铺装工事、修筑沥青道路等。1915 年,美国煤油大王洛克菲勒在豫王府旧址上建起协和医院。1917 年,中法实业银行在王府井南口建成七层楼高的北京饭店,"道中宽阔清洁,车马行人,络绎不绝。……车马云集,人声喧填,为京师最繁华之区也"②。1920 年代之后,王府井地区开始设立有轨电车车站。1928 年,王府井大街修建柏油马路,交通环境进一步改善。

由于庚子之前,这一带已经形成了一定规模的街市,因此,在整修道路过程中官方拆除了商贩沿街搭建的一些棚帐,选中位于王府井大街北端的原八旗神机营操场,划出部分区域,将东安门外两旁的铺户迁至此地继续营业,逐渐形成了一处每日营业的固定商业场所,得名东安市场。其经营范围覆盖到日用百货、饮食、娱乐等与民众日常生活相关的各个方面。在这个固定的商业空间中,商户的经营者不再像以往在街道上随意设摊,而开始遵循既定的社会秩序,服从市场的统一规划和管理。有《竹枝词》称:"新开各处市场宽,买物随心不费难。若论繁华首一指,请君城内赴东安。"作者诗后写道:"东安市场货物纷错,市面繁华,尤为一时之盛。"③

电力照明作为现代商业营销的重要内容,在当时成为市场营业方式转型的

---

① 马芷庠编著,张恨水审定:《北平旅行指南》,第 142 页。
② 崇普:《王府井大街记》,林传甲编纂:《京师街巷记》,"内左一区卷三",京师武学书馆,1919,第 5—6 页。
③ 忧患生:《京华百二竹枝词》,《中华竹枝词》,第 282 页。

重要推力。据 1907 年 10 月 20 日《顺天时报》记载："内城东安市场日渐发达，淘为商业集会处也。现于西面正门上安设电灯，并于门内巡警驻守所及司事房一律安设，均已通电，自外观之，气象为之一新。"1929 年，一位游客在游东安市场时

东安市场牌匾

写道："所有鲜货摊子的电灯泡，超码要有一百支光，照得那一列一列的鲜果，更显着干净、漂亮、惹人馋吻。"①当时的东安市场，作为民国年间最新崛起的新兴商业市场，电灯的引入又增添了繁荣景象："街面给电灯光所反映出的树影是扶疏的，脚踏车、人力车、汽车、混合在喧嚣的一团里。凌乱地排列着几家商店，流露出了一点上海味，然而还摆脱不了北平固有的形态。市场的南口是虚掩的，里面充满了热烈的情绪。一列列新设的木架上排满着货物，给灯光照得亮晶晶的。时断时续的游女，都在薄的衣上加着短的毛线外衣，秋是显明地证明着是深沉的。转入了另外的一条场面时，迎面荡来的几个全是娇媚的笑靥，浓馥的香气，洁丽平整的服饰的波纹，夏季的汗臭和初春的情热都早成为过时的货色了。"②

此后，虽东安市场建成之后几次失火，屡次重建，但每次规模都有所扩大，商业益见发达。至 1920 年代初期，茶楼、酒馆、饭店、戏园、电影院、球房以及各种商店无不具备："东安市场为京师市场之冠，开辟最先，在王府井大街路东，地址宽广，街衢纵横，商肆栉比，百货杂陈。……该场屡经失火，建筑数四，近皆添筑楼房，大加扩充，其中街市共计有四。南北一，东西三。商廛对列，街中廙以货摊，食品用器，莫不具备。四街市外，又有广春园商场、中华商场、同义商场、丹桂商场，及东安楼、畅观楼、青莲阁等，其中亦系各种商店、茶楼、饭馆，又各成

① 《旧都新影》，《大公报》（天津版）1929 年 10 月 2 日。
② 木易：《东安市场巡礼》，《老实话》，1933 年第 10 期。

285

一小市场矣。场中东部为杂技场,弹唱歌舞,医卜星象,皆在其中。南部为花园,罗列奇花异葩,供人购取。园之南舍,为球房、棋社,幽雅宜人,洵热闹场中之清静处所也。"①

书肆也是东安市场的一大特色,"从全部的《古今图书集成》到单本的《征东演义》,从《大英百科全书》到《标准国音字典》,从宋人的手抄本到出版不久的《重访英伦》。还有从魏晋的拓碑,到月份牌上的'美女'。那一个读书人进去,他可以自尊自己的成就,却不能不承认自己的褊狭。夹杂在书肆里,还有许多琴行,倘若有兴趣可以进去翻翻琴谱、唱片,一本交响曲的总谱可以廉价购得,一切德国第一流的乐队与指挥演奏的唱片,可以整套发现。唱片演奏之好,种类之多,恐怕没有另一个中国的都市,可以与北平,与东安市场相并比"②。

瞿宣颖在上海的《申报月刊》上介绍这一时期东安市场的日常状态:"东安市场,当王府大街之中段,距东交民巷甚近,庚子以后所开,其法长街列肆,租以营业,百货无不具备,旁及球场、饭店、茶馆、饮食、游艺之所,乃至命相、奇门、堪舆奏技之流,皆可按图以索。街之中复列浮摊,以售零星食物花果书籍文玩者为最多,以其排比稠密,人烟繁杂,屡屡失慎重修,最后一次迄今亦逾十年矣。

东安市场内景旧照

其包罗宏富,位置适宜,有似港沪之大百货商店,而能供日用价廉之物,则又过之。居旧都者,莫不称便。浮薄少年,涉足其中,可以流连竟日,因为猎艳之游,目挑心招,辄复遇之。"③直至 1930 年代初期,东安市场摊商总计已达三百五十余家,

① 徐珂:《增订实用北京指南》,第一编:地理,第 5 页;第八编:食宿游览,第 22—23 页,商务印书馆,1923。

② 沈秋:《东安市场巡礼》,《新学生》,1948 年第 4 卷第 5 期。

③ 瞿宣颖:《东安市场》,《申报月刊》,1933 年第 2 卷第 10 号。

其中以书籍、玩具、杂货、糕点、糖果为最多,以社会中上层为主要服务对象,"比西单来得贵族些,就是那些水果摊、香烟铺,都带有华丽气派"。由北平市社会局组织编写的《北平市工商业概况》称东安市场在全市所有官办及商办商城中"规模最大,商业亦最为发达"。一个值得注意的现象是,作为"畅销洋货大本营",东安市场的商品来源其实与当时中国的政治时局以及国际关系密切相关。1920—1930年代上半期,英国、法国、德国、瑞典等国竞相在此倾销自己的商品,1930年代中后期,日本在中国及北京的势力日益扩张,直至全面侵华,作为商贸领域的一个反映,东安市场的日本货逐渐占据上风。

在东安市场的示范作用下,原本繁盛的正阳门外一批店铺纷纷迁入王府井大街。即使在1928年国都南迁,北平消费市场陷入低迷之时,王府井借助于独一无二的区位优势仍能保持相当水准,"东单崇文门一带地方,距东交民巷甚近,外商林立,各国侨民杂居是处,东城繁荣,乃集于斯。加之东安市场,年来扩充,王府井大街,遂成东城荟萃之地。其富庶情况,不减于昔日之前门大街"①。1930年代中期,清华大学的一位学生对于北平东、南、西、北四城的繁荣程度进行了细致的对比,其中对东城商业状况则描述道:"东城为北平市最繁荣之区域。各国商店汇聚于东交民巷,西交民巷亦为各大银行麇集之所,王府井大街、崇文门大街为中外饭店旅馆商店集中之地,形成北平市最热闹之地带。"1935年,由张恨水审定的《北平旅行指南》对民国北平商业兴衰有如下概括:清末民初,"惟目前王府井大街、东安市场、西单北大街、西单牌楼、西单商场一带,商业似有蒸蒸日上之势,崇内大街之光陆影院,灯市口之飞仙影院,西长安街新建之新新、长安两戏院,均见活泼气象,较诸前外大街、大栅栏、观音寺渐有起色。各银行并在东四、西四、西单及王府井大街,设办事处二十三所,以资吸收储户款项,而便商民,北平市繁华重心,又由南城转移至东西城矣"②。

伴随着国都南迁,北平经济结构发生变化,"北平繁荣顿减,各界失业,闲人仍较他处为多,生活日高,金融日紧,大买卖无不赔累不堪"。与此同时,以定位低端、消费廉价而闻名的天桥地区则因其迎合了特定的消费群体而繁荣异常,"各地商业不振,惟天桥商业发达"③。"而往游者非完全下层市民,至中上级亦

①《北平市况:南城的繁荣已被东西城所夺》,《大公报》,1933年3月2日。
② 马芷庠编著,张恨水审定:《北平旅行指南》,第9—10页。
③ 秋生:《天桥商场社会调查》,《北平日报》,1930年2月16、17日。

有涉足其间者。因之艺人如蚁,游人如鲫,虽在此北平市百业萧条、市面空虚中,而天桥之荣华反日见繁盛。"①有研究者曾概括这种趋势:国都阶段政商高度结合的经济发展特色,以及权贵奢华的消费风格,到故都时期无从延续,转而发展出由广大中下阶层市民分摊,以量取胜的小额平价消费模式。

民国初年的《天桥临时市场暂行简明章程》规定,天桥市场以维持小本经营为宗旨,"在本市场租地营业者,只准支搭棚屋、板棚,不得建盖房屋"。区域内的所谓"建筑"低矮而杂乱无章,小贩遍地铺陈。在众多来源不同的文献中,对天桥日常形态的描述多有雷同:"站在天桥西头,朝东望,一片高低不平,处处掺杂着碎砖烂瓦的地上,黑丛丛摆着无数荒似的一堆垛一堆垛的地摊,破铜烂铁、零碎家具、古董玩器,以及一切叫不出名目的东西。可是这里的东西虽多,但能够卖上一元的东西,却是凤毛麟角了。在这儿,有许多摆摊的,一见到警察的影子,便眼疾手快,溜之大吉。当然啰,这么着,便可免掏两大枚的摊捐啊。在有摆花生摊的先农市场门前两边,搭着许多补着补丁的破布棚,里面是满塞着现成的衣服,男的、女的,大人的、孩子的,以及单的、棉的,买估衣的伙计们,不嫌麻烦的,一件件提抖着。"②

天桥地区基本可以分为娱乐场和市场两部分,一般以1路、2路电车总站为界限。"在东则率多布摊及旧货摊、估衣棚,北连草市,东至金鱼池。善于谋生之经济家,每年多取材于此。至其西面,则较东为繁盛,戏棚、落子馆为多,售卖货物者殊少。""其北建有天桥市场,内多酒饭店、茶馆之属,其他营业总难持久,颇呈寥落状况。惟此处收买当票及占算星命者异常之多,亦殊为市场中之特色。""天桥迤西,先农坛以东,近日成为最繁盛之区域,且自电车路兴修以后,天桥之电车站,更为东西两路之汇总,交通便利,游人益繁",即现在该处所有戏棚,已有五六处之多,落子馆亦称是,茶肆酒馆尤所在多有;由此迤西,沿途均为市肆,茶馆为最多,饭铺次之,杂耍场与售卖货摊亦排列而下,洵为繁多之市廛。③

天桥既为人烟稠密之地,秩序混乱,往来人员复杂,多有作奸犯科者藏匿其中,"据说侦缉总队是派有很多人,天天化装在这里采访、侦视,做办案的工作。

---

① 马芷庠编著,张恨水审定:《北平旅行指南》,第260—261页。
② 《天桥素描》,《市政评论》第3卷第16期。
③ 陈宗藩:《燕都丛考》,北京古籍出版社,1991,第641页。

他们自己说,这里是藏污纳垢的所在。一般下层社会的人,多要在闲暇的时候到这里来玩。凡是作案的人,多不是什么高尚有知识的人。在他们没见过多大世面的人,陡然地得了意外的财富,自然免不了挥霍和夸耀,因此在娼窑和天桥是很好的办案的处所。他们得着这妙诀,所以在这里很破过许多惊人的奇案。还有其他机关,也派有相当的密探"。1924 年,电车开通后,天桥成为通往东西城的第 1 路、2 路电车总站,"东自北新桥,西自西直门,东西亘十余里,瞬息可至","交通既便,游人愈夥,而天桥遂极一时之盛矣"。①

三、商业会馆与商人群体

南来北往的商货由各地商人贩运来到京城,他们在京城的聚居之处主要是商业会馆。北京的会馆在明代就已出现,到了清朝发展得更为繁盛。康雍两朝,北京会馆的数量有了显著增加,乾隆、嘉庆时期达到全盛。由于京师工商业在此间的高度发展,工商业会馆犹如雨后春笋般地出现。道光十八年(1838年)《颜料行会馆碑记》中说:"京师为天下首善地,货行会馆之多,不啻什百倍于天下各外省。且正阳、崇文、宣武门外,货行会馆之多,又不啻什百倍于京师各门外。"商业会馆的功用,重在维护商人利益,提高经济活动效率,进一步调整了市场商品经济结构,推动了市场商品经济升级转型。

清代京师的会馆数目,据何炳棣根据《京师坊巷志稿》和(光绪)《顺天府志·坊巷志》统计,共得会馆三百九十一所。李华在《明清以来北京工商业会馆碑刻选编》中统计为三百九十二所。吕作燮则参校李华《明清以来北京工商会馆碑刻选编》和日本学者仁井田陞的《北京工商ギルド资料集》进行增补,共得大小会馆四百四

东晓市

---

① 张次溪编:《天桥一览·齐序》,中华书局,1936,第 1、3、4、12 页。

十五所。其中属于工商业会馆共三十一所,占京师会馆总数的百分之七左右。其中,纯工商业性质的会馆共有十二所:(山西)襄陵北馆、(山西)临汾东馆、(山西)颜料会馆、(浙江)正乙祠、(广东)仙城会馆、(山西)潞安会馆、(山西)盂县会馆、(江苏)东元宁会馆、(山西)平定会馆、(陕西)关中会馆、(浙江)天龙寺会馆、(北直)文昌会馆。这类会馆的特点,首先是按地域,其次才是按行业组织来设置的。

按行业建立的会馆则有:药行会馆、靛行会馆、梨园会馆、金行会馆、当商会馆、长春会馆、金箔会馆、成衣行会馆、棚匠会馆等。此即所谓的行馆,这类会馆的最大特点是突破了一般会馆的地域性,完全按行业组织起来。不过,行馆并非全为工商业会馆,也有与工商业毫无关系的行馆,如惜字会馆即是。一般所说的行会有关的行馆至少有九所,占全部工商业会馆的百分之二十九左右。

药行会馆在前门外东兴隆街,建筑物有药王殿、三皇阁、戏棚、办公室等六处。嘉庆二十二年(1817年)《重建会馆碑》中有:"我同行向在南药皇庙,同修祀礼,奉荐神明,命彼伶人,听笙歌之毕奏,昭我诚敬戒礼……近因荒祠久废,古壁成尘。我同行公同合议,于海岱门外北官园之南口,相彼基址,是用创修,兴土木之工。"可见,清初京师的药商不设会馆,只是在南药王庙聚会、祭神农而已。之所以建立会馆,是因为在当时,"京师商贾云集,贸易药材者,亦水陆舟车辐辏而至。奈人杂五方,莫相统摄,欲使之卒涣合离,非立会馆不为功"。

清代京师的会馆,除少数是按行业组织起来的联合团体外,大多是地域性很强的同乡组织,因此其与行会的性质不尽相同。与行会较接近的是公所或公会。清前期的公所与公会主要有:皮箱公所,位于天坛北门外牟家井,康熙二十八年(1689年)由皮箱商建立。糖饼行公所,位于广渠门内栖流所,康熙四十八年(1709年),由南案、京案糖饼商建立,自乾隆以来屡次重修,嘉庆五年(1800年)共有八十余家糖商参加。

京师的行会组织,在鸦片战争之前,不少手工业与商业基本上没有分工。如糖饼行会的商人,既是制作各式糕点、雇用大量帮工的作坊主,又是出售糕点、剥削学徒的铺号。京师有不少行会,则是同乡不同行的地方行帮组织。如临汾东馆,是由山西临汾籍的杂货、纸张、颜料、干果、烟业等五行商人建立的会馆。仙城会馆,是由广州籍的绫、罗、绸、缎、葛、麻、珠宝、玉器、香料、干鲜果品等商人成立的会馆。而潞安会馆,则是由山西潞安州铜、铁、锡、烟袋诸帮商人成立的会馆。

第六节　手工业

中国自古以来即有"工商食官"的传统。在元代,由于大多数工匠被纳入"匠户"体系,归为政府管理,故而官营手工业在大都地区十分兴盛。明初,北京东城的手工业作坊、工场,大部分仍为官营。明廷把营建和制作的工程交由内务府和工部管理,工部之下设若干局、所,如营缮所、文思院、皮作局、鞍辔局、宝源局、颜料局、军器局、织染所、杂造局等。营缮所负责营造宫殿、城郭、坛场、祠庙、仓库、营房、王府邸第等。皮作局专制皮革,宝源局专铸钱币,军器局专制兵器,织染所专织绢帛等。另有专门从事建筑工业材料和储存物料的神木厂、台基厂等。神木厂是专门加工和存放直径大于五尺的巨木,台基厂是堆放薪柴、芦苇的地方。到了明代中后期,废除匠户制度之后,私营工商业才有了长足的发展。

一、手工业分布

属于内务府管理的手工业作坊,专门制作供皇室使用的手工业品,设于皇城之内。下分二十四个监、局,总称二十四衙门。它包括司礼监、内官监、尚衣监等十二个监;惜薪司、宝钞司等四个司;兵仗、巾帽等八个局。在这些机构中,属于手工业一类的有:司礼监中的御前作,专门制作皇帝用的龙床、龙桌、箱柜等;御用监专办皇帝所用桌、柜、象牙等物;尚衣监专制衣、冠、靴等物;银作局专制金银制品;巾帽局专制御用靴帽。另外,宝钞司专制官人所用的革纸,内织染局专织宫中所需的缎匹和绢帛等。

明代制造兵器的机构是兵仗局、军器局和鞍辔局等,由工部和内务府直接管辖。另外,盔甲厂(在今东便门内)则属于兵部。枪局(在今安定门内东绦胡同)供教场练兵储存军器、火药。火药局(在今地安门东)又名花炮局,为内官监下属十作之一，系明代又一制造、储存火药之地。

在明代前期的手工业中，涌现出许多著名的匠师。如建筑师蒯祥、阮安，木工徐杲，瓦工杨青，石工陆祥等。他们在修建皇宫各殿、皇城、天地坛、太庙、社稷坛等坛庙中，展现了很高的技能。据《吴县志》载，蒯祥是木工出身，在当时有"蒯鲁班"之称。他技艺高超，曾以两手分画二龙，合起来丝毫不差。他设计的木活，尺寸十分准确，安装时非常合适，不必再加劈削或其他加工，据传承天门（今天安门）的设计，就是出自他手。明代中叶，随着商品经济的发展，原来只供宫廷、贵族赏玩的特种工艺品，在北京东城的私营作坊中开始制作出来。

明中叶以来，匠户制度废弛，政府对手工业工匠的控制进一步放松，致使北京的工匠和返回故里的轮班匠大量走向民间。这些工匠开设的手工业作坊与店铺相连，一般前为铺面，后为作坊，一边制作，一边销售。如王府街（今王府井大街）的纱帽店、东江米巷（今东交民巷）的党家靴，皆很出名，而北安门（今地安门）东的"廊下家"则以酿酒闻名。据当时记载："若闾里之间，百工杂作，奔走衣食者尤众。"①

嘉靖年间，由于北京城内手工业的不断发展，逐渐有以产品和生产者姓氏命名的胡同出现。如东城以生产、经营刀具著名的唐刀儿胡同，以生产、经营丝绵生意的马氏命名的马丝绵胡同，以洗染业而著名的唐氏和石氏命名的唐洗白街、石染家胡同，等等。

入清之后，京师的官营手工业改隶清工部和内务府等机构。清代东城的手工业主要是内务府掌管的宫廷手工业作坊，分隶各司各库。内务府"掌内府财用、出入、祭祀、宴飨、膳馐、衣服、赐予、刑法、工作、教习之事……其属有七司，曰广储……曰营造……国初置内务府……顺治十一年裁，十八年复设……又设武备院、上驷院与织染局"②。

广储司下设六库、七作、二房。据《石渠余纪》载："广储司，掌银、皮、瓷、缎、衣、茶六库之藏物，相类者兼贮焉，稽其出纳。掌银、铜、染、衣、皮、绣、花七作之匠，以供御用。及宫中冠服、器币，三织造及内织染局属焉。"③有的"库"，除存贮器物外，兼有制造任务，"库"与"作"实为一体。

---

① 张翰：《松窗梦语》卷四《百工纪》，中华书局，1985，第76—77页。

② 《清朝文献通考》卷八十三《职官七·内务府》。

③ 王庆云：《石渠余纪》卷三《纪立内务府》，文海出版社，1973，第226页。

银作，"专司成造金银首饰器皿，装修数珠小刀等事"。铜作，"专司打造铸作各样铜锡器皿，拔丝、胎钑、錾花、烧古及乐器等事"。染作，"专司染洗绸绫、布匹、丝绒、棉线、毡毼、哔叽缎、羊羔、鹿皮、毡毡、鞍笼、绒绳、马尾、羊角、灯片，及练绢、弹粗细棉花等事"。熟皮作，"专司熟洗各种皮张，成造羊角天灯、万寿灯、执灯等灯，宝盖、璎珞、流苏，并拴吉祥摇车、御喜凤冠垂珠，做鹰帽五指，织造毡毼等事"。绣作，"专司刺绣上用朝衣、礼服、袍褂、迎手、靠背、坐褥、伞罩、内庭所用袍褂、官用甲面补子等项，及实纳上用靴、官用靴、弓插、凉棚、帐房、角云等项"。花作，"专司成造各色绫绸、纸绢、通草，米家供花、宴花、瓶花等项，络丝、练丝、合线、做弦及鹰鹞绊等事"。针线房，"成造上用朝服，及内庭四时衣服、靴袜等项"[①]。

京内织染局，织造御用缎匹，初属工部，设于地安门外嵩祝寺后，康熙三年（1664年）划归内务府。乾隆十六年（1751年），将织染局移至万寿山。[②]

养心殿造办处，"掌供器物玩好"[③]。乾隆二十三年（1758年）以前，造办处辖有四十二作，即画院、如意馆、盔头作、做钟处、琉璃厂、铸炉处、炮枪处、舆图房、弓作、鞍甲作、珐琅作、镀金作、玉作、累丝作、錾花作、镶嵌作、摆锡作、牙作、砚作、铜作、镀作、凿活作、风枪作、眼镜作、刀儿作、旋轴作、匣作、裱作、画作、广木作、木作、漆作、雕銮作、旋作、刻字作、灯作、裁作、花儿作、绦儿作、穿珠作、皮作、绣作。乾隆二十三年（1758年）裁并后，剩留了匣裱作、油木作、灯裁作、金玉作、铜镀作、盔头作、如意馆、造钟处、琉璃厂、铸炉处、枪炮处、舆图房、珐琅作，共十三作。乾隆四十八年（1783年），炮枪处的弓作及鞍甲作又独立分出，总数又增至十五作。到清末光绪年间，复裁弓作及鞍甲作，增设花爆作（后改花爆局专司采购西洋烟火），成为十四作。造办处可谓是宫内最大的造造工场。[④]

东城域内另有隶属于户部和工部的手工作坊。例如，户部宝泉局所设的东、西、南、北铸钱作厂，东作厂在东四四条，南作厂在钱粮胡同，西作厂在北锣鼓巷千佛寺（今十福巷），北作厂在北新桥三条。宝源局下设的新、旧两个铸钱厂，其中老钱局胡同，即清代宝源局新厂所在地。

---

① 《钦定总管内务府现行则例》，《广储司》卷一，引自彭泽益：《中国近代手工业史资料》第一卷，中华书局，1962，第150—152页。

② 《光绪大清会典事例》卷一千一百七十二《内务府·官制》。

③ 王庆云：《石渠余纪》卷三《纪立内务府》，文海出版社，1973，第230页。

④ 崇璋：《造办处之作房及匠役》，《中华周报》第2卷第19期。

除宫廷制作外,北京民间工艺制造在清代也极兴盛。尤其是通草花、荷包、宫灯一类的大众工艺品,深受民间喜爱,由于清代旗、汉妇女戴花蔚为风尚,造花业最为发达。崇文门外花市,为造花业集中地区。自东便门起,"凡系住户,多以造花为业","妇孺皆参加工作",当时各类制作绢花的作坊有六百多家,"分工作业","有作叶子与作花头之分,又有作花与攒花之别"。很多"工匠画师,悉由宫中匠师传习而来"。有几十家作坊的组织者分别控制一部分作坊,称为"大花庄",这些花庄已具有包买商的某些特点。京师生产的纸花,不但满足皇室、王府和市民各阶层的需要,还行销全国各地。①

总之,清代以来东城民间手工业的发展,与宫廷工艺技术的传播有很大关系。秘藏于深宫中的技艺一旦传入民间,就会获得新的生命力。市场的扩大必然刺激民间手工业的发展,使其逐渐取宫廷作坊而代之。宫廷转向民间购置或定做工艺品。同纸花业相类似,著名的宫灯、鼻烟壶、民间玉器制造业等,大都是这样发展起来的。

二、雕　漆

中国古代雕漆以北京雕漆最具代表性。北京雕漆与一般漆器不同,通常所说的漆器是把漆涂在漆胎上,或是在漆器上刻花之后再涂一层漆,也有的是镶上和利用漆色绘上图案花纹,漆器的品种主要是室内家具。而北京雕漆不然,它是以雕刻见长,在漆胎上涂上几十层到几百层、厚十五到二十五毫米的漆,再用刀进行雕刻,因为所雕的材质是漆,故称为"雕漆"。明、清两代是北京雕漆的黄金时代,也是雕漆艺术的成熟时期。

明代永乐年间在北京西什库一带设立的果园厂,是当时宫廷制造雕漆工艺品的大型官办手工业作坊,制作出的工艺品供宫廷使用。主要特点是:造型规矩,用漆精良,雕刻圆熟,磨工精细。当时雕漆制品以红为多,品种以盒为多,盘匣次之;小件较多,大件较少。制胎则以木胎、锡胎为主,也有金银胎。图案以山水人物、花卉鸟兽的题材较多,刀法流畅,藏锋清楚,雕刻工细,表现形象生动。

清代的雕漆工艺品多为乾隆和嘉庆年间所制。当时雕漆制品的品种丰富,

———————
①　汤用彬:《旧都文物略》,华文出版社,2004,第267页。

以木胎、锡胎为主,造型精致,富于变化,颜色也增多,还有与玉石镶嵌结合而成的产品。图案除花鸟、人物外,开始有吉祥如意的各种图案。在构图上绵密多,层次以多见长。乾隆朝以后,盛极一时的北京雕漆工艺逐渐衰退。到光绪二十二年(1896 年)已无官营作坊。光绪二十六年(1900 年),据说当时慈禧把一只心爱的雕漆捧盒摔坏,需要找人修理,最后在东四牌楼附近找到雕漆艺人萧兴达、宋兴贵二人,两个人把摔坏的雕漆盒修得天衣无缝,大受慈禧赏识。萧、宋二人因之名声大振。

清朝末年,有些雕漆工匠的技艺有所提高,如光绪二十七年(1901 年)下半年,萧乐庵等人在北京剪子巷谈家胡同毓家花园创办"继古斋雕漆商会"。继古斋专门仿制清代

雕漆艺术品

雕漆风格,并有了一些提高,其技艺超过了乾隆时代,并带有明显的北京地方特色。刀法棱角清晰,题材以花鸟龙凤、山水人物、吉祥图案为主。

到民国时期,北京雕漆业又呈现出复盛的局面。1920—1934 年,雕漆作坊发展到几十家,大都设在崇文门、前门及朝阳门一带,从业人员达五百多人。产品以造型大方、胎型规矩、漆色鲜艳、雕刻精细、锦纹多样而著称。除继古斋外,尚有德诚局、甫润斋等。

由继古斋著名艺人萧乐庵、吴瀛轩等人设计、制作的剔红"群仙祝寿"大围屏,在 1915 年美国旧金山举办的"巴拿马太平洋万国博览会"上获得金奖。当时的黎元洪总统为此题写了一副匾额"雅艺绝伦"。继古斋虽然一度发展很快,但始终没有形成规模较大的工厂,最兴盛时也不过是五十人左右。其他作坊有的十来人,有的仅有三五人。

民国初、中期,北京较有名气的雕漆艺人还有宋兴贵、王兴甫、李茂隆等。宋兴贵是北京德诚局的雕漆艺人,开始以修补清代乾隆时制雕漆器为主,对乾隆雕漆的胎器、刀工、花纹、图案、用漆、木材等特征,反复进行研究。后来他开始自制雕漆器,所作完全模仿乾隆手法。王兴甫曾在德诚局与宋兴贵共同研究

雕漆,此后自立门户,与另一位曾在德诚局研究雕漆的同人丘兴喜共设甫润斋,制作雕漆工艺品。李茂隆是继古斋的雕漆艺人,他和萧乐庵、萧兴达等人制作的雕漆,不以仿古为能事,具有独特的技艺,他创制的雕漆作品,主要供应国内市场需求。

三、玉　器

元大都时,北京的玉器生产已有相当规模。元代的玉器雕琢,据传其技术是由长春真人丘处机传入,从业者达一万多人,使京师玉器琢磨居全国之冠,丘处机遂被尊为玉器业始祖,称邱祖。

元代重要的大型玉器据传是现存北海公园团城内的渎山大玉海,又称黑玉酒瓮。玉海的琢造年代,据《元史·世祖纪》载:至元二年(1265年)十二月"己丑,渎山大玉海成,敕置广寒殿",这是最早见于史籍的记录。渎山大玉海是北京玉器中最大的一件器皿。其高0.7米,直径1.35米,椭圆径围4.93米,底深0.55米,壁厚0.22米,重约3500公斤,可贮酒三十余石。

渎山大玉海的制作,继承和发展了我国琢玉工艺上"量料取材"和"因材施艺"的传统技艺。在玉海外部景物的琢磨,基本上如陶宗仪所说的"随其形刻"而作纹饰的。这从南北两面虭龙的设计中可以看出,北面玉料下凹,龙是采用浅浮雕的技法表现的;南面玉料上凸,故采用高浮雕的手法,琢制成一条腾跃出海面的蛟龙。其他如水波、旋涡等,也无不根据玉料的高低形状进行恰当的安排和设计。各种海兽出没于惊涛骇浪中,起伏自然,恰到好处,绝无矫揉造作之感。大玉海在运用"巧色"的技法上也有"变瑕为瑜"的独到之处。如玉海南部的一处"白章",

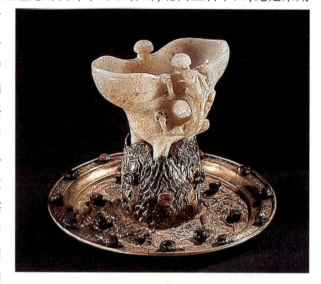

玉爵

用来点缀了一颗旋转如飞的大龙珠,几处激流旋涡,都是利用玉色较浅的地方,而大片的深碧色处,则刻成汹涌起伏的波涛。这样,就把玉料的自然质地合理而充分地利用起来,使其根据器物内容的要求完美和谐地融为一体,充分显示出当时工匠们卓越的才华和技艺。

明代玉器制作分为宫廷及民间两种,其中宫廷造办处中有御用监,下辖专门负责佛作、玉作和采办储存金玉等器物的承运库。与此同时,民间的玉器制作则呈现出世俗化的倾向,从皇室权贵走向普通市民阶层的玉器,无论是从选材用料还是制作工艺,都出现了良莠不一的发展态势。宫廷玉器制作有严格的程序,一般要经选料、画样、锯料、打钻、做坯、做细、光玉、刻款几道工序,仿古玉还要增加做旧(烧古)的工序。其中选料、画样是关键,由处于领班地位的工匠承担,做细、刻款、烧古等技术难度大的工序都有专职玉工负责。造办处玉器的制作在清高宗的直接监管下,绝大部分制品都经画样呈览,"奉旨准做"后再琢制。有些重要器物的每一环节都要经清高宗过目。造办处尽管集中了一批能工巧匠,但玉器制作的整体水平仍不及苏州和扬州。造办处玉作以琢制小型玉器、刻款、镌字为主,以琢工精细见长。

清代的玉器制作是我国古代玉器史上空前繁荣的阶段。清代前期的宫廷玉器代表了京师地区玉器制作的最高水平,清宫养心殿造办处玉作作坊,由于得到雍正和乾隆两朝帝王的支持,又有充足的优质玉材和技艺精湛的工匠,因而在发展制玉工艺方面发挥了重要作用。乾隆四十一年至四十四年(1776—1779年)琢制的"大玉瓮",是清代造办处制作的第一件巨型玉器。

北海团城玉瓮　吴超英摄

民国年间,北京玉器曾大量流入欧美诸国。之后由于国内军阀混战和第一次世界大战,曾一度影响北京玉器外销。而战后欧美一些国家以及日本经济复苏,使北京玉器的外销有所好转,并且形成了北京玉器出口贸易的一个高潮时期。当时的崇文门、花市一带以及前门外

297

的廊房头条、羊肉胡同、炭儿胡同等处,大小玉器作坊林立,沙沙磨玉之声不绝于耳。著名的瑞兴斋、富德润、宝珍斋、荣兴斋、永宝斋、义珍荣、义珍斋、济兴成等玉作就分设在这些街道上。这一时期北京玉器从业人员已达六千余人,其中有一半以上为季节工,即农闲时进城来的农村玉匠。玉器行庄因其销路对象不同,大致分为四类:一是本庄,出品销平、津、沪、汉各地;二是蒙古庄,出品销蒙古、新疆一带,民国以前为最盛;三是东洋庄,销行日本;四是西洋庄,销往美、英、德、法等国。市场不一,外销的玉产品艺术风格遂有不同。

据许善述等《旧中国北京的玉器业及工人状况》一书记载,1919—1920年,"西洋庄"兴起,做大件的多了。西洋庄主要做瓶炉、瑞兽等摆设品。西洋庄又分"法国庄""德国庄"(法国庄做的活糙,德国庄做的活细);五六年后又有了"东洋庄",做镯子、耳环花片等,主要销往日本。这时期前门就有工匠近千人,瑞兴斋作坊已经有二三百人,加上崇文门一带,从事玉器业生产的有三千人左右。应当指出,这里的从业人员三千人左右,除去了季节工,与上述六千余人的一半是相符的。

1928—1937年为玉器业的"黄金时代"。北平东四、西四、永定门一带都有玉器作坊,而前门、崇文门一带最多,几乎占据了羊肉胡同等三十几条胡同。一百人以上的大作坊有瑞兴斋、荣宝斋、玉祥成等十几家;三十人以上的作坊也很多;一两个人的作坊极少。据赵禾《北京手工业之概况》一文统计,七七事变前,北平玉器作坊共有三百二十户,与此同时,这时期玉器工人约达七千人。

四、牙 雕

明代,北京牙雕主要由内府御用监组织和管理生产。《酌中志》记载:"凡御前所用围屏、摆设、器具,皆取办焉。有佛作等作,凡御前安设硬木床、桌、柜、阁及象牙、花梨、白檀、紫檀、乌木、鸂鶒木、双陆、棋子、骨牌、梳栊、螺钿、填漆、雕漆、盘匣、扇柄等件,皆造办之。"御用监从全国各地征召雕刻高手进京,集中在果园厂,制作供宫廷赏玩使用的牙雕制品。

明代象牙雕刻进入了工致的阶段,尤其是神像和人物的雕刻,十分精细可爱。明代官府还常用象牙制作牙笏、牙牌。《明史》中记载颇多,其用材总量必然十分巨大。明代前期的宫廷牙雕作品,精工细腻,人物、花鸟纹饰多仿绘画笔意,着色填彩都有一定的章法。现在我们能见到的明前期宫廷象牙器,如牙笏、象牙蟠龙笔架、象牙法轮以及雕牙荔枝螭纹方盒等,都是牙雕精品。明代牙牌是朝官进入朝廷的通行凭证,牙牌上刻有官职和姓名。明朝官吏所佩的象牙腰牌,根据不同等级、不同身份,规定不同开制、不同质地的牙牌,不得僭越。这类明代牙牌与陈设性、玩赏性牙雕比较起来,实用性强,艺术性则稍逊。

清代北京的牙雕已发展到鼎盛时期。康熙时设置内务府造办处,其中的牙雕作坊,集中了全国各地技艺最高的工匠,选用优质材料为宫廷制作牙雕品。除在造办处设立工场外,清宫牙作御用作坊还有如意馆。

以象牙为主,配以玉石、金银等材料组成的镶嵌制品,在清代牙雕中更为普遍,其中最有名的要算"月曼清游"。这是一套浮雕镶嵌册页,它以象牙做人物、楼阁,宝石做器皿,蜜蜡、玛瑙做山水路径,天空以薄漆衬托。料实工精,堪称当时牙雕的佳作。它是乾隆年间在造办处当差的广东著名牙匠陈祖章等五人,根据宫廷画师陈枚的画稿,用了整整一百天的时间雕刻成的。在排开的十二帧册页里,描绘了贵族妇女从正月到十二月不同的生活情景,内容丰富多彩,作为历史风俗画,对认识当时的贵族生活有一定参考价值。

晚清北京的象牙雕刻受到财力、人力和原材料等方面的影响,发展一度受到了严重限制。以前为宫廷制作奢侈品的牙雕匠人纷纷转向了民间,开办作坊,聊以补充生活来源。到了光绪年间,北京的象牙作坊甚至曾一度面临绝迹的危险。其后有一些象牙雕刻艺人和一些专门为房屋建筑雕花装饰的艺人为古玩铺修补残旧的象牙雕刻工艺品,间或也从事牙雕生产。在清末民初,北京市面上已有十几户这样的象牙作坊,主要分布在花市大街以南上下堂子胡同、上下唐刀胡同及珠市口一带。

民国时期,随着国内外进出口贸易的扩大,牙雕行业又有了较大变化。由于消费对象的改变,实用型象牙工艺品(象牙器)逐渐少了起来,纯欣赏性的象牙雕刻摆件逐渐增多,象牙仕女、象牙老人、象牙刀马人、象牙小活、象牙平刻、象牙微雕等,逐渐成为市场畅销的品种。在繁华的前门西河沿、廊房头条一带有专营象牙雕刻品的商店"协和永""玉昇祥""裕盛公"等,在崇文门外一带也有一些象牙作坊。另外,有一些艺人还在青山居和东安市场等地摆地摊,出售象牙制品。

五、景泰蓝

景泰蓝始于明代景泰年间,最初为宫廷制品,宫廷之外很少流传。一直到清末,由于价格高昂,一般市民无力购买,需求有限,景泰蓝的生产规模都不大,国内市场销售状况不佳。清光绪三十年(1904 年),景泰蓝参加在美国举办的国际博览会,并获得一等奖,至此影响扩大,逐渐打开海外销路。

五彩瓷盆

景泰蓝器皿种类很多,大者如鼎、炉、佛前五供、瓶罐等,小者如壶杯、烟具、文具、徽章等零星物品,均甚精致而耐用。所用原料主要为珐琅,有红、黄、绿、黑、紫、白等颜色。北平景泰蓝较有代表性厂家包括德鑫、老亨记、瑞源兴、天义和、天新成、永泰成、瑞祥生、宏兴、北中兴、南中兴、恒兴隆等。

1930 年,北平景泰蓝业同业公会成立,据 1932 年统计,入会会员五十八家,未入会者约二十家。日军占据北平时期,景泰蓝行业一蹶不振。抗战胜利之后百废待兴,景泰蓝也一直未能实现出口。至新中国成立前,北平仅余十五家商号。"前美军驻平,爱好者殊众,搜购者多,因之粗品充斥市面,商人仅图近利,摧毁信誉至深。至精细制品亦有制作,究因价值过昂,殊非普通人所可问津。胜利后曾时兴银质点翠之制品,亦只限于小件之手镯、戒指等,外销有限。此业日趋衰落之原因亦不外为成本高昂,销路不畅,资本缺乏所致。"[1]

六、铜锡器

1932 年《北平市工商业概况》提道:"当前清时,蒙汉贸易甚盛,安定门之外馆地方,铜店聚集,造铜器及铜质佛像,颇为驰名,专销于外蒙。又如文具、烟袋

---

① 唐功烈、胡文镐:《北平的手工业景泰业》,《工业月刊》,1947 年第 4 卷。

等类,须由铜业专行制造者,其行销各省,为数亦巨。"抗战爆发前是北平铜锡器业发展的高峰,但接踵而至的动乱时代则对北平的铜锡器业产生了不利影响,当时已经显现出明显的衰退状态。据当时的报道记载:"平市铜锡器业衰微的原因,不外受战乱、交通、资金、原料各方面影响;而因时代推移,铜锡器每咸笨重,且易脏污,遂另有别种金属品代替,因之外

清末北京料器制作

销市场显狭窄,难以推广。战前最盛时年出产量在一万一千担,三十五年度减到一千七百余担,仅以昔日产量七分之一,可见衰颓一斑。"①据抗战胜利后的一项调查显示:"战前二百三十家商号中,纯作洋庄的有三十多家,现在只有十家作出口买卖了。锡器制品有文具、烟具、蜡台、佛像等,近年销路最多的为锡啤酒瓶。"②频繁的战乱,不仅导致商户锐减,其产品销路也受到了极大阻碍。

---

① 张廷祝:《日趋没落的北平手工业》,《经济评论》,1947年第1卷。
② 张光钰:《北平市手工艺生产合作运动》,1948,第7—8页。

第六章

宗教文化

马克思深刻指出，宗教曾是这个世界"总的理论"，是其包罗万象的"纲要"。① 任继愈先生则强调，中国佛教与道教的深远影响"不在儒家经史子集之下"，儒、释、道三教交互融摄，共同构成唐宋以来中国千余年来的"文化总体"。② 传统宗教在东城历史发展中的各个方面，都发挥过深远的文化影响。尤其是元大都建成以来，来自全国各地的多元宗教文化荟萃于此，交流融合，和谐共存，融入东城社会的各个方面，成为东城文化不可分割的重要组成部分。

东城宗教文化的特点，一是宗教种类齐全。东城的宗教文化既有土生土长的道教文化，也有传入后完成中国化的佛教文化，还有伊斯兰教、基督宗教等外来的宗教文化。如佛教文化就有内城的雍和宫、隆福寺、智化寺，以及外城的夕照寺、铁山寺等寺庙影响深远。道教文化，有天后宫、"三官庙"、正阳门关帝庙、崇文门东大街蟠桃宫等宫观遐迩闻名。东四清真寺、花市清真寺，以及东堂、俄罗斯馆等等，同样体现出东城丰富多彩的多元宗教文化，显示了多元宗教文化在同一区域内的和谐发展。

二是历史悠久。例如建于清代中期的天后宫，是北京内城独一无二的天后宫，体现了官方与民间的文化互动。又如 1922 年在王府井大街建成的"中央堂"，既是救世军在北京的重要建筑，也是救世军在华的总部所在地，为推进中国近代慈善事业的发展起过重要作用。再如东四清真寺，既有典型的明代建筑特点，又有碑刻、楹联等伊斯兰教本土化的特征，是伊斯兰教本土化的重要代表。

三是文化底蕴深厚。例如嵩祝寺的佛教藏经刊本，是流传至今的佛经精品。又如智化寺的佛教音乐，其演奏技艺历代相传，至今不衰。再如东四清真寺的元代手抄本《古兰经》，体现了伊斯兰教在北京地区的悠久历史。这些都是中国古代不可多得的宗教文化珍品，闻名于世，在今天也得到了很好的保护和传承。

① 马克思：《〈黑格尔法哲学批判〉导言》，《马克思恩格斯选集》第一卷，第 1 页。
② 任继愈：《〈道藏提要〉序》，《道藏提要》第 2—3 页。

第一节　佛教文化

佛教文化在东城宗教文化中独占鳌头。佛教为三大"世界宗教"之一,初创于印度,于先秦两汉时期传入中国,"至梁而后大,至唐而后固"[①]。此后佛教文化成为传统文化不可或缺的重要内容,与中国本土的儒教文化、道教文化鼎足而立。

佛教文化在中国经历了秦汉魏晋始传、南北朝确立、隋唐至宋元兴盛、明清以后由盛转衰等大的历史阶段。北京佛教文化是中国佛教文化的有机组成部分。不过辽金以前,幽州(今北京)为北方的军事重镇,佛教文化的传播与发展,也相对落后于长安、洛阳等地。隋唐高僧静琬赴幽州白带山智泉寺(今云居寺)刊刻石经,为北京早期佛教文化的盛举。在此前后,幽州城内外相继创建了悯忠寺(今法源寺)、云居寺等历久相传的佛寺。辽金时期,随着城市政治地位上升,再加上帝王崇奉,燕京(今北京)的佛教文化也进入新的发展阶段。但直至元初创建大都,东城的佛教文化方迅速兴起,并逐渐发展繁荣。

一、佛教文化概况

辽金以前,今东城地域尚处于幽州(后为燕京)的东北郊外,其时应已有佛教文化的萌芽,但其遗迹已基本无存。目前所见唯一记载,为交道口东大街的开元寺。文献记载称,开元寺于明天顺四年(1460年)重建,改名惠明寺,清乾隆元年(1736年)奉敕再修,复改名慈寿寺。寺内明正统十年(1445年)国子监司业赵琬所撰《开元寺兴造碑记》中说道:"寺创自唐开元间,历宋、元以至明宣德间再造,越数岁而成功。寺因旧号,未遂改正,乞赐新名,遂赐今名。"[②]这是寺

---

① 元好问:《竹林禅院记》。
② 于敏中等:《日下旧闻考》卷五十四。

庙重修时为请人撰碑而作的叙述,内容是否确切,其历史沿革如何,未可遽定。东城佛教文化大规模的兴起,显然是在元初创建大都,并进而成为全国的宗教文化中心之后。

总体而言,元代为东城佛教文化的奠基时期。忽必烈主持中原政事期间,即开始采取扶持佛教为其所用的宗教政策。当时的高僧万松行秀、海云印简等人,就在元初的国家政治与文化生活中发挥过重要作用。大都营建以后,元世祖忽必烈进一步崇奉佛教,在皇宫内外广做佛事。又尊奉藏传佛教的高僧八思巴为国师,授以玉印,并设置管理藏区政教事务的宣政院,开启了藏传佛教在北京发展的新时代。这极大地刺激了东城佛教文化的兴起。此后元代帝王继承世祖以来的崇佛传统,大办法事,或重赏金银,或封赐“帝师”,或“饭僧”“游佛”,或施经建寺。尤其是建寺供奉帝王“御容”的神御殿制度,更为东城民众树立起崇佛信教的文化榜样。鼓楼东侧供奉元成宗帝后“御容”的大天寿万宁寺,尤其规模宏大,影响深远。在此背景下,规格不一的佛教寺庙在东城的大街小巷先后创建。清代《日下旧闻考》记载城北金台坊九铺的狭小范围内,始于元代的佛寺就有万宁寺、法通寺、千佛寺等数座,可见一斑。

明代是东城佛教文化的发展时期。明太祖朱元璋早年在佛寺出家,后来在北京担任庆寿寺住持的道衍禅师(广为人知的姚广孝)也曾辅佐燕王朱棣“靖难”,并将都城迁回北京。这为明代崇尚佛教的基本政策打下了坚实基础。此后明代帝王即位时,往往以僧人“代替出家”,“奉养居处,几同王公”。[①] 景泰年间明代宗兴建有大隆福寺,明神宗即位之初又建了承恩寺。明神宗的生母李太后,更是明代历史上著名的崇佛太后。她在皇帝的支持下,在京师内外修葺梵刹多处,“动费巨万”,并获得了“九莲菩萨”的称号。信奉藏传佛教的明武宗,还曾自称为“大庆法王”。除此之外,明代宦官也成为扶持北京佛教发展的重要力量。他们或创敕寺,或建私庙,极一时之盛。如英宗朝司礼监王振兴建的智化寺、成化年间太监夏时所建的成寿寺等等。皇室、宦官的尊崇,成为明代推动东城佛教文化发展的重要因素。而众多寺庙的建造,也成为当时东城佛教文化发展的见证。

清代是东城佛教文化发展的鼎盛时期。清朝对于佛教的基本政策与历代一脉相承,同时崇奉藏传佛教,并上升到“兴黄教以安众蒙古”的国策层面。东

---

① 沈德符:《万历野获编》卷二十七。

城由此兴建了大量规
格崇高、规模宏大的寺
庙,佛教文化得到进一
步发展。顺治年间,在
内苑琼华岛上建立起
具有标志意义的永安
寺及白塔。雍正帝继
位之前的潜邸雍和宫,
后来也改为藏传佛教
寺庙。珍藏寺内的御

雍和宫

制《喇嘛说》碑和"金奔巴瓶",更成为影响清代国家大事的佛教文物。乾隆年
间,又将为章嘉国师所建的嵩祝寺移于明代的番经厂,规制更加宏大。与此同
时,东城汉传佛教寺庙也得到修缮与扩建,影响逐步扩大。

清代佛教各派的高僧大德,竞相进京弘法,开展传教活动。雍乾时期,清廷又
征召名僧,在由王府改造的贤良寺内整理藏经,形成后世影响深远的《龙藏》。清
代东城的佛教文化,随着北京佛教文化的进一步发展,进入前所未有的鼎盛时期。

晚清、民国是东城佛教文化的转型时期。晚清国力日衰,西学渐入,东城佛
教文化受到很大冲击。繁华一时的佛教寺庙,多因年久失修,香火零落。军阀
混战,社会动乱,加上"庙产兴学"运动的兴起,更给民国日趋颓败的佛教文化以
重大打击。北京佛寺的数量不断减少,部分寺庙或以营办丧事勉力维持,或改
建为学校。难以为继者,则陆续为居民挤占,或被迫转售。为适应社会发展,佛
教内外人士采取了一些改革举措。佛教居士则利用自身资源,钻研佛学,或刊
印佛经,或举办慈善,成为此期推动东城佛教文化延续的重要力量。

二、重要佛教寺庙

历经元、明、清三代尊崇,东城的佛教文化发展迅速,东城也创建了数量众
多的佛教寺庙。这些寺庙既是东城历史上栖处僧众、开展弘法活动的场所,也
成为展现东城佛教文化的重要窗口。其著名者,如万宁寺、智化寺、隆福寺、普
度寺、普胜寺、柏林寺、贤良寺、雍和宫、嵩祝寺、智珠寺、夕照寺、法华寺、铁山
寺、通教寺等等,分布于东城的大街小巷,香火鼎盛,不仅名重当世,且影响

深远。

(一)万宁寺

万宁寺是东城最早的皇家大寺,对于东城佛教文化的发展,尤其具有开创意义。万宁寺始于元大德九年(1305 年)二月,原名大天寿万宁寺,清代因避道光帝之讳,一度改名为万灵寺。万宁寺是为元朝第二代皇帝即成宗祈福而建的寺庙,其残址位于今鼓楼东侧的草厂胡同,修建时正处于大都的鼓楼以东,与全城极富象征意义的中心阁位置近在咫尺。史载成宗"多疾",由其皇后"居中用事"。这或也是成宗刚届四十岁,即下令于城北中轴线东侧敕建万宁寺的原因之一。① 据说元初世祖兴建弘教寺"已耗虚费",而万宁寺的建造费用较弘教寺又"增倍半",可见其受到元成宗及其皇后重视的程度。②

万宁寺的具体布局已无文献可考,但竣工后规模宏大,寺宇繁多,成为东城首座富丽堂皇的皇家大寺,当无疑义。据说寺内铜铸的如来佛像,以及塑造的千手千眼菩萨、左右菩萨等,均由尼波罗(今尼泊尔)工匠阿尼哥在逝世前一年主持完成,成为这位元大都著名雕塑家晚年最重要的"收官之作",生动见证了中尼两国人民悠久的文化交流。史料又载:万宁寺塑有秘密佛像,"其形丑怪",皇后进香时"以手帕蒙覆其面,寻传旨毁之"。③ 可见万宁寺中供奉有密宗的神像,当为藏传佛教的寺庙。寺中住持,也由藏传佛教的高僧出任。延祐三年(1316 年)十一月,万宁寺的住持米普云济,曾以所佩的国公印"移文有司,紊乱官政",以致元仁宗不得不下令"禁止"。④ 米普云济身佩"国公"之印,且能行文有司,"紊乱官政",可见元代万宁寺享有很高的政治地位、经济地位与宗教地位。

泰定四年(1327 年)五月,万宁寺又建造神御殿,供奉元成宗与其皇后的"御容",以便此后元帝岁时祭祀。⑤ 元代神御殿又称"影堂",是安放先朝帝王御容、牌位的处所。元廷将历代帝王的神御殿建于寺内,"皆制名以冠之",按期祭祀,或由国师荐福。⑥ 历元一代,大都供奉帝、后"御容"的敕建佛寺共有十二

---

① 《元史·卜鲁罕皇后传》。
② 于敏中等:《日下旧闻考》卷一百五十五。
③ 《元史·卜鲁罕皇后传》。
④ 《元史·仁宗纪》。
⑤ 《元史·泰定纪》。
⑥ 于敏中等:《日下旧闻考》卷三十二。

座,但位于东城城内者则仅有万宁寺一座。因而在元代前期促进东城佛教文化的传播与发展方面,万宁寺具有非常重要的地位。

元代灭亡,供奉御容的前朝佛寺也受到牵连。明代万宁寺的规模逐渐萎缩,香火也日益衰落。《析津日志》记万宁寺"从湢室而入,有穹碑二"。"湢室"即浴室,见于中原禅宗丛林,而非藏传佛寺的形制。但这是万宁寺于创建时即已受到汉地禅林文化的影响,还是其衰落后由于住持变换而作的增置,尚难明确。又载寺内有长各二丈的元碑二座,一为"天寿万宁寺神御殿碑",一碑则漫漶"不可读"。又明碑四通,一为祭酒冯梦祯所撰,一为太史焦竑所撰。可见明代万宁寺虽与元代曾经的辉煌相比已不啻霄壤之别,但仍续有修葺。沿至清代,万宁寺进一步衰落。到清代中期,寺前的空地已多被占用,原有的元明碑刻遗失无存,仅剩明代后期的焦竑碑。[①] 此后又经过百多年的时光淘洗,这座在早期东城佛教文化史上显赫一时的皇家大寺,现仅存一丝遗迹,湮没于居民杂院的尘嚣之中。

(二)智化寺

智化寺为明代前期东城修建的重要敕寺,虽历经波折,但文化影响则长盛未衰。智化寺位于禄米仓胡同,始建于明正统九年(1444 年),原为明朝大太监王振的家庙,经明英宗赐名"报恩智化寺"。其时王振"荷付托之重"[②],

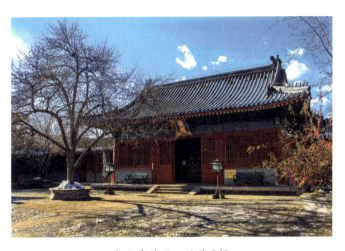

智化寺藏殿　刘明月摄

以司礼监太监执掌朝政,威重一时,故其东城所建宅第及附属家庙,皆"穷极土木"[③]。智化寺也成为东城最豪华、最壮丽的寺庙建筑。寺院建成初期,由僧录

---

① 于敏中等:《日下旧闻考》卷五十四。
② 《敕赐智化禅寺报恩之碑》。
③ 《明史·王振传》。

司右觉义然胜担任开山住持。但不久"土木堡之变"爆发,受王振蛊惑贸然"亲征"的明英宗被掳,王振亦被击杀,智化寺陷于沉寂。景泰八年(1457年)正月,明英宗乘明代宗病重,成功复辟,于是复在智化寺内为王振建立"旌忠祠",塑像祭祀。① 得到英宗宠眷与太监维护的智化寺,再次繁盛。直到清乾隆七年(1742年),在御史沈廷芳的奏劾下,始将王振塑像毁废,改供佛像,成为真正的佛寺。

智化寺是目前北京保存最为完整的明代寺庙,修建系仿自唐宋"伽蓝七堂"的规制而成。其主体建筑庄重典雅,装饰彩绘素雅清新,琉璃瓦顶用料独特,具有鲜明的时代特色。早在1961年,智化寺就被列为全国重点文物保护单位。寺内有北京唯一的明代原木结构转轮藏,高四米,下设汉白玉须弥座,木制八角形经柜上各有四十五个长方形抽屉,浮雕佛像莲瓣肥硕,带有独特的明代造像风格。智化寺转轮藏建造年代早,雕刻精美,线条粗犷有力,细节上又极尽奢华,匠心独运,与特有的京音乐,以及美轮美奂的藻井,并称为寺内的"三大艺术珍宝"。

智化寺藻井原有三个,分别安装于如来殿、智化殿与藏殿的殿顶,均为珍贵的楠木制作。藻井上雕刻的游龙、盘龙图案,在卷云、莲瓣的映衬下,生动壮观,工艺也极其精湛,展现出中国古代精美古朴的佛教艺术与佛教文化。可惜到民国年间,两个珍贵的智化寺藻井流失海外,现分别收藏于美国纳尔逊博物馆和费城艺术博物馆。仅剩藏殿上的藻井,见证和述说着这一段近代文化史上的灾难与耻辱。

智化寺京音乐,更具有"中国古音乐活化石"的美誉,成为东城珍贵的佛教文化瑰宝。王振建造家庙后,利用权势将明宫中的乐谱带出,自组乐队,用于家庙的佛事活动,这是智化寺京音乐最初的来源。此后智化寺历经曲折,但寺内的佛教音乐仍代代相传,影响不断扩大。清代道光、咸丰年间,智化寺的佛教音乐逐渐传播到北京周边地区,成为北方佛曲的代表,并被冠以"京音乐"的美称。

智化寺京音乐有明确纪年的传统工尺谱本,有独具特色的乐器、曲牌与词牌,有接续传承的寺内艺僧。它包含了唐、宋以来中国佛教法乐的文化精髓,又吸收元、明时期民间俗乐的曲调词牌,最终形成雅俗共赏、遐迩闻名的佛乐艺术。智化寺京音乐传承至今,已经历了三十余代,但一直保持着原始古朴的文化风貌,是中国古代音乐史上著名的"活化石"。智化寺京音乐与现存的西安城

---

① 于敏中等:《日下旧闻考》卷四十八。

隍庙鼓乐、开封大相国寺音乐、五台山青黄庙音乐以及福建的南音一起,成为中国古乐文化的杰出代表。1986 年,北京市佛教协会和中央音乐学院共同组建"北京佛教音乐团",远赴西德、法国、瑞士等国演出,引起极大轰动,足证智化寺京音乐独具特色的文化魅力。

除众所周知的三大艺术珍宝以外,智化寺内其他佛教文物,也颇具影响。寺内珍藏有十三尊明代佛像,造型古朴,工艺细腻。《地藏菩萨与十府冥王》壁画,线条细腻,色彩艳丽。世界上仅存两部汉文《大藏经》经版之一的乾隆《大藏经》经版,也曾在智化寺内保存。为加强文物保护,1984 年成立"智化寺文物保管所",后来演变为"北京文博交流馆"。这是促进北京文博发展、开展民间收藏展示、举办文化活动、交流文博信息的综合博物馆,在东城文化建设中具有非常积极的意义。

(三)隆福寺

隆福寺为明代前期帝王创立的又一皇家大寺,同样具有深厚的文化底蕴。隆福寺坐落在东四北大街以西,创建者为"土木堡之变"中仓促代兄为帝的明代宗。景泰三年(1452 年)六月,明代宗以西城拥有大慈恩寺、大兴隆寺等众多辉煌的皇家庙宇,而东城却缺少宏大的佛教丛林,特令工部择地,在东城兴建用于为其"祇崇"祝厘的大隆福寺。① 太监尚义等人"役军夫数万人",加紧施工。部分殿石栏杆,还从幽禁明英宗的"南内"直接拆取而来。次年竣工,额题"敕建大隆福寺",前面树有"天下第一丛林"的高大牌坊。《明实录》记载,隆福寺修造"费用数十万,壮丽甲于在京诸寺",成为明代东城最重要的敕建寺庙。② 隆福寺规模宏大,延至清末,尚存院落八进,仅中路就分布有佛殿九座。明人详记其规制,称寺内"三世佛、三大士处殿二层、三层。左殿藏经,右殿转轮。中经毗卢殿,至第五层,乃大法堂。白石台栏,周围殿堂,上下阶陛,旋绕窗棂。践不藉地,曙不因天"③。

隆福寺落成之际,明代宗曾欲亲往瞻礼,但遭到太学牛杨浩等人的谏阻。不久又有人上言其地不吉,明代宗下令拆去寺前的"天下第一丛林"牌坊,并禁止寺内钟、鼓鸣响。明英宗复辟以后,隆福寺的政治地位也迅速下降,并进一步

---

① 《大隆福寺敕谕碑》。
② 《明英宗实录》废帝附录第三十五、第四十五。
③ 刘侗、于奕正:《帝京景物略》卷一。

影响到其在民众间的地位，殿宇虽幸存未毁，"而香火寂寞，廊院萧条，至今不振"①。不过明代宗在开寺之际曾"敕都民观，缁素集次"，隆福寺中僧俗两众的往来逐渐恢复，后来更成为北京唯一的番（喇嘛）、禅（和尚）同驻的大寺院，吸引了京城民众的香火。明代中后期，诗人黎民表在游览隆福寺时，作诗感叹："法自拜时竟，凉生病者躯。出门如堕劫，车马共尘途。"诗人蔡羽也作诗称："闲并都门日，酒为贫士家。銮回思往事，轮转和群哗。"②可见其概。

入清以后，隆福寺于雍正元年（1723 年）获得重修，刻立御制的"重修碑文"，又赐颁"慈天广覆"御匾，隆福寺再度成为东城首屈一指的名刹。在清代尊崇黄教的政策氛围下，隆福寺逐渐纳为喇嘛独自掌管，成为藏传佛教在北京内城的重要寺庙。乾隆年间，隆福寺庙会在京城民众间的影响越来越大，形成口耳相传的"东庙"，与西城护国寺的"西庙"相提并论，成为北京内城两大最为热闹的庙会。每月逢九、逢十开庙期间，隆福寺游人接踵，"百货骈阗，为诸市之冠"③。清代北京《竹枝词》称："东西两庙货真全，一日能消百万钱。多少贵人闲至此，衣香犹带御炉烟"，为隆福寺庙会繁盛的写照。④

光绪二十七年（1901 年）隆福寺发生大火，天王殿、大雄宝殿、大悲殿、地藏殿等重要建筑被烧毁一空。不过寺内历久相传的庙会传统，并未因此而衰落。烧毁的隆福寺殿宇未再修复，其遗址逐渐演变为摊贩占据的商业性集市。清末民初，在隆福寺售卖古籍旧书的书肆，即达到三十多家。一些不常见的珍本、孤本，往往亦现身其间。隆福寺书肆成为与南城琉璃厂相提并论的"淘书"宝地，吸引了文人雅士的目光。附近北京大学、中法大学、俄文专修学校等学校的师生，常赴隆福寺书肆徘徊流连。今藏于北京大学图书馆的《红楼梦》庚辰本，就是时人以八块大洋，在隆福寺的地摊上偶然"淘"来的。1949 年初，宋云彬、柳亚子、郑振铎、马寅初等文化名人从香港北上，一至北京，即慕名前往，可见隆福寺书肆巨大的文化影响。1949 年以后，隆福寺大街仍为北京著名的商业中心，与西单、王府井、前门等齐名，并持续到 20 世纪 90 年代。但隆福寺的佛教文化建筑，则在改造、拆除的过程中逐渐流失。明代藻井、明清御碑等珍贵的佛教文物，现已移存至北京古代建筑博物馆、北京石刻博物馆等地。

① 沈德符：《万历野获编》卷二十。
② 刘侗、于奕正：《帝京景物略》卷一。
③ 于敏中等：《日下旧闻考》卷四十五。
④ 得硕亭：《草珠一串》。

（四）柏林寺

戏楼胡同的柏林寺，曾与智化寺等并列为"京师八大寺庙"。据《日下旧闻考》记载，柏林寺始建于元至正七年（1347年），明正统间重修，时任国子监祭酒的李时勉撰写碑文。李时勉为江西吉安人，永乐二年（1404年）进士，历仕建文、永乐、

柏林寺

洪熙、宣德、正统、景泰六朝。李时勉为明代前期卓有名声的学者，担任国子监祭酒期间，曾因得罪权宦王振而遭受杖责。柏林寺重修后请其撰碑，既缘于寺庙与国子监近在毗邻，李时勉与寺内时有往来，更是感慕其"性刚鲠，慨然以天下为己任"的名声。[1] 明代后期，又有夏昶、金湜、包琪、潘暄、陈政、杨焕、孟阳、司马恂等多人，于柏林寺内"分韵赋诗，寺僧汇而成册，朱之蕃跋其尾"。[2] 朱之蕃（1575—1624年）为万历二十三年（1595年）状元，明代著名书画家。这次文人雅集，成为柏林寺明代历史上的文化盛事。可惜寺僧汇集的诗册不存，详情已难追忆。

清代帝王的尊崇，使柏林寺获得全新的发展机遇。康熙五十二年（1713年），时居雍王府（后来的雍和宫）、晋为亲王刚四年的胤禛为庆祝其父康熙帝六十大寿，出资主持了规模盛大的修缮，由此奠定清代柏林寺的基本格局。重修后的柏林寺坐北朝南，位于中路的主要建筑有山门、天王殿、大雄宝殿、无量殿、万佛宝阁五进院落，东西两侧又各置配殿、廊庑。柏林寺正殿上，悬挂有康熙帝亲笔御书的"万古柏林"匾额。雍正帝登基后，又书赐御匾六块，即天王殿"摩尼宝所"匾、东斋堂"法苑金汤"匾、西禅堂"心空及第"匾、无量殿"善狮子吼"匾、

---

① 《明史》列传第五十一。
② 于敏中等：《日下旧闻考》卷五十四引《燕都游览志》。

后阁"万佛宝阁"匾、小法堂"中流砥柱"匾。柏林寺康、雍两代帝王宝翰,"后先辉映"。乾隆二十三年(1758年),乾隆帝又以"涂之丹者日以剥,构之甍者日以落",再次拨巨款重修,竣工后"宝界庄严,人天增胜"。乾隆帝御制《重修柏林寺碑文》,书赐御匾御联,并作诗赞称:"柏林古刹炳长安,岁久樏题惜废残。况是近邻跃龙邸,特教重焕散花坛。"柏林寺在京城寺庙中的政治与文化地位,都得到空前提高。清代享誉内外的官刻《龙藏》,其刻板就曾移置在柏林寺内保存、颁印。民间甚至流传"先有柏林寺,后有北京城"的说法,可见其在京城的文化影响。

1949年以后,柏林寺多次进行修缮,其原貌基本得到维护。2006年,又被列入第六批全国重点文物保护单位。柏林寺内苍劲古朴的元明松柏、两棵紫藤缠柏的奇观,以及列为"三宝"之一的七叶"蝴蝶槐",成为东城口耳相传的佛教文化遗存。

(五)雍和宫

柏林寺以西的雍和宫,是清代东城文化影响最大的佛教寺庙。雍和宫原为康熙帝赐给其四子胤禛的府第,先称禛贝勒府,继升雍亲王府,后来成为雍、乾两代帝王的"在潜之居"。胤禛继承大位后,雍正三年(1725年)改为行宫,称雍和宫。其子弘历继位为帝,复于乾隆九年(1744年)改建为喇嘛庙,特派大臣管理。乾隆末期,清廷为安定蒙藏地区,建立由中央政权确认"活佛转世"的"金瓶掣签"制度,并御制《喇嘛说》立碑宫中。朝廷钦赐的"掣签"金瓶,一藏拉萨大昭寺,一藏北京雍和宫,专门用于蒙藏、青海等地转世"灵童"的确认,大大加强了中央对于蒙藏地区的管理,雍和宫也进一步成为清廷掌管藏传佛教事务的重心。

雍和宫万福阁

雍和宫是北京现存最大的藏传佛教寺院,也是清代规格最高的皇家寺

314

院。整体布局坐北朝南,分东、中、西三路,占地六万多平方米。主殿"雍和宫"位于中轴主线正中,对联"接引群生,扬三千大化;圆通自在,住不二法门",深刻体现了雍和宫作为北京藏传佛教文化中心的特色。大殿前方即乾隆五十七年(1792年)所立、对清代藏传佛教政策影响深远的《喇嘛说》御碑。主殿四周,分布着密宗殿、时轮殿及班禅楼、戒台楼等配套建筑,共计有殿宇、僧房七百余间,规模宏大。其中称为"四学殿"的四座配殿,又称"四札仓",分别建有显宗、密宗、医药、时轮(又称"声明")四大学院,与黄教六大寺院的布局基本一致,其专业教师也多迎请藏区名寺的高僧大德担任,因而成为黄教在京城培养"尊国政、谙例律、知举止"之僧才的重要场所。乾隆四十五年(1780年)班禅六世自西藏来京觐见时,曾在"受戒台"给乾隆帝讲经授戒,也成为雍和宫发展史上引人注目的文化盛事。

雍和宫内的大小殿宇,历经修缮,完美融汇满、汉、藏、蒙等民族建筑文化于一体,同时尽显清代皇家敕建寺庙的宏伟气势。殿上匾额基本上都采用满、汉、藏、蒙四种文字书写,体现出清代多民族国家的统一。珍藏寺内的五百罗汉山、檀木大佛和楠木佛龛,并称为中国佛教文化的"海内三绝"。又有铜铸须弥山、竖三世佛、六道轮回图以及乾隆帝用藏文亲笔抄写的佛经,也是雍和宫极具特色的佛教文物。雍和宫永佑殿西山墙上悬挂的堆绣绿度母唐卡,则由乾隆帝的生母钮祜禄氏亲自带领宫女绣成,造型典雅,工艺精湛,亦为唐卡艺术中的珍品。

除此之外,清代雍和宫每年举办的新年法会(今春节)、金刚驱魔神舞(俗称"打鬼")等大型法事活动,也在京城民众之间口

雍和宫内白檀木大佛

315

耳相传，"观者甚众，有万家空巷之风"①，成为东城佛教文化中的一道亮丽风景。

（六）嵩祝寺与智珠寺

嵩祝寺、智珠寺位于北河沿大街以西，是清代东城又一组重要的佛教文化寺庙。在明代番经厂、汉经厂遗址上，清代先后建造了法渊寺、嵩祝寺、智珠寺三座大寺，自东至西，并排耸立。其中东边的法渊寺，乾隆三十七年（1772 年）改建，20 世纪 50 年代拆除后，已基本无存。西边建于乾隆年间的智珠寺，亦历经劫难，但主体犹存。2012 年，智珠寺复建修筑，曾荣获联合国教科文组织亚太区年度文物古迹保护优异奖。其后与中间基本完好的嵩祝寺，共同公布为北京市文物保护单位。2019 年，又列为全国重点文物保护单位。

嵩祝寺在三寺中规模最大，文化影响也最大。据《蒙藏佛教史》记载，嵩祝寺始建于康熙年间，后成为章嘉呼图克图在京的驻寺，名声大噪。清初蒙古准噶尔部屡次东犯，大臣曾提议修复长城，以作防御。康熙帝赋诗称："万里经营到海涯，纷纷调发逐浮夸。当时用尽生民力，天下何曾属尔家。"②认为长城修得再坚固，也难以抵挡骑兵的铁蹄。而流传于蒙藏等地的宗教民俗文化，或不失为安抚人心、实现民族和睦的办法。因此清代在北京大量兴建喇嘛寺庙，又先后册封章嘉呼图克图、哲布尊丹巴呼图克图，统管内、外蒙古宗教事务。其中章嘉呼图克图为蒙古两大喇嘛之一，是漠南蒙古（今内蒙古地区）黄教最大的转世活佛。

康熙年间，清圣祖召见二世章嘉至京，封为"灌顶大国师"。雍正帝在藩邸时，曾从其讲诵佛法。雍正元年（1723 年），青海发生罗卜藏丹叛乱，雍正帝命护送转世的三世章嘉活佛若贝多杰来京，敕驻嵩祝寺，并为其举行了隆重的坐床典礼。三世章嘉来京时，年仅七岁。雍正帝恩命其进宫，与皇子弘历（后来的乾隆帝）一同读书。三世章嘉由此与清代帝室建立了非同寻常的密切关系。此后他多次以大活佛及朝廷特使的身份，奔波于大漠南北、雪域高原，参与解决了许多重大民族宗教问题，为清代疆域的巩固立下了汗马功劳。

乾隆帝与三世章嘉共同成长的亲密关系，也使嵩祝寺受到清廷的特殊礼遇。嵩祝寺坐北朝南，中路包括山门、天王殿、宝座殿、藏经楼、后楼等建筑，规

---

① 富察敦崇：《燕京岁时记》。
② 《圣祖仁皇帝御制文集》卷三十六。

模宏大,设计精美。大殿"妙明宗镜"与后楼"慧灯普照"匾额,以及对联"碧砌瑶阶春色丽,琪花芝草日华鲜""夜梵闻三界,朝香彻九天"等,均出自乾隆帝御笔。[①] 此后四世至七世章嘉转世,经清廷"金瓶掣签"确认以后,亦受命驻锡寺内。嵩祝寺由此成为章嘉呼图克图历代相传的在京驻寺,具有崇高的政治地位和宗教地位。在蒙藏地区的民族宗教事务以及文化交流方面,更发挥出重大影响。

嵩祝寺的历史,还可进一步追溯到明代番经厂、汉经厂,因而在东城佛教文化史上,具有格外重要的意义。明代番经厂、汉经厂是皇家御用藏文、汉文佛经的印刻之所,始自明成祖,后续有修葺扩建。明版藏文《大藏经》,以及官版《永乐北藏》,均在此颁印。清代中期,在明番经厂、汉经厂旧址上相继改建为法渊、嵩祝、智珠三寺,其编经、印经的文化传统,仍持续相沿。直到民国年间,法渊寺仍保持印刻藏文佛教典籍的功能。

清代唯一官刻的汉字大藏经——乾隆《大藏经》,其刻板始雕与首印地,即在嵩祝寺内。乾隆《大藏经》始纂修于雍正十一年(1733 年),以明《永乐北藏》为底本修成,收录佛典一千六百多部,凡七千二百多卷,是清代极为重要的佛教文化工程。历时六年,至乾隆帝登基后方竣工颁印。因系皇帝钦定,又称《龙藏》《清藏》。乾隆《大藏经》经版共计七万八千多块,全部选用上好梨木精雕细刻,刀法洗练,字体端秀。在编纂、雕刻《大藏经》的过程中,嵩祝寺起到了不可替代的重要作用。负责编纂、监督的官员、学者、高僧共有六十余人,而刻字、刷印和装帧的工匠,则达到上千人。乾隆《大藏经》初印一百余部,赐发至全国各大寺院,称为"嵩祝寺版",是清代佛教文化史上的一大盛事。经版初存嵩祝寺,继移柏林寺,1982 年再移至智化寺内保存。虽经二百多年的风雨消磨,仍基本完好,具有独特的历史文化价值。1987 年至 1990 年,文物出版社对其进行全面的整理、校订、制版,重印了宣纸折装《乾隆版大藏经》,成为新中国成立以后最大的佛教文化工程之一。1991 年印本发行后,大部分木经版转交有"北京敦煌"之誉的房山云居寺继续珍藏,现已成为云居寺内与隋唐石经、明代纸经交相辉映的佛经"三绝",在新的时代继续发挥其独特的文化影响。

(七)普度寺与普胜寺

嵩祝寺之南,南河沿大街以西,有普度寺、普胜寺。两寺皆源于明英宗曾经

---

① 于敏中等:《日下旧闻考》卷三十九。

317

幽居的东苑(又称南城、小南城),入清后同样经历了曲折的过程,因而其影响也不仅仅局限于宗教文化的范围。普度寺又名普渡寺,原址为明代东苑中的重华宫,明末毁于战火。顺治初年,其地改建为摄政王多尔衮的睿亲王府,实际上则成为清初京城的统治中心。吴梅村诗句"松林路转御河行,寂寂空垣宿鸟惊。七载金縢归掌握,百僚车马会南城",描绘的就是摄政王直接在王府处理政务、向百官发号施令的景象。故其建筑亦"殿基高敞,去地丈余",具有独具特色的规制与韵味。①

但盛景不长,顺治七年(1650 年),正届盛年的多尔衮猝死于塞外喀喇城(今河北承德滦河镇)。建成不过数年的摄政王府,随即被清廷收回空置。四十多年以后的康熙三十三年(1694 年),又在原王府的北部,建造供奉大黑天护法神的玛哈噶喇庙。明、清政治舞台上显赫一时的皇家园囿与摄政王邸,最终化身为青灯古佛的佛教寺庙。

乾隆四十年(1775 年),清高宗拨帑重修扩建,竣工后赐名"普度寺"。其大殿"慈济殿"在中国传统建筑法式比较少见,内有高宗"觉海慈航"的御题匾额。两侧则保留或兴建有行宫院、方丈院、小佛殿及僧寮等建筑。不久清高宗又为多尔衮平反,"还其睿亲王封号,追谥曰忠",并盛赞其"奉迎世祖车驾入都,定国开基,以成一统之业""一切创制规模,皆所经画"的开国功绩。② 作为摄政王故址的普度寺,也获得朝廷的重视与民众的关注,"内藏铠甲弓矢,皆睿亲王旧物"。③

延到清末、民国年间,普度寺逐渐为军队或其他机构占据使用,或拆或改,仅剩山门、正殿、方丈院等小部分保留原貌。1949 年以后,中间部分又开办小学。陆续进入的居民,更在院内新建了大量平房。1984 年,普度寺公布为北京市文物保护单位。进入 21 世纪,普度寺保护工作进一步加强,居民和小学相继迁出。2007 年,北京税务博物馆曾在此开馆,然旋即迁出。2011 年,寺内又建立"北京三品美术馆",承担中国书法美术作品的展览、收藏、研究、推广等公共服务,意图为当代中国书画艺术家提供创作、展示、交流的文化平台。2013 年,普度寺列入第七批全国重点文物保护单位,将对东城的文化发展发挥出更加积

① 于敏中等:《日下旧闻考》卷四十。

② 《乾隆四十三年正月谕旨》。

③ 于敏中等:《日下旧闻考》卷四十。

极的作用。

普胜寺位于南河沿大街,又称十达子庙,顺治八年(1651年)敕建。清初兴建东华门外普胜寺、北海永安寺以及城北黄寺,号称"三大寺",其中以普胜寺距离紫禁城正门最近。《日下旧闻考》称普胜寺之地"为明南城旧址",即与普度寺同处于明东苑的范围之内。据说普胜寺的前身,与明东苑中的崇质宫有一定关系。"土木堡之变"中被俘的明英宗,被释回北京后被明代宗幽禁于崇质宫内八年,饱受人情冷暖。因而英宗复辟后即扩建东苑,崇质宫附近更大兴土木,建有涌福阁、骑马河、吕梁洪、东安桥、亭居桥、回龙观、崇德殿诸景致,飞桥画栋相连。不过明末均被毁废,风光不再。

顺治八年(1651年),清初多尔衮占据明东苑中心修建的摄政王府被废置后,遂在其东南不远处兴建普胜寺,作为蒙古高僧恼木汗在北京的驻锡寺庙。内立由大臣宁完我撰写碑文,碑阳采用满、蒙、汉三种文字合璧书写的《普胜寺创建碑》。乾隆九年(1744年),清高宗下令大修,由工部侍郎励宗万撰写《重修碑》,碑文同样采用满、蒙、汉文合璧的方式。乾隆四十一年(1776年)再加重修,奠定普胜寺的基本格局。据乾隆《京城全图》记载,其大门临街向东,门前设有栅栏。门内有大殿三间,东西配殿各三间,山门三间。此后持续相传,未有大的改变。

民国年间在寺内设立的欧美同学会,给普胜寺带来了新的文化内涵。1913年,在时任清华大学校长周诒春的赞许下,京、津两地同学会合并成立欧美同学会。1915年,由颜惠庆、顾维钧、詹天佑等著名留学生发起,集资两千银圆购得残破的普胜寺作为固定会所。1918年、1922年两次改造,1925年复经颜惠庆等募捐四万余元扩建。此次修建由会员贝寿同设计,兴建了餐厅、图书馆、游艺室以及浴室、招待所等设施。

欧美同学会以修学、游艺、敦谊、励行为宗旨,在西方科学文化输入方面发挥了重要作用,成为华北地区中西文化民间交流的重要机构。国际研究社、国际联盟同志会、读书俱乐部等学术团体,借此设会。中国地质学会、中国矿冶学会、中国化学工业会以及全国图书馆学会、中国医学学会、中华工程师学会、科学社、经济社等学术团体,也常在此开会,或举办各种学术讲座。欧美同学会活动大大增多,并足以与东交民巷专为外国人开设的北京俱乐部相抗衡。

欧美同学会还经常举办交际舞会、西式餐饮以及新式婚礼等活动,作为引进西方文明的窗口。周培源、汪德昭等名人在此举办新式婚礼,在当时的北京内外就产生了巨大的轰动效应。欧美同学会现为北京市第八批市级文物保护单位,将在未来的中西文化交流中,继续发挥其重要作用。

(八)中正殿与雨花阁

中正殿、雨花阁位于紫禁城西路西华门内,是禁宫内廷佛教文化的代表。自元代开始,禁宫内廷就经常举行大小不等的佛教法事,用于帝王、后妃日常祈祷追荐的佛堂也逐渐增加。至明代中后期,紫禁城西北形成以玄极宝殿(后改隆德殿,又改中正殿)为中心的道教信仰场所,其西北旧名隆禧殿的英华殿,则成为"供安西番佛、菩萨像"的佛教文化中心。文献载称:"殿前有菩提树二株,婆娑可爱,结子可作念珠。"①《天启宫词注补》有更详细的记载:"英华殿前菩提树两株,六月开黄花,秋深子落。子不从花结,与花并发,而附于叶之背,莹润圆整,可作佛珠。此树为李太后所植,太后上宾,神庙上尊号曰'九莲菩萨',祀慈容于树北之别殿。"②李太后是明代最为著名的"佞佛"太后,不仅在京城内外捐资兴建了大量佛寺,也成为宫中崇佛的重要推动者。万历二十年(1592年),高僧德清、真可在云居寺雷音洞中发现了始藏于隋代的佛舍利。李太后闻讯,高度重视,斋宿三日,迎入其所居的慈宁宫,"供养三日"。随后"乃于小金函外加一玉函,玉函外复加小金函,……仍造大石函,总包藏之",复归雷音洞收藏。③此次宫中极高规格的礼佛活动,对于促进宫廷佛教文化的传播,可以想象。

入清以后,继续沿用明末改名的"中正殿",但其宗教文化色彩,则逐渐改为专以藏传佛教为重。康熙三十六年,此处设置"中正殿念经处",主管宫内喇嘛念经与造办佛像各项事务。乾隆十四年(1749年),又大规模改建、增建中正殿、雨花阁,

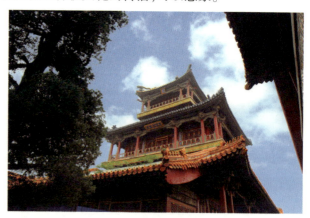

藏汉合璧建筑雨花阁

---

① 吕毖:《明宫史》卷一。
② 于敏中等:《日下旧闻考》卷三十四引。
③ 憨山德清:《憨山老人梦游集》卷二十。

最终形成以中正殿为中心、由十多座宫殿组成的庞大佛教文化建筑群。其中最具代表意义的雨花阁,出自三世章嘉呼图克图建议,乃仿照西藏阿里古格的托林寺坛城殿,严格依照藏密的"四部"规制设计而成。雨花阁建成后,成为紫禁城西路最高的建筑,也是宫中唯一的藏汉合璧建筑,在藏传佛教文化研究方面,具有极为重要的意义。

中正殿、雨花阁藏传佛教建筑群,为清代"兴黄教即所以安众蒙古"宗教国策在宫廷建筑上的具体体现。中正殿主殿供奉无量寿佛,又供奉大量来自西藏、蒙古各地的佛像与宗教绘画。每届岁时,宫中喇嘛依例诵经、祈福祷告,岁末宫中轰轰烈烈的"打鬼"活动,也在这里举行。这对于维护清代边疆安宁、国家统一,发挥了极其特殊的文化作用。

(九)贤良寺与东四法华寺

贤良寺位于金鱼胡同附近,曾在历史上产生过重大影响,但现已难觅踪影。贤良寺本为怡亲王允祥的王府。允祥深受雍正帝信任,死后舍宅为寺,御赐名为"贤良寺"。雍正末年,曾在寺内设藏经馆,校勘编纂《大藏经》。乾隆年间,寺庙迁建于冰碴胡同路北,因地近东华门,逐渐成为外省督抚进京朝见时的住处。道光年间,曾于寺内邀结漱芳文社,"同人极一时之盛",在八旗文人中产生了重大影响。[①] 晚清时期,曾国藩、李鸿章、左宗棠、张之洞等地方重臣进京觐见,亦多寄住寺内。贤良寺由此见证了诸多有关国计民生的大事。尤其是"庚子事变"后,李鸿章受命回京,住于寺内主持与八国联军的议和,最后又凄凉地死于寺中。民国年间,贤良寺配殿开办小学。自清中叶至民国年间名重一时的贤良寺,绝大部分建筑均已拆除,仅剩一点遗迹。

法华寺在东城境内有南北两座,一在崇文门外的法华寺街,一在东四的报房胡同。报房胡同旧称豹房胡同,源于明武宗时期鼎鼎有名的豹房。东四法华寺正称法华禅林,始于明正统年间太监刘通舍宅创建,天启年间姚姓太监复加修葺。该寺距东安门外不过二里,上悬"敕赐法华禅林"门匾,可见其与皇家的密切关系。其建筑与供奉规制,亦高于一般佛寺。经乾隆年间再修,规模庞大的法华寺有东、中、西三路院落,殿宇轩昂,清末震钧甚至誉其"为东城诸刹冠"。

东四法华寺同样因为见证了中国近代史上的重大事件,而具有特殊的文化意义。第二次鸦片战争期间,英法联军攻入北京,咸丰帝仓皇逃往热河。留京

---

① 震钧:《天咫偶闻》卷三。

的瑞常、文祥、宝鋆等亲王大臣在法华寺内设置"巡防处",收拾残局。法华寺成为与英法外交的重要场所,"凡数月,和议既定,诸大臣于此延见洋人,是为京师交涉之始。"

晚清时期,法华寺曾结社聚会,"才俊咸集",称于一时。尤其是寺西的海棠院,"竹影萧骚,一庭净绿,桐风松籁,畅人襟怀",成为京城文人雅集的幽静之地。[①] "戊戌变法"时期,谭嗣同"夜访法华寺",就发生在这里。不过清末民初,法华寺香火迅速衰落,海棠院也成为停灵之处。此后法华寺内曾开办小学,新中国成立后又住满居民,寺庙建筑被基本拆除,仅留下几块石碑。

(十)外城法华寺、法藏寺、夕照寺、铁山寺

东城的外城即原崇文区范围内,也建立过诸多佛寺。著称者有外城法华寺、法藏寺、夕照寺、天龙寺、天庆寺、明因寺、铁山寺、清化寺、隆安寺、白衣庵等等。外城法华寺位于法华寺街,街以寺名。始建年代不详,清前期康熙年间及后期同治年间均有重修,成为北京外城有名的大寺。佛殿前后的海棠花盛开时,前来观赏者络绎不绝,法华寺也成为外城吸引民众的著名风景。法华寺现为区文物重点保护单位,尚存残破的大殿与部分配房,但钟楼、鼓楼等大部分建筑无存。

法藏寺也是外城有名的大庙,传说始于金代,原名弥陀寺。但其前期的历史,已不明确。明景泰年间重修,改名法藏寺。寺内有七级佛塔,"高十余丈,中空可登",成为游人登高览胜之地,"北望宫阙,黄瓦参差。西观两坛,松桧郁茂。西山黛色,如在檐前"。明人有诗赞称:"浮图影落青林外,舍利光生晦夜中。阡垄纷如闲步暝,九霄铃铎认西东。"[②]每年重阳节,来法藏寺登塔远眺者络绎不绝,称为"九九登高"。后年久失修,大部分建筑坍毁,唯塔独存。1958年,法藏寺佛塔被拆。数年后,法藏寺地名也并入幸福大街中。一座在明清时期曾享誉外城士林的佛寺,未再留一丝痕迹。

夕照寺位于广渠门大街以南的夕照寺街,始建年代不详。其得名,《析津日记》称起于"燕京八景"中的"金台夕照"。附近街巷亦以寺名,吸引文人雅士来寺聚吟。《日下旧闻考》认为"燕京八景"中的"金台夕照"位于东城朝阳门以外,故《析津日记》所记有误。然考"燕京八景"系金代"明昌遗事",夕照寺方位正在金中都城之东,而金中都城内曾有坊名为隗台(黄金台)坊。则该寺地处元

---

① 震钧:《天咫偶闻》卷三。

② 于敏中等:《日下旧闻考》卷五十六。

322

明所传"金台夕照"附近，亦不无可能。正统年间，时任兵部侍郎的于谦回京时经过夕照寺，寺僧特请其为师古拙俊禅师所遗《公中塔图》题记。于谦之书体略仿赵孟頫，但点划圆阔遒劲，别具峻拔清刚之气象。清代收入《三希堂石渠宝帖》，供世人景仰临摹。原件现珍藏于北京故宫博物院，为不可多得的于谦传世遗墨。

于谦楷书题夕照寺《公中塔图》

明末清初夕照寺倾圮，"仅存屋一楹"。后经修缮，"殿宇甚完整"，山门石额上题"古迹夕照寺"，内有大雄宝殿、大悲殿、方丈院、后院砖塔等建筑，成为外城有名的佛寺之一。乾隆年间，经寺僧邀请，著名画家陈寿山于大悲殿之西壁创作《古松图》，东壁则由王安昆以行草手书梁朝沈约的《高松赋》并跋。陈寿山画作凉意森森，王安昆书势秀挺飘飘，书画双壁，相互辉映。寺僧游客观之，赞叹不已。两件珍贵的夕照寺佛教文物，历经沧桑保存至今，现移存北京市文物研究所。

铁山寺位于珠市口东大街，其名始见于明正德十二年（1517 年）翰林院修撰周叙所撰的《重修三里河桥记》。后人据此相传，其时"有僧宗洪号铁山者，募缘修寺旁之三里河桥，寺遂因之得名"①。入清后，铁山寺持续相沿，《日下旧闻考》《宸垣识略》等文献均有记载。据《北京寺庙资料》，铁山寺占地面积三亩半，内有大小房屋五十七间，供奉有观音、释迦、木罗汉等神像，又有石碑三通。

铁山寺的规模与名气，在北京众多的佛教寺庙中其实并不突出。但由于在民国年间涉入"庙产兴学"纷争，成为近代寺庙转型过程中的典型案例，因而在近代佛教史上具有特殊意义。1929 年 1 月，南京国民政府颁布《寺庙管理条例》，倡导"庙产兴学"。9 月，北平电车工会以开办工人子弟学校为由，强行占据铁山寺，"将佛像、神龛、什物等件捣毁无遗，驱逐合寺僧人"。时任"北平佛教会"会长的僧人觉先等认为，"侵庙夺产问题尚小，毁佛灭教问题实大"，于是召集北平一千多处大小庙宇的僧人开会，"群起力争"。10 月 5 日，来自广济寺、

---

① 许道龄：《北平庙宇通检》上编。

323

法源寺、雍和宫、隆福寺等寺庙及白云观、吕祖阁等道观的僧人道士，会同佛教会创办的各校学生，共两千余人，前赴北平国民党党部请愿，要求收回铁山寺，"惩治各暴徒，以保庙产而肃法纪"。

1929 年的北平僧道大游行，为中国宗教史上前所未有之举，轰动教内教外。铁山寺"庙产案"爆发后，吸引了北平僧俗两界的目光，太虚、圆瑛等诸多近代著名高僧，也积极关注案件的进展。经过北平佛教界、国民党党部及北平市政府、法院等各方势力多年的激烈博弈，直到 1932 年，长椿寺僧人捐资接管铁山寺，案件方告一段落。学者认为，民国年间的铁山寺案，"无论对近代庙产兴学、政教关系，还是党政关系研究，均具有重要的启发意义"。铁山寺也由此在中国近代佛教文化发展史上，留下浓墨重彩的一笔。

铁山寺庙产收回后，成为外城营办丧事的主要庙宇。1949 年以来，铁山寺大殿犹存，但逐渐演变为副食品商店的大杂院。进入 21 世纪，铁山寺得到复修，现为区文物普查登记单位。正殿门联"书似青山常乱叠，灯如红豆最相思"，传闻出自清代名人纪晓岚。

（十一）通教寺与大佛寺

位于东直门内针线胡同的通教寺，亦列为"京师八大寺庙"之一。通教寺的历史渊源可以上溯到明代，原为太监所建。清代改建为尼寺，更名"通教禅林"。清末民初殿宇年久失修，佛像亦多损毁，仅剩一位老年比丘尼艰难度日。1942 年，来自福建的比丘尼开慧携徒胜雨入住，募资改造大殿，此后又扩建南北楼、五观堂、念佛堂、大寮等建筑，破败不堪的"通教禅林"由此焕然一新。开慧、胜雨将山门改为坐西朝东，同时更名"通教寺"。为培育尼众人才，1943 年，通教寺还成立"尼众八敬学苑"，后来又改为接纳四方尼僧的十方丛林。全盛时期的通教寺有尼僧六十多人，成为北京专供尼僧修行的著名兰若。[①]

新中国成立后，通教寺尼众继续其宗教生活，同时组织生产。"文化大革命"期间通教寺受到冲击，寺内经像法物悉数被毁，尼僧四处星散。落实宗教信仰自由政策后，通教寺得到重修，山门、大雄宝殿、南北楼、清泰寮、伽蓝殿、念佛堂、祖师殿、五观堂以及客堂、斋堂、寮房等建筑陆续建成。离寺的比丘尼陆续返回，停止多年的宗教活动也逐渐恢复。1983 年，通教寺被确定为汉族地区全国重点寺院，成为当时北京唯一一座著名的尼僧寺庙。寺内广植花木，丛荫碧

---

① 彭兴林：《北京佛寺遗迹考》上，宗教文化出版社，2012 年，第 63—65 页。

绿,清雅幽静,加上大雄宝殿内闻名遐迩的《善财童子五十三参画像》,以及珍藏多年的日本《大正藏》等文物,使通教寺重新享誉中外。

位于美术馆后街的大佛寺,民国年间以"庚申佛经流通处"著称于时,也在北京近代佛教文化史上占有一席之地。大佛寺为民众俗称,正名普德寺,据称系起源于元代的古刹,历代传承的大佛寺街等地名,可为佐证。但乾隆年间的《日下旧闻考》,已称"门前有碑四,俱漶漫不可读",故"建置岁月,无碑记可考"。

清末光绪年间,僧人通悟禅师募化重建大佛寺,并成为西域寺的下院,山门额题"敕赐护国普法大佛寺",寺庙香火亦略有起色。民国年间,佛学研究之风在北京逐渐兴起。以居士韩清净为会长的"三时学会",经常举办各种讲经会。江南的太虚大师等高僧,也经常来京讲经弘法。又有慈舟法师在东城的净莲寺,长期讲授《华严经》。在此竞相"弘法"的大背景下,大佛寺也于1920年创办"佛经流通处",因时为旧历庚申年,故名"北京庚申佛经流通处"。

"庚申佛经流通处"为非营利机构,意在通过加大佛经传播,引导更多民众了解佛教、亲近佛教。初由大佛寺的如实和尚与一位勤杂工经办。著名居士王虚亭捐资助办后,在佛教界声名鹊起。王虚亭(1886—1926年)为安徽怀宁人,俗名竹怀,字虚亭,出家后法名戒慧,字大严。王虚亭原为保定军官学校学生,曾参与辛亥革命,并作为安徽省的三位代表之一,前赴南京选举孙中山为临时大总统。民国初年,王虚亭弃政归军,北上于陆军部供职。其间聆听太虚法师等人"讲道",学佛精进,遂辞职与妻子、岳父等一同出家,并将家产捐助大佛寺,以维持"庚申佛经流通处"。

大佛寺"佛经流通处"自1920年开办,迄至解放前夕,在动荡的时局下一直艰难运营。这对于佛教文化在北京乃至整个华北地区的传播与普及,都具有积极意义。新中国成立后,"流通处"重新开展佛经业务,并聘请李中宏等著名学者编印"佛学书目",同时加强同南京金陵刻经处、上海佛学书局、扬州砖桥刻经院、四川昭觉寺刻经院等外地佛经出版单位的交流,大大地拓展了佛教经书的流通渠道。其时还在中国佛教协会、《现代佛学》月刊等单位的支持下,开展佛经的海外发行,积极扩大佛教文化在海外的影响。可惜"文化大革命"开始,1966年8月,持续了四十多年的"庚申佛经流通处"被迫终止。大佛寺也逐渐被铁器厂、菜市场、补习学校及美术商店等单位拆占,仅剩后面的观音殿及小部分厢房。

第二节　道教文化

　　道教文化也在东城的宗教文化中占有重要地位。道教是中国土生土长的制度化宗教,孕育、产生、发展的历史十分悠久,在民众间具有极其深远的文化影响。中国道教的发展,可粗略分为东汉中期前的道教史前期(或称原始道教期)、东汉中后期至魏晋南北朝的创建与改造成型期、隋唐到北宋的全面兴盛与迅速发展期、南宋至明中期的宗派纷起与继续发展期、明中叶以后的逐渐衰落与转向民间期等五大历史时期。

　　北京道教是中国道教的重要组成部分,但其发展与中国道教的整体进程并不完全同步,大致可分为隋唐之前的萌芽与初传、金元时期的宗派勃兴与繁荣、明代到清代前期的持续发展,以及清中期到民国年间的衰落与转向民间等几大历史阶段。

　　应当说,自道教史前期以来,北京就有深厚的道教文化渊源。先秦时期燕国境内广泛流传的神仙传说、曾为秦始皇广求"仙药"的燕地方士卢生、东汉末年活跃于广阳地区的太平道黄巾军等等,都反映了北京早期道教文化的源远流长。唐开元二十九年(741 年)幽州建成的天长观,更成为北京历久传承的"第一"道观。此后辽代实行"三教并行"政策,大力吸收中原文化,作为"辽南京"的燕京道教文化,也获得进一步发展。金代迁都中都,河北地区创立的三大"新道教"——太一教、大道教、全真教先后传入,积极扩大影响,大大促进了北京地区道教文化的传播和发展。

一、道教文化概况

　　与佛教文化一样,东城道教文化的兴起基本上也始于元代。大都建成之后,原来活跃于华北的三个"新道教",竞相在东城范围内开展活动。如元初全真掌教丘处机受成吉思汗之邀,率十八弟子"万里西行",获得元太祖高度赞赏。成吉思汗十九年(1224年),丘处机自雪山东返燕京,成吉思汗赐以"金虎牌",授其掌管全国道教之权。燕京附近全真教势力高涨,"京人翕然归慕,若家喻户晓,教门四辟,百倍往昔"①。丘处机故去后,相继掌教的祁志诚等人拓展教务,在大都城内兴建、改建了多处道观,其中有一部分就位于东城。

元代自江南北上的正一教,尤其是张留孙在大都创立的正一玄教,对东城道教文化的兴起影响更大。至元十二年(1275年),元世祖忽必烈以江南即将平定,忆及此前宪宗九年(1259年)龙虎山天师曾说过"后二十年天下当混一"的预言,于是遣使征召四十代天师张宗演赴阙。张宗演携带道众,从龙虎山北赴大都。觐见期间,张宗演受到元世祖特殊礼遇,赐宴并赐发银印,"命主领江南道教"。②龙虎山正一天师由此与朝廷建立起稳定的宗教联系,其文化影响历明至清,持续传承数百年。

张宗演在大都期间,受命举行各种宗教活动,又在内廷为元帝设醮祈福,极一时之盛。天师南还,其徒张留孙"留侍阙下",后在大都创立正一玄教,为东城道教文化的兴起提供了更好的社会土壤。史载张留孙深受元廷重视,"特被宠遇五朝四十七年"③。规模盛大的道教活动相继在东城举办,规模不一的道教宫观也先后创建。其中最著名的,是在蓬莱坊内专为正一教从事道教活动所建的崇真万寿宫,亦即后世盛传的大都"天师宫"。此外,元廷又在元上都(今内蒙古正蓝旗境内)建有同名的崇真万寿宫,作为该教的活动场所。

"天师宫"为大都城内最重要的皇家道观。元廷举办的大型道教仪式,多安排在东城的"天师宫"与南城的长春宫内进行。如元成宗时期,朝廷举办斋醮,"内在仁智殿、延春阁,外则崇真、长春两宫。上常亲祠,其上章皆亲署御名,每尽七日乃罢"④。数量众多、规模盛大的皇家祭典,无疑刺激了道教文化的兴起。元代后期齐化门外修建的东岳庙,以及每年东华门按例进行的"迎御香"等仪式,也进一步繁荣了东城的道教文化。尤其是东岳"圣诞"的三月二十八日,齐化门内外居民共同举办迎"御香"的盛大活动,沿途均用水洗路。御香从宫城的东华门降下,"遣官函香迎入庙庭,道众乡老甚盛",整个东城也沉浸于浓郁的道

① 李志常:《长春真人西游记》卷下。
② 《元史·释老传》。
③ 赵孟頫:《玄教大宗师张公碑》。
④ 虞集:《道园学古录》卷三十二。

教文化氛围之中。①

除此之外，元代东城也陆续出现规模较小的道教宫观。如位于今灯市口内务部街的东岳大帝庙，额题建于元代"至正年间"。许多小的宫观，则已在历史的沧桑中湮灭无存。如元宫城萧墙的棂星门之东，大德年间建有太乙神坛，清代则在旧址上改建为普度寺。又北居贤坊明万历八年（1580 年）重修的五岳观，有"其地即以是名，创自宋元间"的记载。② 元皇城光禄寺内设置祭祀酒神的杜康庙，曾由礼部摽拨的道士"在内提点看经，专一焚修香火"。天师宫以北，也有名为太和宫的宫观，"去关王庙义井头东第二巷内，本宫提点彭大年所建，有危素所撰碑"③。天师宫附近本有关王庙，彭大年又创建太和宫，并请到元代著名文学家危素撰写碑文。凡此等等，亦可略窥元代道教文化在东城的影响。

明清至民国年间，是东城道教文化的发展与繁荣时期。这体现在两个方面：一是帝王的大力尊崇；二是道教民俗文化的兴起与繁荣。明清以后，道教各派归入全真、正一两大派别，白云观与东岳庙成为它们在都城的代表宫观（皆不在东城域内）。明代诸帝宠幸龙虎山道士，正一派占据了北京道教主流，尤其是明世宗在宫中崇尚道教，给东城的道教文化带来新的发展。清初在王常月等道士的努力下，经过漫长衰隐的全真教也获得新的发展契机，并开启龙门派在全国的兴盛。此后清世宗对娄近垣的推敬、清末白云观住持高仁峒与内廷的密切联系，都为清代道教文化在东城的发展与繁荣，创造了良好的社会氛围。在此期间，东城不仅陆续创建新的宫观，原有的道教庙宇也得到修缮，影响不断扩大。

明代《京师五城坊巷胡同集》记载位于东城的道教宫观，有澄清坊的天将庙、玄极观，明照坊的关王庙，保大坊的迎禧观，明时坊的灵官庙、娘娘庙与元真观，黄华坊（皇华坊）的火神庙、关王庙、二郎庙、三圣庙，思城坊的老君堂、延祐观、南水观、三官庙（延福宫），南居贤坊的永丰观、老君堂即阳洞观、白庙，北居贤坊的五岳观、元宁观，正东坊的崇真观、关王庙、灵官庙、阎王庙、三圣庙，崇北坊的天仙庙、土地庙、崇恩观、卧云庵、无量庵、新火神庙，崇南坊的文昌宫、火神庙、宣灵庙，以及天坛内的神乐观、天师府等等。这显然是并不完全的统计。沿

---

① 熊梦祥：《析津志辑佚》。

② 于敏中等：《日下旧闻考》卷五十四。

③ 熊梦祥：《析津志辑佚》。

至清代,其影响进一步扩大。至于不同规模的土地庙、龙王庙、娘娘庙,以及各类会馆、家庙中供奉的道教神祇,更遍布东城的大街小巷,享受着明清民众的大量香火。

清代雍正年间,又在紫禁城周边兴建了祭祀龙神与风神、云神、雷神、雨神的庙宇,作为皇室祈雨祈晴的专用场所。雷神庙(正称昭显庙)、雨神庙(乾隆年间改为喇嘛庙,名福佑寺)位于紫禁城以西的北长街两侧,其余三座则都在东城。其中龙神庙位于西苑紫光阁以北著名的"金鳌"牌楼西侧路南,在皇家祈雨诸庙中创建最早,始于雍正元年(1723年),正称时应宫。其前殿祀四海、四渎龙神,正殿祀顺天佑畿时应龙神,后殿祀八方龙神。旱涝时节,清帝派大臣前往拈香,祈雨或祈晴。

风神庙与云神庙位于北池子大街。风神庙正称宣仁庙,建于清雍正六年(1728年),坐北朝南,有山门、琉璃影壁、钟鼓楼和前殿、正殿、后殿等建筑。每逢春播、秋收时节,清帝或亲临,或遣重臣焚香,以求风调雨顺。云神庙正称凝和庙,建于雍正八年(1730年),有清世宗题写的"兴泽昭彩"匾额。皇家祭祀风神、云神、雷神、雨神、龙神的庙宇,香火旺盛,既体现出道教在传统农耕中特殊的社会意义,也增加了道教文化在大众间的影响。与此同时,明清道教与地方民俗相结合的大趋势,更使东城道教文化在基层社会的影响不断增大。其中的突出表现,就是民俗节日与道教文化的结合越来越紧密。包括城隍信仰、东岳信仰、娘娘信仰、关帝信仰在内的民间信仰,在东城社会的各个阶层间繁兴扩展,日益演变为信众繁多、影响深远的民俗文化。

二、重要道教宫观

自元代以来,东城先后创建了崇真万寿宫、真武庙、天后宫、正阳门关帝庙等重要的道教宫观。在东城发展的数百年间,这些宫观奉祀相沿,香火鼎盛,成为民众传承道教文化最为重要的场所。

(一)崇真万寿宫

崇真万寿宫为正一玄教在大都的活动枢纽,也是元代东城最重要的道教宫观。元初龙虎山著名道士张留孙随正一天师北上觐见,"留侍阙下",因为祈祷有验,受到世祖的重视。据说世祖某次巡幸日月山,途中皇后忽患重病,非常危急,立即召请随行的张留孙祈祷。而张留孙所用汉祖天师神像,恰与皇后梦见的朱衣长髯神人相吻合。世祖与皇后"大悦",当即谕命以张留孙为天师。张留孙"固辞不敢当,乃号之上卿。命尚方铸宝剑以赐,建崇真宫于两京,俾留孙居之,专掌祠事"①。此为崇真宫创建之由,又见于东岳庙内的《玄教大宗师张公碑》,文称张留孙祷病有验,皇后"求所祷神像礼之,见画者与梦契,益以为神",元世祖与皇后遂敕令"两京各建上帝祠宇,各赐名曰崇真之宫,并以居公,赐平江嘉兴田若干顷、大都昌平栗园若干亩,给其用"。

所谓"两京",是指元世祖在上都与大都同时为张留孙创建了名为"崇真宫"的道观。《元史》记为"建汉祖天师正一祠于京城",乃因祠内奉祀的主神,即张留孙为皇后祷病所用的"汉祖天师",民间则多以"天师宫"俗称之。至元十五年(1278年)七月开工,当年十月落成,成为龙虎山道教北上的重要标志。②元成宗赴京登基时,张留孙郊迎,元成宗大为高兴,"车驾屡亲祠崇真"。大德四年(1300年),又敕令留守段贞等"买民地充拓其旧"。"设醮庆成"之际,元成宗还亲临瞻礼,成为东城轰动一时的道教文化盛事。③

崇真宫地处东城的蓬莱坊北部,位于大都皇城的东北角,《析津志》谓为"艮位鬼户"。元人认为,崇真宫的方位与大都的整体城制相互配合,可以"匡辅帝业,恢图丕基,乃不易之成规,衍无疆之运祚"④。崇真宫出于元世祖敕建,也成为元代帝王最重要的祈寿道观,具有极高政治地位,全称"崇真万寿宫"。其落成不久,即与已有数百年历史的长春宫并驾齐驱,一内一外,一北一南,成为元大都两座最重要的道教宫观。

元成宗扩建以后,又增加三清殿、观门、廊庑等配套建筑,崇真宫成为观门、殿宇、廊庑齐备的大型敕建宫观,进一步扩大了其在大都东城的文化影响。⑤元代举办的皇家斋醮,多集中于崇真、长春两观内进行,而以崇真宫居首。见于正史者,如延祐七年(1320年),元英宗令玄教大宗师张留孙主持,"修醮事于崇真宫"⑥。泰定元年(1324年)正月改元,更在崇真宫中举办仪式隆重的金箓周天大醮。参与其事者,不仅有继承玄教大宗师之位的玄德真人吴全节,还有太一

---

① 《元史·释老传》。

② 《元史·世祖本纪》。

③ 赵孟頫:《玄教大宗师张公碑》。

④ 熊梦祥:《析津志辑佚》。

⑤ 虞集:《河图仙坛之碑》。

⑥ 《元史·英宗纪》。

崇玄体素演道真人嗣教七祖蔡天祐、五福太一真人吕志彝、正一大道真人刘尚平、玄教嗣师真人夏文泳等，共同统率各派法师、道士数千人，"为位二千四百，昼夜凡七"。① 元代全国各个道教派别的掌教、高道，齐聚崇真宫内，成为元代中后期东城轰动一时的道教文化盛会。

作为东城最显赫的皇家道观，崇真宫还留下了诸多文人学士的雅集韵事。元代文学家张翥在中秋节去崇真宫赏月的纪事诗中，盛称"上国三河天广大，仙家楼观夜高寒"，又谓"只把酒杯供醉赏，不知零露满金盘"，可见其慨。著名诗人迺贤也在题崇真宫的诗中，感慨"中秋月上不须归，共倒青樽醉花底"。每年春天，崇真宫内梨花绽放，吸引文人前来赏玩，吟诗聚会。马祖常《崇真宫西梨花诗》称"春日梨花下，相逢把臂行"，又谓"共当拼一醉，莫待鬓华生"，就是大都文人齐聚崇真宫的生动写照。②

元明易代，大都玄教退出历史舞台，与元廷关系密切的崇真宫也受到冷落。明初状元曾棨在诗中写道："崇真宫阙禁城东，旧说真人住此中。风去缑山虚夜月，鹤归华表怨秋风。"可见永乐初年的崇真宫虽旧貌犹存，却已盛景不再，故曾棨感慨"飞花入户丹房静，古木垂萝碧殿空"③。永乐年间于城北建立专祀真武的皇家道庙，近在咫尺的崇真宫，衰落更快。据《明宫史》记载，明代皇城外的东北角有天师庵草场，乃是正统年间"以张天师旧处改建"。可见最迟到明英宗时期，元代的崇真宫已沦为御马监经管的草场，原有的宫观建筑基本上被废弃。故而明清以后，仅留下"天师庵"的名称供人怀想，而不再有任何敕建皇家道观的文化遗迹。其故址，当在今美术馆后街的北京中医医院一带。

(二) 真武庙

明代前期，同处于宫城东北方的真武庙，替代元代崇真宫成为东城最重要的道教宫观。真武庙位于地安门外的万宁桥以东，主祀道教典籍中奉尊为"北方大神"的真武太帝。真武原名玄武，又有玄天上帝、北极佑圣真君、真武帝君等称号，具有悠久的历史文化渊源。元世祖兴建大都时，真武信仰已进入官方祭祀，并由宋代捍卫北方疆土的"保护神"变为元代开基立业的"肇基神"。元明鼎革以后，明太祖亦继续崇奉。燕王朱棣"靖难"期间，更广泛宣扬"真武相

---

① 钱大昕：《潜研堂金石文跋尾》，周天大醮投龙简记。
② 于敏中等：《日下旧闻考》卷四十三。
③ 同上。

助”的神话。因而他登基迁都以后,一方面在湖北大修武当,又于北京创建专庙。由此开启真武信仰在明代的繁荣,也给东城道教文化带来新的政治因素。

《明太宗实录》记载,永乐十二年(1414年)三月,“建真武庙于北京皇城之北”,此为真武庙兴建之始。次年工成,明成祖撰写《御制真武庙碑》,称“靖难之役”多蒙真武“阴翊默赞”,故于都城立庙奉祀,并谓“神昭功德翊我明,手握化机佐运兴”“翼翼寝庙建北京,人徽觎兮神岿嶒”云云。北京真武庙成为武当山庙宇在京师的替代宫观,有着崇高的政治地位,也有特殊的文化地位。《明史》列真武庙为“京师所祭九庙”之首,谓“太宗靖难,以神有显相功,又于京城艮隅并武当山重建庙宇。两京岁时朔望各遣官致祭,而武当山又专官督祀事”。《大明会典》亦载“国有大事,则告”,可见其概。

真武庙作为敕建的皇家道观,香火显赫。成化十年(1474年)重修,升庙为宫,改名“灵明显佑宫”,但民间仍多以“真武庙”相称。其规制,中殿塑真武神像,东、西各有配殿,“前为宫门,门左为四神祠,前为大门,门外有牌坊”①。经过成化年间修建,真武庙规模扩大,礼制也更为完善。其时太监宿政以御史、给事中、锦衣卫等官员常于庙前庙内聚众办事,认为是对神明的“亵渎”,于是专折上奏禁止,得到宪宗谕准。都察院在庙前揭榜明示,禁止军民、妇女“入庙搅扰”②。

明代每逢皇帝生日,以及三月初三真武降生、九月初九真武“成道”,均

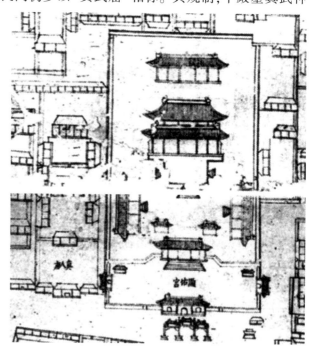

乾隆《京城全图》中的显佑宫(真武庙)

① 沈榜:《宛署杂记》卷十八。
② 《明宪宗实录》卷一百二十六。

由太常寺题本请旨,钦派官员赴庙致祭。每月朔望,则由太常寺堂官按惯例常祭。崇祯年间编纂的《太常续考》记载,真武庙祭祀于半夜子时开始,赞引官引导主祭人员行礼,两旁由专职的教坊司人员奏乐,可见明廷对于真武庙祭祀的重视。

清代真武信仰不及明代,但真武庙作为皇家道庙的地位仍未改变。雍正九年(1731年),真武庙得到大修,同时规定依明代之例,于皇帝万寿日"遣官致祭"。乾隆二十八年(1763年)再修,庙内刻立《御制重修显佑宫碑记》,正殿"拱辰锡福"匾额及对联"太紫卫皇图,功资左辅;上清通昊缔,化运元枢",均出自御笔。乾隆帝还撰写御制诗三首,赞颂"百年琳观胜朝遗,丹腰重新焕栥楣",又强调"但使佑民即宜敬,禋宗奚必致深评",为真武庙增添了新的文化因素。光绪年间成书的《畿辅通志》,仍将显佑宫列为京城"帝制祀庙"之首,可见真武庙的文化影响持续相沿。

民国年间,真武庙保留牌坊、山门、正殿、东西配殿等主体建筑,山门上镶嵌的"梅梢古月"白石,更成为众口相传的文化古物。不过随着真武信仰逐渐衰落,真武庙也日趋破败。1949年以后更拆除殆尽,现已找不到建筑遗存。

(三)钦安殿

紫禁城御花园正中的钦安殿,为明清内廷信仰道教的重要场所,也是东城道教文化的重要载体。文献记载早在元代,就有浙江永嘉人陈达应诏书写"钦安殿"匾额。学者据此认为,紫禁城北的钦安殿创建于元代顺帝年间,正龛上供奉的玄天上帝铜像以及与之相配的楠木龙龛,也当始于元代后期。不过陈达书匾的"钦安殿",是否就是明清以后持续传承的钦安殿,尚待考察。

从目前史料来看,明清皇室供奉真武大帝的钦安殿,可以追溯到明成祖迁都北京、营建宫殿之时。明初大臣杨荣在《皇都大一统赋》中已明确说道:"若夫钦安之后,珠宫贝阙。藻绣交耀,雕梲巉

钦安殿

嵲。六宫备陈,七所在列。"①可见皇宫之北的钦安殿,在明代紫禁城竣工的永乐十八年(1420 年)之前,已经掩映于后廷的珠宫贝阙之间。明成祖在京城的中轴线上设置钦安殿,为其"靖难"成功以后"酬谢"真武大帝的又一重要举措。如果说万宁桥以东的真武庙是成祖在京城崇奉真武的"公开"庙宇,钦安殿则成为他在后宫禁苑中祭拜真武的"私家"场所。

学者注意到,钦安殿位于宫城的北方坎位,其实是按传统文化中的"河洛象数"来设计的。钦安殿建筑恢宏,高大的须弥基座上,丹陛、栏板精美绝伦,四周松柏葱郁,鹤语传响,宛若真武大帝所居之真庆仙都。其左右所建的东西七所,亦源于汉代以来的"北宫玄武"说,象征着北方的"天宫七宿"。殿内正龛中供奉真武坐式铜像,通身鎏金,披发跣足,裹甲仗剑,神态逼真,神牌上虽书写有"玄天上帝"字样,但其体量仅比常人略高,直如刚从战场上厮杀归来的赫赫武将,民间甚至流传有"真武神,永乐像"等说法,在后世产生了重大文化影响。

作为宫中皇家道坛,明代钦安殿每逢元旦或道教祭日,即摆坛设醮。皇帝亦常亲临拈香,行礼祈福。嘉靖崇道期间,钦安殿又建造围墙,殿前增建天一门。殿中频繁举办醮事,香火也更旺盛。尤其是嘉靖十六年(1537 年)底,明世宗以皇子降生,在殿内建七昼夜金箓大醮,成为钦安殿皇家醮事的典型。其时由礼部尚书派遣百官,出任上香、监礼、迎词、导引等使,"各加恭敬",产生了非同一般的政治与文化影响。② 钦安殿神像在明代,也享有非常特殊的宗教地位。明末崇祯帝曾将隆德殿、英华殿等宫中佛道神像,整理送至朝天宫、隆善寺等地方重新安置,唯有钦安殿中的真武神像"独存未动"。③

清代钦安殿继续沿用为御用道观,又在明代基础上增供一尊新的真武神像。康熙、雍正年间太后丧礼期内,也曾在殿内设置道场,追荐祈福。平时则主要以"天一生水"的神职功能,作为皇家祈雨、祈雪的宫内道场。清代中期,龙虎山道士娄近垣来到京城,以钦安殿住持身份主持醮禳、祈斗仪式。雍正帝对娄近垣极为宠信,曾书赐御匾"澡雪心神"与御笔"赏心正是花时候,远俗常怀鹤性情"等对联,并诏封为"妙正真人",命其掌管道录司印务事。乾隆帝登基以后,也颁赐有御笔对联以及御制诗文等。娄近垣声誉不断扩大,"一时京华冠盖,竞

①　于敏中等:《日下旧闻考》卷六。
②　《明世宗实录》卷一百九十四。
③　吕毖:《明宫史》。

与往还",在东城也产生了前所未有的文化影响。不过总体来说,清代钦安殿在京城的影响已不如明代,清末、民国年间更加衰落。钦安殿的历史,某种程度上也成为道教文化在明清两代兴衰变迁的一个缩影。

(四)大慈延福宫

大慈延福宫位于朝阳门内大街,因庙中主祀天、地、水三神,俗称"三官庙"。明代《顺天府志》载其与延寿观同位于东城的思城坊,内有敕建碑。《寄园寄所寄》则具体记为成化十七年(1481年)创建,"以奉天、地、水府三元之神,有弘治十七年敕勒于石"。所言"弘治十七年敕",当为成化十七年的御制《大慈延福宫碑》。碑文内称"闻有天、地、水三界之灵,即有天、地、水之神",又称"卜吉址于城东"。据《明实录》记载,弘治元年正月,继位不久的明孝宗下令户部将赐予大慈延福宫的六百余顷土地召民佃种,并称"宫为太皇太后所建,因赐地为香火田,既而科道有言,太皇太后亦自以为不可,遂有此命"①。可见大慈延福宫,乃是成化年间明宪宗专为生母周氏祈福而建,其首任住持也特地选取道录司内"戒行清谨"的右玄义陈宗然来担任。

延福宫作为专替皇帝生母祈福的敕建道观,在成化一朝深受重视,住持陈宗然也一再晋升,自右玄义进右演法,再进右正一,后又诏封为清微守默凝神志道体玄精修妙济辅教阐法真人,"领道教事",成为执掌全国道教事务的主官。②明孝宗登基后,陈宗然"提督延福宫如初",又获赐香火地六百余顷。延福宫的经济地位有了很大提升,文化影响也随之增强。弘治十年(1497年),明孝宗又将昌平汤山的庄地二百顷赐予延福宫。③ 正德十一年(1516年),住持延福宫的高道严大容,又因"以护国庇民为念,有祝厘祈福之劳",再次被敕封为守静宁神探微护法崇道志虚安恬葆和养素真人,"领道教事"。④

嘉靖二十八年(1549年),深受世宗宠信、同样"领道教事"的"神霄保国弘烈宣教振法通真忠孝秉一真人"陶仲文(1475—1560年),以延福宫历经六十多年的风吹雨打,多损毁剥落,于是以皇帝赏赐金银加上剃度道士的香火钱,"葺而新之"。时任礼部尚书徐阶撰碑,颂称延福宫"祈祷报谢国典崇,万方兆姓祗

---

① 《明孝宗实录》卷九。

② 林瀚:《明故清微守默凝神志道体玄精修妙济辅教阐法陈真人墓志铭》。

③ 于敏中等:《日下旧闻考》卷一百三十五。

④ 《严大荣诰封碑》。

事同",又谓"春秋修祀宫之中,祝帛俎豆洁且丰"。① 徐阶为明代中期著名大臣,在参劾权奸严嵩的斗争中发挥了重要作用,同时又是著名改革家张居正的恩师,其撰写的延福宫《重修碑》,也成为明代东城道教文化的重要见证。

延福宫为"国家岁时祈禳报谢之所",在东城道教文化版图中具有独特的政治地位。不过明末又以帝室冷落,而陷入衰微。据说李自成率农民军围攻北京期间,焦头烂额的崇祯帝亲赴庙内祈祝,却连得三支下下签。崇祯帝气急败坏,发下"此庙永远不许有香火"的口谕。或受其影响,从明亡直到清代中期,延福宫一直香火寥落。顺治初年,还一度成为满汉子弟的教学场所。直到乾隆三十六年(1771 年),延福宫"奉敕重修"。竣工后庙中刻立《御制重修三官神庙碑记》,称"斯庙之增缮,上以为国祝厘,下以为民祈佑"②。此后虽然陆续有人进香,但始终不旺,相对于庞大的建筑群,尤其冷清。而宫前的庙会却很热闹,由庙会发展而来的朝内大街估衣摊更趋兴盛,成为东城民众脍炙人口的"估衣街"。

据乾隆《京城全图》所绘,清中期重修以后,大慈延福宫以西路为主体,包括山门、钟鼓楼、山门殿、正殿大慈延福殿,东、西配殿为葆真殿、法善殿,又有后殿三间,中为紫微殿,东为青殿,西为清华殿。其东路南部,有一座两进的小宅院,应为延福宫住持居住理事的道长府。但这些主体殿宇,以及显赫一时的道长府,均于 1950 年代拆除,东部的空院也尽为民居占用。所余唯东路北部遗存小部分庙宇,包括面阔三间的中殿即通明殿、面阔五间的延座宝殿。

延福宫遗留两殿,皆覆黑琉璃瓦,殿顶神龛以及中殿的二龙戏珠斗八藻井,雕刻精细。1990 年,延福宫遗存被公布为北京市重点文物保护单位。主体拆除时尚存的天、地、水三官坐像及文、武侍臣立像十二尊,先移智化寺保管,后又移至朝阳门外东岳庙的育德殿。这些沥粉贴金的神像,均用金丝楠木雕刻,神像腹内还装有《九天应元雷声普化天尊说玉枢宝经》等道经数百卷。明式服饰的天、地、水三官头戴天平冠,身着冕服,足蹬高齿履,造型生动,工艺流畅,显示出明代神像雕造高超的艺术水平,为东城不可多见的道教文化珍品。

(五)天后宫

天后宫位于东城育群胡同,是清代北京内城独一无二的天后宫,具有独特

① 徐阶:《大慈延福宫重修纪成之碑》。
② 于敏中等:《日下旧闻考》卷四十八。

的历史与文化价值。宋代以来,妈祖自福建一隅扩散到江浙、两广沿海,成为中国最具文化影响的民间信仰。与此同时,妈祖信仰也随漕运北上,传播到河北、天津、北京等北方地区。

元、明、清时期,毗邻运河的通州城北以及京城东南方向大通桥附近,都曾建造过专祀妈祖的天妃宫。毗邻东城的东岳庙内海神殿,亦专门供奉有妈祖的神像。城内莆阳会馆、福州会馆、延邵会馆、漳州会馆、建宁会馆、汀州会馆等闽台会馆,也多以妈祖为主神,并于岁时聚众祭祀。其中位于崇文门外缨子胡同的延邵会馆,为福建纸商捐资倡建,《延邵纸商会馆碑》称"延、邵二郡纸商,每岁由闽航海,荷神庇得顺抵天津。既在姘幪之中,宜隆享祀之报",遂于乾隆四年(1739年)集资合建会馆,"以祀天后"。会馆正殿即专祀妈祖的天后殿,檐下悬有"敕封天上圣母"直匾。前门外长巷二条东北的汀州会馆,正殿也以"天后宫"为名,上悬"德配坤元""慈恩广被"匾额,楹联"酬尚义之功,北阙盍簪,风雨攸宁歆俎豆;丽同人之泽,南天连袂,梓桑必敬集冠裳"成于乾隆时期。又有同治年间楹联"湄岛慈云瞻日下,鄞江福耀丽天中",以及光绪年间江苏漕运京局总办邓心茂所题"渤海靖鲸鲵,万廪千仓遵职贡;舟车驰水陆,南征北运仗神威"。成于不同时期的楹联,既强调福建绅商在京城的浓浓乡谊,更赞颂天后佑护漕运的赫赫神威。这些天后庙宇,对于东城妈祖信仰的传播都产生了重要影响。而京城规格最高的妈祖庙,则是始于清代中期、位于东四牌楼马大人胡同的天后宫。

天后宫原为清代中期显赫重臣福康安的家庙,其创立缘由,《天后宫碑记》明确有载,乃是福康安于乾隆五十二年(1787年)渡海平定台湾之役中多得妈祖显灵,"神风飞渡,迅助成功,异鸟灵灯,威光显应",于是在回京晋爵以后,"谨建天后庙祀,岁时陈祭,长以纪天威,答神祐,且以申海宇升平之祝"。亦见于《清实录》,称福康安"自崇武澳放洋,前抵鹿仔港,千里洋面,一昼夜即已遄达。皆仰赖天后助顺,灵应垂麻,实深钦感"云云。妈祖以神风、异鸟、神灯佑助清军渡海定台的灵验故事,后来还收入作为官方准则的《清会典事例》,极大地推动了妈祖信仰在全国的流行。《天后圣迹全集》详细描绘天后佑护福康安的具体过程,此后亦辗转传承,成为妈祖信仰文化的重要组成部分。正是在这个意义上,北京天后宫在妈祖文化中具有独特地位,在海峡两岸的文化交流中也起着重要纽带作用。

历经沧桑,天后宫与清中期兴建之初的盛况相比已有变化,但主体格局持续传承。清嘉庆五年（1800 年），李鼎元受命出使琉球，即赴东四牌楼马大人胡同的天后宫，祈祷进香。其所作《使琉球记》称："祠为故大学士、贝子福公康安建，……（福康安平台）归舟时，将抵岸而风息，舟人下定待风，贝子喝令起之，否且行诛。定起舟走，忽触礁，舟人惊惶，分无生理。忽见红灯自远飞来，触舟，舟旋，瞥眼间已入厦门口。祠之建，以报恩也。……正殿为天后塑像，后殿为三官神像，西为关帝神像。"文献所载，与现存遗迹基本吻合。福康安为清代中期备受重用的重臣，历云贵、四川、陕甘、浙闽、两广诸总督，任工、兵、户、吏四部尚书，一生战功显赫，尤以乾隆五十二年（1787 年）率兵平台，晋封一等嘉勇公。天后宫自福康安创建，延请僧人住持，师徒相传，直至清末，香火绵延，在清代京城的上层王公和下层社会中，都发挥出重要的社会与文化功能。

晚清时期，天后宫举办的"娘娘会"，为东城重要的道教民俗。各路香会献艺谢神，观者络绎不绝。后人回忆："在天妃诞辰之前，把天后、眼光、子孙、斑疹、送生等五位娘娘的神像用木辇抬出庙门沿街游行，接受百姓的香火，又称其为'出巡散福'。此时各路香会相随谢神献艺，如大鼓会、大乐会、中幡会、高跷会、五虎少林会、杠箱会、天平会、庆寿八仙会等。届时看者人山人海，随队而行，场面巨大，热闹非凡。……有的香客和香会还打着天后宫进香的大旗"，略可见其影响。[①]

学者认为，北京天后宫的创建，虽然为福康安加官晋爵的"报恩"之举，同时也与台湾平定、国家统一等重大时事相关，"是清代朝廷对妈祖信仰的进一步认同，是满族王公家庭建庙祭祀妈祖的开创之举"，具有重要的文化意义。而满洲权贵以奉祀妈祖的天后宫作为家庙，在清代的北京城内也独具特色。

民国年间，天后宫正府及其东、西两院被分割出售。担任过袁世凯总统府秘书、后任国务院秘书长的福建闽侯人郭则沄，曾在所买东园内发起诗社，聚集北京文人名流，"极一时之盛"。其主院曾卖给美国人，解放时为华北大学（中国人民大学前身）接收。1949 年 11 月，又在此处见证了中国科学院的诞生，在中国科学发展史上具有重要象征意义。1980 年，传承一百多年的北京天后宫被拆除，乾隆石碑被移至钟楼保存。作为中国科学院诞生故址的四合院，现已挂牌保护。但总体而言，东城天后宫悠久深厚的文化价值，仍有待于进一步挖掘。

---

① 隋少甫、于作楫：《京都香会话春秋》，北京燕山出版社，2004，第 242—243 页。

（六）宏恩观

宏恩观位于钟楼北侧豆腐池胡同，因正处古都中轴线的北面，民间目之为"龙尾之要"，因而具有特殊的文化意义。

宏恩观本为佛寺，相传始于元代中后期的千佛寺，明、清经过多次修缮，更名"清净寺"。清光绪十三年（1887年），清末著名的"太监道士"刘诚印出资大修，并更名为"清净宏恩观"，作为年老太监出宫后的养老之所。传承数百年的佛教寺庙，由此演化为道教宫观。成于光绪十九年（1893年）重阳日的碑记，载称："宏恩观者，刘素云方丈之所建也，观为千佛寺故址，地势辽抒，远于龙华、柏林诸寺。"此处的"刘素云方丈"即刘诚印，河北河间人，为慈禧太后最信任的太监之一，任内宫副总管，人称"印刘"。早在同治年间，刘诚印即皈依于白云观住持张圆璿的门下，法箓诚印，号素云道人，与后来出任白云观住持的高仁峒是师兄弟关系。刘诚印是清末京城道教"中兴"的重要人物，多次担任白云观的"护坛化主"，捐募巨资助力传戒。又大力整修观舍，重刊碑刻，印制道经，并购买良田作为观产，极大扩大了白云观的声势。① 刘诚印也受邀出任白云观的"名誉方丈"，并在住持高仁峒的支持下，创立了全新的全真教支派——霍山派。

据白云观《诸真宗派总簿》记载，道教第八十派霍山派，乃是丘祖"宗"字下的分支岔派，始于光绪年间，"门下弟子等因徒众人繁，叩求原遵宗字为第一代号"，以"宗诚信崇绪，修善法德超"等为派字谱系。霍山派创于光绪十年（1884年），系由刘诚印倡议，徒众主要为宫内的"净身"太监。这批身份独特的道士归入全真龙门，并有了自己的"道派"以后，极大调动了他们的信仰热情。他们捐集巨资，先后在北京内外修缮、改建了大小道观二十多处，著名者如海淀的立马关帝庙、房山宝金山的玉虚宫等等。宏恩观则是北京内城纳入霍山派管理的重要道观，刘诚印也被尊称为宏恩观的"第一代开山黄冠羽士"。这对于加强清末道教与清宫的联系，扩大东城道教的文化影响，都具有一定的积极意义。

宏恩观建成后，成为"入监道士"退养的重要场所。清末接替刘诚印主掌道教霍山派的太监崔玉贵、小德张被赶出宫后，即多在此观中栖居、养病。1912年，白云观方丈陈明霈发起成立"中央道教会"时，崔玉贵也以"崔信仁"之名出而响应，成为"中央道教会"的赞助人。1923年，一千多名太监被驱逐出宫，宏恩观更成为部分太监的容身之所。1936年的北京寺庙《登记表》上，宏恩观就

---

① 禧佑：《刘素云道行碑》。

明确标注为"太监道士庙"。据说直到 1949 年前后,观内还生活有多位从清宫中出来的"公公"。

作为中轴线上相对完整的道教建筑,宏恩观充分反映出传统道教的文化特色,具有较高的历史与文化价值。其山门五间,额书"重修清净宏恩观",内供四大天王。正殿以帝君殿为名,主供关圣帝君,配祀文昌帝君、孚佑帝君,都是在北京以及东城地区影响重大的道教神祇。西配殿祀地藏王菩萨、十殿阎君,东配殿主祀碧霞元君,后殿则供奉十八罗汉、三世佛以及妙道真君和财神。全观以道神为主,同时也兼供佛教诸神,大殿东西山墙镶嵌"万古长青""元运赞燮"的绿琉璃字。这既是太监兼供佛、道的反映,与宏恩观由佛寺改建而来也有很大关系。宏恩观的主体建筑为明式风格,举架高大,犹有明代佛寺遗意。而檐下的五彩斗拱、殿内的和玺彩画,则体现出清末重修时的彩画工艺。

历经一百多年,宏恩观中间主路和东跨院尚保存完整,而西跨院则被逐渐拆除。2004 年,一位文莱华裔建筑师进行过改造重修。现已完成文物腾退,即将迎来文化的恢复与新生。

(七)大兴城隍庙

大兴城隍庙位于大兴胡同,是东城专属的城隍庙。大兴为京师附郭县,县署设于京城内,故大兴城隍庙对于东城而言,具有特殊的文化意义。

城隍为道教重要的地方神祇,《北齐书》所载天保六年(555 年)慕容俨祈请城隍显灵的故事,是正史有关城隍信仰的最早记载。隋唐以后,城隍信仰发展至全国各地,宋代纳入国家祀典,元代又加封为"佑圣王"。明初太祖朱元璋更加重视城隍信仰,并将城隍神分为四等,由此出现都城隍、府城隍、县城隍等不同等级的城隍神庙。作为帝都"首府",北京同时拥有都城隍庙、江南城隍庙、宛平城隍庙、大兴城隍庙四座城隍庙。其中大兴城隍庙即为东城独有的城隍庙,其信仰文化也呈现出独特之处。

清同治十一年(1872 年)《移建昭显城隍庙碑记》记载,大兴城隍庙向在县衙"头门西壁,仅属一楹,由明迄今四百六十余年"。可见专掌东城的大兴城隍庙正名称作"昭显城隍庙",其历史则可以上溯到朱棣迁都的明初永乐年间。但原来并无专庙,仅以县衙中的一间房屋供奉。同治九年(1870 年)冬,大兴县人刘永怀以神庙"湫隘过甚",不足"壮观瞻",于是邀集同人,捐集资金,在县衙以南偏西购地另建。两年后竣工,计山门五间、大殿三间、东西耳殿二间、东西配殿六间,另有焚化库二座、东西客堂二间、二层腰殿三间,大兴城隍庙遂具规制。

340

其山门墙上镌刻"监观有赫"四字,出自《诗经》"皇矣上帝,临下有赫。监观四方,求民之莫",即谓世间的忠奸善恶,都难逃上天神祇的监观。大门两侧由姜伯麟题写的石联:"阳世奸雄,违天害理皆由己;阴司报应,古往今来放过谁",更意在渲染城隍的神力,督促民众祛恶向善。这也是各地东岳庙门前最常见的楹联,在民众中间颇具文化影响。

对东城民众影响更大的,则是每年例行的城隍"出巡"。京城有多位城隍,其"出巡"日期也各不相同。其中东城大兴城隍"出巡"在四月二十九日。届期由大兴县官员与属吏主持"迎祭",阖城士女随同烧香祈福。县中衙役则分别装扮成城隍下属的判官鬼卒,抬着城隍神游街"出巡"。还愿的信众扮成各类角色随同,挤满街道。《燕京岁时记》生动记述了其时的热闹场景,称城隍"出巡","皆以八人肩舆,舁藤像而行。有舍身为马童者,有舍身为打扇者,有臂穿铁钩悬灯而导者,有披枷戴锁俨然罪人者。神舆之旁,又扮有判官鬼卒之类,彳亍而行。亦无非神道设教之意"。

五月初一日位于宣武门内的都城隍庙开放,先由大兴、宛平两县城隍至都城隍庙行"朝见礼",也顺便"巡街",因此也有文献将其记为大兴城隍的"出巡"日期。后人回忆,大兴城隍至都城隍庙"朝见"后方对外开庙,香会将城隍塑像归安神位,许愿者群跪阶下,"由一人唱名说'某某人当堂开锁',于是即有人为之开锁去枷,脱去罪衣罪裙,愿心已了,方可安然回家。又对助善人说'某某人当堂释放',于是牵马打扇提灯诸人,亦有了交代"。还愿祈福仪式,往往会在城隍庙内持续整天。至七月十五中元节、十月初一寒衣节,也常有城隍"出巡"。不时举办的城隍庙会,既是东城交际商贸、"人神共娱"的狂欢之时,也成为民众重要的道教民俗。沿至今日,大兴城隍庙山门尚存,而曾经香火旺盛的寺庙主体已泯然于东城的杂院之中。

(八)正阳门关帝庙

正阳门关帝庙又称前门关帝庙,位于正阳门的瓮城西侧,是明清以来深具影响的道教庙宇。关帝庙奉祀"关圣帝君",本为三国名将关羽,民间俗称"关公"。后人多演绎其与刘备、张飞"桃园三结义"的故事,塑造成"忠""义"的精神象征。关羽亦为道、释两教神谱竞相收入,在民间信仰中具有重要影响。

北京寺庙以兼具释、道文化内涵的关帝庙与观音寺数量最多,而关帝庙更多。明人感叹"关庙自古今,遍华夷。其祠于京畿也,钟鼓接闻,又岁有增焉,又

前门瓮城内关帝庙山门

月有增焉"①。1928 年寺庙登记时，北京内外专祀或合祀关帝的庙宇，更多达二百八十多座。《京师五城坊巷胡同集》记载，明代东城的明照坊、黄华坊、正东坊内，都建造有专以"关王庙"为名的道观。可以说，清代民国年间，东城的每条街道，几乎都出现过或大或小的关帝庙。东直门、朝阳门、崇文门瓮城的西北角，也都有坐北朝南的关帝庙。其文化影响，则以正阳门关帝庙居首。

民间传说正阳门关帝庙创建于明初，乃是成祖亲征漠北得到关公之助，于是在回师北京以后降旨建庙。其真相尚待考察，但永乐以后明代诸帝崇奉关圣，却为事实。《宛署杂记》记载："永乐年，庙祭于京师。成化十三年，奉敕建庙宛平之东。"《大明会典》更明确称，关公庙为国家祭祀，每年五月十三日"遣太常寺上官行礼"，凡遇人灾大难，均上香祭告。明万历后期，神宗又加封关公为"三界伏魔大帝神威远震天尊关圣帝君"，于是有了"关帝"之称。据说当时还在正阳门的关帝庙内建醮三日，并布告天下。

清代继续推崇关帝，雍正年间上升为与"文圣"孔子相并列的"武圣"。乾隆时，清高宗又加封关公为"忠义神武灵佑关圣大帝"，还特旨将关帝庙大殿上的琉璃瓦改为黄色，以示尊崇。《帝京岁时纪胜》载称，清代正阳门关帝庙为官方奉祀的重要道观，"除夕开正阳内门，由内城居人瞻拜；夜子后开西门，城外居人瞻拜，香火极胜"。关帝信仰在东城的文化影响稳步上升，并一直持续到民国年间。

正阳门关帝庙在京城众多的关庙中独具影响，首先，源于其独特的地理位置与深受帝王尊崇的政治地位。明代《帝京景物略》称正阳门关帝庙之所以独

---

① 刘侗、于奕正：《帝京景物略》卷三。

342

步全城，"以门于宸居，近左宗庙、右社稷之间，朝廷岁一命祀。万国朝者，退必谒；辐辏者，至必祈祢也"。时人也在《恭谒午门关庙有纪》诗中进一步强调："筵簜鹊跱挤寅昏，七尺英风帝觊存。只把人中提万国，大明先谒正阳门。"①其西庑下有万历十九年（1591 年）焦竑撰文的《关侯正阳门庙碑》，为明代大书法家董其昌的行书真迹，综合颜、米笔意，多为后世推崇，向有摹拓传承，更成为正阳门关帝庙中的文化"一绝"。该碑拆修时移往丰台南苑，现已作为珍贵的道教文物，妥善保存。

据说明清时期皇帝进出正阳门，一般都会前赴关帝庙中拈香。祭拜次数最多的是清末的德宗，共达六十余次。这无疑极大促进了普通民众的信仰热情，使之成为京城最重要的祈福场所与道教文化圣地。清代《帝京岁时纪胜》载称，正阳门关帝庙"殿祀精严，朱楹黄覆，绮槛金龛。中奉圣祖御书额，曰'忠义'"。相传源于清圣祖亲书的关帝庙"忠义"御额，成为清人眼中的"圣物"。

其次，则在于应试举子的参与。早在明末清初，正阳门关帝庙抽签"灵验"的说法，就已见于王士祯的《池北偶谈》。乾隆年间竹枝词，更赞称"灵签第一推关庙，更去前门洞里求"。后人又谓"来往人皆动拜瞻，香逢朔望倍多添。京中几万关夫子，难道前门许多签"，感叹京城内外供奉有成千上万的关公神像，却独以正阳门关帝庙之签最为"灵验"。庙中手捧《春秋》而读的关帝神像，被广大应试举子视为通晓儒家典籍的"文衡圣帝"。而清高宗所题庙联"乃圣乃神，乃武乃文，扶四百载承尧之运；自西自东，自南自北，如七十子服孔之心"，也进一步强化了这种文化影响。

以此之故，每逢三年一遇的朝廷会试，来自全国各地的赴京举子，多在发榜之前先赴庙中抽签祈祝，以预占命运。清末台湾进士郑用锡就以自己的亲身经历，渲染正阳门关帝庙签诗之"灵验"。至于乾隆朝状元毕沅、咸丰朝探花李文田的"灵签"逸事，更在广大士子中间辗转传播，越传越奇，影响深远。以致每年正月初一，民众便会聚至正阳门内，自清晨五更亘至日暮夜临，香火整日不断。其中的抽签，更成为庙会民俗中的重头戏。据说晚清以后，关帝庙开庙期间，内外挤满手抱签筒的真假"道士"，最盛时百余摊相连，令人目不暇接。与此同时，庙中施舍的《关圣帝君六十四爻》《桃园明圣经》等道教善书，也在民众间产生了持续的文化影响。

① 《周广业笔记四种》下，引《王季重集》，浙江古籍出版社，2018 年，第 163 页。

第三节　伊斯兰教文化

伊斯兰教是世界三大宗教之一,由穆罕默德创传于 7 世纪初。伊斯兰教首先在西亚的阿拉伯半岛传播,初唐时期随前来中土商贩贸易的阿拉伯人,传至东南沿海一带的广州、泉州、扬州等地,再逐步传播到其他各地。清代北京牛街《古教西来历代建寺源流碑文总序略》谓:"回回教始于西域,流衍中华,其来旧矣",又谓"自唐、宋、元、明流衍至今,千有余年,愈传愈广,秦晋齐楚、吴蜀闽越、滇黔燕辽,以及穷巷僻壤,无不建寺奉教"。辽宋时期,中国境内的穆斯林数量不断增多。教内传说北京最古老的牛街礼拜寺,即肇始于其时。不过亦有学者认为这种说法尚待发掘史料。伊斯兰教文化较大规模地传入北京,还应是在元代的初期。这既与北京上升为南北统一首都的历史进程基本同步,也开启了伊斯兰教文化在东城的传播与发展。

一、伊斯兰教文化概况

辽金时期,燕京地区可能就已经出现过穆斯林进行商贸与生活的身影。《古教西来历代建寺源流碑文总序略》提到,宋太宗至道二年(996 年)有西域辅剌台人筛海革哇默定"入觐中国,尝感异梦,而生三子",其中次子筛海那速鲁定、三子筛海撒阿都定"具其先见之明,知燕京为兴隆之地,可以开万世帝王之鸿业,遂请领敕建寺,世为清真寺掌教。都定君奉敕建寺于东郭,鲁定君奉敕建寺于南郊"。不过此系教内在数百年以后的故老相传,辽宋时期燕京穆斯林的规模以及其具体的文化遗迹,尚未找到确切史料。一般认为,元朝是伊斯兰教在北京得到发展之时,也是东城伊斯兰教文化兴起的重要时期。

元初蒙古大军西征,中国与阿拉伯之间的陆上通道进一步打开,大批穆斯林陆续东来。元代各地的"回回"人数迅速增加,作为中外贸易枢纽的燕京地区,表现更为突出。据统计,到中统四年(1263年),燕京地区已有穆斯林人户三千余家。若以每户四人计,则燕京内外信奉伊斯兰教的人数,已达一万两千余人。由于他们多属"富商大贾、势要兼并之家",具有较高的经济地位与社会影响,也对伊斯兰教文化的传播产生重要影响。

元太宗时任燕京断事官的赛典赤赡思丁,就是著名的伊斯兰教(当时称马儿哈昔列班或答失蛮)信徒。为了替皇室祈福延寿,对各宗教兼容并蓄的元朝政府,还首次设置了专门管理穆斯林事务的机构,其下又设有回回掌教哈的所。与唐宋前来中土的阿拉伯商人不同,元朝将商贸东来的穆斯林视为臣民,允许其入籍,并发给户贴。

元代穆斯林被称为色目人,具有较高的政治地位。特别是在元朝政府之中,有许多掌握大权的重臣都是穆斯林,如元世祖时的重臣阿合马、元泰定帝时的重臣倒剌沙等,因此影响极大。元大都成为管理全国穆斯林事务的中心,也成为伊斯兰教文化的传播重镇。尤其是允许其入籍以后,标志着穆斯林能"以中原为家",不仅加速了伊斯兰教的本土化进程,也大大促进了伊斯兰教文化在东城的兴起与发展。

明代是东城伊斯兰教文化得到进一步发展的时期。明初著名的回族将领常遇春、胡大海、沐英、蓝玉等人,在北上反元的战争中立下赫赫战功,其宗教信仰也受到太祖朱元璋的宽容与尊重。朱元璋曾御制《百字赞》,颁赐给南京城内的清真寺。北京东城的穆斯林在明初也获得新的发展机遇,人数增加。这一方面得益于元代大都穆斯林的繁衍,以及明代以"富户"充实北京的移民政策。另一方面,与明初穆斯林自南方特别是从山东移入也有直接的关系。

记录北京伊斯兰教文化的重要志书《冈志》说道:"今燕都之回回,多自江南、山东二省分派来者,何也? 由燕王之国护围(卫)军僚,多二处人故也。"明初镇守北京的军人中,有大量来自江南、山东的穆斯林。这是因为明军中本多回族人,而常遇春、蓝玉等回族将领长期驻守北京,进一步促进了回族人的聚集与增加。燕王朱棣"靖难"成功以后,"从龙"有功的北京回族人受到政治上的优待,成为东城伊斯兰教发展的新生力量。受其影响,大同马家、泊头曹家、韦河张家、沧州陈家、陕西古家等北方大族,陆续迁来北京,其中相当一部分即住于东城,或在东城进行文化交流。

明代东城的清真寺也开始增加,敕建的东四清真寺与安定门内法明寺,成为与阜成门普寿寺、牛街礼拜寺相提并论的"四大官寺"。这在东城伊斯兰教文化的发展进程中,具有特殊的历史地位。明代北京敕建清真寺的掌教、伊玛目由朝廷任命,有礼部颁发的札副作为凭据,并形成世袭的掌教制度。明廷加强清真寺的制度建设与日常管理,从另一侧面体现出东城伊斯兰教文化的特点,也为后来的持续发展奠定了基础。

清代是东城伊斯兰教文化的转折时期。清初受"满汉分居"的影响,居于禁城两边的穆斯林开始向外城迁移,内城原有的清真寺出现衰落迹象。元明北京伊斯兰教文化以东西两城为重心的格局,由此发生重大变化。《冈志》就明确载称:"明亡,大清兵入阙,驱民出城,居'两边'者失其所有,遂尽趋'冈儿'上",即谓原居住在内城东西的穆斯林,多转而聚集至宣武门以南的牛街附近。

清代中期,迁出的部分穆斯林陆续返回,内城衰落的清真寺又逐渐恢复。乾隆二十九年(1764年),西长安街敕建的回回营及其礼拜寺,成为内城伊斯兰教复振的标志。此后,北京伊斯兰教随着人数不断增加,清真寺也开始由城内向近郊地区扩展。东直门外清真寺的修缮与扩大,即当与此相关。城内原有的旧寺,亦陆续得到修缮与扩建。典型者如崇文门外的花市清真寺,曾于康熙、乾隆、光绪年间先后三次进行翻建。嘉庆年间,安定门内的法明寺得到重建,朝阳门内则新修建了南豆芽菜清真寺。道光、光绪年间花市清真寺以南的上堂子胡同清真寺、上唐刀清真寺先后兴建,更说明了清代中后期崇文门外伊斯兰教文化的进一步发展。

民国时期,在时局变迁的影响下,东城穆斯林开始参与创办女寺。其中崇文门外雷家胡同的清真女寺,几可与牛街寿刘胡同北京最早创办的清真女寺相提并论,成为民国时期北京清真女寺的杰出代表。此外,东城清真寺也开始兴建新式学校,其著者如东四清真寺之育德小学、花市之清真第三两等小学堂,以及崇外手帕胡同的西北公学小学第二部、鼓楼辛氏胡同的清真中学、东四的成达师范学校等等。

此期东城又涌现出由信众创办的伊斯兰教文化团体和报刊,如设于成达师范学校内的伊斯兰学友会,下设研究部、组织部、宣传部,另有编辑委员会、监察委员会等机构,积极开展伊斯兰教文化的传播与普及工作。同时编辑出版《月华旬刊》《月华周报》《成达学生会月刊》《成师校刊》等刊物,不仅行销全国,而且传至海外。成达师范学校出版部,也与牛街寿刘胡同的清真书报社一起,成为民国年间北京伊斯兰教最著名的两大出版机构,产生了深远的文化影响。所有这些,对于东城伊斯兰教文化的传播和发展,都具有非常积极的重要意义。

二、重要清真寺

清真寺是阿拉伯语"Masjid"的意译,意即叩拜之处,是穆斯林履行宗教功课、举行礼拜的场所,故又称礼拜寺。伊斯兰教传入初期的唐宋时期,伊斯兰教聚众礼拜之地,多依中国文化传统称之为"堂""祀堂",或称"礼堂""礼拜堂"。元代以后,又统称为"寺"或"礼拜寺",有时也沿袭唐宋以来的称谓,仍称为"回回堂"。明代伊斯兰教开始统称为"清真教",举行宗教典礼的"礼拜寺"也随之改称为"清真寺",并沿用至今。元明以来,东城内外陆续修建的清真寺,成为展现、传承伊斯兰教文化的重要场所。

(一)东四清真寺

东四清真寺是东城最重要的清真寺。东四清真寺位于东四南大街路西,坐西朝东,具有非常典型的明代建筑特点。其最早的历史,据说始于元代至正六年(1346年)。教内相传东四"礼拜寺",乃是筛海革哇默定的第三子筛海撒阿都定,于宋元之间创建于东城。但有碑可考者,则可知其寺重建于明代。

《敕赐清真寺兴造碑记》载称,"清真寺初名礼拜寺,在京城明照坊",又称其寺为"后军都督府都督同知陈(公)友所建"。可见东四清真寺,系由明代担任后军都督同知的陈友,在原有礼拜寺的基础上捐资修建,始于明正统十二年(1447年)二月十九日,成于次年的五月五日。《明史》载陈友家居江南全椒,然其先辈为西域人,《明实录》更明确称陈友为"回回人",可知陈家属于世奉伊斯兰教的穆斯林。正统九年(1444年),陈友出任宁夏游击将军,不久以功"进都督佥事",随又远出塞外,招徕答哈卜等四百余人"来归"。在此前后,陈友捐资于东城扩建清真寺,或与其时加官晋爵、招徕远人等史事相关。

《敕赐清真寺兴造碑记》载陈友"捐俸赐,市材

东四清真寺内景

347

鸠工"，竣工后复蒙明廷恩赐"清真寺"匾额。碑上所署"后军都督同知"一职，亦见于《明史》，略称"景帝即位，进都督同知"。可知正统十三年清真寺落成时，在位的英宗尚未赐额。直到景泰元年陈友"进都督同知"，继位的代宗方给其主修的清真寺颁赐匾额。此后"敕赐清真寺"石额即耸立于东四清真寺门前，成为东城伊斯兰教文化的重要象征。陈友后来率军征讨湖广、贵州，历晋左参将、右都督等职，封武平伯，"予世券"，终其一生，位高爵显，故其主修的东四清真寺，也在明代东城的伊斯兰教文化中始终居于重要位置。

相传明代东四清真寺规模庞大，南至报房胡同，北抵东四西大街。寺门之前有坊，坊前白石桥外还立有照壁。成化二十二年（1486年），又在寺内中轴线上兴建了邦克楼（宣礼楼）。这是按中国古典建筑的形式设计建造的，充分体现了东城伊斯兰教对于中国传统文化元素的吸收与融汇。东四清真寺设施更趋完善，影响也进一步扩大。铸有阳文"成化丙午年造"的铜宝顶，至今仍存于寺内福德图书馆中。弘治十六年（1503年），明孝宗又向寺内伊玛目颁赐掌教文札，东四清真寺遂与北京其他三座清真寺一起，成为明代赫赫有名的"四大官寺"。

自建成之日起，东四清真寺就在东城伊斯兰教文化传承中，尤其居于重要位置。明清时期，东四清真寺续有修葺。寺门朝东，面阔三间，进深七檩，现存大门为1914年（又说为1920年）改建的。寺内主要建筑有大殿、南北讲堂、水房和图书馆等，可同时容纳五百多人做礼拜。大殿金碧辉煌，雕梁画栋，三座拱门刻有《古兰经》经文，窑殿为无梁的穹窿顶结构。近代以来，东四清真寺融入时代变革的大潮，致力于教育与文化事业。1926年，东四清真寺创办清真中学，1929年续办由山东济南迁来的成达师范学校，1936年成立福德图书馆，1947年创办北平伊斯兰经学院，出版发行《月华》等伊斯兰学术、文化刊物，在近代北京伊斯兰文化史上，留下了厚重一笔。

1949年之后，政府两次拨款对东四清真寺进行大修，1984年该寺被列为北京市文物保护单位。寺内收藏有诸多历代相传的珍贵文物。大殿抱厦南侧从法明寺移来的清真法明百字圣号碑记，在教友间具有很大的文化影响。碑阴为阿拉伯文，中间刻"理本无极"四字。寺内图书馆收藏的元延祐五年（1318年，伊斯兰教历718年）的《古兰经》，署名穆罕默德·伊本·艾哈迈德·伊本·阿布都拉合曼手抄，文字工整清秀，学者誉为伊斯兰教内世界罕见的"文化珍品"。寺内收藏的明代瓷牌，直径三十公分，白底蓝字，中间绘阿拉伯文的"清真言"，也是不可多见的珍贵文物。此外，馆内还有埃及国王赠送的图书，反映了中外穆斯林的友好往来和文化交流。以此之故，东四清真寺被誉为北京伊斯兰教的文化中心、近代回族和中国伊斯兰教的文化摇篮。

（二）法明寺

法明寺同样位列明代"四大官寺"，是东城又一重要清真寺。法明寺位于安定门内二条，又称安内法明寺。明万历八年（1580年）《敕赐法明寺重修碑记》载称："法明寺初名礼拜寺，在京城崇教坊。……寺成，蒙恩赐额，曰'法明寺'。盖经始于正统十二年（1447年）二月十九日，落成于明年五月五日。"学者注意到该碑行文与东四清真寺的敕赐《兴造碑记》相仿，具体修造时间更与东四清真寺完全一致，因而认为法明寺可能亦是由李友于正统年间倡修，其赐额亦同样于景泰初年获得。

历明至清，法明寺赓续相传。清光绪六年（1880年）《重修法明礼拜寺碑记》中说道："寺自正统十二年之春，建于京城崇教坊之厥位，锡嘉额曰'法明'。"又谓"前于万历八年仲秋重修后，至于国朝嘉庆，历年二百有余，经绅士马芝玉引众重修。至今百有春秋，拜殿讲堂圮毁，月楼水房渗漏。"本寺"首士"马德明汇合众人之力重修，"各乐捐资，而济清真"。可见清初"满汉分城"，曾使法明寺受到一定影响。直到嘉庆年间，法明寺方得以进行入清以来的首次大修。清末光绪年间，法明寺再次"增其旧制，重加修葺"，重新焕发生机。

历经变迁，安内法明寺现已不存，其原址已改建为小学。但其历史文化仍见传承。据说东四清真寺现存的"圣赞碑"，就是法明寺内的珍贵文物，因为清初（一说为清末）"不戒于火"，遂从法明寺移至东四清真寺保存。《清真法明百字圣号》碑，立于明万历七年（1579年），侧题"山东都司都指挥金事恩德尤铠捐俸"建造。碑文以一百字的汉文，称颂伊斯兰教先知穆罕默德的圣迹，略谓"乾坤初判，天籍注名，西域传法教主，至德大圣仁慈"，又称"协助天运，护佑国王，公直无私""五朝祈天，默助太平""降服诸邪归正，清真法明大道"云云。文中将穆罕默德誉称为"众圣之宗"，与伊斯兰教的教义不尽相合，但以百言汉字的形式来颂称伊斯兰教的创始人，无疑成为伊斯兰教中国化进程史上的生动案例。《圣号碑》距今已有四百多年的历史，被广大教友誉为"至圣百字赞"，在北京伊斯兰教的传承和发展过程中产生了深远的文化影响。

（三）花市清真寺

花市清真寺原名花市礼拜寺，坐落于崇文门外花市大街，为北京著名的清真"古寺"之一，也是京城外城最重要的清真寺。1985年的《复修记碑》称其"建于明初年,为北京四大名寺之一,历七百年而不衰"。寺内故老相传,花市清真寺始建于永乐十二年(1414年),系当时定居北京的回族将领胡大海捐献宅第改建而成。也有的说其修建,与明初的著名骁将常遇春有关,并流传有"常遇春一箭定寺基"等说法。

这些教内传说,确切与否,尚待考察。民国年间进行调查时,曾在大殿的外墙发现"大明永乐十三年"仲春修建、"崇祯元年"秋仲重修、"大清康熙四十一年"春仲重修等字样的石刻,可见后人言其创建于明初或有所据。不过镶嵌在西大殿前廊、成于乾隆三十五年(1770年)的《重修礼拜寺碑记》,已发出"崇文门外花儿市礼拜寺创始前明,无所稽考"的感叹。

对照北京城墙的演变过程,花市清真寺的创建,当与永乐年间城墙南移、崇文门的修建与繁荣有一定关系。明代前期,崇文门为北京东南的重要城门。来自京东或山东沿运河北上的回民,多会集于都城东南近郊,逐渐形成以售卖羊肉、糕点以及经营客店为特色的回民集市。附近南、北羊市口等街道名称,即由此而来。此后又有来自山西等地的客商来京售卖绢花,独具特色的花市大街逐渐成形,用于礼拜的清真寺,亦随之出现。嘉靖年间修筑外城,花市清真寺再被围入城内,遂成为外城东部的重要清真寺。

据清代重修碑记,花市清真寺于清康熙四十一年(1702年)经"荣禄大夫张公"主持大修,竣工后宏敞壮丽,"极一时之盛"。雍正七年(1729年),又在寺内建立"宪宗训谕碑亭"。乾隆十八年(1753年)造厅五间,乾隆三十年(1765年)复捐地造屋三间。翌年失火被焚,再由众人捐资"修饰"。乾隆三十五年(1770年),又有教友捐献地基。可见清真寺虽始于明代,但原来规模可能并不太大,故清代教友多次捐地增建,不断扩大。此当因清初内城穆斯林迁出以后,花市清真寺与牛街礼拜寺一东一西,成为外城两座最为重要的清真寺。故而康、雍、乾三代,也成为花市清真寺得到重大发展的时期。至今悬挂在礼拜大殿正梁上的"清真"御匾,据说就是康熙年间大修以后,经清圣祖亲题御赐的。寺内传承的雍正"御碑",更是体现东城伊斯兰教文化的重要实物。

花市清真寺"御碑"原矗立于东西两殿之间的御碑亭中,现已迁出保存。其上刻有雍正七年(1729年)四月初七日清世宗关于伊斯兰教的谕旨,略谓"直隶各省皆有回民居住,由来已久。其人既为国家之编氓,即俱为国家之赤子,原不容以异视",又强调"刁顽凶悍之习,王法所不容者,亦必回教之所不容;孝悌忠信之风,而名教之所乐许者,亦必回教之所共慕",成为清代伊斯兰教政策的历史见证。

清乾隆年间,花市清真寺复经三次扩建、一次大修。沿至光绪二十五年(1899年),又进行了入清以后的第三次翻建,此后逐渐定型。花市清真寺坐西朝东,分为前后院两大部分。作为核心的礼拜大殿位于后院正西,传为清圣祖题写的

花市清真寺内御碑亭

"清真"御匾,就悬挂在大殿的正梁上方。教内传说大殿有两柁,乃由珍贵的"孔雀木"(又作"恐雀木")制成,因木质沉重,时发异香,驱使昆虫飞鸟远去,故使殿内常年清静,礼拜庄严。这些传说,反映的是广大信教群众对于花市清真寺的热爱,也进一步充实了东城伊斯兰教文化的内容。

历经沧桑,花市清真寺现存礼拜大殿、碑亭、敬古堂、沐浴室以及经房、住房等建筑。民国初年由教育部次长马邻翼题额的寻月台,则已被拆除。1984年,花市清真寺被公布为区文物保护单位。

(四)南豆芽菜清真寺

南豆芽菜清真寺在朝阳门内南豆芽胡同,坐东向西。该寺也是北京历史悠久的清真寺之一,有说法称其始于元代,但确切可考者,则始建于清代的嘉庆三年(1798年)。故老相传,二百多年前,居住在朝阳门内豆瓣、豆芽菜等胡同的穆斯林已有五六百户,苦于附近没有举行宗教活动的礼拜寺,于是在乡老提议下,由居住朝内的穆斯林群众拿乜贴(集资),分两次买下四亩多地,最终建成南豆芽菜清真寺。

南豆芽菜清真寺是典型的中国风格清真寺,整体布局和寺内建筑具有中国古代宫殿式的建筑特点,礼拜大殿的中轴线格局与老北京四合院的建筑风格尤其突出。清真寺面积不大,但南北讲堂、水房子、望月楼等清真寺用房设施齐全,尤其是礼拜大殿宽敞明亮。

2000年朝内大街进行改造,南豆芽菜清真寺移于原址东南重建。原有砖砌如意寺门,改为三间,上覆半圆穹顶,在楼房的映衬下显得更加古朴典雅。

（五）东直门外清真寺

东直门外清真寺，传说亦为东城的清真"古寺"之一。清真寺原位于东直门外小街北下关 68 号，其历史首见于 1935 年金吉堂所著《中国回教史研究》，其中简略载称："清真寺，东直门外二里庄，元代。"然而将东直门外二里庄清真寺的历史，定为始于数百年以前的元代，为仅见的文献记载。此后又有学者认为，元代大都城内外已有不少信仰伊斯兰教的西域色目人居住，当时在东直门外创建清真寺，还是有可能的。

迁建之前存留的东直门外清真寺，主要为清代中晚期的建筑风格。其寺门坐南朝北，砖砌二柱一楼牌坊式，有砖刻透花墙刻"清真礼拜寺"。过堂门为硬山筒瓦卷棚顶，其上有刻于 1932 年的"开天古教"匾额。可见东直门外清真寺的文化渊源，即使可以上溯至元代，但清真寺建筑的重修，显然与清代中后期北京伊斯兰教恢复发展、清真寺逐渐向城外与近郊扩展的趋势有很大关系。至民国年间，又有所修缮或扩建，成为穆斯林就近活动的小型清真寺。

1949 年以后，东直门外清真寺的大殿、东殿以及配房等建筑，大多年久失修。1993 年因城市建设需要，整体拆迁改建于东直门外察慈住宅小区附近，仍为四合院式布局。现为区文物保护单位，同时开放为宗教活动场所。

第四节　基督宗教文化

基督宗教是对尊奉耶稣基督为救世主的各教派的统称,与佛教、伊斯兰教并称为三大"世界宗教"。经过长期的发展演化,基督宗教主要分为天主教、基督教(又称"新教")、东正教三大教派。唐、元、明、清时期,基督宗教先后四次传入中国。不过总体而言,前两次基督宗教的传入未在北京留下大的遗迹,因而对于东城的文化影响非常有限。直到明、清时期,尤其是 19 世纪以后,基督宗教文化方在东城逐渐扎根,并得到发展。

一、基督宗教文化概况

唐初贞观年间(627—649 年)聂斯托里派(Nestorianism)即景教的传入,是基督宗教文化第一次传入中国境内。据说其时景教"法流十道""寺满百城",一度获得较好发展。远在唐代东北边陲的幽州地区,也很可能出现过景教徒的身影。但随后唐武宗大规模"灭佛",也连带打击了景教的活动。其后数百年间,基督宗教基本上在中国销声匿迹,更未在北京留下任何文化影响。

元代基督宗教文化再次传入中国,并在大都有所活动。今房山十字寺石碑上所刻"十"字,很可能就是元代遗留下来的。房山十字寺也成为目前北京地区所见最早的基督宗教文化遗迹。最初基督宗教中的一个支派,从西域传入蒙古草原,受到一些蒙古贵族的崇奉。元世祖忽必烈的母亲就是虔诚的基督教信徒。随着蒙古国势力进入中原地区,该教派也传入燕京,并在这里建造教堂,开展传教活动。

其时东正教、天主教分别传入大都,而东正教的传入,则与蒙古大军的西征与东返有很大关系。元朝采取"兼容并蓄"的宗教管理政策,部分原来信奉东正教的俄罗斯士兵降服以后,随军来到大都为元廷效力,成为北京最早的东正教教徒,相当部分教徒即可能在东城有过活动。大都的天主教则始于意大利方济各会修士孟高维诺(Giovannida Montecorvino,1247—1328年)。《北京市志稿》"宗教志"载称:"至元二十五年,教王遣约翰来京,请元帝崇奉西教。元帝不从,而立教堂于京师,入教者约六千人。"据教内史料记载,孟高维诺受教皇尼古拉四世(Nicholas Ⅳ,1227年9月30日—1292年4月4日)的派遣,从海路前往中国,于至元三十一年(1294年)到达大都,起初受到基督宗教另一个教派的排挤,被拘押。此后获得元廷的批准,允许其在都城内外传播基督教的教义。大德十一年(1307年),罗马教廷又正式设立汗八里(大都)总主教区,以孟高维诺为总主教,统辖中国南北各处主教及其相关教务。

元代将来华的基督宗教统称为"十字教",其教职人员与信徒,则以蒙古语称为"也里可温",意即"有福缘之人",或说是"信奉福音之人"。中统元年(1260年),元世祖曾下令"括木速蛮、畏吾儿、也里可温、答失蛮等户丁为兵"[1]。至元七年(1270年),又降敕令"僧、道、也里可温有家室不持戒律者,占籍为民"[2]。至大二年(1309年),宣政院奏请免除僧、道、也里可温、答失蛮等已有租税,大臣以"田有租,商有税,乃祖宗成法"覆议,元武宗旨令"依旧制征之"[3]。至大四年(1311年),元仁宗又下令"罢僧、道、也里可温、答失蛮、头陀、白云宗诸司"[4]。可见元代的基督宗教,已基本上取得与佛教、道教等本土宗教相同的政治地位与经济地位。

元大都亦曾设立专门管理"也里可温"即基督宗教的行政机构。作为天主教在中国传播的先驱,第一位来华司铎孟高维诺,还得到元成宗的接见。在给教廷的信中,孟高维诺甚至称其在大都"不断地施行洗礼",受洗人数达到六千余人。其中相当一部分信众,即当居住在东城域内。孟高维诺建立的教堂,在皇宫附近,可容纳二百人举行活动,这座教堂即位于东城的靖恭坊之内。不过总体而言,天主教在大都城的传播成效还不是太大。

随着元朝灭亡,明初北京的基督宗教迅速式微。直到明代中后期至清初,基督宗教的第三次传入,才真正在北京留下文化影响。其中的代表人物,先有耶稣会传教士、意大利人利玛窦(Matteo Ricci,1552—1610年)。他于万历二十

---

① 《元史·世祖纪二》。
② 《元史·世祖纪四》。
③ 《元史·武宗纪二》。
④ 《元史·仁宗纪一》。

九年（1601年）带着《圣经》等西方礼物，自广东等地北上，前赴北京，最终获得明神宗信任，诏许其在京城租房长居。利玛窦采取"适应"的传教策略，在京城吸收了一批颇具影响的官员与士绅入教。其中徐光启、李之藻和杨廷筠三人，更号称教内"三柱石"，成为明代天主教成功传入中国的重要标志。与此同时，利玛窦也将天文、历法、几何等西方科技传入中国。其时供职于东城翰林院的徐光启与利玛窦通力协作，翻译了《几何原本》《测量法义》等重要科学著作，大大促进了东西方的科技与文化交流。

清初汤若望（Johann Adam Schallvon Bell，1591—1666年）、南怀仁（Ferdinand Verbiest，1623—1688年）等耶稣会士，继续遵从重视中国传统文化的"利玛窦规矩"，天主教在东城也持续得到发展。汤若望与清廷建立了良好关系，出任观察天象、推算节气、制定历法的钦天监监正，清世祖还赐以"通玄教师"的封号。其后南怀仁亦受到清圣祖信任，尤以天文历法和科技传播方面的贡献为大。南怀仁监制的天文仪器典雅精美，是中国当时最先进的天象观测仪器，也是瑰丽的艺术珍品，至今仍存放在东城的古观象台上。

经遵从"利玛窦规矩"的汤若望、南怀仁等传教士持续努力，北京天主教在清初几十年间获得一定发展，甚至在清廷的宗室中，也开始有人入教。建造于这一时期的东堂，就是北京一处重要的天主教圣地。但方济各会和多明我会等一直反对利玛窦传教时采取的"适应政策"。康熙四十三年（1704年），罗马教皇发布禁止中国教徒祭祖、祭孔的"禁令"，清圣祖对于天主教的态度随之大变。清廷开始厉行禁教，雍、乾、嘉、道的百余年间，天主教虽仍在中国各地秘密传布，但北京东城的天主教堂则受其影响，迅速衰落。

清代前期又有东正教传入北京，并在东城先后建立俄罗斯北馆、南馆两座教堂。其中俄罗斯北馆位于东直门内，始于康熙年间安置从黑龙江流域俘获的俄罗斯降人。这座教堂由关帝庙改建而来，又称"罗刹庙"。南馆位于东江米巷，始于雍正年间，系由安置俄罗斯使臣和商队的南会同馆邸舍扩展而来，后来成为北京东正教活动的中心。由于受到沙皇的支持，自康熙五十四年（1715年）至民国六年（1917年），俄罗斯前后共派出十八批"东正教驻北京传教士团"。这是"百年禁教"期间北京唯一合法公开的基督宗教活动，但其规模较小，"北京传教士团"虽以传教为名，实则主要为俄国的外交和情报搜集服务。因而二百年间仅在北京发展教徒三四百人，东正教在东城的文化影响，亦局限在较小的范围之内。

晚清时期,基督宗教在东城得到迅速发展。鸦片战争以后,西方教会利用各国的坚船利炮,取得在中国内地传教的特权,这是基督宗教第四次传入中国。东城的基督宗教文化,也获得异于寻常的发展。据不完全统计,咸丰六年(1856年)以北京为中心的天主教直隶北部传教区,已有教徒一万七千人左右。咸丰八年(1858年)《天津条约》签订,来自清廷的"教禁"正式解除,天主教在北京的活动更加活跃。这与元代及明末清初时期的艰难发展相比,形成了鲜明对照。"百年禁教"期间被没收的东堂,即于此时发还教会,并在光绪年间募资建造了雄伟壮观的罗马式大教堂。"义和团"运动后在东交民巷法国领事馆内创建的圣弥厄尔教堂,则成为天主教会在北京城内较晚修建的精美教堂。

这一时期基督新教也开始进入中国,并在东城得到传播。咸丰十一年(1861年),时任英国皇家外科医学院院士的英国伦敦会传教士雒魏林(William Lockhart,1811—1896年)来到北京。他首先住在英国公使家中,随后在英国使馆旁边找到一处房子,并由使馆出面购买。雒魏林承租居住,开始以医传教,此后逐渐发展成为著名的协和医院。不久,伦敦会借鉴雒魏林的成功经验,再派艾约瑟(Joseph Edkins,1823—1905年)、杜德根(John Dudgeon,1837—1901年,医学博士)等来到北京,一面行医一面传教,先后创建缸瓦市教堂(在西城域内)、崇外东柳树井教堂、东直门外关厢福音堂等。同治元年(1862年),圣公会传教士鲍尔滕(John Shaw Burdon,1826—1907年)亦来到北京,在英国使馆内建立教堂,为英国驻华人员提供礼拜场所。其后鲍尔滕担任京师同文馆英文教习,为中国培养一批了解西方科技的人才,同时亦积极推动"福音"的传播。同治十三年(1874年),鲍尔滕回国,随即升任中国华南教区主教,其在北京的职务则由他人继续接任。

在此前后,美国北长老会、美以美会也派人赴北京传教。据说早在19世纪50年代,美国北长老会的艾约瑟(Joseph Edkins,1823—1905年)就造访北京,并曾为三人举行洗礼。同治元年(1862年),又有该会传教士丁韪良(William Alexander Parsons Martin,1827—1916年)进入北京,在东单一带租房建立会所,展开长老会在北京的传教活动。次年艾约瑟亦迁来北京,1872年又与丁韪良创办《中西闻见录》月刊。在此前后,丁韪良长期担任京师同文馆总教习,还一度兼任清廷在国际法方面的顾问。丁韪良、艾约瑟等一方面介绍西方科技知识,同时努力传播基督宗教。美国北长老会在中国设立八大教区,其中北京成为华北教区的核心,而丁韪良等人在东城的影响尤其巨大。由其创办的崇实中学(现北京二十一中学),即为其中一例。

清同治八年(1869年),美国美以美会刘海澜牧师(Hiram Harrison Lowry, 1843—1924年)亦来到北京,开始在东城等地传教。翌年,刘海澜等人于崇文门内孝顺胡同建立亚斯立堂,逐步奠定美以美会华北传教区的基础。亚斯立堂附设的京师汇文书院,后来成为燕京大学最主要的源头之一。作为美以美会来华传教士先驱的刘海澜,后来又出任燕京大学的看守校长。他对于东城基督宗教文化的发展以及中外科技交流,都产生了重要影响。

"义和团"运动后,东城基督宗教陆续恢复活动,外国传教士也开始反思,逐渐改变传教策略。进入民国,东城基督宗教普遍加强了教会学校、教会医院的创办以及其他各类慈善活动,在社会上的文化影响继续扩大,教徒亦有增加。建于东交民巷的天主教堂,设于东单北大街的北京基督教青年会与中华圣经会,都见证了近代以来东城基督宗教文化的发展。这一时期,国内既有"基督将军"冯玉祥等人的大力支持,也出现了"非基督教运动"的文化反思。不少教徒则加入"反帝爱国运动",要求收回教权,自办教会。1909年成为自养堂的崇文门教堂,在基督宗教"中国化"、本土化的历史进程中具有重要的象征意义。

二、重要基督教堂

(一)靖恭坊十字寺

靖恭坊十字寺为大都最早的基督教堂,也是东城最早的基督宗教文化遗迹。通过著名考古学家徐苹芳先生撰写的《元大都也里可温十字寺考》,我们可以对东城这处尘封已久的基督宗教文化遗迹,进行大致的钩沉与梳理。①

由于元明鼎革后教堂被彻底拆毁,故十字寺很少见于史籍记载。不过早在1305年孟高维诺自大都发给罗马天主教廷的信中,就提到他已于六年前在"京城汗八里建筑了一座教堂",又提到当年正在大汗的宫门前"开始建筑一座新教堂",这座教堂与皇城宫门之间的距离"仅有一掷石之远"。孟高维诺指出,这座新教堂将于"明年夏季"建成,届时"从城内和其他地方来的人,看到新建成的房屋,并且有一个红十字架高树房顶时,都认为似乎是一个奇迹"。可见他在大都建造过两座天主教堂,第一座建于元大德三年(1299年),第二座预计于大德十

---

① 徐苹芳:《中国城市考古学论集》,上海古籍出版社,2015年,第178—186页。

年(1306年)竣工,堂顶上还将竖立醒目的红色十字架。中文史籍因此将其称为"十字寺"。《析津志》记录大都的桥梁,就包括"十字寺前一",可见该教堂的前面有河,河上建有供行人往来的桥梁。此"十字寺"不详何处,但很可能即为孟高维诺新建的基督教堂。孟高维诺还在信中渲染"大汗在宫里可以听到我们歌唱的声音",可见其距离元代的皇宫不会太远。中国社会科学院考古研究所传抄本《永乐大典》"庙"字韵"原庙"条下,征引《析津志》,简略提及其地址,称"唐妃娘娘阿吉剌,也里可温寺,靖恭坊内,世祖亲母"。此处的阿吉剌原庙"也里可温寺",就是元代的十字寺。

学者研究发现,《析津志》所言"唐妃娘娘",即元世祖的亲生母亲显懿庄圣皇后,又作别吉太后。其与"也里可温"之间的密切关系,《元史》有所披露。天历元年(1328年),元文宗谕命"也里可温于显懿庄圣皇后神御殿作佛事"(《元史·文宗纪一》)。清代地方志也载称:"别吉太后,(元)世祖皇帝母也。初世祖定甘州,太后与在军中。后没,世祖使于十字寺祀之。"①此"十字寺"为甘州城内西南隅的基督教堂,俗称"大寺"。可见以教职人员为"唐妃娘娘"祈福的传统,自元初以来历久相传。元廷为其在大都城内建造也里可温寺,作为祭祀祈祷之用的"原庙",遂成必然。

关于大都十字寺的位置,《析津志》笼统记为"靖恭坊内"。学者考证后认为,大都十字寺很可能即在海子桥以东,亦即明清以来之显佑宫的位置。其门前架有桥梁的河流,即从靖恭坊西南流过的通惠河。其地正处于万宁寺的东南,亦毗邻元皇宫的东北。或在泰定四年(1327年)万宁寺供奉元成宗帝、后"御容"的前后,靖恭坊内的十字寺亦逐渐成为祭祀显懿庄圣皇后的"原庙"。不过随着元廷灭亡,身兼前朝"原庙"与"异教"双重身份的十字寺受到更为沉重的打击。明永乐十三年(1415年),明成祖决定于"宫城坎位"即在皇宫以北建庙供奉真武,明初以来中衰冷落的也里可温寺,遂被征用改建。此后,彰显本土道教文化的真武庙宇,便完全覆盖了曾在东城影响一时的天主教文化遗址。

(二)王府井教堂

王府井教堂坐落于王府井大街74号,为明清北京"四大天主教堂"中的东堂,又称八面槽教堂。东堂本名圣若瑟堂,即为纪念耶稣养父圣若瑟而命名的教堂,初由意大利传教士利类思(Ludovico Buglio,1606—1682年)、葡萄牙传教

---

① 乾隆《甘州府志》卷二。

士安文思（Gabrielde Magalhaens，
1609—1677年）创建，为清代传教士
在北京修建的第一座天主教堂。利
类思、安文思本在四川境内传教，明
末曾跟随张献忠领导的农民军活动。
清初被入川的清军虏获，并于顺治五
年（1648年）随同班师回朝的肃亲王
豪格来到北京。两人先在位于今东
城正义路东侧的肃王府内"当差"，
肃亲王失势以后可能又利用汤若望
等传教士的关系，逐渐获得清宫内廷
的信用。顺治十二年（1655年），清
世祖将东城的一所宅院和空地赐给
他们，作为活动场地。两人遂在空地
上建起一座坐东朝西的教堂，并奉耶

王府井天主教堂

稣之养父圣若瑟为主保，以便于东城附近的天主教徒举行洗礼祈祷。

　　东堂初期规模不大，后经多次重建扩修。康熙五十九年（1720年）地震，教
堂被毁，次年即予重建。随后进入"百处禁教"时期，东堂在雍、乾两朝陷入相对
沉寂的阶段。嘉庆十二年（1807年），在京教会进一步遭到打击，朝不保夕的东
堂再次被大火焚为灰烬。清廷勒令其时兼任钦天监务的福文高（Domingos Joa-
quim Ferreira，1758—1824年）、李拱宸（José Ribeiro Nunes，1767—1826年）等神
父移居南堂，并将残存的东堂没收，幸存的圣堂亦被责令拆除，东堂彻底荒废。

　　第二次鸦片战争以后，清廷将东堂发还，教友在废墟上修建平房数间，作为
简陋的祈祷场地。直到光绪十年（1884年），时任北京主教的田类思募集巨资，
在原址上重建罗马式大教堂。不过到1900年，东堂又第三次被毁。四年后由
清廷出面，经法国和爱尔兰动用"庚子赔款"重修，次年竣工，成为延续至今的
东堂。

　　东堂是继南堂之后在北京城内建造的第二座天主教堂，在北京的基督宗教
文化传承中占有重要地位。1666年8月，顺治年间御赐"通玄教师"封号的汤
若望，就是在东堂挨过了其七十四岁的最后时刻。此后南怀仁、罗培元等著名
神父，也曾在此堂中担任教职。清代中期的东堂内，还保存有由著名宫廷画师

郎世宁绘制的耶稣圣像,十分珍贵。西人载称,郎世宁绘制有耶稣圣心像多幅,其中以供于北京东堂圣心祭台上的圣心像最为精美,"某年该堂失火,祭台与圣心像独未波及",教会将其绘印若干,分赠给欧洲各国,成为众口传诵的神圣之物。葡萄牙王后玛利亚纳(Mane Anne)与宫内的贵妇,甚至还亲自织造覆盖祭台的布匹与饰品,"以装修此劫余仅存之圣心祭台"①。

清末重修、保留至今的东堂为砖木结构,保留了罗马式建筑风格,细部处理则在西洋古典风格中融入了中国传统的建筑文化元素。教堂平面布局为拉丁十字架形,三座高大的穹顶式钟楼上也各竖立十字架。圣堂坐落于青石台基上,仍以西面为正面,开门三座,正门石柱上大书中式楹联"庇民大德包中外,尚父宏勋冠古今",横额"惠我东方",体现出基督宗教文化与中国本土文化的融合。堂内两侧,悬挂有耶稣受难等油画多幅。东堂虽地处闹市,却丝毫未减少其浓郁的宗教文化氛围。1990 年公布为北京市文物保护单位,2013 年又公布为国家级重点文物保护单位。修缮的东堂,已成为王府井大街上最有特色的人文景观之一,吸引了海内外众多游人的目光。

(三)俄罗斯北馆与南馆

俄罗斯北馆与南馆,是北京东正教徒活动的主要场所。其地理位置与社会环境,相差悬殊,《筹办夷务始末》卷四十四载称,俄罗斯"南馆地当教民巷,系通衢耳目易得见闻之处。惟北馆地当东直门内东北隅,向称不静之所,旗民杂处,且多贫苦之家"。这源于两馆不同的兴建年代,以及与之相关的历史背景。

俄罗斯北馆始于清初,俗称"罗刹庙",又称为圣尼古拉教堂。雅克萨之战前后,清军陆续在黑龙江流域俘获"罗刹"即俄罗斯人近百名,并解送至京。康熙二十二年(1683 年)户部请旨发落,圣祖谕称:"归顺罗刹人颇多,应令编为一佐领,令其彼此相依,庶有资藉。"②户部将之编入镶黄旗满洲,安置在东直门内的胡家圈胡同,给予旗人待遇。清廷允许这些归服的俄罗斯人保留原有的东正教信仰,并将角楼附近的一座关帝庙,拨给俄罗斯佐领暂充教堂。当年新投诚的"罗刹"马克西木出任首任司祭,当时仅有其随身带来的尼古拉圣像悬于庙内,以供宗教礼拜之用。其后改为圣尼古拉教堂,但设施仍然简陋,长期不能举

---

① 格拉茨等编:《现代天主教百科全书》引《耶稣圣心敬礼史》,宗教文化出版社,2012,第 450 页。

② 《清圣祖实录》卷一百十二。

行圣化仪式,外人则多呼为"罗刹庙"。康熙三十四年(1695年),经俄罗斯西伯利亚总主教颁发证书,获得教会的正式认可,圣尼古拉教堂遂成为东正教传入北京的重要标志。

沙皇政府对于东正教在北京获得的立足之地,给予异乎寻常的重视。清康熙五十一年(1712年),俄国商队专员以北京教士仅有一人,且年龄老迈,请求清廷允许俄罗斯采用"驻京喇嘛"的名义,派人前来接替。康熙五十四年(1715年),由沙皇政府选派的修士、神父共计十人,随同出使土尔扈特途经俄罗斯返回的内阁中书兼侍读图理琛到达北京,以圣尼古拉教堂为据点的"俄国驻北京布道团"正式成立。北京东正教的发展进入新的历史阶段。

作为北京第一座见于史籍的东正教堂,圣尼古拉教堂进一步促进了东正教文化在东城的传播与发展。二百余年间,北馆成为北京东正教徒的重要活动场所。光绪二十六年(1900年),教堂被毁后扩建,改名"致命堂",拥有致命堂、钟鼓楼、中外书房、神父住宅以及寡妇院等房屋八十多间。其中致命堂为拜占庭式建筑,平面呈十字架形,堂内装饰华丽。1956年,圣尼古拉教堂改建为苏联大使馆。

俄罗斯南馆始于清代中期,系由清廷安置使臣和商队的南会同馆邸舍扩展而来。康熙二十八年(1689年)《尼布楚条约》签订后,清廷将来京的俄国使臣和商队,统一安置于东江米巷的玉河馆(南会同馆),时人俗称为"俄罗斯馆"。雍正五年(1727年)中俄《恰克图界约》签订,其中规定:"俄使请造庙宇,中国办理俄事大臣等帮助于俄馆盖庙。现在住京喇嘛一人,复议补遣三人,于此庙居住,礼佛念经,不得阻止。"俄国由此取得在南会同馆内建造教堂的权利。雍正十年(1732年),仿照天主教"西堂"形制兴建的教堂在馆内落成,取名为"奉献节教堂",又称"圣玛利亚教堂"。康熙年间专供使臣和商队居住的俄罗斯馆,遂演变为附设有教堂及学舍的新馆。北馆"罗刹庙"中的尼古拉圣像,也移来此堂供奉。雍正十二年(1735年)举行大祭礼,新修的教堂正式成为北京东正教崇拜的中心,称为"南馆"。东直门内的"罗刹庙"则失去其原有的独立性,变成俄罗斯馆附属的东正教堂,称作"北馆"。

从雍正七年(1729年)第二班"驻北京布道团"开始,俄国派遣学生随班来北京学习满汉文字。国子监则选派满汉助教,在俄罗斯馆内组成"俄罗斯学"。"驻北京布道团"也由原来的临时机构,演变成常设机构。南馆成为"俄罗斯喇嘛及学生所住之馆",因而兼具宗教和世俗的双重属性,在文献中也获得了"俄馆""大喇嘛馆""书馆"等不同称谓。第二次鸦片战争以后,俄国又将其改建为驻华公使馆。从 1715 年开始,至 1860 年为止,俄国先后派遣十三批东正教传教士来到北京,其中神职人员达一百五十多名。南、北两馆成为俄罗斯东正教在北京最重要的活动据点,而南馆尤为主导。

(四)崇文门教堂

崇文门教堂(亚斯立堂)位于崇文门内大街以东的后沟胡同,系基督教美国美以美会为纪念其首任会督亚斯立(Francis Asbury)而建,故又称亚斯立堂。美以美会(The Methodist Episcopal Church),为 1844 年后基督教美国北方卫理公会所用的宗派名称,1939 年复归并为卫理公会。1867 年,美以美会差遣刘海澜牧师赴中国传教。他先到福州,次年与人受命前往北京开辟华北教区。1869年,刘海澜等牧师开始在北京进行传教工作。1870 年,美以美会拨款在崇文门内孝顺胡同购买民房作为会址,创建亚斯立堂,随又于船板胡同创办京师汇文书院。1882 年,亚斯立新堂扩建落成,初步奠定了该会在华北地区传教的基础。1900 年,教堂在义和团运动中遭焚毁,1903 年重建,分正、副两堂,进一步成为教区主堂。亚斯立堂成为崇文门一带的重要地标,美以美会在北京的传教范围,也形成以东南城为主的人文特色。

崇文门教堂是美以美会在北京建立的第一座教堂,为北京城南最大的基督教堂之一,也是北京现存最大的新教教堂。清末重建以后,大门坐东朝西,整体呈近代折中主义风格。装饰不多,但工艺考究。随着教士与信徒日益增多,教会工作逐渐展开,美以美会也在教堂附近先后设立同仁医院、汇文中学、慕贞女中、仁光护士学校,以及汇文大学、汇文神学院等众多近代医疗与文化教育机构。尤其是京师汇文书院,1889 年改为崇内怀理书院,后来又演变为汇文大学,1916 年更成为燕京大学的主要源头。汇文神学院,后来改名北京神

亚斯立堂

学院,成为北京著名的神学院校。这些由美以美会创办的教会外围机构,在东城亦产生了重大的社会与文化影响。与此同时,在陈维屏、刘广庆等中国牧师的倡导下,崇文门教堂自 1897 年以来开始筹划教堂自养。到 1904 年新堂建成,教堂的主任牧师也开始由中国人出任。1909 年刘芳担任主任牧师时,由于信徒捐献较多,正式成为自养堂。这在当时的中国基督教界,是非常罕见的。

与此同时,近代以来崇文门教堂与政治或社会名人的联系,也产生特殊的文化影响。民国年间著名的"基督将军"冯玉祥,回忆其驻防北京之初,因与朋友"到崇文门内一座耶稣堂听讲",留下很好的印象,"从此,我有空即去听讲,渐渐发生了兴趣"。也正是在崇文门教堂,冯玉祥与北京基督教女青年会干事李德全女士结下了令世人感佩的世纪良缘。1924 年 2 月两人举行简单而又独具特色的教会婚礼,更成为北京内外轰动一时的新闻。

1982 年修缮开放后,崇文门教堂再度成为基督教在北京的较大堂口,外国使节、国际知名人士甚至外国元首,经常来此进行宗教活动。其中美国总统老布什热爱中华传统文化的"中国情结",就与崇文门教堂有很大关系。1990 年,崇文门教堂被列为市重点文物保护单位,2006 年公布为国家重点文物保护单位。

(五)东交民巷天主教堂、北京基督教青年会会址与中华圣经会会址

东交民巷天主教堂坐落于东交民巷与台基厂十字路口的东北角,为纪念《圣经》中保护以色列子民的总领天使圣弥厄尔而建,故又称圣弥厄尔教堂。其地原属法国领事馆,清光绪二十七年(1901 年)由法国神父嘉宝(Capy,又称高司铎)主持修建,后经法国人斩利国扩增,成为外国教会在北京修建的最后一个天主教堂。东交民巷天主堂最初是专门为使馆区的外国人而兴建的,后来也允许使馆内入教的中国职工进堂礼拜、祈祷。

东交民巷天主教堂的规模不如北京原有的天主教"四堂",但却综合了"四堂"建筑的精美与特色,显得小巧精致而又古

北京基督教青年会会址

363

朴别具。圣堂是西方典型的哥特式,东西两面墙上装嵌有从法国进口的彩色花玻璃。教堂正面的一对钟塔高耸突出,格外引人注目,成为清末东城一道亮丽的建筑与人文风景。历经一百多年,东交民巷天主教堂未遭到大的破坏,成为北京市内现存唯一原状保存完好的宗教文化建筑。1986年再次整修,现为国家重点文物保护单位。

北京基督教青年会会址位于东单北大街,原为一座坐西朝东的仿欧古典式红砖建筑。基督教青年会(The Young Men's Christian Association)是基督教跨宗派的国际性青年团体,1844年由英国人乔治·威廉斯(George Williams,1821—1905年)于伦敦创立。第二次鸦片战争以后,青年会随着基督教的传入,也开始在中国上海等地发展。清光绪十一年(1885年),美国传教士毕海澜(Harlan P. Beach)在通州潞河书院(时属直隶)建立组织,是为青年会传入北京之始。光绪三十二年(1906年),时任天津青年会总干事的格林(Robert R. Gailey)往返于京津两地,酝酿筹建北京基督教青年会。光绪三十五年(1909年),北京青年会正式成立,以位于东单米市大街的临时会所为会址,格林担任总干事,艾德敷、张佩芝、袁子香为干事,出生于北京八旗家庭的满人诚静怡(1881—1939年)则出任董事长。同年,南开中学堂创办人张伯苓成为天津青年会核心成员,大大促进了会所筹建等工作的力度。北京青年会也捐资购买地皮,于1911年春动工建造新的会所,1913年10月落成,1920年代又有所扩建。

北京基督教青年会以"协助青年,本其自动的精神,兴趣的所在,以增进其人格的修养与服务的能力"为宗旨,通过体育、娱乐、求学指导、职业介绍等青年喜闻乐见的方式,传播基督教文化,发展会友。新建的青年会会址内,设立了北京最早的室内体育场馆、大礼堂、图书馆等公共文化设施。同时附设英文夜学校、宗教研究班,编辑出版《北京青年周刊》《北京基督教青年会务特刊》等刊物。这对于促进东城开展现代文娱活动、传播西方科学知识、展示基督宗教文化等方面都具有积极意义。会址后来曾改为电影院、体校,现已拆除。青年会则移至毗邻的中华圣经会内办会。

中华圣经会会址位于北京基督教青年会会址之南,为东单北大街21号(原为米市大街287号),1926年由美国马里兰州圣经会捐建。圣经会是印刷发行《圣经》的专门机构,在基督教传播过程中具有重要地位。美国圣经会(American Bible Society)是美国负责《圣经》翻译、出版和普及推广的机构,1816年成立,总部设在纽约。清道光十三年(1833年),美国圣经会开始委托在华传教士

364

印刷发送中文版《圣经》。随着业务的扩大,同治十五年(1876年)又在上海正式成立美国圣经会中华分会。中华圣经会北京分会(China Bible House Peking Brand)开办于光绪十六年(1890年),第一任总干事为美国人甘牧师(Dr. T. G. N. Gatrell),但开始未设置印刷厂,只负责《圣经》的批发与销售。据说光绪二十年(1894年)为祝贺慈禧太后六十寿辰,中华圣经会北京分会还专门组织印制了一本《新约全书》作为贺礼。其书采用文言文翻译,封面烫金色的"新约全书"字样,以金边皮面包边。这在《圣经》的汉译史和印刷史上,都颇具影响。

1923年,美国圣经会在东城米市大街购得一块私人地产,后得到美国马里兰州圣经会的捐款,于是在1927年拆除原有建筑,动工建造中华圣经会北京分会会所。动工之际,致力于探索基督教文化和中国传统相结合的"折中"神学思想家、时任燕京大学副校长的吴雷川出席奠基典礼,并谈到《圣经》与儒教十三经的比较以及基督教在中国的传播等问题,在社会上产生了很大影响。次年会所竣工,成为华北地区分销《圣经》最重要的文化中心。

据《圣经会特刊》第三期记载,中华圣经会会所由美国长老会内的建筑工程师设计。正门设大红油漆柱子,彩绘藻井,上覆以中国式屋顶。传统式样的石栏杆环绕周围,室内则采用西式装修,西院又有二层小楼及附属花园。会所总体呈中国建筑古风,但又有浓郁的中西合璧风格,成为基督教会在东城具有代表意义的建筑。民国年间,会所内曾举办《圣经》展览,接待社会各界的文化名人,也曾作为青年会的活动场所。现为国家重点文物保护单位。

第七章

民俗文化

东城民俗,是北京民俗中颇具鲜明特点和独特地域性的文化类型。东城有着特殊的地理位置,以北京老城作为主要的行政区域,毗邻紫禁城和皇家坛庙、衙署,形成了与皇家文化、京味文化紧密依托的民俗文化,表现出鲜明的京味语言、歌谣谚语、故事传说、衣食住行、农事商贸、岁时年节、婚丧嫁娶等等浓重的京味色彩,渗透在古都北京的每一个角落。

至元四年(1267年),元世祖忽必烈营建元大都,依照《周礼·考工记》营城,在东城形成了最初的胡同格局,也保留了里坊的形态。明永乐十八年(1420年),明永乐皇帝营建紫禁城,到嘉靖年间,明世宗修建外城,东城主体区域的地理形态日渐清晰。伴随着七百余年皇家生活和城里城外的民间生活,东城民俗在继承延续了北京地区总体的行为特征的同时,也因为其独特的地标建筑、城市生活等,衍生出了独具个性的民俗文化。

明朝是汉族政权,由于商业的发展,特别是大批南人北上,社会风气发生很大变化,重交游,喜游宴,成为一时风尚。但是辽金元三朝诸多少数民族在北京地区留下的习俗,也并未消失,经过三四百年的沉淀,已经成为北京地区本体文化的有机组成部分。因此对明代的北京民俗可以用两句话概括:古风犹存及民风渐变。

伴随清朝统治的建立,东城域内居住的主要是包括汉族、满族、蒙古族、回族在内的各民族民众。为了巩固其统治地位,清廷实行"满汉分城而居"的政策,八旗子弟居住在内城,而即使做了清朝高官的汉人,也只能居住在外城。这个举措,对作为帝都北京的社会结构和文化风俗都产生了深远影响。至于满、汉的民族融合,则是经历了一个漫长的历程才得以实现的。

东城遍布内外城的大小寺庙宫观,供奉着各路神祇,既有来自佛教、道教的,也有来自各类民间神话传说的。平时寺庙宫观尽管香火不断,但是京师最主要的民间习俗是各种庙会。每逢寺庙开放日期,善男信女进庙烧香礼佛,商贩在寺庙附近设摊售货,民间艺人也在这里表演杂技,久而久之成为定例。北京的庙会最初流行于明代,到了清代,庙会的商业性、娱乐性功能逐渐取代了宗教性,成为北京民众喜闻乐见的一种游乐和购物形式。

正因为千余年来北京成为多民族的聚集地,它以海纳百川的包容性,在保存本体文化的同时，吸收了各少数民族文化的长处，也接受了更多的习俗，从服饰、饮食、娱乐竞技、手工艺，乃至地名、胡同的形成，无不受到或多或少的影响，从而构成了北京文化的多元性和民俗的多样性、丰富性。

第一节　衣食住行

在人们的生活中，衣食住行是摆在第一位的，人们的衣食住行如果没有保障，也就失去了生存的能力。有了衣食住行之后，也才会有文化生活。而人们通过衣食住行，表达出了不同的生活方式，体现出了不同的风俗习惯。古人曾云："十里不同天，百里不同俗。"由此可见，风俗的变化是有着明显的地域特征的。

在元代的大都城，各民族的服饰和饮食有着鲜明特色。由于受到此前辽金两朝的影响，少数民族的特色十分突出。当时人刘因作诗称："万国山河有燕赵，百年风气尚辽金。"①正是在这个时期，草原游牧文化与中原农耕文化的融合成为文化发展的主流。不论是少数民族服饰还是饮食，在大都城随处可见，就连居住环境，也是胡同四合院与毡车毡帐混杂。这种多元文化的深度融合，成为当时民俗文化的一大特色。

到了明代，由于统治者在推翻元朝后，对游牧文化采取了极力排斥的政策，使得游牧文化的影响迅速消失，农耕文化的影响越来越大。这时的北京城里，人们对曾经十分时髦的"质孙服"是什么都变得十分茫然。虽然这时的农耕文化与游牧文化还在不断交流，但是在民俗中的反映就已经非常淡薄了。而这时的南北文化交流却出现越来越频繁的趋势。江南文化不断北上，并且在北京城开始产生越来越大的影响。

到了清代，因为受到清朝统治者的影响，北京城的民俗风气发生了巨大变

---

① 宋公传辑《元诗体要》卷十一，明正德十四年刻本。转引王素美：《刘因的理学思想与文学》，人民出版社，2004，第41页。

化,少数民族文化在社会上逐渐成为流行文化。在衣食住行各个方面,都有着突出的表现。但是,这种满、汉之间的差异随着文化融合很快就消失了,或者说是融为一体了。再到清末民初,随着西方文化的强势融入,北京城开始进入近现代的转型时期,其在文化上的表现之一,就是在民俗文化中融入了越来越多的西方元素。这个过程,一直延续到改革开放的今天。

一、服　饰

地处东城区的王府井古人类遗址博物馆,保留了两万四千至两万五千年前,古人类智人在这里栖息生活的痕迹。根据考古发现,当时的人们已经可以用石器、骨器切割或"缝纫"兽皮制作服装,"兽皮裙"成为当时兼具保暖与美观功能的重要服饰。

东城区是北京的核心区,历史上民族服饰与汉族服饰不断融合,是一个重要特点。元以后,棉布逐渐成为居民的主要衣着材料。清中叶以后,服装方面的等级制度日见崩溃,许多被禁用的僭越之物,富有家庭也都开始使用。八旗服制至清代中晚期也开始出现汉化的趋势。清末,西方的生活方式传入,人们的审美观念逐渐发生变化。进口呢绒、洋布逐渐取代传统的毛皮、绸缎和结实的土布;服装的色彩和样式也突破了几千年来的传统道德与审美观念,少数人开始穿着西式服装。辛亥革命更是从制度上否定了传统的服饰,中山装、制服、旗袍、中式裤褂等成为服装的主流。作为文化古城,居民的衣着打扮有其自身的特点:大学教授和中小学教师一般爱穿蓝布大褂;中小学生则多穿制服,女学生在天暖时,上身穿月白上衣,下穿黑裙子;一般工商业从业人员,大都是中式服装,那些带点"洋"味的行业如洋行的职员,不少改穿西式服装;贫苦家庭的妇女,一般穿刚过膝的蓝布大褂。20世纪20年代中后期,城市妇女们开始盛行穿旗袍。至解放前夕,居民的穿着变化不大,只是贫困百姓在穿着上更趋艰难,破衣加补丁,极为常见。

服饰民俗具有季节性、民族性和阶层性等特点。季节性是与特定的大陆性季风气候、四季分明、季节之间温差较大有关系,不同季节服饰差异明显。所谓"冬穿棉,夏穿单""二八月(农历)乱穿衣""春捂秋冻"等口头禅,使服饰适应季节变换。民族性是历史决定的,辽、金、元、清相继以北京为都建立王朝,大批契丹人、女真人、蒙古人(包括色目人)、满族人移居北京,使北京成为多民族聚居地。每个民族都有自己特有的服饰,通常服饰习俗是统治阶级向民间施加影响的重要媒介之一,通过服饰习俗的改变,影响大众的心理变化,从而为统治阶级的社会变革奠定基础。阶层性从古至今到处存在。北京作为五代帝都,森严的等级制度,使服饰的阶层性更为鲜明和突出,而且是不可逾越的。皇帝的冠冕和龙袍,是其至尊地位的象征,皇亲国戚、公侯将相的服饰都有定制。虽然每个朝代对官员的服饰都有不同的规定,但从头衣、体衣和装饰物,即可辨别其官阶和品级。从豪门贵族到五行八作、贩夫走卒,他们的服饰就是其身份、地位乃至职业的标识,是一种挣脱不掉的无形烙印。

元代自定鼎大都以来,带来了大量十分鲜明的少数民族服饰,使大都城的风俗文化为之一变。在当时的元朝政府高层中,流行着一种独特的服饰,被称之为"质孙服"(又作只孙服或者只逊服)。这种服装是由帝王赐给臣下的一种宴会服。每当宫廷举办大宴会的时候,参与者必须穿上质孙服才能够赴宴。据相关文献记载,帝王的质孙服共有冬季十一种,夏季十五种。百官的质孙服最多只有冬季九种,夏季十四种。据《元史·舆服志》称:"质孙,汉言一色服也,内庭大宴则服之。"①每当举办大宴会时,帝王及百官只能穿同一种颜色的质孙服赴宴。

在当时的大都城里,已婚蒙古族妇女所穿的服装称为"罟罟服"。这种服装是带帽子的,据《析津志辑佚》称:其帽子"以大红罗幔之。胎以竹,凉胎者轻"。其衣服为:"袍多是用大红织金缠身云龙,袍间有珠翠云龙者,有浑然纳失者,有金翠描绣者。"这种服装也分夏、冬两种:"夏则单红梅花罗,冬以银鼠表纳失,今取其暖而贵重。"显然,这种罟罟服不仅漂亮,而且充分展示出蒙古游牧民族的服饰文化风采。

到了元朝末年,元顺帝的皇后奇氏是高丽(今朝鲜族)人,于是带有高丽服饰特色的衣装样式特别流行,当时人称之为"高丽样"。元代诗人张昱曾经作诗称:"宫衣新尚高丽样,方领过腰半臂裁。连夜内家争借看,为曾著过御前来。"②《庚申外史》亦称:"自至正以来,宫中给事使令,大半为高丽女,以故四方衣服靴帽器物,皆依高丽样子。"③由此可见,这时高丽样子的"衣服靴帽"在大

① 宋濂、王祎:《元史》卷七十八,清乾隆四年刻本。
② 张昱:《张光弼诗集》卷三,四部丛刊续编景明钞本。
③ 史梦兰:《全史宫词》卷十九,清咸丰六年刻本。

都城十分流行。

显然,宫廷对民间的风俗影响是很大的,《元史·后妃传》曾记载一事:元世祖时的察必皇后心灵手巧,可以自己制作衣帽,"胡帽旧无前檐,帝因射日色炫目,以语后,后即益前檐。帝大喜,遂命为式。又制一衣,前有裳无衽,后长倍于前,亦无领袖,缀以两襻,名曰比甲,以便弓马,时皆仿之"①。由察必皇后做出来的帽子带有帽檐,在当时是一种创造,而她缝制的"比甲"(今天的坎肩),在当时居然变成了流行服装。

在大都城里,服装的材料是多种多样的,有许多都是从域外贩运过来的。据相关文献记载,如缎匹的种类很多,有纳石失、青赤间丝、浑金搭子、六花四花缠顶金缎子、暗花细发斜纹、衲夹、串素、苧丝、紫茸、兜罗锦、斜褐、剪绒缎子、绒锦、草锦、谷子、隔织等。产自中亚的绣金锦缎纳石失、四川成都的十样锦、江南出产的缂丝和苧丝在大都极受欢迎。罗有御罗、嵌花罗、番罗、三棱罗等;纱有密娥纱、夹渠纱、观音纱、银丝纱、鱼水纱、三法纱、金纱、花纱、绒纱、挑纱、土纱等;绫有大绫、小绫;绸有攒丝绸、乱丝绸、绵绸、水绸等;绢分南绢、北绢;布有木棉布、铁力布、葛布、蕉布、竹丝布、生苧布、熟苧布、番棉布、土麻布、草布等。

由于大都地区冬天的气候十分寒冷,用皮毛制品来做冬季服装也比较普遍。据相关文献记载,如大毛类以银狐、猞猁皮为贵,小毛类则以银鼠、紫貂皮为贵。可用作皮张的鼠类有银鼠、青鼠、青貂鼠、山鼠、赤鼠、火鼠等。猫科动物如黑狸、青狸、花狸等的皮毛也为人们所喜爱,此外,狮、虎、豹、熊、麋、鹿、獐、貛、狼等野兽的皮毛也可用作缝制衣物。元人张翥曾作诗称:"青鼠毛衣可御寒,秃衿空袖放身宽。遮头更著狐皮帽,好个侬家老契丹。"②张翥在大都城里买房,居住的就是东城域内的灵椿坊。

到了明代前期,北京人对异域的服装仍然抱有追求新奇的心态。如明人陆容称:"马尾裙始于朝鲜国,流入京师,京师人买服之,未有能织者。初服者,惟富商贵公子歌妓而已。以后武臣多服之,京师始有织卖者。于是无贵无贱,服者日盛,至成化末年,朝官多服之者矣。"③这种朝鲜服装,在北京城也变成了流行服装。

———————————

① 《元史》卷一百十四《后妃传》。

② 张翥:《张蜕庵诗集》,商务印书馆,1934。

③ 陆容:《菽园杂记》卷十,守山阁丛书本。

明代北京作为全国最大的消费城市,在东城也形成了服装加工、售卖的重要场所。织染局胡同位于皇城一带,因明朝内织染局设此,内织染局是明朝内府二十四衙门之一,职掌"染造御用及宫内应用缎匹绢帛之类",织染属宫廷手工业,从打线、络丝、纺织、挑花、洗白到染色、折叠、打捆均有明确的分工。除了织染局之外,明朝的二十四衙门中又设置有巾帽局和针工局,"掌宫内使帽靴、驸马冠靴及藩王之国诸旗尉帽靴"及"掌造宫中衣服"等事务。

如巾帽局,为了给内使制作巾帽靴袜等物,"合用绫丝纱罗皮张等料",仅明宪宗成化年间就用去白银二十余万两、明孝宗弘治年间用去白银三十余万两,而到了明武宗正德年间竟用去白银七十余万两。由此可见,其制作靴帽等服饰的数量是非常可观的。而巾帽局也是在皇城之内,因其距万岁山(今景山)很近,故而在《甲申传信录》一书中认为明思宗是在巾帽局自尽的。

明朝帝王也有制作帽子的情怀。如嘉靖年间,明世宗就曾制作有帽子:"近御制忠靖冠,为臣下燕居之服。所以明贵贱、别尊卑。三品以上饰以金线,四品以下饰以青线。"[1]当然,明世宗制作帽子,除了他的个人爱好之外,则是为了区分政府官员的贵贱、尊卑关系。而帽子的名称为"忠靖冠",也是为了激励各级官员要对帝王效忠。

到了清代前期,北京人的服装以满族传统服饰为主。清朝后期到民国的服装服饰,受到了以"八大祥"为主体的绸缎庄的影响。八大祥指的是八家字号中带有"祥"字的绸缎庄,在历史变迁中,八大祥的说法有很多版本,其中最有代表性的是:瑞蚨祥、瑞生祥、瑞增祥、瑞林祥、益和祥、广盛祥、祥义号和谦祥益。[2] "八大祥"不止八家,而是十几家由来自山东省济南府的孟姓家族经营绸缎庄的集合。

"八大祥"始建于同治年间,最初有两家,一为前门西月墙的瑞林祥,二为东月墙的谦祥益,由于生意兴隆,又在打磨厂路南,开设瑞生祥。至光绪初年又续开三处分店。谦祥益又分支为益和祥,位于珠宝市路西。瑞林祥又分支为瑞林祥东记,于前门大街鲜鱼口外。瑞生祥则分支为瑞增祥,于打磨广西口外,全盛时期仅此六家。光绪十九年(1893年),在大栅栏开设瑞蚨祥绸布店。光绪二十九年(1903年),火车通进北京城,西月墙的瑞林祥并入鲜鱼口东记,其后谦祥益又在后门(地安门)大街路东开设分店。

① 徐咸:《徐襄阳西园杂记·卷上》,北京:中华书局,1983。
② 刘鹏:《老北京的"八大祥"》,《北京档案》,2014年第三期。

黑猴儿帽店,明末清初,山西一个做帽子的手艺人,在鲜鱼口内开办了一个杨小泉帽店,买卖干得很不错。他没有什么嗜好,只是养了一只全身黑色的猴儿,不离左右。日子一久,来往的人只要一提养黑猴儿的,自然就知道是他,黑猴儿的名声就此传开。后人为继续经营,保住信誉,在店门口用木头做了一只黑猴儿,用以招揽生意。久而久之,黑猴儿就成了黑猴儿帽店的标志招幌。先有杨小泉,后有杨少泉,再后来又有了田老泉帽店,规模越来越大。黑猴儿帽店的商品种类多达数百种,但以毡鞋毡帽最为有名。每年一过立秋,来自北京本地和外省各地的顾客激增,尤其是中秋节和春节前,更是顾客盈门,黑猴儿帽店一般要营业到夜间十二点钟才能关上门。1956年,鲜鱼口内九家帽店合并成震寰帽店,杨少泉帽店和田老泉帽店前的两个黑猴儿也迁到了震寰帽店前。

马聚源帽店,始建于清嘉庆二十二年(1817年),首店位于前门大街鲜鱼口。在清末民初时,北京城曾流传着一个顺口溜:"头戴马聚源,脚踩内联升,身穿八大祥,腰缠四大恒。"用以向别人炫富,可见马聚源的帽子在当时人们心目中的地位。它生产的帽子,因用料讲究,做工精细、货真价实、品种齐全、花色繁多而著称于世。店主马聚元是个十分善于经营的人,他为了满足各界的需要,开发出了上自宫廷、下至百姓都可以戴的帽子,到了清朝末年,马聚源帽店被称誉为北京帽业之首,无论什么人,都以能有一顶马聚源的帽子为荣事。

由于生意的兴隆,年年盈利,清道光二十二年(1842年),马聚源又在鲜鱼口开办了天成斋鞋店。同治元年(1862年),马聚源帽店被卖给李姓官员,扩大经营,买下了一座三间的门脸,形成前店后厂的格局。据说一大批军政界的要人和官员成为马聚源的拥趸,使得马聚源帽店里各色人等聚集,顾客盈门,马聚源成了闻名京城的帽业之首。清政府被推翻后,马聚源店不生产红缨帽子了,改为瓜皮中帽和将军盔。这种瓜皮帽和将军盔上都有一个小疙瘩,马聚源在缝制时,只用三针便可缝好,其高超的技术被人们称之为马三针。所以,常戴马聚源帽子的人,只要一看帽子上的疙瘩,就知道是不是马聚源的货。马聚源在全盛时期,在旧京买卖商号中可称得上是较大的一家店铺。1958年,马聚源帽店迁到了大栅栏经营。

盛锡福帽店,始创于1911年,诞生于天津,1936年至1938年,在前门大街、王府井大街、沙滩及西单北大街先后开业。与北京的传统帽业相似,秉持前店后厂的经营模式,1946年盛锡福改由在北京找小帽作坊加工制帽。原来总号工厂生产的各种帽子,从进料、生产全过程到出厂检查,道道有人把关,所以每顶帽子的质量都是上等的。改由小帽作坊加工后，同样要求把住质量关，一顶劣质帽子也不准进柜台。

盛锡福帽店用小帽作坊加工产品，采取领料加工，也就是在盛锡福领料，按盛锡福的工艺要求加工。比如硬胎三块瓦皮帽十分费工费事，如果不按工序制作，生产出的帽子不是戴上不舒服，就是帽胎变形。制作三块瓦皮帽的帽胎，一律使用新棉花，缝制后，要用棕刷子往上抹糨子，而且要把糨子透进胎里去。抹完糨子要放进火箱里烤，出火箱后还要用红烙铁熨，要把帽胎熨熟

盛锡福旧照

了。这里说的"熟"，是制帽业的一句行话，就是外观微黄，帽胎既硬挺，又绵软。这样，戴上后不仅舒适，帽子还不会变形。之后用一层豆包布包起，豆包布附上皮面。这还不算完，还要进一次烤箱烘烤。这种制法是天津盛锡福总号的传统制法，小帽作坊必须按此工艺进行，丝毫马虎不得。

鸦片战争之后，洋货大量涌入，上至王公贵族，下至平民百姓，艳羡洋货的崇洋心理日渐增长，对舶来品也习惯统称"洋"字，服饰布料就有洋绸、洋缎、洋呢、洋漳缎、洋羽纱等，以致出现了"民间日用，无一不用洋货"的局面。民国以后，北京服装市场日渐繁荣，轻工业门类中就有纺织、毛皮、皮革、服装、鞋帽等直接涉及服装制作的部门。

民国时期，北京政界官服并无统一的定制，社会各界穿长袍马褂的人居多，成旧京一景。西服也成为社会主流服饰，而妇女多着旗袍，尤其是 20 世纪 30 年代以后，旗袍取代上衣下裙，成为最时髦的服饰。这时的旗袍与清代相比进行了一定的改造，腰身收紧，长度缩短，减少烦琐装饰，领和袖富于变化，领有高领、低领、无领之分，袖有长袖、短袖、无袖之别，线条简练优美，造型简单大方，更能展示女性凹凸有致的体态，成为北京上层妇女的主流服装。而在劳动者中间，人们仍然穿着传统的对襟、偏襟短衫衣裤，以适应劳动的需要。

民国初年，一种新式服装异军突起，这就是由孙中山先生提倡的中山装。

其样式是以南洋华侨中流行的"企领文装"为基础,上衣为对襟,翻折式小立领,四个贴袋,袋盖上有明眼,中间五个纽扣,袖口三个纽扣;裤子前面开缝,用暗纽,左右各一大暗袋,前面一小暗袋,左右臀部挖一暗袋,用软盖。造型大方严谨,不仅穿着方便,而且便于携带文具。

1912年以后,北京王府井大街地区先后出现了新记、鑫昌祥、陈振昌、陈森泰、应元泰、徐顺昌等西服店及华茂女子服装店等①,这些应时而生的西服店在以全优质量为生命线的主导经营思想下,不断开拓新品种、新款式,并坚持信誉至上的原则,从而不断发展,形成了北京加工制作高档西服的先驱者。

民国时期布匹批发市场继承清末遗制,主要在前门外布巷子客店内,后延至草厂二、三、四条,长巷三、四条。估衣批发市场在前门外北上坡,1937年后迁到天桥东菜市北空地。市民购买服装首饰主要从城区综合性的百货商场内购买,如东安市场、前门八大祥绸缎庄等,也可从庙会集市及一些小的杂货铺购买,如隆福寺庙会等。

二、饮 食

东城的饮食类民俗,具有很强的城市地域色彩和民族特色,使得多元民族饮食习俗汇聚在此,构成了东城鲜明的饮食特征。

元大都民族成分以汉族和蒙古族及其他少数民族(当时称"色目人")为主,随着历史的发展,饮食习俗互相影响,包括蒙古族在内的各少数民族被"汉化",汉族也吸收了其他各少数民族的许多饮食习惯。明代北京的饮食文化以汉族传统饮食为主,以各少数民族饮食为辅。清代是北京饮食文化集大成的时代,就在这一时期,北京饮食基本形成现在的格局。中华人民共和国成立以后,北京人基本上继承了前代习惯,家常饮食格局没有大的变化。只不过相对来说,由于人口流动更加频繁,来京的南方人较多,主食习惯上较前代更偏重于米食。经过了物质匮乏的五六十年代的"果腹"时期,有啥吃啥的六七十年代的"票证"时期,吃啥有啥的八九十年代的"丰俭由己"时期,进入21世纪后,已经开始了"健康饮食"的年代。

---

① 北京市政协文史资料委员会等:《王府井地区时装行业的形成与早期发展》,《王府井》,北京出版社,1993。

与服饰一样,宫廷饮食也是大众效仿的主要对象。在元代的大都城,北方少数民族的饮食习惯十分流行,主要的饮食物品是适宜游牧文化的肉、奶、酒三类。肉类主要是牛羊肉,偶尔还会有马肉与骆驼肉。奶类也主要是牛奶和羊奶,而马奶则是比较珍稀的,要做成马奶酒,以作为祭祀祖先的供品。据《元史·祭祀志》记载:"其祖宗祭享之礼,割牲、奠马湩,以蒙古巫祝致辞,盖国俗也。"①其祭祀礼中的"割牲",就是宰杀牛羊等牲畜作为供品;而"奠马湩",则是用马奶酒来作为供品。

据传北京的涮肉始自元代,元世祖忽必烈有一次带兵出征,半道上肚子饿了想吃炖羊肉。可是这边刚开锅,那边军情已现。手下人急中生智,将羊肉搁在盾牌上切成片放进锅里一涮就熟,忽必烈一吃,大快朵颐,连声赞好。从此,涮羊肉就流传下来。传说是否可靠无从考证。但北京人对涮羊肉的钟爱却早在明、清时期就有了,清代更是把涮羊肉作为秋冬宫廷必备的菜肴。在东城形成了东来顺、一条龙等多个老字号。

东来顺饭庄以涮羊肉知名,创始人是回民丁德山,住在东直门。光绪三十二年(1906年),丁德山在东安市场搭起了东来顺粥棚,取意"来自东直门,一切顺利"之意。民国初年,曹锟兵变,粥棚未能逃过这一劫。此后,丁德山的儿子丁子清又在原址开起了东来顺羊肉馆。丁子清有自己独特的经营理念,首先是始终保留价廉物美的食品为平民服务。用他的话说,便宜给百姓的从富人身上找补,让百姓去做活广告。他自设养羊场,选取羊身上最适合涮的部位做原料,配以自制的辅料。单为羊肉切片,他不惜高价挖来正阳饭庄的切肉大

东来顺饭庄　安琪摄

①　宋濂、王祎:《元史》卷七十四《祭祀志》。

师傅。由于东来顺切工细致,味美可口,结果名声大振。

由于涮肉成为食品中的主要食物,其他食物也逐渐被列为涮制食品。据《北平风俗类征》记载:"京师冬日,酒家沽饮,案辄有一小釜,沃汤其中,炽火于下,盘置鸡、鱼、羊、豕之肉片,俾客自投之,俟熟而食,有杂以菊花瓣者,曰菊花火锅,宜于小酌,以各物皆生切,而为丝为片,故曰生火锅。"①这种除了涮肉之外还涮其他食物的方法,一直到今天也很普遍。

元大都城属于北方城市,居民以面食为主,这一饮食习俗一直延续到明代。时人称:"水瀹而食者皆为汤饼。今蝴蝶面、水滑面、托掌面、切面、挂面、馎饪、馄饨、饸饹、拨鱼、冷淘、温淘、秃秃麻失之类是也。水滑面、切面、挂面亦名索饼。笼蒸而食者皆为笼饼,亦曰炊饼。今毕罗、蒸饼、蒸卷、馒头、包子、兜子之类是也。炉熟而食者皆为胡饼。今烧饼、麻饼、薄脆、酥饼、髓饼、火烧之类是也。"②此处所列举的切面、馄饨、拨鱼、馒头、包子、火烧等,至今仍然沿用其名称。

到了此后的清代,面食为主的习俗仍然没有改变。时北方人称馒头为饽饽,"按今京中书为饽饽,有硬面饽饽、发面饽饽、杠子饽饽、筐子饽饽、实子儿饽饽等名。又新岁用水煮食若南人所谓饺子者,曰煮饽饽"③。饽饽的称谓,不是清代才有,而是明人即通用之。

时人又称:"北方食物,有南方所未有者。如腊八粥、水饺子之属。又以面裹榆荚蒸之为糕,拌糖而食之。以豌豆研泥,间以枣肉,谓之豌豆黄。以黄米面合小豆、枣肉蒸而切之,名切糕。以糯米饭夹芝麻糖为凉糕。丸而馅之为窝窝,即古之不落夹是也。"④由此可见,这种以地域特色为主的食物,其产地也是在北方地区。

到了明代,随着江南人口不断北上,也带来京城饮食文化的变化。明代中期文人沈德符称:"京师蛙、蟹、鳗、虾、螺、蚌之属,余幼目未经见,今腥风满市廛矣。"⑤显然,这些腥味浓厚的水产品是他以前没有见过的,但是到了万历年间已经在京城十分盛行了。

不仅是鲜腥食物来自江南,就连南方的蔬菜在京城也开始占有一席之地。

---

① 徐珂:《清稗类钞不分卷·饮食类》,民国六年排印本。
② 蒋一葵:《长安客话》卷二,北京古籍出版社,1994。
③ 姚元之:《竹叶亭杂记》卷七,清光绪十九年刻本。
④ 震钧:《天咫偶闻》卷十,清光绪三十三年刻本。
⑤ 沈德符:《万历野获编》卷十二,清道光七年刻同治八年补修本。

时人称:"京师蔬菜甚贱,惟来自南方者贵耳。生姜、荸荠、冬笋之属,非燕地所产,故价逾珍错。至如菠菜、白菜,数钱即可满筐。煮白菜者仅取其心而弃甲于外,每逢冬季,狼藉道上,乞丐犹不拾。"①这种情况也是从明代一直延续到清代及民国时期。

到了明清时期,统治者的食物变得越来越奢侈,许多食物的生产已经脱离了自然环境的限制。如明人称:"京师隆冬有黄芽菜、韭黄,盖富室地窖火坑中所成,贫民不能办也。今大内进御每以非时之物为珍,元旦有牡丹花,有新瓜,古人所谓二月中旬进瓜,不足道也。其他花果,无时无之,盖置炕中,温火逼之使然。"②这些"非时之物",显然又超过了从南方运输虾蟹及蔬菜的水准。

到了清代,这种现象变得更加普遍,不仅帝王要食用"非时之物",而且王公大臣也开始追求"异味",即很难得到的食品。清代大学者王士禛曾云:"近京师筵席多尚异味,予酒次戏占绝句云:'滦鲫黄羊满玉盘,菜鸡紫蟹等闲看。不如随分闲茶饭,春韭秋菘未是难。'"③到了清朝后期,时人又称:"近日筵席必用填鸭一,鸭值银一两有余;鱼翅必用镇江肉翅,其上者筋直二两有余;鳇鱼脆骨白者筋直二三两。一席之需竟有倍于何曾日食所费矣。"④由此可见,滦鲫、黄羊、鱼翅等,皆为清代京城王公大臣们的宴席"异味"。

在清朝和民国时期,著名饭馆有"八大居""八大楼"之说,因为时期不同,所说的"居"字号和"楼"字号饭馆也不同,清朝的"八大居"是龙泉居、同和居、砂锅居、鼎和居、广和居、天然居、会仙居、义盛居;其中鼎和居、会仙居、义盛居和后来兴起以"居"为名的酒楼,在今东城界内;"八大楼"是东兴楼、泰丰楼、新丰楼、正阳楼、庆云楼、万德楼、悦宾楼、会元楼,多在今东城界内。这些酒楼饭馆多以山东鲁菜作为基础,构成了东城域内享誉遐迩特有的菜系,吸收了各地区、各民族饮食文化的精华,荟萃百家,兼收并蓄,使得北京菜具有了既"高贵"又"平民",同时兼具鲜明北方民族特征的菜品。

八大楼,位于东城的包括东兴楼、正阳楼、泰丰楼等,虽然多为山东风味,但各具特色。东兴楼创业于清代光绪二十八年(1902年),是北京规模最大的饭庄之一,经营山东风味菜肴,特点是清、素、鲜、嫩。尤其擅长烹调鲜鱼。东兴楼

---

① 阙名:《燕京杂记》,北京古籍出版社,1986,137 页。
② 谢肇淛:《五杂组》卷十一,明万历四十四年刻本。
③ 王士禛:《居易录》卷一,清康熙四十年刻雍正印本。
④ 姚元之:《竹叶亭杂记》卷八,清光绪十九年刻本。

在烹制上设立两个厨房分掌"四火"（头火、二火、三火、四火），对于宴会主菜和风味名菜，都由专门厨房和头火掌灶厨师制作。萃华楼是从东兴楼流出来的厨师合开的饭庄。八大楼中最牛气的应数正阳楼，它是山东掖县人孙小辫、孙学仁父子于清道光

东兴楼饭庄

年间在前门肉市路东开办的，借正阳门（前门）之名，取正阳兴旺之意。正阳楼最有名的是涮羊肉和蒸大螃蟹，几名切肉高手切出的羊肉片其薄如纸，作料齐全，由于是汉人开办，清真涮羊肉不用的一些配料都用，别有一种味道，一时誉满京城。《旧京竹枝词》中写道："功名一笑烂羊头，换酒何妨典敝裘。莫羡党家风味好，泥人犹有正阳楼。"[①]

全聚德烤鸭店位于前门外肉市胡同，开业于清同治三年（1864 年），创办人是河北冀县杨家寨人杨寿山。命名为"全聚德"，其中的"全"暗含他的字（全仁），取"以全聚德，财源茂盛"之意。全聚德采用宫廷御膳房流传出来的挂炉烤鸭技术，使得其挂炉烤鸭驰名京华，具有外焦里嫩、肥而不腻的特点，全聚德也因此被誉为"天下第一楼"。全聚德还能制作全鸭席，以两只烤鸭为主要菜品，另佐以卤什件、白糟鸭片、拌鸭掌、酱鸭膀等四道凉菜，油爆鸭心（或火燎鸭心）、烩四宝、炸鸭肝、炒鸭肠等四道炒菜，最后一道是鸭架汤。

在北京地区，还有一些颇具特色的食品，不仅北京有，一些其他地方也有，时人称："京兆之食物：菉豆粥，京兆各县，暑日食之，亦有饮菉豆汁者，市上所卖颇不洁。炸酱面，京兆各县富家多食之，旅行各乡镇，便饭中以此为最便。荞麦面灌肠，用荞麦面粉，灌入猪肠，染成微红，节节切之，炸以油，市脯之特品。发面，京兆发面，唯用碱不如山东，用酒糟为引酵，当改良也。饽饽，本满洲语，京兆习用之。麻豆腐与普通豆腐不同，亦菉豆制。"[②]文中的"菉豆粥"即绿豆粥，

① 雷梦水：《北京风俗杂咏续编》，北京古籍出版社，1987，第 244 页。
② 李家瑞：《北平风俗类征·上》，北京出版社，2010，第 347 页。

"篆豆汁"今天简称为豆汁。这些食品今天仍然十分普遍。

又如烧卖。元《朴通事》记载:"以麦面做成薄片,包肉,蒸熟,与汤食之,方言谓之'稍麦'。"烧卖作为一种元代饮食的延续,一直在北京有序流传。北京烧卖以"都一处"最为著名,都一处烧卖馆,开业于清乾隆三年(1738年),创业人姓王,原籍山西。初为一席棚小酒店,在前门外大街路东,鲜鱼口南。到乾隆十七年(1752年),因清高宗赐名,又送一"虎头"匾而出名。同治年间又增添了烧卖,其特点不仅皮薄馅满,而且味道极好。

清同治年间,曾有《竹枝词》吟咏都一处:"京都一处共传呼,休问名传实有无,细品瓮头春酒味,自堪压倒碎葫芦。"①两百多年来,都一处形成了精湛的烧卖制作工艺,尤其是走槌压皮技艺独到,用走槌压出的皮呈二十四个花褶,代表二十四个节气,缺一不可,制皮和包馅的过程,也极具艺术观赏性。成形的烧卖外观上独特,封口露馅不干,犹如含苞待放的花朵。烧卖馅料调制考究,根据季节时令的不同,制作出四季烧卖:春季的春韭烧卖,夏季的西葫芦烧卖,秋季的蟹肉烧卖和冬季的猪肉大葱烧卖等。食之香而不腻,回味无穷,堪称一绝,具有极高的观赏价值和食用价值。

都一处匾额

再如爆肚。多为回民经营,以牛、羊肚为主料,按肚子的不同部位选料加工。羊肚最好的部位是肚领,其次是百叶、肚板、肚葫芦和食管等。牛肚则以槽牛肚(肚百叶呈黑色)为最好,只有磨菇尖、散丹、肚仁可爆吃。顾客可自选,现切现爆,价格也不一样。吃爆肚以酱油、醋、葱花、香菜、芝麻酱、辣椒油等调好的作料蘸着吃。爆肚根据做法不同,又被称为"汤爆肚"或者"油爆肚"。民国年间,曾有人作《汤爆肚》诗云:"入汤顷刻便微温,佐料齐全酒一樽。齿钝未能都嚼烂,囫囵下咽果生吞。"其诗注称:"以小方块之生羊肚,入汤锅中,顷刻取

---

① 李虹若:《都市丛载》卷七,清光绪十四年刻本。

出,谓之汤爆肚,以酱油、葱、醋、麻酱汁等蘸而食之。肚既未经煮熟,自成极硬脆之品,食之者无法嚼烂,只整吞而已。"

到了清末及民国年间,随着西方政治、军事、文化的大举入侵,西餐也随之传入北京。早期称作西餐的饭馆为番菜馆,西餐菜点称为大餐,17世纪以来,西方饮食及烹调技术通过各种途径传入中国,其中西洋饼、西洋蛋卷、西洋蛋糕、洋炉鹅等逐步成为上流社会的时髦饮食。这些美味在宫廷、王府和官僚之家的宴会上偶尔能见到,清代后期,西方的饮食烹调技术迅速发展。有两个法国人在苏州胡同开了家三间门面的小酒馆,除了卖一二角钱一杯的红、白葡萄酒,做的也只是炸猪排、煎鸡蛋之类。就是这家小店,后来发展为现今的北京饭店。

民国以后,北京的番菜馆渐渐多起来。当时地处东城域内较著名的西餐馆有东安市场东庆楼的二、三层吉士林餐馆,其特色为中西菜的结合,名菜有铁扒杂拌、清酥鸡面盒、三鲜烤通心粉等五十多种,糕点有糖花篮、奶油糖果、奶油花蛋糕、咖喱饺、火腿卷等七八十种。东安门大街的华宫食堂、船把胡同的韩记肠子铺、位于今天金朗大酒店位置上的法国面包房、王府井八面槽的华利经济食堂、前门内司法部街的华美等,以及东单三条泰安红楼的俄式大菜,同为旧京西餐的佼佼者。①

在北京居民的饮料之中,素来有所谓"南茶北酒"之称。"南茶",即京城的茶叶主要是从南方运输北上的,而质量好的茶叶也是南方的。"北酒"是指北方酿造的酒品,其种类要比南方多一些。除了南方酿造的黄酒之外,北方又酿造有白酒及葡萄酒等果酒。因此,北方酿造的酒品不论在数量上还是质量上,都远远超过了南方。

早在辽金时期,燕京就有了造酒的作坊,并且酿造出了一些知名的品牌酒。如金朝帝王赏赐给宋朝使臣的,即有"金澜酒",应该是燕京特产的美酒。宋人在《北辕录》一书中称:"金澜酒燕山酒颇佳,馆宴所饷极醇厚,名'金澜',盖用金澜水以酿之者。"②由此可见,这种金澜酒,应该是在辽代之时就已经享誉燕京城内外,甚至流传到了宋朝。

白酒开始从西域传入中原地区是在元代,大都城的酿酒及售酒的作坊更加

---

① 北京市地方志编纂委员会:《北京志·商业卷·饮食服务志》,北京出版社,2008,第127页。

② 于敏中修,窦光鼐纂:《日下旧闻考》卷一百四十九,清乾隆五十三年刻本。

普遍。据《析津志辑佚》一书称："酒槽坊,门首多画四公子:春申君、孟尝君、平原君、信陵君。以红漆阑干护之,上仍盖巧细升斗,若宫室之状。两旁大壁,并画车马、骢从、伞仗俱全。又间画汉锺离、唐吕洞宾为门额。"①由此可见,这时的造酒作坊往往是前店后厂的经营模式,后面造酒,前店出售。

自元代以来,宫廷御酒一直是品质最好的酒之一。元代的宫廷御酒系由光禄寺进行制作,而光禄寺及御酒库皆在东城域内。到了明代,专门设置有御酒房,用以制作"内酒"。后人称:"京师老酒家有能造廊下内酒者,每倍其值。相传明代大内,御酒房后墙有名长连者,阅三十一门,其前怪短,连阅三门,共三十四门,并在玄武门东名廊下家。凡内宫答应长随,皆于此造酒射利,其酒殷红色,类上海琥珀光者。"②由此可见,明代的御酒房也是设置在东城域内。

到了清代,饮酒的人越来越多,卖酒的店铺也越来越多。据当时人称:"京师酒肆有三种,酒品亦最繁。一种为南酒店。所售者女贞、花雕、绍兴、竹叶青之属,肴品则火腿、糟鱼、蟹、松花蛋、蜜糕之属。一种为京酒店。则山左人所设,所售则雪酒、冬酒、涞酒、木瓜、乾榨之属,而又各分清浊。……别有一种药酒店,则为烧酒以花蒸成,其名极繁,如玫瑰露、茵陈露、苹果露、山楂露、葡萄露、五加皮、莲花白之属,凡有花果皆可名露,售此者并无肴核,又须自买于市。"③这些在京城的酒店,又以在地安门外至鼓楼前的最多。

早在辽金时期,茶就成为这里居民的主要饮料,据相关文献记载,在金中都城里,就已经开设了许多茶馆,以供居民饮茶或是买茶的需求。到了元代,全国一统,又开通了京杭大运河及海运,使得南方的茶叶可以更加方便地运到京城。这时人们饮茶较多,是与经常吃肉有直接关系。从元代开始,北京有了花茶,时称"百花香茶",是将木樨、茉莉、菊花、素馨等花置于茶盒下熏成,这可能是"花茶"的最早起源。

到了明代,京城御用之茶也是从南方进贡而来。时人称:"御茶则建宁茶山别造以贡。谓之啄山茶。山下有泉一穴。遇造茶则出。造茶毕即竭矣。比之宋朝蔡京所制龙凤团。费则约矣。"④是时建宁贡茶有四品,即探春、先春、次春、紫笋。时人又称:"本朝贡茶亦惟闽产最多,建宁府至二千三百余斤,若庐州次

① 于敏中修,窦光鼐纂:《日下旧闻考》卷一百四十六,清乾隆五十三年刻本。
② 毛奇龄:《西河文集》卷二,西河合集本。
③ 震钧:《天咫偶闻》卷四,清光绪三十三年刻本。
④ 叶子奇:《草木子·杂制篇》,清乾隆五十一年刻本。

之，仅三百斤，宜兴茶仅止百斤，长兴止三十斤。……他方最少者，至贡一斤。"①
由此可见，早在明代，福建的茶叶在北京已经十分有名了。

人们在品茶的过程中，已经感受到沏茶所用水的重要性，因此，有些人把各地的水也加以品评。如明人黄谏，就曾对北京地区的水加以品评，称："自郊畿论之，玉泉为第一；自京城论之，文华殿东大庖厨井为第一。作《京师水记》。"②他在为帝王讲解儒家典籍时，就特别用大庖厨井的水来沏茶，而大庖厨井也位于东城城内。

到了清代中后期至民国年间，有些茶庄开始在北京声名渐起，被称为老字号。例如吴裕泰茶庄，始建于清光绪十三年（1887 年），初名"吴裕泰茶栈"，创始人吴锡卿，安徽歙县昌溪村人，吴氏祖上几辈做茶叶生意，先后在北京城内外开了八家大小茶庄，后来发展到十一家，它们是：崇文门内乾泰聚、福盛、吴鼎裕茶庄等，吴鼎裕即今崇文门菜市场旧址，专门经营高档茶叶，供豪门显贵享用。吴裕泰以拼配花茶为经营特色，开始是自己窨制，后一律在产地窨。安徽的名茶不少，祁门红茶、安徽屯绿、黄山毛峰、六安瓜片、太平猴魁等，享誉中外，但那时北京的老百姓喝不起这些名茶，大多喝花茶，吴裕泰拼配的茶基本上是大众化的，所以生意一直很兴隆，在北京茶行中独树一帜。吴裕泰茶庄中有各种档次的茉莉花茶。上至达官显贵，下至布衣百姓，三教九流，或品茶或会友，壶里杯中都少不了吴氏茶庄的茶叶。

张一元茶庄

又如张一元茶庄，开业于清光绪三十四年（1908 年）。创始人张昌翼，字文卿，安徽歙县人。早在光绪十年（1884 年），他到北京崇文门外荣泰行茶店学徒，后管过账。光绪二十二年（1896年），他离开荣泰行茶

---

①　沈德符：《万历野获编》卷二，清道光七年刻同治八年补修本。
②　焦竑：《国朝献征录》卷二十，明万历四十四年刻本。

店,在花市大街路南摆起了茶叶摊。他拼配的茶叶质优价廉,还准备了茶壶、茶碗,请顾客先尝后买,服务周到热情,生意日渐兴隆。光绪二十六年(1900年)春,张昌翼将茶叶摊后边的烟铺铺底买了过来,开设"张玉元茶庄","张"表示张家的买卖,"玉"是玉茗(茶叶)的简称,"元"含有第一的意思,寓意是张家的第一家茶庄。到光绪三十四年(1908年),张昌翼在前门外观音寺开办第二个茶庄,取名"张一元","一元"取自"一元复始,万象更新"。宣统二年(1910年),张昌翼在大栅栏开办第三个茶庄,取名"张一元文记茶庄"。随着规模扩大,张一元的茶叶销量迅速增加,代销点遍布北京众多茶馆、澡堂、旅店、戏院,还远销到天津、河北、内蒙古、黑龙江、吉林、辽宁等地。

三、居　　所

在北京地区,元代之前的城市基本上都是封闭型的城市,从汉唐时期的幽州城一直到金中都城,城内的宫殿、园林、坛庙、衙署、民居、寺观、市场等,皆被高大的坊墙所阻隔,居民的住所均在各个坊里之中,出行受到极大的限制。城里的基本单元也是坊里。到元大都城建成之后,这种封闭的城市格局完全被打破了,城里的基本单元已经变成了街道、胡同和四合院,整个城市变成了一座完全开放的城市。这种完全开放的格局,显然不是城市经济发展的结果,因为这时的大都城刚刚建成,城市经济还没有发展繁荣起来。故而这种开放的局面,只能是游牧文化在城市建设方面的具体体现。

开放的大都城虽然不是经济发展繁荣的结果,却给这座城市的进一步发展繁荣提供了广阔的空间,也给城市居民的生活带来了极大的便利。这个时候的大都城,其城市坐标已经不是以往的坊里,而是新的街道和胡同,具体可以到各种城市建筑(如市场、寺庙、道观、民宅等)的本身。"胡同"一词,成为人们常用的地名,由此来确定其在城市中的方位。元大都城建成之后,城市主体格局基本形成,到此后的明清时期(仅明嘉靖年间扩建了外城),乃至于民国时期,没有发生太大的变化。

四合院是北京居民居住的最主要形式。从元大都城开始,四合院的格局已经比较固定,标准的四合院由正房、厢房、倒座房、后罩房等组成。由于日照原因,无论路南还是路北的四合院,均需正房坐北朝南。北京四合院中的建筑,以正房的形制最高,无论是台基还是间架,正房都显现着突出地位。普通四合院正房多为三间、五间、七间以上的很少。

在东城域内的四合院中，许多都保留了元大都时期的格局。以东四三条至八条历史文化保护区的四合院为典型，尽管受到了后期大杂院建筑的影响，但均格局清晰明朗。而三里河一带的四合院，系此后明嘉靖年间扩建的外城，由于胡同走向受到水系的影响，多为倾斜，而非东西正向，因此该地区的四合院多为三合院，且非正南正北格局。

四合院

四合院正房

北京四合院的格局，由于受到严格的等级限制，从而表现出建筑的多样性。仅以清代为例，四合院的大门体现出了居住者的身份地位。据《清会典事例》的记载，顺治初年曾明确规定：亲王府"基高十尺，正门广五间，启门三"，"均红青油饰，每门金钉六十有三"；郡王府、世子府"基高八尺，正门金钉减亲王七分之二"；贝子府"基高二尺，启门一"；"公侯以下官民房屋，台阶高一尺,柱用素油,门用黑饰"。朝廷虽然只规定了亲王贵族府第大门的形制,但从公侯以下民居大门也能看出户主身份高下。门是全院的"脸",因为大门是房主人社会地位的象征,人们常说的"门第""门当户对"就是用"门"来延伸其内涵,以彰显房主人的家境和尊优程度。

在北京的四合院中,大门通常分为广亮门、金柱门、蛮子门、如意门等。广亮门在北京

四合院垂花门

四合院的大门中级别最高,就是倒座房中辟一间房屋作为门,这间房屋要比其他房间高,大门两侧的墙壁也向外凸出,门的地基是被垫高的,从四合院出来,有居高临下之势,进院则有步步登高之感。大门装在屋脊的正下方,形成里外面积相等的门洞。金柱门更讲究,作为大门,这间房子的最外侧的柱子是檐柱,支持屋脊的叫中柱,位于檐柱与中柱之间的是金柱,把门扇设在金柱的位置上。这种金柱大门的过道是门里的洞大于门外的洞。蛮子门比广亮门、金柱门等级都低,它的门框和门扇直接装在檐柱位置上,门外没有洞,过道空间却与一个房间相等,所以很实用。这三种门大多有楹联,有的直接雕刻在门扇上,也有书写在纸上贴在两扇人门上。"忠厚传家久,诗书继世长"是最常见的楹联。比前面三种门等级更低的是如意门,它是在蛮子门基础上,将大门开间正面全部用砖墙遮挡,只冒出两扇大门。如意门里一般住着地位不高但较为殷实的市民阶层。墙垣式大门是四合院中级别最低的大门,居住在这种大门里的人家大多是平民百姓。

在居民的居所中,各种陈设是比较讲究的。按用途可以划分为:满足日常生活需求的实用性陈设和满足空间美化和精神需求的装饰性陈设这两类。实

用性陈设包括椅凳类、床榻类、桌案类、箱柜类等各类陈设;装饰性陈设包括空间分隔类和观赏类陈设等。在传统的四合院室内陈设中这两种陈设之间既相互独立,又有共通之处。

椅凳类陈设。为传统的坐具。包括凳和椅两大类,凳又分为

四合院二进正房

机凳、坐墩、交机、长凳等。机凳是无靠背坐具的统称,分为有无束腰、有束腰、直腿、弯腿、曲枨、直枨等多种造型;坐墩又称圆杌、绣墩,是一种鼓形坐具,有三足、四足、五足、六足、八足、直枨和四开光、五开光等多种造型;交机又称马扎,起源于古代的胡床,是一种可折叠、易携带的简易坐具;长凳是供多人使用的凳子,有案形和桌形两种。椅是有靠背的坐具的统称,又可细分为:靠背椅、扶手椅、圈椅、交椅。靠背椅只有靠背没有扶手;扶手椅既有靠背又有扶手,常见的有官帽椅和太师椅两种;圈椅又称圆椅、马掌椅;交椅是交机和圈椅的结合。

榻类陈设。主要用于日常起居休息之用,既是卧具,也可兼作坐具,主要有榻、罗汉床、架子床,以及附属于床榻的脚踏。榻是指只有床身,没有后背、围子及其他任何装置的坐卧用具。床上有后背和左右围子的被称为罗汉床,因后背和围子的形状与建筑中的罗汉栏板十分相似,故名罗汉床。架子床因床上有顶架而得名,顶架由四根以上的立柱支撑,四周可安装床围子,是最讲究的传统卧具。脚踏是古代坐卧用具前放置的一种辅助设施,用以上床、就座、放置双腿、放鞋等用途,在一些非正式场合里也是身份相对较低的人所用的坐具。

桌案类陈设。主要用于工作、休息的依凭,并起到承托物体的作用,主要有炕桌、炕几、炕案、香几、酒桌、半桌、方桌、条形桌案、宽长桌案等。炕桌、炕几、炕案是在炕上或床上使用的矮腿家具。炕桌用时放在炕或床的中间;炕几、炕案较窄,放在炕的两侧端使用。香几因放置香炉而得名,以圆形居多。酒桌是一种较小的长方形桌案,桌面边缘多起阳线一道,名曰"拦水线",因多用于古代

酒宴而得名。半桌相当于半张八仙桌的大小,当八仙桌不够使用时,可与之相拼接,故又名"接桌"。方桌是应用最为广泛的桌子,根据大小的不同,可以分为"八仙""六仙""四仙"。条形桌案有条几、条桌、条案、架几案,多用于陈列摆放物品。宽长桌案因面积较大便于书画阅读,故多作为画桌、画案、书桌、书案。

箱柜类陈设。其功能是储存放置物品,兼有美化环境的作用。箱一般呈长方形,横向放置,多数为向上开盖,少数正面开门。根据功能不同可分为衣箱、药箱、小箱、官皮箱等。柜一般立向放置,体量大小不一,高的可达到 3 米以上,小的约 1.5 米,有门的称为柜,无门的称为架,柜包括亮格柜、圆角柜、方角柜、连橱、闷户橱等。格架又称书格或书架,多放置书籍及其他器物。亮格柜是由上部的格架和下部的柜子结合而成。圆角柜是一种带柜帽的柜子,柜帽转角处做成圆形,一般上小下大。方角柜无柜帽,上下等大。

空间分隔类陈设。四合院室内空间呈长方形,为了满足室内不同的功能,必须通过空间分隔类陈设对室内空间进行分隔。空间分隔类陈设包括碧纱橱、花罩、博古架、屏风、衣架以及帘帐等。传统四合院的分隔方式主要有:封闭式分隔、半开放式分隔、弹性分隔和局部分隔几种。封闭式分隔就是使被分隔部分形成独立的空间,保持空间的私密性的一种分隔方式。半开放式分隔则是通过屏障、透空的格架,使人能够在区分空间的同时视线可相互透视,保持空间内的连续性和沟通。弹性分隔是以可活动的隔扇、帘帐等来分隔两个空间。局部分隔则是在一个空间内进行空间划分。

碧纱橱是用于室内的隔扇,一般用于进深方向,用于分隔明间、次间、梢间各间。花罩包括几腿罩、落地罩、落地花罩、栏杆罩、床罩、圆光罩等,和碧纱橱一样也多用于进深方向,但与碧纱橱不同,其在有分隔作用的同时兼有沟通作用。博古架又称多宝槅,形似亮格柜,兼有空间分隔和储藏功能。既可用于进深柱间的空间分隔也可贴墙摆设。屏风是屏具的总称,有座屏和围屏两种。

观赏类陈设。观赏类陈设是摆放或悬挂在室内供人品鉴欣赏的艺术品的总称,包括青铜器、瓷器、玉器、竹木雕刻、漆器、刺绣、字画等。这类陈设大多带有浓郁的文气,或有较高的历史文化价值,是古代文人学者十分喜爱的物品。

在四合院内,根据居民生活需求的不同,又构成了不同的活动空间。其一为堂屋。堂屋一般设在正房的明间,是日常生活、会客和举行一些仪式的场所。堂屋的布置既要体现出庄严肃穆,又要保持有一定的文化和生活气息。一般在堂屋的中心是靠墙的翘头案,案前放有八仙桌,桌两侧各配一把扶手椅。翘头案上的陈设因堂屋使用性质不同而异,一般摆设物品不超过五件,并采用中心对称分布。其上墙面正中悬挂中堂字画,两侧配以挑山。八仙桌上一般仅放置果盘或茶具。堂屋两侧往往摆设靠背椅,用于待客,座椅之间摆放有半桌。

其二为书房。书房又称书斋,是供人读书的房间,兼有会客之用,一般设置于次间、梢间或套间,或另在跨院单独设置。中国历代文人雅士都十分重视自己的书房,体现着主人的精神世界。书桌作为布置核心,常见的布置方式有以下两种:书桌放置于室内中央,并配置圈椅或扶手椅,背后放置多宝槅或是书架,而桌案两侧一般设置方桌及椅子以作待客之用。这种布置多为官宦人家使用,书房兼有办公之用。另一种是将书桌、画案设置于临窗的位置,便于读书作画时采光,其余陈设则随主人喜好而定,一般都放有琴几、棋桌、多宝槅或书架,此外书房内一般都悬挂有书法字画,其内容因人而异,往往表明主人的情趣与志向。

其三为起居室。不同家族内不同成员分居于各屋,故正房或厢房的次间,耳房及后罩房均可作为居室。正房的东次间一般由家中长辈居住,晚辈则居住于东、西厢房,未出嫁的女子的闺房一般设在后罩房。居室的陈设核心是床榻或炕。床榻或炕一般设置于临窗的位置便于采暖和采光,其上放有炕桌、炕柜、炕箱等。床一般放置于靠后檐墙位置。在山墙一侧放置连二橱、连三橱或闷户橱。其上放着各种生活用具,如帽镜、胆瓶等,其余物品的放置则根据主人的身份、喜好而定。比如男性屋内一般放置多宝槅或书架,女性的闺房则设置梳妆台、绣台等。

四合院作为北京居民的主要生活场所,有着十分宜人的自然环境。如四合院的庭院绿化,品种丰富多彩,既有各种树木,也有藤蔓类植物以及各种花卉、盆栽。最常见的落叶小乔木和灌木类的植物主要有海棠、石榴、丁香、月季等。从实用性角度讲,北京四合院内所栽种的树木多数属于"春华秋实"(春花秋实)型,而夏天的时候可以乘凉。

海棠是四合院中最为常见的树木之一。海棠属于蔷薇科,落叶小乔木,是北京四合院庭院和花园内常种植的花木,尤其是西府海棠在北京最为著名。海棠栽种的位置多为四合院的正房或正堂的东、西次间前对称种植两株。海棠树在北京四合院中也是有寓意的,有富贵、兄弟和睦的意思,海棠花则有美女的含义。另外,老北京经常将海棠和院内鱼缸内的金鱼联系,谐音"金玉满堂"。石榴也是北京四合院内最为普遍的一种树木。丁香虽不及石榴和海棠数量之多,也是传统四合院庭院内绿化常见的一个品种。由于其名字"丁香"有后代(丁口)兴旺发达、香满人间的寓意,故而受到了老北京人的青睐。月季被称为花中皇后,又称"月月红"。常绿或半常绿低矮灌木,四季开花,多红色,偶有白色,可作为观赏植物、药用植物,也称月季花。月季花种类主要有切花月季、食用玫瑰、藤本月季、地被月季等。中国是月季的原产地之一,因其花色红艳,十分喜庆,因此有月月红火、四季花香的含义。

藤蔓植物在四合院内的种植也有讲究。主要有紫藤、葡萄和葫芦等。这些藤蔓类植物一方面适应北京的地理气候;另一方面也都是被赋予了美好寓意的品种。紫藤大多种植在里院书房前,炎热的夏季,人们在藤萝架的浓荫下乘凉,顿感进入了清凉世界,暑汗全消。葡萄是北京四合院内比较常见的一种藤蔓植物。夏天在葡萄架下既可乘凉消夏,又可以品尝其美味的果实,而且葡萄果实多而密,也被赋予了多子多孙的美好寓意,因而受到了人们的普遍欢迎。另外,在民间还有一个美丽的传说。每当农历七月初七日,牛郎和织女相见之日,在葡萄架下可以听到他们窃窃私语。当然,我们不可能听见牛郎织女的情话。但是,葡萄架却承载了寄托对远方爱人情思的作用。葫芦在北京四合院内是非常受欢迎的绿化品种。葫芦在北京主要有两个圆形组成的葫芦和半圆形的匏瓜两种。成熟前可以作为蔬菜,成熟后还是很好的实用容器和装饰物。古代夫妻结婚入洞房饮"合卺"酒,卺即葫芦,其意为夫妻百年后灵魂可合体,因此古人视葫芦为求吉、避邪的吉祥物。

时令花卉在庭院绿化中,以牡丹、菊花、荷花、芍药和兰花最为常见。牡丹是百花之王,花形雍容华贵,寿命很长,寓意富贵,因此古代受到了上至达官显贵下至普通百姓的广泛喜爱。北京四合院内也经常种植牡丹,是富贵吉祥的象征。芍药被称为花相。其与牡丹是一对姊妹花,花形相像,也是富贵的象征。菊花被古人称为花中隐者,代表了淡雅清远的气质。在古代菊花又有吉祥、长寿的含义。由于受到了文人的推崇,因此菊花为四合院盆栽中重要的品种。荷花,又称莲花、芙蕖,被古人赞为花中君子,"出淤泥而不染,濯清涟而不妖,中通外直,不蔓不枝,香远益清"成为了它品质的象征,古人爱莲更爱莲所代表的高洁的精神。北京的四合院中由于缺水,种植莲花时有的砌筑一个小池子,更多的则种植于庭院内的大鱼缸内,形成了鱼戏于莲的情景,并寓意连(莲)年有余(鱼)。兰花被誉为花中君子,也多有种植。

在四合院建筑的装修、雕饰、彩绘上处处体现着民俗民风。四合院中的木雕、砖雕多以寓意喜庆吉祥的花卉、动物和器物作为题材，比如，以蝙蝠、寿字组成装饰，寓意"福寿双全"；以花瓶内安插月季花来寓意"四季平安"；宝瓶上加如意头，意为"平安如意"，用莲花挂大斗（斗与升同形），斗中置三戟，意为"连升三级"。还有"三阳（羊）开泰""五世（狮）同居""五福（蝠）临门""吉（鸡）庆有余（鱼）"等。还有一些符号纹样，是通过象征抽象的手法来表现吉祥的寓意。比如，龟在古代是寿康永续、长命百岁的象征，用一些龟背纹作为装饰图案，用于表达希冀健康长寿之寓意；寓意福寿吉祥、深远绵长的回纹更是我国长久流传下来的传统纹样，其连续的回旋形式的组合，称为回回锦，是四合院建筑许多装饰部分的常用纹样；此外，源于佛教的吉祥标志"卍"，也常被用作吉祥的装饰图案来表示万福，以此为基础的万字锦常用于四合院的檐板及墙面装饰。四合院的雕刻上会有道教八仙、佛教的八宝等图案，而回族的四合院往往会有本民族的装饰图案，等等。这些其实都是居住在四合院中的人们对幸福、富裕、吉祥等美好生活的积极追求。

从元大都城建成之后，有些居民（主要是文人）又曾建造有大小不等的私家园林。元代大都城的私家园林主要是建造在中都旧城（今西城域内），而到了明清时期，北京城里出现了更多的私家园林，其中有许多皆是建造在东城域内。据相关文献记载，明代的著名私家园林有：英国公张园、成国公适景园、冉驸马宜园、万驸马曲水园等。清代的著名私家园林则有：冯溥的万柳堂、德保的乐贤堂、介福的野园、贾汉复的半亩园等。

英国公张辅家的园林有两处，一处在东城，为明成祖的赐第；另一处在西城，是其子孙新建的。他在东城的园林，是在明成祖赐第的东侧，时人称："英国公赐第之堂，曲折东入，一高楼，南临街，北临深树，望去绿不已。有亭立杂树中，海棠簇而居。亭北临水，桥之。水从西南入，其取道柔，周别一亭而止。亭傍二石，奇质，元内府国镇也；上刻元年月，下刻元玺。当赐第时，二石与俱矣。"①时人又称，"畦则池，池则台，台则堂，堂傍则阁，东则圃。台之望，古柴市，今文庙也。"②由此可见，英国公的私家园林就在顺天府学的旁边，在园林中的高台上是可以看到府学中的孔子庙的。

成国公的适景园在英国公张园不远处。时人称："园有三堂，堂皆荫，高柳

---

① 刘侗：《帝京景物略》卷一，明崇祯刻本。

② 同上。

老榆也,左堂盘松数十棵,盘者瘦以矜,幹直以壮,性非盘也。右堂池三四亩,堂后一槐,四五百岁矣,身大于屋半间,顶嵯峨若山,花角荣落,迟不及寒暑之候。"①时人又称,"树傍有台,台东有阁,榆柳夹而营之,中可以射。繇园出者,其意苍然。园曰适景,都人呼十景园也。"②由此可见,成国公的适景园与英国公的张园相比,规模要略为逊色一些。至今,这里的地名尚称为什锦花园。

冉驸马冉兴让,娶的是深受明神宗宠爱的寿宁公主,故而这座私家园林被称为宜园。时人称:"冉驸马宜园,在石大人胡同,其堂三楹,阶墀朗朗,老树森立,堂后有台,而堂与树,交蔽其望。台前有池,仰泉于树杪堂溜也,积潦则水津津,晴定则土。"③园中最醒目的是一座用数百万块碎石叠成的假山,"石有名曰'万年聚',不知何主人时所命名也"④。显然,这座假山也已经存在了很多年了。

万驸马万炜,娶的是明穆宗的瑞安公主,在当时也是显赫无比。时人称:"驸马万公曲水家园,新宁远伯之故园也。燕不饶水与竹,而园饶之。水以汲灌,善渟焉,澄且鲜。府第东入,石墙一遭,径迢迢皆竹。竹尽而西,迢迢皆水。曲廊与水而曲,东则亭,西则台,水其中央。滨水又廊,廊一再曲,临水又台,台与室间,松化石攸在也。"⑤由此可见,其一,这处园林并不是新建的,而是承袭了宁远伯的私家园林,而加以新修的。其二,其规模相当大,园中以水竹之盛而著

半亩园

① 刘侗:《帝京景物略》卷二,明崇祯刻本。
② 同上。
③ 同上。
④ 同上。
⑤ 同上。

称于北京。其三,园林中的松化石最为奇特,令人瞩目。

到了清代,东城域内的私家园林也有许多,除了通常的王府大多建造有园林之外,在京做官的官员也建造有一些著名的园林,作为日常聚会的主要场所。例如大学士冯溥建造的万柳堂。这处万柳堂,是冯溥慕元代廉希宪曾建有私家园林万柳堂而得名。时人称:"京师广渠门内万柳堂,为国初益都相国别业。康熙时,大科初开,四方名士待诏金马门者,恒宴集于此。后归仓场侍郎石文桂,旋施为寺,圣祖赐额为拈花禅寺。"①冯溥曾在园中种植柳树万株,以符"万柳"之实。

德保为满洲正白旗人,字仲容,号定圃,历官至礼部尚书,他在北京的居住地就有乐贤堂。时人称:"德定圃师第在史家胡同。公自东粤还京,岁集诸门生宴集乐贤堂。内藏书万卷,莳花种竹,啜茗吟诗。编《乐贤堂诗》。"②他曾三典乡试、五典会试、三任学政,因此门生、弟子几乎遍及天下。他又曾四世进入翰林院为官,故而在满族大臣中算是文名昭著。而他的乐贤堂也就成了文人雅士经常聚会的地方。

贾汉复为汉军正蓝旗人,他在清朝前期曾官至河南及陕西巡抚,他在北京的宅第在东城弓弦胡同。在他的宅第旁边建有私家园林称"半亩园"。时人称:"完颜氏半亩园,在弓弦胡同内牛排子胡同。国初为李笠翁所创,贾胶侯中丞居之。后改为会馆,又改为戏园。道光初,麟见亭河帅得之,大为改葺,其名遂著。纯以结构曲折,铺陈古雅见长。富丽而有书卷气,故不易得。"③园中有退思斋、拜石轩、云荫堂、近光楼、曝画廊、先月榭、知止轩等建筑。文中的完颜氏为完颜麟庆,李笠翁为李渔,贾胶侯即贾汉复,皆为一时之名人。由此可见,这处园林的规模还是颇为可观的。

四、出　行

自从元大都城不再建造高大坊墙以阻隔居民的出行之后,这座都城就变成了一座开放的城市,纵横城内外的街道及四通八达的胡同就成为居民出行时的主要通道。据《析津志辑佚》记载,在大都城建造的十一座城门,即是通道的主

①　陈康祺:《郎潜纪闻》卷八,清光绪刻本。
②　戴璐:《藤阴杂记》卷十二,书品,2003,第58—59页。
③　震钧:《天咫偶闻》卷三,清光绪三十三年刻本。

要出入口,连接着城内外的千家万户。在每座城门里面,都有一座十字街,作为主要交通道路。例如:"菜市:丽正门三桥、哈达门丁字街。"①又如:"车市:齐化门十字街东。"②这些丁字街和十字街,就都在东城域内。再如:"齐政楼:都城之丽谯也。东,中心阁。大街东去即都府治所。"③这处鼓楼东侧的大街,就是今天的鼓楼东大街。

《析津志辑佚》又称:"街制:自南以至于北,谓之经;自东至西,谓之纬。大街二十四步阔,小街十二步阔。"④这种大街与小街的设置,也是在元大都城建造过程中形成的,此后一直沿用到明清时期。据《京师五城坊巷胡同集》记载,在明代东城域内的街道主要有:位于南熏坊的崇文门大街、东长安街、东江米巷,位于澄清坊的单牌楼(东单大街)、十王府(王府井大街)、四牌楼(东四大街),位于保大坊的灯市(今灯市口大街)、安定门街,位于仁寿坊的隆福寺街、铁狮子胡同(今平安大街一段)等。这时的许多街道还没有独自的名称。

到了清代,这些街道不仅有了自己的名称,而且成为区域划分的标志。我们在《京师坊巷志稿》中即可以看出,分布在东城域内的,共有左翼四旗,即镶黄旗、正白旗、镶白旗、正蓝旗。这左翼四旗的分界线,镶黄旗与正白旗之间,自鼓楼东大街、北新桥至东城根。正白旗与镶白旗之间,自府学胡同、大市街(东四大街)、报房胡同东、皇城根至东城根。镶白旗与正蓝旗之间,自崇文门、金水桥东至东城根。

而在明代中后期修筑外城之后,也逐渐形成了一些主要街道,作为居民出行的主要通道。在东城域内较为著称者,则有:正阳门外大街(俗称"前门大街"),向南直通永定门大街。东侧则有荷包巷、东河沿、鲜鱼口、兴隆街、东珠市口大街等街道与胡同。又有崇文门大街(俗称"哈达门大街")、广渠门大街(俗称"沙锅门大街")、三里河大街、东便门街、花儿市大街、地藏寺街、关王庙街、火神庙街、阎王庙前街、安国寺中街、药王庙街等,这些街道为外城居民的出行提供了极大的便利。

胡同在居民的生活中更是不可缺少的,其命名也是五花八门,约定俗成。其在东城域内者:以寺庙命名的胡同,如隆福寺街等。以官方机构命名的胡同有府学胡同、贡院胡同等;锻库胡同等曾是明朝内府的十个仓库所在地。以市

---

① 于敏中修,窦光鼐纂:《日下旧闻考》卷三十八,清乾隆五十三年刻本。
② 同上。
③ 同上。
④ 同上。

场命名的胡同有花市大街、灯市口、驴肉胡同、鲜鱼口等。以元明时的水道、河道、沟道命名的胡同有南河沿、北河沿、三里河、东不压桥等。早年北京人的生活用水主要依靠井水，于是以水井命名的胡同亦有三十多条，如三眼井胡同、沙井胡同、大甜水井胡同等。王府井则因当年此地南端有一眼甘冽的甜水井，故得以命名。以当地某种特殊标志命名的胡同有铁狮子胡同、麒麟碑胡同等。以人名命名的胡同，如文丞相胡同是以南宋民族英雄文天祥命名，张自忠路是以殉国的抗日将领的名字而命名。

对于京城的这些街道，除了供居民出行之外，政府又往往在街道两旁开挖有沟渠，以便疏通道路积水。如明代成化年间，就曾"修理皇城周围一带街道及疏通东西公生门至大明门沟渠各二百一十五丈，东安门至南墙角沟渠二百二十五丈"①。为此，明朝政府专门在工部下面设置有街道厅，以负责京城街道的修理工作。万历年间，相关官员上奏称："京师连年水患，非问侵占则沟渠必不通；非藉严法，则侵占必不可问；非务在必行，毫无假借，则法必不可行。臣顷略一清查，阻挠纷纷起矣。"②由此可见，京城街道的清理和修筑是十分困难的。

明代的北京城里，街道平时就比较热闹，而到逢年过节，更加热闹。时人曾记端午节长安街的情景称："京朝官端午赐食粽，重阳赐食糕，一费可七百金。食时助以酒脯，取沾赉而毕。诸臣享会之后，长班以馂余纳寘筐篮，与其官长矜宠御路，自皇极门至长安街，马归洋洋，寻续不断。"③又称，"长安街冠盖塞途，惟相公传呼之最远，行者皆引马避道。夜归，火光照路，行者候其光远乃敢策马而前。台、省诸曹，候问必以夜，盖相公暮归也。"④由此可见，皇城前面的长安街在当时确实是人行频繁之地。

清朝政府也在工部之下设有街道厅，并在康熙年间批准，"内城街道交步军统领。外城交街道厅分理。"⑤到了乾隆年间，清高宗又专门下令："五城街道泥土，岁久填积增高，行路居人，均属不便。著管理河道沟渠大臣等详悉查勘，量其修理之费，动支官帑，除去积土，堆置就近城外隙地。"⑥由此可见，对京城里面

---

① 《明宪宗实录》，台北："中央研究院"历史语言研究所，1962。
② 《大明神宗显皇帝实录》卷四百八十六。
③ 史玄：《旧京遗事》，民国十八年排印本。
④ 同上。
⑤ 昆冈修，刘启瑞纂：《大清会典事例》卷九百三十二，清光绪石印本。
⑥ 同上。

的道路修整,已经引起帝王的重视,并亲自加以处理。

到了民国年间,北京的政府官员对于街道的整修更加重视,不仅许多街道加以拓宽,路面铺设石碴甚至沥青,而且还疏通了街道两旁的沟渠。仅在东城域内整修的街道即有:东长安门大街、东长安街、正阳门东马路、东安门内大街、东安门外大街、景山大街、地安门内大街、南池子、户部街、御河桥南大街、东四南大街、东四北大街、米市大街、王府井大街、崇文门外大街等。

在中国古代,人们出行多为徒步,条件许可者,也只能坐车,而不能乘坐轿子,即所谓的人不能骑人。能够乘坐轿子的,除了帝王之外,只有特殊年老而位尊者才得到帝王允许。这个规矩一直行用到明代,时人称:"国朝文武大臣皆乘马,自景泰以后,三品文

人力车夫

臣例许用轿,勋戚一品,惟年老宠优者方敢陈请,他不许也。"①到了明代后期,大臣出行亦多乘车,"累朝勋贵,皆带衔五府,出入乘皂盖车。惟小侯袭职,金冠玉带,坐乘明轿,云台凌烟,此犹是旧家风度耳"②。

但是,乘坐轿子出行毕竟是一种享受,对于这种情况,在明代中后期有所松动,到万历初年,在北京也出现了四品官坐轿的现象。"旧制:文臣三品以上,始得乘舆。今凡在京大小官员,俱望舆出入,初犹女轿蔽帷,不用呵殿,今则寨幪前临,与南京相似矣。"③从此以后,人们出行乘轿已经不受级别高低的限制。

到了清朝初年,统治者为了使八旗坚持"满语骑射",王贝勒以下、年未六十、未免骑射者,皆须骑马。汉大臣准许坐轿,但京官无坐八轿者(八人抬的轿子),三品以上有四人肩舆,四品以下用二人肩舆。康熙年间,每天五更时,正阳

① 于慎行:《榖山笔尘》卷一,明万历刻本。
② 史玄:《旧京遗事》,民国十八年排印本。
③ 沈德符:《万历野获编》卷十三,清道光七年刻同治八年补修本。

门只许上朝汉官的轿子进城。乘坐轿子的费用很高，据载"非数千金不能蓄轿"[1]，汉官渐渐以车代步，很少乘轿了。那些不准乘轿的官员，更是转而乘车。康熙末年，京官多乘驴车，车上帏幔朴素。乾隆年间，则以乘坐骡车为时尚。骡车有大鞍、小鞍之分。朝官所乘为大鞍车，皆为自用专车，称为拴车。一般百姓只能乘坐普通的小鞍车。

至于普通居民，也逐渐开始乘坐轿子。京城轿子铺经营的各种民用轿子，就有花轿、客轿和快轿等。其中，花轿是举办婚事时供新娘乘坐的，有二人抬、四人抬、八人抬之分。花轿的装饰最为漂亮，用红绿彩绸做围子，高档的还采用平金丝绣；轿檐四角挂有彩球或小宫灯，轿子的扶手、轿杆或用红色绸缎包裹或涂饰红漆；有的花轿轿厢为双层，娶亲时，将内层子轿抬出，可直接抬入闺房，新娘入座后，再抬入外层轿厢。客轿是供居民平时出行使用的，雇用者一般为家境较为富裕的人。这种轿子的装饰也比较讲究，停放在轿子铺内，顾客须上门雇用。快轿则供居民应急之用，停在闹市或街口，它们的装饰简朴，一般由两名舆夫抬，十分轻快。

骑马坐车乘轿在路上行驶，必须遵守一定规则。明清时期，官员出行在途中相遇，平级的错道互行，差一级的趋右避行，差二级的引马侧立让行，差三级以上的引马回避。车轿前的引马同样如此。车轿在胡同或较窄的街道上行走，通常选择中央地带，逢上对面来车轿则趋右避让。

豪华马车

官员上朝，到了宫门前就必须下舆马，徒步进宫。以去乾清宫或养心殿面圣而论，进东华门到乾清门外广场的东门景运门还得走六七百米，年老体弱的大臣不胜其力。因此，皇上施恩赏赐某些大臣"紫禁城骑马"的特权。得到"紫禁城骑马"特许的官员，武官仍是骑马，文官乘坐特别提供的二人肩舆，就是椅子两边绑上两根

①　李家瑞：《北平风俗类征》，上海艺文出版社，1937，第262页。

竹竿,将官员抬至景运门外下舆。景运门以内仍要步行。这就是人们平日所说的"赏朝马"。

清末,新式马车由津、沪传至北京,富家巨室多备有马车。此外还有商用的"买卖车"。雇轿车可到车厂去叫,也可在"车口儿"等。北京还有一种趟子车,是敞篷车,一车可载十数人。这种车走固定路线,由某处到某处均有定价,每次车费只需几文铜钱。冬季,北京护城河上还有一种冰床,运送人们往来于各城门之间。

光绪二十六年(1900年)以后,北京出现了人力车,因为是由日本传入的,最初叫"东洋车",后来简称"洋车"。民国时期,人力车以其方便、灵活、价廉而在京城特别盛行,最多时达到六万辆,有车夫六七万人。坐人力车的多是中产阶级、中小职员、教师、学生等。三轮脚踏车于民国二十七年(1938年)前后才在北京出现。各人力车厂主为了赶鲜,多拿车份儿,纷纷将人力车改装成三轮车,无论是车速还是车夫的劳动强度,都有所改善。

光绪三十年(1904年)左右,自行车由日本传入北京。写于宣统元年(1909年)的《京华百二竹枝词》中有一首写骑自行车的:"臀高肩耸目无斜,大似鞠躬敬有加。噶叭一声人急避,后面来了自行车。"[1]这是北京最早的有关自行车的记载。清末,北京经营自行车的铺子有三四家,不仅售卖,而且还可以租赁,一日租金为一元左右。因穿长袍不方便,当时北京时兴骑女车。民国时期,自行车快速增加,20世纪30年代初,骑自行车的多是中下层人士和青年学生。那时,有钱的人多买英国进口的"三枪""凤头"等名牌车,一般居民则买售价较低的大路货。20世纪30年代中后期,日本自行车大量涌入北京,价钱比较便宜,商店伙计和小职员、学生等也进入骑自行车的行列。此外市场上还有一些车行"攒"的杂牌车,价格更便宜,收入不多又不讲究牌子的居民多买这种车。民国二十四年(1935年),北平市有自行车八万二千五百四十三辆,民国三十七年(1948年)六月达到十五万七千辆。

民国时期,汽车传入北京。官僚政客、富商大贾有人开始购买汽车,出门坐汽车成为他们身份高贵的象征。很快,在1913年,北京开始出现了小汽车出租行,到1929年,车行发展到六十余家,有汽车二百辆。

民国四年(1915年),环城铁路开始动工,次年通车。由西直门起经由德胜门、安定门、东直门、朝阳门,至通州岔口连接京奉线,直达正阳门。全长十五公

---

① 杨米人:《清代北京竹枝词十三种》,北京古籍出版社,1982,第135页。

里,是内城四周交通及运输的主要干线。民国十三年(1924年)十二月,由官商合股的北京电车股份有限公司开辟的前门至西直门的第一条有轨电车线路正式运营。翌年,又开设了天桥至北新桥、东四至西四、太平仓至北新桥、崇文门至

前门东车站

宣武门、崇文门至菜市口五条电车线路。平均每日运送乘客约十万人次。当时有轨电车司机站着开车,手摇把子走车、刹车,停车靠售票员吹哨告之。车走起来当当响,老百姓称之为"当当车"。乘车拥挤,居民扒车"挂车"者屡见不鲜。抗日战争后期,电车公司迭经挫折,设备损失殆尽,能行驶的电车平均不过十辆,最低时仅六辆。原有的七条线路,因车辆太少,无法调度,有四条线路停驶。抗日战争胜利后至1949年北平解放前夕,电车、公共汽车、出租汽车和长途汽车,因战事迭起运营秩序混乱,亏损严重,濒临停运。

清朝末年,北京兴建了三条营业性铁路,并于前门外兴建了北京火车站。京奉铁路正阳门东车站始建于清光绪二十九年(1903年),由英国人修建,光绪三十二年(1906年)建成并启用。是当时全国最大的火车站。京奉铁路正阳门东车站建筑面积三千五百平方米,车站建筑为欧式风格,地下两层,地上三层。站内有站台三座,长度约三百七十七米,其中两座有风雨棚。到发线七条,有效长度为三百四十至四百三十米。车站东的原北城墙上凿有城门,通向东交民巷使馆区,俗称"水关"。车站西端设候车室,普通候车室位于大楼内,一、二等候车室则另有候车厅,候车厅总面积达一千五百平方米。京奉铁路正阳门东车站自清朝末年至20世纪中期,一直是北京最大的火车站。1912年、1924年孙中山曾两次抵京,均于正阳门东车站下车。1937年后,这三座火车站先后易名为前门站、北平东站、北京站。

五、待人接物

古代人与人接触见面的常见礼仪主要是打躬、作揖、跪拜等礼节,在清朝的北京,东城是旗人聚居之地,旗礼在旗人中,备受重视,旗礼主要由屈膝、下蹲、俯首等连续动作组成。在待人接物中形成一些固定的礼仪。

朝官相见分敌礼(匹敌对等之礼)与降等(官员品级之间的实际差距,决定官高的一方使用接待礼仪的简化程度)两种形式。清朝六部尚书加上都察院左都御史,合称七卿。七卿不论有无大学士衔,与大学士都是敌礼相见。主人按来客服装种类更衣以后,迅速出迎。平级迎在大门内,不出大门,作揖礼让,客西主东并行入内,到了仪门前,请客人先登台阶。到了正厅,请客人先入。进到正堂以后,两个人朝北两拜,然后分宾主落座,客人坐西面,即使客人坚辞逊让,也要固请,主人坐东面,上茶叙谈。叙谈结束,客人起身告辞,主客互相作揖致谢。主人送客到大门再次相互作揖,客人请主人回,不用再送了,主人坚持送出大门,无论对方是骑马、坐轿,还是乘车,都要看着客人上去以后,才转身回去。当然能够执行如此接待方式的都是朝廷高级官员。敌礼以下,都要降等接待,品级越悬殊,接待规格越差。降一品,迎送礼仪与敌礼相同,唯独在座位上发生变化,主人坐到了西面,客人坐在东面,也就是说正宾席被主人占据。中国人有以左为上的礼仪传统,但是在待客方面,与酒席座次稍有差异,不再以左为上,而是以右为上,正因为来宾比自己官品差一级,所以不能坐在右面。

七卿以下重要的朝廷官员是小九卿,如大理寺、太常寺、鸿胪寺、光禄寺等,大都是三品官员,个别的还是四品,他们与大学士之间至少相差两品。接待时主人迎在仪门内,送到大门外,不用等着客人上车马就转回;在厅堂仍然是主西客东。翰林、詹事、御史、给事中等官员品级虽低,像翰林编修只有七品,但由于是清望官,历来受人尊重,拜见大学士时也享受小九卿的待遇。

五至八品官员拜见大学士,主人迎在厅堂台阶下,来宾走东边,主人不必谦让先入,客人随入。这种方式称为导入。客人进厅意欲向北三拜,主人辞谢,改为三作揖,主人站在东面答揖,客人请主人正座,主人坐东北位,面西南,客人坐西侧位面东。客人坐下时作揖,上茶作揖,主人皆答揖。谈话完毕,客人起身辞退,复三作揖如初。主人送到仪门外转身回去。客人出大门后在离门稍远处上车马。

同一行政系统的官员,等级高下具有统属关系,属官初次面见本衙门长官,着公服到机关,由首领官带引从台阶的东侧进入厅堂,把个人衔名履历置于长官坐案上,依次向长官三作揖,长官一定要避席答揖。所谓避席就是起身站到座位旁边。随后初见结束,属官退出。在日常工作中,长官坐,属官侍立,不屈膝行礼,如果汇报事件繁多,于地面设褥垫,属官坐下回话。

平日属官拜见长官,在大门外下车马,通名求见,等待传呼。入见,长官迎接在阶下,进入正厅,属官面北三作揖序坐。属官位于西侧面东,长官位于东北正位,面西南。落座、上茶、送出、离去等环节,与五品官员见大学士的礼节一样。属官见上司这种上下级相见的礼节,并不像想象的那么悬殊。

官员之间虽然礼仪等级森严,但还没有到高级官员可以任意驱使藐视低级官员的地步。不管品级如何高,譬如一品大学士与八品官员之间的权力地位有如天壤,大学士也不是随意着装在房间内坐等来者进见,更不能对来人的拜见无动于衷,心安理得地接受,一定要按上述规矩接待。时下清装影视剧,官员之间的相见礼节,拉大了两者之间的实际距离,其实,品级官员之间,除非差距极远的九品以下未入流官员见大学士以外,不会出现低级官员给高级官员磕头的现象,朝廷也没有这方面的礼仪规定。

在现实生活中,九品以下未入流官员也很少有拜见大学士的机会。官员在皇帝面前人人平等,无论高低都要跪拜皇上,高官显要再尊贵也是臣仆,绝对不能在同属朝廷官员系统中分享只属于皇帝的礼仪权力。因此,在京城即使低级官员自愿叩拜,高级官员通常也不敢接受,一般要离席避让。

公私聚会的座次除了公事、私交往来拜会之外,各类性质的社交聚会也经常发生。公开聚会与家庭聚会的座次原则有所不同,前者依据官阶、功名、衙门、年纪等。官阶低的,永远不能坐在官阶高的上手。官阶相同,按衙门的排序,譬如六部中的吏部排第一,那么其他五部官员遇到该部同级官员,就要坐到他的下手。有功名的人不能坐到无功名的下手,功名低的让功名高的。功名相同,叙年纪。

家庭聚会,如有外人参加,官员无论退休与否,如果不能居首席,就要别立一席,不能屈尊坐于无官人士的下手,哪怕是自己的父亲也不行。关键在于外人的出现改变了聚会的性质,朝廷要求官员维持身份的政治权威性。如果没有外人参加,那么不论官职功名高低大小,一律按辈分长幼序坐。在公共场合,具有亲属关系的官员之间,就不能再使用这样的规则,官大辈低的人不能位居官小辈高人的下手,通常采取分席的方式解决类似的冲突。一般来说,家庭聚会,也要男女分席,混坐的可能性极小,只有未成年人,才有可能男女杂坐。

中国历来师道尊严,以国家学校——国子监监生见本校老师为例,初见,学生具名柬,着公服到校,由台阶东面进入大堂,朝北三作揖,老师立受,侍立左旁面向西受教。面见结束,仍三作揖,然后退出。平日拜见,先通名,得到允许进入,老师迎在台阶上,学生升阶作揖,老师先入门,学生随后。入堂后,学生朝北三拜,老师面西答揖还礼。老师正座东北面,学生西面。上茶,学生作揖,请问作揖。告辞朝北三作揖,老师皆回礼。出送,老师在前,学生在后,走到仪门,学生三作揖,请老师回。然后离去。日常教学,老师命坐学生则坐,发问请教则起立。

俗语说"坐有坐相,站有站相",坐一定要正襟危坐,站一定要挺拔直立。行为习惯童子功最厉害。自幼没有受到良好的训练,坐时歪着扭着斜着甚至半躺半坐,站时塌腰拉胯扭曲颤动,是无礼的表现。

六、休闲娱乐

休闲娱乐在旧时很盛行的是养鸟、养虫、养鸽子、养鱼,使四合院里充满了生机。

养鸟。经常饲养的鸟儿有黄鸟、画眉、百灵、黄雀、鹦鹉、八哥等。黄鸟,也叫黄莺,虽然体型较小,但叫起来却清脆悦耳,还能模仿山喜鹊、红子、蛐蛐的叫声。八哥多被老年人所青睐,时不常学两句人语,别有乐子。人们起来的第一件事就是遛鸟、驯鸟儿,人们还经常聚在一起比比谁的鸟儿漂亮、谁的鸟儿叫声好听、谁的鸟儿会的花活多。

养虫儿。其中最受青睐的是蝈蝈儿和蛐蛐儿。每年麦收之后,胡同里就开始出现卖蝈蝈儿的。小贩们多是把

北京居民养鸟

蝈蝈儿装在秫秸或麦秸编的笼子里,远远地就能听见蝈蝈儿清脆的叫声。北京人挑选蝈蝈儿有不少讲究,一是蝈蝈儿要全须全尾儿、叫声悦耳;二是蝈蝈儿要颜色正、品相好;三是蝈蝈儿要善动爱跳。买回来的蝈蝈笼子大都挂在屋檐、门楣、窗前或院子的葡萄架或海棠树上。从此蝈蝈儿的鸣叫就成了四合院里最动听的声音,一直能叫到立冬。养蛐蛐儿的乐趣在于它们的厮斗与鸣唱。过去每到秋天斗蛐蛐儿便成为四合院里普遍玩乐的习俗。北京人玩的蛐蛐儿多是产自山东德州的墨牙黄、宁阳的铁头青背和黑牙青麻头,也有北京西北郊苏家坨的"伏地蛐蛐儿"、黑龙潭的"虾头青"和石景山福寿岭的"青麻头"。小孩子们蹲在自家的院子里或门道里斗蛐蛐儿取乐。一些文人也常在家中斗蛐蛐儿,以娱乐为主,以蛐蛐儿会友。两只小蛐蛐儿的拼斗,会引来十几个大人的围观和喝彩。得胜的蛐蛐儿震翅鸣叫,主人顿觉脸面增光。

养鸽子。一般都是在自家房子上搭起鸽子窝。家鸽嘴比较短,头顶与鼻孔之间有两簇短毛耸立,北京人称之为"凤头"。最常见的鸽子又称点子,全身为白色,只有头顶、尾部为黑色或紫色。养鸽子不光是养,还要飞放。四合院里养鸽子的人,每天一早,打开鸽子窝的门,赶鸽子起飞。鸽子飞放有两种形式:走趟子和飞盘。走趟子的大部分是信鸽,一走就四五个小时。观赏鸽多是飞盘,即在家附近上空盘旋而飞。这时,鸽子的主人就站在四合院中,背抄着手,高仰着脸,望着心爱的鸽子,心里怡然自得。养鸽子的人没有贵贱之分,鸽友们常凑在一起切磋技艺,并经常结伴到数十里外的地方放飞,看谁的鸽子先飞回来。

养鱼。俗话说:"天棚、鱼缸、石榴树。"养鱼是四合院里的景致之一。在四合院的天棚下或过道旁,常有用来养鱼的大口陶泥缸或瓦盆。鱼缸由特制的架子支着,以方便喂养和欣赏。北京人把各种颜色的两尾鲤鱼类的金鱼称为"小金鱼儿"。小金鱼儿体型较小,十分耐寒,价格较为便宜。还有各色的龙睛鱼、珍珠鱼、绒球鱼、红帽鱼等,十分赏心悦目。养鱼的水很有讲究,换水前要将水晒上三五天,换水时不能全用新水,亦不能全用老水。北京的冬天寒冷,要把金鱼移到室内,温度要在二十度以上。喂鱼是养鱼人最惬意的时候,撒一把鱼食儿,看着鱼儿觅食,别有情趣。

第二节　婚丧习俗

我国婚丧习俗已经有几千年悠久的历史了,特别经过漫长的演变与丰富,形成一整套规范。据相关文献记载,在婚姻习俗中,分有求婚、合婚、相亲、订婚(过小节)、完聘(过大节)、定婚期、迎娶、拜堂、婚宴、合卺、闹房、归宁等程序。这些程序联系起来构成了完整的婚礼习俗。在丧葬习俗中,人死为丧,为死者举行一定的安葬仪式称为葬。不以礼仪的葬叫作埋。丧葬礼简称丧礼、葬礼。丧礼的程序一般有停、奔丧、挂孝、坐夜(守灵)、入殓、吊孝、出殡等,习俗也颇为讲究。

一、汉族婚俗

在元大都城内,汉族民众通常承袭前代习俗,多实行一夫一妻制,但以纳妾作为补充婚姻形式。元代这种一夫多妻与一妻多妾,形式上似乎是一样的,但事实上却有着严格的区别,因为妻、妾地位不同,妾地位低下,如奴婢一般,不能上事宗庙,死后也不能被祭,不能与丈夫合葬。辛亥革命以后,女权运动呼声高涨,一夫一妻制逐渐得到民众的认同,成为较为普遍的婚俗。

在民间还有一些特殊的婚俗。例如童养媳,童养婚将未成年女子"娶"回家中,等长大成人后再"合婚"。这是旧社会包办和买卖婚姻的产物,解放后已公开取缔。又如冥婚,为旧社会婚俗之一,属恶俗。冥婚是指死人之间的婚姻,多发生在贫困和不开化地区。有些地区还有将贫家妇女嫁给有钱人家"死丈夫"的恶俗。再如换婚,即旧社会男女双方以兄妹、姐弟之间互换的婚俗,现在类似恶俗已经基本消失。

元朝政府曾规定,同姓不得为婚,并宣布以至元八年(1271年)正月二十五日为最后期限,之前同姓已经结婚的人不做改变,但之后如果再有同姓为婚者均依法定罪,并命其离婚。关于禁止同姓婚姻的规定在北京一直存续到清代末年,此前,北京人口流动相对较小,北京的同姓人或多或少都有一定的血缘关系,禁止同姓成婚非常重要。清末民国以后,北京人口流动极为频繁,尤其是在现当代,同姓之间存在血缘关系的可能性减小,因此同姓不婚的习俗也逐渐废弛。

元朝政府在对户籍制度进行严格管理的同时,对于婚姻制度也进行了严格管理。当时的户籍除了普通的民户之外,还设置有军户、匠户、释道户、儒户、医户、站户、乐户等。军户的子孙必须当兵,匠户的子孙只能当工匠,等等。由此而制定了严格的婚姻制度,军户的子女必须和军户的子女通婚,匠户的子女必须和匠户的子女通婚,严格禁止不同户籍之间的通婚行为。如果不同户籍的子女之间婚配,下一代子女的户籍就很难确定了。

在元代前期的大都城里,由于受到这种严格的户籍制度影响,许多官营手工业系统中的工匠都找不到老婆。于是,当元朝政府在攻占南宋都城临安(今浙江杭州)之后,就把一大批南宋皇宫中的后妃和宫女押送到大都城来,后妃被分配给元朝统治者所有,而众多的宫女则被分配给工匠们当老婆。时人汪元量作诗称:"金屋妆成物色新,三宫日用御厨珍。其余宫女千余个,分嫁幽州老斫轮。"①诗中的"幽州老斫轮"即指元大都的工匠们。

到了明代,为了避免出现外戚专权的现象,帝王所选择的皇后大多数都是贫贱之家的女子。时人称:"本朝后妃多出民间,勋戚大臣皆不得立,亦其势使然,顾于国家有益。……女子若生长富贵,不知民间苦乐,起而居天下之上,纵志奢华,无所惋惜,人主又从而悦之,奇技淫巧必从此作,天下敝矣。"②因此,明代二百七十余年间,较少有皇后骄横及外戚专权的现象。

但是,作为帝王的结婚仪式仍然是规格最高的,且婚仪繁缛,规模宏大,下面只简要介绍此一过程。皇帝在确定要迎娶对象的时候,首先要派遣官员到宗庙和天坛、地坛去进行祭祀,以告慰天地。皇帝在结婚之前也需要定亲,并且需要进行纳吉、纳征和告期三种礼仪。所谓纳吉乃是中国古代婚嫁礼法第三礼,主要就是男方通过询问女方八字然后进行占卜,并将占卜结果告知女方,然后定亲的礼仪;纳征则是送彩礼的礼仪;而告期则是挑选黄道吉日作为出嫁的

---

① 陈焯:《宋元诗会》卷五十三,清康熙二十二年刻本。
② 于慎行:《穀山笔尘》卷一,明万历刻本。

日子。

在明代,按照规定,迎娶之日天未亮时,宫中的人员需要在婚礼举办的地点设置御座、制案、节案、卤簿(皇帝结婚时候的仪仗队册子)、彩舆(婚轿)等等。礼部的官员还需要负责把各地方官员、各使节送来的礼物摆放在皇帝举行婚礼的大殿台阶上面。等到天明的时分,皇帝需要穿戴好冕服上座,文武官员需要穿戴朝服来行礼。迎娶的工作是由正副使来担任,正副使需要先向皇帝叩拜四次,然后拿上制案、节案,从大殿中门出,彩礼紧随其后。此时,传制官需要告诉正副使迎接的工作:"兹选某官某女为皇后,命卿等持节行纳采、问名礼。"正副使需要举着制案和节案从奉天门(清代称太和门)出发,到了奉天门的时候,还需要把制案和节案放到迎娶皇后的彩舆中,然后褪去朝服,乘马而行,带着鼓乐部队从大明门出发,一直奔赴迎娶的女方家去。

除了迎娶的礼节比较讲究之外,皇帝在婚礼现场,还要有主婚官来宣读结婚誓言,"朕承天序,钦绍鸿图。经国之道,正家为本。夫妇之伦,乾坤之义……",宣读完毕之后,还需要把迎娶女方家的贺表送到司礼监去复命。负责迎娶的正副使在迎娶工作结束后,接下来的工作交由内官来处理,首先是到达皇宫的"皇后"(尚未册封),要到奉天门宣读制谕,然后行奉迎大礼。加封皇后的礼仪需要由女官将九龙四凤冠佩戴于皇后,然后内官需要在中堂设置仪仗队,中堂之下要设置女乐鼓匠。皇后穿戴完毕之后,要到香案前拜四次,然后由宣册官宣读加封诏命,然后接下来的工作,就是皇后在宣册官的指引之下,一一册赏一些婚礼的女官和主婚者。

洞房的过程,也要比普通的官员和老百姓复杂。在册封礼仪都结束之后,皇帝要换上衮冕,皇后要换上礼服,然后到奉先殿拜谒皇帝的家庙,拜谒完毕之后,才能回宫。回宫之后,还要合卺(喝交杯酒),当然过程也比较烦琐,简化来说就是,再换一次衣服,然后皇帝和皇后东西而坐,执事官要举馔案(放满菜品的盘子)来进献,然后女官要用四个金爵(酒器),来为皇帝和皇后酌酒,必须先喝完,然后再吃馔案上的菜,然后再喝一次金爵酒,然后上主食,等到主食吃罢,然后由女官将两个金爵倒满,皇帝和皇后要一起喝,喝完后,再吃几口馔案上的菜品,礼仪方才结束。

礼仪结束后,皇帝皇后双方要换回常服,而且还需要做一项比较有趣的活

407

新式婚礼

动,史载:"帝从者馂后之馔,后从者馂帝之馔。"①意思就是皇帝的侍者要吃掉皇后吃剩的食物,皇后的侍者要吃掉皇帝吃剩的食物。

婚后第二天,皇帝和皇后还需要穿戴礼服去拜见太后;婚后第三天,皇帝要穿冕服,皇后仍穿礼服去拜见太后,并且行八拜大礼;婚后第四天,皇帝需要穿衮冕到华盖殿,亲王拜八次,负责婚礼的官员拜五次,然后到奉天殿,由文武官员上贺表,行庆贺大礼;婚后第五天,皇帝、皇后要行"盥馈礼"(侍奉尊者盥洗及进膳食),这个礼仪起源于宋代,明代继续延续。至此,皇帝的婚礼算是基本结束。

在明代,如果皇帝还小,尚未成婚,朝廷大事往往要由皇太后主持。一旦皇帝成亲,皇太后就必须退回后宫,而由皇帝亲自主持朝中大事。如万历初年,明神宗还未成年,朝中大事皆由慈圣太后主持,"今上将大婚,慈圣太后还慈宁宫,特以上付托少师张居正,仍赐坐蟒蟒衣各一袭、彩缎八表里、白金二百两"②。皇太后赏给大臣张居正的蟒衣、彩缎、银两等物,就是让他辅佐婚后的明神宗。

明代不仅帝王娶皇后要找民间普通人家,同时还规定,公主的婚配,也要找普通人家。时人称:"本朝公主,俱选庶民子貌美者尚之,不许文武大臣子弟得预,为虑甚远。"③当然,凡事皆有例外,"英宗长女重庆公主下嫁周璟,则参政周颙子;第二女嘉善公主下嫁王增,则靖远伯王骥孙;第四女崇德公主下嫁杨伟,则兴济伯杨善子"④,这是少数的例外情况,而大多数的公主则是下嫁给了普通人家。

在明代的北京城,有许多从外地前来的举子与乡绅,因为"久客无聊,多买

---

① 张廷玉等:《明史》卷三十一,中华书局,1974,第1389页
② 王世贞:《弇山堂别集》卷十三,明万历十八年刻本。
③ 沈德符:《万历野获编》补遗卷一,清道光七年刻同治八年补修本。
④ 同上。

本京妇女,以伴寂寥"①。由此而产生一种行业行为,被时人称为"戳包儿"。"京师有妇女嫁外方人为妻妾者,初看时,以美者出拜,及临娶,以丑者易之,名曰'戳包儿'。"②又有一种称为"拿殃儿"的更为恶劣,不仅是以丑易美,而且把娶婚者的财产席卷一空而去。到了清代,这种行为仍然在北京盛行,而被称之为"放鹰"。

明清时期,婚礼习俗已经比较完备了。"合婚得吉,相视留物为贽,行小茶、大茶礼。娶前一日,婿备物往女家,曰'催妆'。新妇及门,婿以马鞍置地,妇跨过,曰'平安'。妇进房,阴阳家唱催妆诗,撒诸果,曰'撒帐'。妇家以饮食供送其女,曰'做三朝''做单九''做双九'。"③这一套程序都完备了,婚礼才算结束。

到了民国年间,北京地区将前朝的婚仪大部分继承下来,局部有些改变。过帖男女青年长到十几岁时,便由亲友或媒婆出面为两家说媒保亲。所谓"过帖"就是双方交换"门户帖""八字帖"。"门户帖"各书家族籍贯,三代官职等;"八字帖"即将双方的出生年月日与天干、地支相配等情况写明。在过帖前,"八字帖"还要由星相家放置灶神炉下三天,以占吉凶。三日内家中若无器物损坏,便可过帖。"过帖"之后,双方家庭还要看属相,如属相上"相克"则不可结合,只有属相相合才可继续进行,属相有许多禁忌,如"鸡狗不到头""虎羊不相配"等。定礼分小定、大定两种,"小定礼"送些戒指之类的小礼物,女方收到后也回赠些鞋帽、文具等礼物;"大定礼"又称"通彩礼",增加了衣物、首饰、家具及生活用品等。

姑娘出嫁时,娘家要把一些礼物陪送过去,称之为"送嫁妆"。嫁妆多少以"抬"计算,其中以"六十四抬"为全份,"三十二抬"为半份,抬多的要请喜轿铺的轿夫抬到男家,并伴有乐队。男方也要有乐队相迎,称之为"迎妆"。如嫁妆不够"抬"要请"窝脖儿"扛去。京人送嫁妆严禁用车拉,以避"抄家之嫌"。

开脸,又叫"绞脸"。女子出嫁前一日或当日,请儿女双全的妇女用两条线互相搓和,将待出嫁之女脸部汗毛拔干净,使面部显得光亮洁白。开脸后女子发型也随之改变,由少女转为少妇。

倒红毡,在迎娶新娘时,有一拿红毡的人,俗称"红鸾喜"。当轿子经过桥、

---

① 沈德符:《万历野获编》卷二十三,清道光七年刻同治八年补修本。
② 陆容:《菽园杂记》卷七,守山阁丛书本。
③ 沈榜:《宛署杂记》卷十七,明万历刻本。

井、庙时,他用双手将红毡展开遮住这些地方,其意怕新媳妇中邪。新娘上下轿时脚不准踩地,此时他将毡铺在地上叫新娘从上面走过。

跨马鞍,迈火盆。新妇乘花轿到男家,下轿时手抱花瓶一只,内装五谷杂粮,俗称"宝瓶",从一个安放在地面上的马鞍和炭火盆上迈过去。"迈火盆"意即烧去一切不吉利的东西;跨马鞍即平平安安之意。

拜堂,俗名"拜天地"。在天地全神之位前设天地桌,桌上陈设弓箭、瓷瓶、香斗等。在主婚人的指导下,新郎、新娘首先向天地叩头,再向父母叩头,最后是夫妻同拜。拜堂后,新郎、新娘才被社会和家庭所承认。

坐帐。拜天地后,新郎、新娘入洞房,按男左女右的位置肩并肩坐于床上,新郎的右衣襟压在新娘左衣襟之上,表明已同床。坐帐时行"撒床礼",由"全福太太"主持,手持喜果即桂圆、荔枝、栗子、花生、红枣等撒于床上,边撒边唱"一撒福,二撒寿,三撒三阳开泰,今日洞房花烛夜,明年产生状元郎"等吉祥语,以求富贵吉祥。

露脸,又称"初会",俗称揭盖头。新郎用秤杆将新娘头上所盖的盖头揭下,使新娘的面目暴露于众人和新郎面前。露脸后喝交杯酒。酒杯两个,用红绳相连由娶亲太太送给新郎,送亲太太送给新娘,各饮半杯再互相交换,谓之"千里姻缘连一线"。

子孙饽饽长寿面。喝过交杯酒,新郎新娘共吃煮得半生半熟的"子孙饽饽"(饺子,由新娘家准备)和长寿面(面条,由新郎家准备),吃时旁人要问"生不生?"新郎、新娘回答"生",即生小孩。吃子孙饽饽长寿面象征子孙后代兴旺长寿。

拜祖先、定名分,俗称"分大小"。新婚第二天早晨,新妇盛妆,出拜祖先及翁姑,阖家均按长幼拜见,然后拜亲友,唯必夫妇同拜,谓之"双礼"。拜后,长辈要象征性地给新婚夫妇一些钱物,以示祝贺。

二、少数民族婚俗

在元代的大都城内,蒙古族人实行的是一夫多妻制。妻子的多少由家庭财产状况来决定,因此,多妻人家的妻子之间有明确的正、次之分,正妻只能有一个,一般指的是结发妻子。如果正妻死去,次妻可立为正妻。正妻以下诸妻按成婚先后排序。元大都蒙古人往往拥有多名妻子,其中就有很多是汉人或者色目人。但是,为了保持"蒙古本俗",大多数蒙古人仍然至少要娶一个本族人为妻。这种状况一直延续到元朝末年。

元代,皇家贵族之间也保持着较为固定的婚姻关系,具体来说,与元朝皇家贵族长期保持婚姻关系的有弘吉剌、亦乞列思、汪古等部族。元朝皇后大多出自弘吉剌部,而弘吉剌部的男性则几乎无一例外地具有驸马身份,即所谓"弘吉剌部生女世以为后,生男世尚公主……世世不绝"①。

后金时期,满族人的婚姻重视民族高下,禁止满汉通婚。然而,民族融合是社会发展的大趋势,历史的前进决定了满汉不婚的禁忌不可能维持很长的时间。"顺治戊子二月,世祖谕礼部:'方今天下一家,满、汉官民皆朕赤子,欲其各相亲睦,莫如缔结婚姻,自后满、汉官民有欲联姻者,听之。'"②文中"顺治戊子"即顺治五年(1648年),由此可见,在清朝前期,就已经可以满汉联姻了。这可能也是满族统治者用"联姻"的方式来拉拢汉族大臣,是中国古代另一种"和亲"的方式。

元朝和清朝在建立之后,有大批的蒙古人、满人迁居北京,基本接受了汉族的婚礼仪式,但也在一些方面保留了本民族的婚礼习俗和特色。元代大都蒙古人非常重视"议婚",要办酒席,饮"布浑察儿"(汉语"许亲酒"的意思),筵席上通常要吃羊颈喉骨肉,羊的这部位骨头坚硬,食之意味订婚不悔。清朝定鼎北京后,一反满族人入关前极为简朴的婚仪,形成了一套比汉族"六礼"更烦琐的婚仪,分为通媒、小定、拜嫁、下茶、开剪、迎娶、坐帐、合卺、分大小、回门等程序。其中新人男左女右并肩上床"坐帐"时,由宗老吉服致祭,用满语念合婚歌,每念完一节即切肉一片,掷于空中,向地酹酒一杯。

又有一说称:"余尝有《满州婚祭礼合仪礼考》一篇,今录之云:满洲六礼,惟婚、祭二礼,不与世同。余尝疑为古礼之遗,乃以《仪礼》考之,始知即婚礼及特牲、馈食二礼。"③由此可见,满族的少数民族婚礼,有些与汉族相同,也有一些是不同的。

时人曾描述满族的婚礼称:"阿察布密,清语也。凡婚礼,新妇入门行合卺礼,以俎盛羊臀一方,具稻稷稗三色米饭,夫妇盛服并坐,饮交杯,馂不用酱而具

① 宋濂、王祎:《元史》卷二百二,中华书局,1976,第2915页。
② 鄂尔泰、涂天相:《八旗通志初集》卷六十,乾隆四年刻本。
③ 震钧:《天咫偶闻》卷二,清光绪三十三年刻本。

白盐,即古人共牢而食之义,清语曰阿察布密。次日庙见之先,新妇抱柴送于厨,亦古人中馈羹汤之义也。"①由此可见,这种婚礼的仪式,是融合了汉族婚礼和满族婚礼的相关内容。

在清代,并不是每一位皇帝都是在紫禁城中完婚,只有年幼登基的顺治、康熙、同治、光绪这四位帝王在紫禁城中举行过大婚庆典,其余的皇帝在登基前就已成婚,而末代皇帝溥仪则是在清朝终结之后才与婉容举行的婚礼。

按《仪礼士昏礼》所载,婚礼主要包括纳采、问名、纳吉、纳征、请期和亲迎六个部分。皇帝的婚礼自然是要复杂许多,看似没有增加多少程序,但每一步都烦冗不少。清代皇帝大婚礼仪主要有纳采、大征、册立、奉迎、合卺、朝见、颁诏、庆贺、筵宴等。两相对比不难发现,因为皇后是从记名秀女中指立,所以取消了问名和纳吉之礼;因为规模宏大而把纳征改名为大征;因皇帝不亲自迎接新娘,故改亲迎为奉迎;最重要的是,在奉迎前多了皇后的册立之礼。

清朝帝王的婚礼,在纳彩礼方面则带有满族文化的特征。清代皇帝大婚的纳彩礼包括配有鞍辔的马十匹、甲胄十副、缎百匹、布二百匹、金茶筒(多穆壶)一、银盆二。满族以骑射立国,故而在纳彩礼中,马匹、甲胄占有重要位置,甚至在洞房中也要悬挂腰刀,反映出清朝骑射作为国家的根本。

清代帝王的大征之礼,又称纳币。礼物包括黄金二百两、白银万两、金茶筒一、银茶筒二、银盆二、缎千匹、文马二十匹、闲马四十匹、驮甲二十副;另赐皇后家人金银马匹等物。这其中,送给皇后的礼物仍会回到宫中,而给皇后家人的赐物则成为皇后娘家真正所纳之"币"。在大婚前,皇后的妆奁抬进皇宫的同时,也就等同于告知了奉迎的时间,即妆奁全部入宫后的次日。皇后的妆奁由皇家采办,顺治、康熙二帝大婚之时,国力尚弱,事在初始,未免品物疏简。到同治、光绪时,妆奁内容已是绸缎裘皮、布料成衣、珠宝首饰、陈设清供、实用家具等无所不包。二后的妆奁分别达到了六百抬和二百抬,用了六天和两天才全部抬进皇宫。

册立及奉迎礼是皇帝大婚中最为隆重的礼节,一般与合卺礼在同一日连续举行,一起构成了大婚礼仪的高潮。通常新郎会前往女家亲自迎娶新娘,所以称亲迎礼;皇帝则是派遣使者到准皇后家府邸,对皇后进行册立后,再将其迎入宫中,故而改称奉迎礼。册立礼就是向"准皇后"授予象征皇后地位的金册与金

---

① 福格:《听雨丛谈》,中华书局,1997,第40页。

宝的过程。清代金册、金宝用满汉两种文字镌刻，形制与皇帝御宝相同，它们就如同皇后的"身份证"一样。册立礼在皇后家府邸举行，经此册立后，"准皇后"才真正确立皇后的身份。迎亲当日，皇帝亲临太和殿举行命使仪式。使节受命持金节率仪仗队伍，出太和门前往皇后府邸。完成册立礼后，皇后便乘凤舆入宫；在乾清门下凤舆后，跨过预先设置的火盆、马鞍，步入洞房——坤宁宫东暖阁。之后夫妇二人行合卺之礼

清末结婚照

(今交杯酒的前身)，夫妻关系就正式确立了。

　　清朝帝后在婚后次日，二人便到夫家家庙(清初为奉先殿，以后改至寿皇殿)祭拜，行庙见礼。然后，皇后还需拜见皇太后，向太后献如意，并设宴盥馈太后，如同民间新妇入门后下厨飨馈公婆一样，只不过皇后本人无须亲自下厨。以此彰显等级，并表明皇后要有母仪天下之责。接下来则是颁诏礼、庆贺礼、筵宴礼，这三礼都是婚礼后与众同乐之礼。皇帝大婚是全国的喜事，自然要行颁诏大典，颁布诏书昭告天下，此为颁诏礼。庆贺礼是王公大臣向帝后进表庆贺之礼，但在同治与光绪二帝大婚的庆贺礼中，实际掌权的太后却成了群臣行礼

结婚走街

的主要对象。筵宴礼则是皇帝为答谢皇后父亲及其族属而专门设置的筵席。皇帝亲自御临太和殿，设法驾卤簿、乐悬、黄幕反坫等，以敬重其事。席间载歌载舞，甚是热闹。至此，皇帝大婚的各项礼仪全部完结。

413

三、汉族及少数民族葬俗

在王府井古人类博物馆内，展陈着两万至三万年前该处古人类的生活遗迹，其中发现的赤色铁矿粉，很可能是一种对死者的巫灵仪式，也是迄今所能知道的较早的北京先民的葬仪之一。

先秦时期，人们就已实行尸体深葬，坟墓只是在地面上隆起一堆封土，以此作为坟墓标志。此后，人们埋葬尸体的工程越来越大，特别是对帝王的坟墓更是举全国之力加以建造，并称之为"山陵""陵"或"山岳"等，秦始皇的陵墓就是最好的例证。其他诸侯、宗王、百官、民众，也依据各自身份的不同而建造有规模大小不等的陵墓。

在北京地区，较早的坟墓应该是在房山周口店的猿人遗址中，人们的居住地和墓葬地是紧邻的。这种模式一直延续到琉璃河商周遗址，在人们居住的城池附近，就发现有许多墓葬，甚至还有一些陪葬的车马坑。再往后，许多北京地区古城址的附近，都发现有墓葬的存在。其中，又以丰台区大葆台汉代燕王墓葬规模最为可观。

而在北京成为都城之后，金、明、清三代的帝王均曾在北京及周边地区设置有陵寝。金代帝王的陵寝在北京西南郊大房山一带，据相关史料记载，共有十七位帝王的陵寝建造在这里。此外还有一些宗王的坟墓也建造在附近。金朝灭亡以后，元朝仍然在此定都，但是，元朝的帝王遗体均被拉回到大草原上安葬，故而没有在这里留下相关的遗迹。

到了明代，由于历史原因，皇陵被分布在几个地方。北京的皇陵，是从明成祖定都北京之后，在天寿山修建长陵开始的。从此以后，一直到明朝灭亡，共在北京建造了十四座皇陵。除了明代宗的皇陵被安放在金山口之外，其余的十三座陵墓均被安置在天寿山一带，即人们通称的明十三陵。这里已经被列为联合国认证的世界文化遗产。

清朝入关后，也在为修筑皇陵寻找宝地。因为此前的金朝和明朝已经在这里建造有皇陵，因此，清朝帝王不得不把自己的皇陵安置在更远一点的地方，由此而形成了东陵和西陵的格局。清朝的东陵和西陵虽然都不在今天北京的辖域内，但离北京却不算太远。清朝的京师包括了今北京、天津两市和河北省的一部分，故而清东陵所在地——遵化和清西陵所在地——易县，当年都在清朝京师的辖区内。

按照古人的丧葬习俗,死人一般都是被安葬在城外的。因此,在元代以后的大都城内,也就不再有新的墓葬,在明代中期拓展外城以后,外城的范围内也就没有了新的墓葬。而且,北京地区的地势是西北高、东南低,因此,人们的墓葬往往是安置在西北一带,却很少安置在东南一带。故而在东城域内人们很少发现有古人的墓葬。

元代铁可墓,就是很少的墓葬之一。这座墓葬位于崇文区龙潭湖迤北吕家窑村。其结构为石椁木棺墓,南北宽 2.6 米,东西长 3.9 米,高 1.1 米。四壁用青石板垒砌,室内设二道石板隔墙,厚 20 厘米至 80 厘米,将墓室分成东、中、西三室,室内各置一木棺。每道隔墙的北端均凿券形门洞,高 60 厘米,宽 40 厘米。墓底用大小不等的青石板平铺。墓顶用等宽的九块青石板覆盖,每室三块,自南而北,作曲尺口垒压式放置。墓顶部发现有盗洞。西室木棺、人骨已无存,随葬品仅二件瓷罐完整,余皆破碎。中、东室尚存木棺残块。中室木棺残长160 厘米,宽 45 厘米。东室木棺长约 190 厘米,宽约 80 厘米,其下放置三道等宽的铁箍。中室、东室木棺内尚存头骨和少数肢骨。经鉴定东室木棺内为女性头骨;中室两个头骨,南侧为男性,北侧是女性,其女性头骨疑是盗墓时移置在此。中室南端出土铁可墓志,志文载:"夫人冉氏、张氏。"可见此墓是三人合葬,铁可葬于中室。

在元代前期,由于受到佛教文化的影响,许多民众在死后往往采取"火葬"的方式。对此,当时的政府官员王恽表示非常不满。他认为,安葬死人是儒家学说中的一种重要观念,"事死如事生"是不可更改的人伦大事。他指出:"今见中都风俗薄恶,于丧祭之礼,有亟当纠正者。如父母之丧,例皆焚烧,以为当然,习既成风,恬不知痛,败欲伤化,无重于此,……理合禁止,以厚薄俗。"①王恽所说的"中都",就是后来的元大都。由此可见,当时的火葬已经成为一种时尚。

清朝初年,满族人无论贵贱,一律采取火葬。入关前死去的努尔哈赤、皇太极是火葬,入关后死去的多尔衮、清世祖也是火葬。清初盛行火葬的原因,既是为了传承先祖的习俗,也与满洲八旗迁徙无常的军旅生活有关。清代北京火葬墓的共同点是,墓室以砖砌就,呈长方形或正方形,墓室内有壁龛和棺床,骨灰放在青花瓷罐或黑白釉瓷罐里,再置于棺床之上。平民的火葬墓则比较简单,

---

① 王恽:《秋涧集》卷八十四,四部丛刊景明弘治翻元本。

将骨灰罐放在砖砌的方坑内,有的直接置于土坑内,以石板盖住或用土掩埋。到了康、雍、乾时期,由于战事基本消失,国势强盛,加上受汉族传统葬俗的影响,"慎终追远"的儒家理论被清朝统治者所接受,于是葬制由火葬改为土葬。清高宗甚至下诏:"除远乡贫人,不能扶柩回里,不得已携骨归葬者,其余一概不许火化。倘有犯者,按律治罪。"①

明清时期,丧葬的习俗变得越来越铺张。时人称:"京师出殡,最为虚费,一棺舁者百人,少者亦数十人,铭旌高至四五丈,舁者亦数十人,以帛缠之,至用百余匹,幡盖仪从等物,指不胜屈,无不晃耀夺目。夫役人等,至有千余,其棺罂执事之属,皆赁于市店,用之半日,价费千金。"②显然,这种排场堪称"虚费"。

至于丧葬仪式,据《康熙大兴县志》记载:"丧礼称家有无,葬不逾时,哀而不文,犹称近古。自疾革以至成服,大约俱遵文公家礼。"葬仪的第一道仪式是"长子或长孙专奉馈奠,曰'丧主',延亲友一人,专典宾客礼,曰'主宾',延亲友知礼者一人,凡丧事皆听其处置,曰'相礼'"。人死后,请阴阳先生确定入殓、出殡、发引、破土、下葬之日及犯忌之事,并书写在纸上,俗称开殃榜。

然后死者亲属(一般由长子)到各亲戚家送信称为报丧。报丧时不能直接推门进去,要喊亲友出来,叩头后再说明来意方可进屋谈话。报丧时除给亲友叩头外,凡是遇到认识的人也要给对方叩头,俗谚"报丧头满街流"。路途较远者则送报丧帖。报丧者要穿孝衣,来不及制孝衣,要戴顶孝帽或腰间系一根白布带。报丧后,亲友立即前来吊丧,哭于灵前,并根据关系远近穿凶服,名曰"成服"。信佛教的人死后家中人还要请庙中和尚前来念经"转咒",称"报庙"。

停灵人死后到出殡前,棺木停放家中俗称"停灵"。停灵的时间长短不一,没有统一规定,但必须是单数,七天、九天、十一天,或七的倍数(倍数为偶除外),二十一天、三十五天、四十九天……近年,住城市者多无停灵之俗,死者寄存在医院太平间里,与旧之停灵含义相同。出殡前一天,亲属要伴宿,又称"作夜"。此日戚友相继赴奠向死者告别,同时丧家要大摆酒宴答谢戚友。晚间烧"一楼二库",又称"金银宝库"。

出殡。死人的棺枢由家宅往墓地下葬俗称"出殡"。出殡时大多清晨行之,孝子以新笤帚扫棺上浮土,倾于炕席下,谓之"扫财",又垫一铜圆于棺之一角,

---

① 《清高宗实录》卷五"雍正十三年十月"。
② 阙名:《燕京杂记》,北京古籍出版社,1986,第121页。

曰"掫棺",乃行辞灵礼。枢出堂,孝子手执纸幡导于前,诸晚辈随之,均齐声号哭。及外门,上小杠,至大街。上大杠时,孝子跪摔丧盆,即起杠,复号哭如前。戚友之送殡者,男步行在孝子之前,女乘车在枢后,所用仪仗,满汉不同。枢至茔地,下葬奠祭,孝子则跪谢送殡戚友,戚友随即脱孝而归。

撒纸钱。出殡时,棺由家宅到墓地,路经城门、桥头、庙前、大路口,都必须撒纸钱,即通向"极乐世界"的买路钱。当时北京撒纸钱最著名的是"一撮毛",他撒的纸钱,扬得高、撒得匀,凡大葬都请他。曾有诗描述道:"专撒纸钱一撮毛,上飞如柱散如飘;旧京遍地帮闲者,坐地虎仔最逞豪。"①

暖墓。死者葬后三天,家人前往祭墓,称"暖墓"或"圆坟"。此后,逢三七、五七、七七均往祭墓。守丧期间,满人服白衣冠,穿青布鞋;汉人服青灰布衣,青布鞋上蒙白布。守丧有一百天的,也有一年的,北京老式守丧时间是二十七个月。

在北京的回族民众,一般都采用回族的丧葬习俗。东城区的东四清真寺、东外清真寺、南豆芽菜清真寺、安外清真寺、花市清真寺、沙子口清真寺等周围形成了回族的聚集区,也逐渐形成了独特的回族葬俗。

首先是备克凡。"克凡"即用三十六尺白布扯成的殓衣,男三件,女五件。在铺陈"克凡"时,撒一些冰片末、樟脑粉等香料,以起到防腐驱虫作用。

其次是善面。即近亲好友向亡人遗体告别。善面时,不挂遗像,不放哀乐,不设花圈,不行鞠躬礼,不对亡人号啕大哭,保持礼厅肃静。若丧事承办人要求举行追悼会,一般安排在"净仪"之前,也必须遵守以上"五不"规定。

再次是净仪。即为亡人净身洗礼,亦称"浴礼""洗埋体""洗艾斯里"。净仪由主洗人按照伊斯兰教法规定的程序进行。亡人子女或近亲为尽孝心,可安排一到三人参加净仪。参加人员必须自己净身,并听从主洗人安排。

又次是殡礼。即站"者那则"。为亡人向真主安拉祈祷的集体礼拜。参加殡礼者面向"克尔白"(伊斯兰教圣地方向),排班站齐,由阿訇率众对着亡人胸部站立。举意、抬手、大赞、祈祷,在领念大赞四次后,向左右道"赛俩目",殡礼结束。参加殡礼的穆斯林须净身、着洁衣、不鞠躬、不叩头、不诡坐。"者那则"不能在日出、日落、正午三个时辰举行。

最后是落葬。即送"埋体"下土落葬。"埋体"由男性穆斯林集体肩扛或车推,缓步送至墓地,安放在事先打好的坟坑内。开始培土时,阿訇诵念"下土经",直至坟土培好。阿訇率众举双手捧接"都瓦"(祈祷),为亡人求赦免。

---

① 端木蕻良:《端木蕻良文集》第八卷·上卷,北京出版社,1999,第563页。

第三节　岁时节令

北京一年四季岁时节日之多，以数十计。其中有的是"三大节"（春节、端午、中秋）衍生出来的附属节日，如过小年（农历腊月二十三）、上元节（农历正月十五）等，都是由春节派生出来的。有些节日在历史上曾经盛行过，如今在人们心目中已经淡化，有的只在口头上提提而已，如填食节（农历正月二十五）、天贶节（农历六月初六）、乞巧节（农历七月初七）、中元节（农历七月十五）、下元节（农历十月十五）等。现就人们至今仍然看重的传统节日，择要述之。

一、春　季

立春

为二十四节气之首。立，是"开始"之意；春，代表着温暖、生长。二十四节气最初是依据"斗转星移"制定的，当北斗七星的斗柄指向寅位时为立春。现行是依据太阳黄经度数定节气，当太阳到达黄经315°时为立春，于每年公历2月3—5日交节。干支纪元，以寅月为春正、立春为岁首，立春乃万物起始、一切更生之意也，意味着新的一个轮回已开启。在传统观念中，立春有吉祥的含义。

立春标志着万物闭藏的冬季已过去，开始进入风和日暖、万物生长的春季。在自然界，立春最显著的特点就是万物开始有复苏的迹象。时至立春，在我国的北回归线（黄赤交角）及其以南一带，可明显感觉到早春的气息。由于我国幅员辽阔，南北跨度大，各地自然节律不一，"立春"对于很多地区来讲只是入春天的前奏，万物尚未复苏，还处于万物闭藏的冬天。在北京地区，立春已经是万物复苏、开始生长的时节。

自古以来，相关政府每年都要举办立春打春牛的活动，"打春牛"，又称为鞭春。"春牛"，用桑木做骨架，冬至节后辰日取土塑成。身高四尺，长八尺，画四时八节三百六十日十二时辰图纹。立春前一日,人们到先家坛奉祀,然后用彩鞭鞭打,把"春牛"赶回州县衙署,在大堂设酒果供奉。男女老少牵"牛"扶"犁",唱栽秧歌,祈求丰年。表达了劳动人民对美好生活的热爱、向往和追求。

立春作为一种古老的中国民俗文化活动,据说自西周时期兴起。《礼记·月令》记载,先秦时期,每逢孟春之月,天子就要率领三公九卿到郊外迎春。后来,这成了官民共同遵守的礼俗,历代最高统治者都照行不误。每年春季"出土牛以示农耕早晚",城里的开耕仪式由主管官员主持,乡村的仪式则由民间自行组织。历代沿袭,唐宋尤盛,至今已有三千多年。

春节(农历正月初一)

春节是古代人们最隆重的一个节日,是从除夕(农历腊月三十,即使腊月是小月,只有二十九天,也称"大年三十")开始的。从这一天开始,人们进入了隆重热闹的氛围中。街巷胡同里的家家户户门上都贴着喜庆的春联和威武的门神,屋门窗户上还贴上精心剪刻的剪纸。一些大宅院还挂上喜庆的红灯笼。门口收拾停当后,家家围坐在餐桌前开始吃丰盛的团圆饭。团圆饭后,全家人围坐在火炉旁守岁。进入子时,各家包好的饺子伴随着新年的钟声和噼啪噼啪的鞭炮声开始下锅。在喜庆的爆竹声中又迎来新的一年。

按照旧俗,农历正月初一亲朋好友开始互相拜年。但仅限于官客(男人),至于堂客(妇女)则必须等到正月初六方可出外拜年。初一时长辈对来拜年的小孩得把准备好的小红包送给他们,俗称"压岁钱"。老北京还有一习俗,就是当女婿的必须在初一这天提着点心匣子、果篮到岳父母大人家去拜年。

农历正月初二是祭财神的日子,一般住户常年供奉的财神像或牌位,谓"增福财神",是头戴乌纱的比干,初二早晨设祭叩拜。各大商号则常年供奉"三财",即首座财神关帝圣君、文财神比干、武财神赵玄坛(赵公明)

居民拜年

419

元帅。

到农历正月初五,又称破五。京城旧俗初一到初五,各家不准用生米做饭,不准动刀、剪等,只能热年前做好的饭菜。这一天禁走亲串友,女眷禁出门,忌梳头,忌打骂牛等。家中妇女这一天还要在太阳没出来前包几个饺子,把小人的嘴捏住,俗称"捏破五"。

隆福寺庙会是春节期间最为热闹的庙会,隆福寺位于东四牌楼之西,是北京名刹之一,也是北京"东西两庙"之东庙。平时每旬九、十有庙会。因为此地繁华,游人众多,有的摊贩为多赚钱,九、十两天之后不走,继续营业一两天,这样隆福寺的庙会就由每旬两天变为逢九、十、一、二这四天了。春节期间,庙会不仅限于这四天。《燕京岁时记》载:"开庙之日,百货云集,凡珠玉、绫罗、衣服、饮食、古玩、字画、花鸟、鱼虫以及寻常日用之物,星卜、杂技之流,无所不有。乃都城内一大市会也。"该庙会上珠宝玉器、文玩古董很多。雕漆买卖在这里也很兴旺。

最具特色的是隆福寺小吃,多种多样,随季变换。至今这里的小吃店还颇有名气,保留着一些传统品种,受到老北京人的欢迎。庙会上洋烟画摊前也常常是挤满了人,过去有搜集洋画片的,和集邮相似,因此产生了交换洋烟画的"自由市场"。清代《京都竹枝词》中曾云:"东西两庙货真全,一日能消百万钱。多少贵人闲至此,衣香犹带御炉烟。"[1]隆福寺后门通钱粮胡同,过去在寺庙后门两侧聚集着很多乞丐,等候逛庙的人给他们一些施舍。

元宵节(农历正月十五)

又叫"上元节""灯节"。此民间习俗源于汉代。相传汉初吕后曾利用外戚吕氏家族势力取代了刘氏皇族的统治地位,大将周勃戡平"诸吕之乱"恰是正月十五,汉文帝刘恒在这一天称帝,此后每逢这一天夜晚,汉天子都要"与民同乐"。古汉语中"夜"同"宵",于是汉文帝将正月十五这天定为"元宵节"。汉武帝时,太史公司马迁创建《太初历》,把元宵节列为重大节日。

旧时北京的元宵节热闹异常,俗称"闹元宵"。《燕京岁时记》载:"灯节,正月十三至十七,唯十五为正节,明时灯市皆在灯市口,今则归琉璃厂矣。"因为是元宵节,也就有了应节食品元宵。人们将元宵从糕点铺买回家,一家人围坐吃顿煮元宵,取团圆、和睦之意。春节的喜庆活动至此结束。

明代北京的灯市在东城灯市口,到清康熙后期,因灯市紧邻宫阙,恐烟火于

---

① 杨米人:《清代北京竹枝词(十三种)》,北京古籍出版社,1982,第 52 页。

宫殿有碍,故下令将灯市迁往南城正阳门外、崇文门外一带,花市灯会因而逐渐兴起。历史上,花市元宵灯会依托花市商铺,形成了商业文化和灯会形式互相融合的民俗特色。群众自发参与,形式多样,影响广泛。

明人曾描述灯市口元宵节的盛况称:"向夕而灯张,灯则烧珠,料丝则夹画、堆墨等,纱则五色,明角及纸及麦楷,通草则百

元宵摊旧照

花、鸟兽、虫鱼及走马等。乐作,乐则鼓吹、杂耍、弦索,鼓吹则橘律阳、撼东山、海青、十番,杂耍则队舞、细舞、筒子、筋斗、蹬坛、蹬梯,弦索则套数、小曲、数落、打碟子,其器则胡拨四、土儿密失、义儿机等。烟火施放。烟火则以架以盒,架高且丈,盒层至五,其所藏械:寿带、葡萄架、珍珠帘、长明塔等。"①这种热闹的场景,就是在都城也不多见。

每逢元宵,白天花市街道两旁列市,上至珠宝玉器,下至日用百货,一应俱全。各铺户置办各式各样的花灯悬挂在门外,供人观赏。商家之间还会互相竞赛"斗灯",甚至为此不惜工本。所用材质多样,如纱绢灯、羊角灯、烧珠灯、麦秆灯。灯上所绘题材丰富,包括《三国》《水浒》《红楼》故事,梅兰竹菊,十二生肖等。入夜后,满街花灯照耀,烟火燃放通宵。人们沿街游逛观赏,孩子们高举、手提各种花灯上街游玩,还有多种民间歌舞技艺表演可以观看。

锦芳小吃元宵、稻香村元宵等,亦成为重要的元宵节民俗记忆。锦芳小吃,最早是家清真小店,原名荣祥成,1926 年由山东人满乐亭在崇文门外大街创建,

---

① 刘侗:《帝京景物略》卷二,明崇祯刻本。

421

专卖牛羊肉。荣祥成每年秋季收购上等的牛、羊,饲养在马甸一带,随宰随卖,从不在屠宰场进货。因此,他家的牛羊肉又鲜又嫩,顾客络绎不绝,著名京剧演员马连良也经常来买肉。民国后期,增加烧羊肉等熟肉制品,后来又添置冷冻机,生产冰棍。

雍和宫"打鬼"(农历正月三十)

雍和宫庙会在北新桥以北。每年正月三十(或为二十九)至二月初一,寺里喇嘛举行盛大法会,跳步扎送崇驱邪,俗称"打鬼"。"打鬼"之日,北京城内"万人空巷,裙屐杂还","城中男女,出郭争观,寺前教场,游人蚁聚云屯"。① 时人又称:"打鬼本西域佛法,并非怪异,即古者九门

雍和宫"打鬼"

观傩之遗风,亦所以禳除不祥也。每至打鬼,各喇嘛僧等扮演诸天神将以驱逐邪魔,都人观者甚众,有万家空巷之风。朝廷重佛法,特遣一散秩大臣以临之,亦圣人朝服阼阶之命意。打鬼日期,黄寺在十五日,黑寺在二十三日,雍和宫在三十日。"②黄寺和黑寺皆在安定门外,与雍和宫均为藏传佛教的重要寺庙。而雍和宫与黑寺,又均在东城域内。

清明节(农历三月间,公历4月5日前后)

清明节又称寒食节或禁烟节。清明扫墓,是对已故亲人的"思念之敬",其习俗来源于春秋时期的晋国。旧时,北京人清明扫墓,但祭扫仪式并不在清明的当天,而是在临近清明的单日举行。据说,只有僧人才在清明当天祭扫坟茔。由于每家经济条件和其他条件所限,祭扫的方式也各有不同。新中国成立前,

---

① 让廉:《京都风俗志》,北京古籍出版社,2001。
② 王碧滢、张勃标点:《燕京岁时记(外六种)》,北京出版社,2018,第216页。

通用满族的"烧包袱"。所谓"包袱"是用白纸糊一大口袋,内装用金银箔纸折成的元宝等祭品,算是孝属从阳世寄往阴间的邮包。是日在祠堂或家宅正屋设供案,将包袱放于中间,前设水饺、糕点、水果等供品,烧香秉烛,全家顺次行礼后,即可将包袱于门外焚化。焚烧时画一大圈,按坟地方向留一缺口。在圈外烧几张纸,谓之"打发外祟"。富裕人家则携家带眷乘车、坐轿去坟茔祭扫。届时将坟墓培些土,在坟头上压些纸钱。祭罢,有的围坐饮酒聚餐,有的放飞风筝,妇女和小孩还要就近折些柳条编成罗圈状,戴在头上,谓之"清明不戴柳,来生变黄狗"①。此既是扫墓又是郊游,兴尽方归。

清明节是春季的最后一个节日。时人称:"都人好游,妇女尤甚。每岁,元旦则拜节。十六过桥走百病,灯光彻夜。元宵灯市,高楼珠翠,毂击肩摩。清明踏青,高粱桥盘盒一望如画图。三月东岳诞,则耍松林,每每三五为群,解裙围松树团坐,藉草呼卢,虽车马杂沓过,不顾。归则高冠大袖,醉舞驴背,间有坠驴卧地不知非家者。"②从春节到清明节,春天才真的来了。

二、夏 季

端午节(农历五月初五)

端午节是中国传统的重大节日,本名端五节,又叫端阳节、重五节、重午节、天中节、天长节。明代又称其为五月节和女儿节,历史上还有过浴兰节、地腊节、午节等名称。端午节与春节、中秋节并称中国传统的三大节日。

端午节这天吃粽子,用以纪念古代诗人屈原投江自尽,早已成为海内外炎黄子孙的共同习俗。京城端午除赛龙舟、食粽外,这日还饮雄黄酒,插菖蒲,戴艾虎(用艾蒿做成虎形),以避"五毒"。据史料记载,明代北京有端五日过五月女儿节习俗,未出阁的女孩精心打扮,出嫁的女儿则回娘家休息。明朝皇宫太医院每到端午日都要派人到海子(积水潭,元代称海子)附近捕捉蟾蜍制药,据传,服之可辟邪。清代端午日还有给内廷王公大臣恩赐葛纱及画扇(赐画扇之习俗始于元明时期)之习俗。

卖桑葚和樱桃。五月初五端午节,习俗以樱桃和桑葚供佛,存有"荐鲜"的

---

① 屈复:《弱水集》卷十三,清乾隆七年刻本。
② 王士性:《广志绎》卷二,台州丛书本。

意思,所以有"樱桃桑葚货卖当时"的谚语。桑葚有黑白两种,其甜如蜜,小贩吆喝声为:"黑白桑葚!供佛的来——桑葚来大樱桃。"也是当时民众喜食的水果。这时又有卖菖蒲和艾子。菖蒲、艾子都是香草,味馨而清。

端午节,每家门口两侧必插菖蒲和艾子,以示驱邪。小贩从郊外弄来菖蒲、艾子,沿街叫卖,典型的应时物品,闻声知节令。"五月五端午,天师骑艾虎,手持菖蒲剑,瘟神归地府。"这一首流传于京城的歌谣,形象地描述了端午节家家户户门上插艾草和菖蒲驱逐瘟疫的习俗。《燕京岁时记》说:"端午日用菖蒲、艾子插于门旁,以禳不祥,亦古者艾虎、蒲剑之遗意。"①民间谚语云:"手执艾旗招百福,门悬蒲剑斩千邪。"菖蒲为多年水生草本植物,被称为五瑞之首,生长于浅水滩上,其叶如剑,有香气,插在门口犹如悬挂一把驱除不祥的宝剑,可以斩千邪百毒。此草是中国传统文化中可防疫驱邪的灵草,其根、茎、花、叶可入药,有芳香开窍、祛痰散风之功。菖蒲夏季开花,花序密生而形小,呈黄绿色。所以每到端午节前后,人们便提篮去郊外水边采新蒲,然后回家酿酒。夏秋之夜,燃菖蒲驱蚊灭虫的习俗保持至今。

人们去哪里采集菖蒲呢?菖蒲河系明清皇城中外金水河的东段(清代称长安左门以东的一段外金水河为菖蒲河),是皇城水系组成部分。河由西苑中海太液池南端流出,折向东南,经过天安门前,再沿皇城南墙北侧向东汇入御河,全长五百一十米。菖蒲河既是西苑三海的出水道,也是紫禁城筒子河向南穿过太庙的出水道。菖蒲河因古时河道两岸种植大量菖蒲而得名,到民国年间,这一带已经垃圾遍地,破败不堪。改革开放以后,经过改造,建为公园,到端午时节,蒲叶已长到两三尺高,郁郁葱葱,翠绿欲滴,生机勃勃。所以这里成为人们采集菖蒲的最佳场所。

三、秋　季

中秋节(农历八月十五)

据中国古代历法,农历八月在秋季当中,而十五又是这月中间的一天,故八月十五被称为中秋。按一年分为四季,每个季节又分为孟、仲、季三个部分,分别表示每季第一、二、三月。因农历八月是三秋中的第二月叫仲秋,所以中秋节

---

① 富察敦崇:《燕京岁时记》,北京古籍出版社,1981,第124页。

也称仲秋节,民间又俗称八月节、团圆节、月饼节。据传,这个时间的月亮是最圆的。旧时北京过中秋节,有四项主要内容:祭月、赏月、团圆、敬老。这四项内容展示了具有京味的中秋民俗。

祭月源于古代先民对天体的崇拜,古人对月亮的盈缺抱有很大的神秘感,而月球表面的暗影,又诱发出人们联翩奇想,在漫漫长夜中最明亮的天体自然是月亮,月亮以其光明驱走黑暗,为人们的生产、生活、生息、繁衍提供便利,自然而然会受到人们的崇拜和喜爱。早在先秦时期就有"春天祭日,秋天祭月"的礼制。《礼记》中记载:"天子春朝日,秋夕月。朝日以朝,夕月以夕。"①每年秋分之日夜晚,天子都要到国都西郊月坛祭月,此礼仪从秦汉一直延续到明清。

民间在中秋之夜,于庭院设供桌,陈月饼、毛豆、鸡冠花、瓜果莲藕于上,旁边还要摆上捣药于臼中的玉兔,称"兔爷"。祭月时向月摆供桌而下拜,因月属阴,北京旧俗"男不拜月,女不拜灶",故只有妇女拜月,男子多不叩拜。

赏月习俗最早见于魏晋时期,隋唐之后这一习俗逐渐盛行。文人墨客往往提笔挥毫,争先吟赞,由此而使吟诵月亮的佳句广为流传。到了明代,宫中赏月,除饮酒吃团圆月饼外,还吃螃蟹,嗣后登西苑兔儿山观月。清代每到中秋节除设家宴外,妇女可以盛装出游,互相往还或随喜尼庵,鸡声喔喔,犹婆娑月下,谓之走月亮。

中秋节在北京又被称为果子节,这是因为中秋之时正赶上北京各种水果成熟上市,是收果之秋。《京都风俗志》中说:"中秋节前三、五日,通衢大市,搭盖芦棚,内设高案盒筐,满置鲜品、瓜蔬。晚间灯下一望,红、练相间,香气袭人。卖果人高声吆喝,一路不断。"②节前夜市,通宵达旦。果商的吆喝声,此起彼伏:"今个儿是几来?十三四来!您不买我这沙果,闻香的果来!哎——"这些果品除供人品尝外,主要用于送礼和上供,因此,果品的样子和装潢都很讲究。凡用来馈送亲友者的礼品一律装在特制的小筐里,筐底垫上香蒿,以增加果品味道。果筐外贴红、绿彩票,以示节日气氛。

团圆习俗在中华民众心目中占据重要位置,中秋节的月亮是最圆的,圆就是代表敬天吉祥,代表万事如意,因此"团圆"二字表示全家团聚,家族圆满。此外,团圆的习俗也是一种深刻的文化现象。在儒家学说中,道德为维系家庭、家

---

① 班固:《汉书》卷六,清乾隆四年刻本。
② 让廉:《京都风俗志》,北京古籍出版社,2001。

族的稳固,倡导父慈子孝、兄友弟恭、夫唱妇随发挥着重要作用。农历八月十五这一天,家家祈盼团圆,阖家共聚食月饼,举头望明月,其乐融融。

中秋节吃月饼,取"月圆人团圆"的佳意。过节前,各大糕点铺应时出售中秋月饼。其中以"自来红""自来白"两种月饼为主。"自来红"烤色较深,清一色的白糖、冰糖、果仁为馅,外皮上画上黑红色圆圈。圈内用针扎几个小孔。"自来白"是用精白面烤制的什锦馅月饼。有枣泥、豆沙、豌豆、山楂、白糖不等,外皮纯白。外皮上印有红色小戳记,标志其内馅的类别。此外,还有一种特制的大月饼,直径一尺左右。这种月饼是论斤卖的,上面多刻有"桂殿蟾宫"或"玉兔捣药"的图案。是专门为供月、拜月所用。过去京城中所制中秋月饼,以前门致美斋为旧都第一,如今则是以稻香村为最。

敬老习俗是中华民族几千年来的传统美德,源于古代先民对上天星宿的原始崇拜和对长寿的祈盼。历代王朝都将寿星列入国有祀典,到了东汉,朝廷又将祭祀老人星与敬老活动结合起来,在每年农历八月仲秋"祀老人星于国都老人庙",同时对全国进入古稀之年的老人,"授之以王杖,哺之糜粥"①。所谓"王杖",长九尺,上端以鸠鸟为饰。古人认为鸠鸟是"不噎之鸟",其用意是"欲老人不噎"。东汉朝廷这一敬老举措,为后世王朝树立了一个楷模。此后历朝历代在这方面都有祀典活动,虽然到了明代,这种活动被废除,但是在民间,尊老、敬老的风习却一直传承不辍。

重阳节(农历九月初九)

重阳节俗称"重九",又叫"菊节"。《易经》云:"以阳爻为九。"②将九定为阳数,两九相重为重九,日月并阳,两阳相重,故名重阳。又据《西京杂记》称:"九月九日佩茱萸,食饵,饮菊花酒,云令人长寿。"③再据相关典籍记载,九月九日登高,可以避灾厄,消祸患。由此而产生了重阳节登高的习俗。

旧时京城重阳节的活动也大致如此。《燕京岁时记》载:"凡登高,必赋诗饮酒,烤肉分糕,洵一时之快事。"④此风从民国时期一直传至如今,百姓的重阳节登高活动仍然非常盛行。如今登山野游,既是一项健身的体育锻炼,也是一项亲朋好友聚会欢谈、增进亲情友情的活动,当然早已没有避邪免遭天祸的迷信俗愿。

---

① 陈耀文辑:《天中记》卷五十九,明万历刻本。
② 杭世骏:《续礼记集说》卷三十一,清光绪三十年刻本。
③ 刘歆撰,(晋)葛洪辑:《西京杂记·卷上》,抱经堂丛书本。
④ 富察敦崇:《燕京岁时记》,北京古籍出版社,1981,第234页。

明代重阳节皇帝亲自到西苑登高,民间百姓也争相仿效,每逢重阳,人们便带上茶具、酒具到西山或显灵宫、报国寺的高阁上饮宴作乐。左安门法藏寺弥陀塔是重要的登高处。京师的重阳花糕是应节美食,极负盛名,人们从市上买来供于佛堂、家祠,或作为礼品馈赠亲友。因"糕"与"高"同义,吃重阳花糕意味"步步高升"。古时候,这天凡有出嫁的女儿,父母必迎女儿回家来吃花糕,谓之"归宁父母"。

四、冬　季

冬至

在过去,有"冬至大如年"的说法。冬至这一天,处于冬三月的正中间,这一天的白昼最短,正午的太阳位置最低,日影最长,所以古代的冬至又叫"长至节"。过了冬至,白昼逐渐延长,大约一天延长一分钟,到了夏至那一天,白昼最长,夏至的白昼大约要比冬至延长一百八十分钟。所以冬至这一天是一个转折点,代表寒冷的阴气到达了顶点,阳气开始产生,所以古代有"冬至一阳生"的说法。

皇帝在天坛祭天,是冬至最为重要的事情。据传夏商时期已经有了祭天之礼,到了周朝,定"冬至日祀天于地上之圜丘"。据说,冬至祭天起源于夏朝至周朝历法的变化。一年十二个月以十二地支分别命名,夏代以寅月为正月,周初于建寅之月行郊祀。此后周代进行调整,以建子月为正月,祭天之仪由此也改在了冬至之月。冬至节的祭祀活动场面宏大,是在圜丘举行。

至明、清时期,祭祀活动在古代祭祀的基础上,更加神圣化,更加隆重。为此,明永乐十八年(1420 年)在北京南郊建造了天地坛,规模宏大。到嘉靖年间,明世宗又把天地日月的祭祀分开,这里成为专门祭天的场所。冬至前一天,皇帝移驾斋宫,进行沐浴,次日在圜丘举行祭天大礼。祭天时,升火悬灯,乐奏钟鼓,唱迎神曲,请神牌,行大礼,祈求天神保佑国泰民安。帝王亲自主持祭天仪式时,百官必须一同参加陪祀,场面十分壮观。

在民间,过去曾有"冬至馄饨夏至面"的说法。据相关文献记载:"冬至馄饨夏至面",也就是说,最早人们在冬至这一天,吃的食物名字应该叫"馄饨"。馄饨确是老北京冬天特殊的吃食,一般冬天,街面上才会有卖馄饨的小摊,热热乎乎,吃着格外舒服。卖馄饨的小贩们手打小木梆子,吆喝着"馄饨开锅喽",这种馄饨讲究熬的白肉汤,馅儿是精肉,一碗大概十余个,佐料有七样,冬菜、紫菜、虾皮、胡椒、酱油、醋,现吃现煮,开锅就捞。因为人们认为冬至开始,阳气上升,但天地之气仍处于"混沌"相交的状态,所以要在这一天吃馄饨,取"混沌初开"之意。除了吃馄饨,还要吃羊肉包子。

冬至开始,民间便开始从这天"数九"。对于老百姓来说,冬至莫过于吃。北方有冬至吃羊肉的习俗,因为冬至过后天气进入最冷的时期,在此时吃上一锅炖羊肉,更有御寒滋补的双重功效。羊肉性温,能抵御风寒、补身体。人们还认为,阴历十一月"冬至一阳生",十二月"二阳生",来年正月,"三阳开泰",羊肉的"羊",是谐音"阳气"的"阳",所以要吃羊肉,补阳气。

在旧时京城王府里,每到冬至都必吃涮锅,这可就是当时贵族的享受了。王府里的涮羊肉跟民间不同,叫作"全涮羊肉"。首先,汤讲究,要求是烤鸭、生鸡片、蘑菇、虾米、干贝、丸子、炉肉熬制的。其次,除了涮羊肉片以外,还要有羊肚的肚脸和肚仁,以及羊腰子和羊肝,这一套才算全。

冬至的到来意味着严寒气候的正式开始,人们进入了"数九寒天",冬至后农事减少,也不利于室外活动,所以,老北京人一般都开始"猫冬",大家会填"九九消寒图"以供消遣。"九九消寒图"共由九个字组成,放在上下横竖九格之中,每个字又为九笔,总数为八十一笔,按照"上阴下晴、左风右雨、雪在当中"的口诀,颜色也有规矩,根据每天天气填描一笔,等到"九九"之后,一幅消寒图大功告成,春天也再次到来。

旧日北京百姓家,过冬至就像过除夕夜那样,需要准备节日食用的"冬至肉""年糕"、菜肴等,其情景很像除夕守岁,故称为"冬至夜"。而除了主食之外,冬至这天老北京人还流行吃核桃、柿饼等零食。饺子更是冬至时的主要食物,我国北方许多地区均有吃饺子的习俗。关于冬至吃饺子的民间传说很多。一般饺子是用羊肉、白菜、韭菜、萝卜等做馅料,可以起到温阳的作用。

腊八节（农历腊月初八）

秦始皇在一统天下后制定新历法,将十二月称为"腊月"。而腊月初八为腊八节,这天要喝腊八粥,则是源自佛教的说法。据称,煮粥布施众人,较流行的说法是纪念佛祖的彻悟和得道,也有"纪念岳飞"和"朱元璋御赐"之说。明朝沈榜在《宛署杂记》中说:"十二月造腊八粥,宛俗以十二月初八为腊八,杂五谷米并诸果,煮为粥,相馈送。"[①]其实腊八节吃粥不仅是宛平县的习俗,而是许多地方的习俗。

---

① 沈榜:《宛署杂记》卷十七,明万历刻本。

腊八节从寺庙扩展到民间;从明朝皇帝在腊八日向文武百官赏赐宫内煮的"腊八御粥",到清朝在雍和宫用大铜锅煮腊八粥,无论是供佛、赐文武百官,还是施舍给百姓,都是为了祈盼上苍保佑,祥瑞盛世,国泰民安。腊八过后,除夕转瞬即至,它成了春节前奏。腊八节又被北京人视为"年禧"即将到来的信号,这一天要做腊八粥,做好后先供佛祀祖,然后亲邻互馈和自家食用。

小年(腊月二十三至腊月二十九)

春节是中国的农历新年,也是中国民间最隆重的传统节日。祭灶(农历腊月二十三)是华夏先人的古老习俗,古书多称为"纪灶",意即纪念发明用火煮熟食物的先祖,后来逐渐演变成祭祀灶神,即老北京俗称的"灶王爷"。清人崇彝在《道咸以来朝野杂记》中说:"腊月二十三,为祭灶君日,所谓东厨司命也。皆于上灯后祀神,以糖瓜、糖块及什锦南糖为供品。直至除夕夜间接神,始竣此一年之事。"这项祭灶神的活动要持续七天。

老北京的民间祭灶一般选在晚饭后,把炉火烧旺,摆好供桌,上放关东糖、南糖、糖瓜等。设香炉、蜡扦等供器。北京民俗为"男不拜月,女不祭灶",祭灶神的主祭一般由男性长辈主持。先将小红蜡点燃,蜡扦按顺序压着金纸钱、纸制的金银元宝,以示敬灶神。家中男性成员依次上香三叩首后祭祀完毕,将供桌上的供品撤下弄碎投一小块扔向灶内,以粘住灶王爷的嘴,剩余的家人分食。这一天夜里街巷里的鞭炮昼夜不停,老北京俗称过小年。小年一过,街巷胡同中的住户,家家开始"扫尘",又称"扫年"。

民间儿歌:二十三糖瓜粘,二十四扫房日,二十五糊窗户,二十六去买肉,二十七去宰鸡,二十八把面发,二十九蒸馒头,三十晚上熬一宿,大年初一拱拱手。民谚也有记载:"腊月二十五,扫房掸尘土;腊月二十七,里外洗一洗;腊月二十八,家什擦一擦;腊月二十九,脏土都搬走。"扫尘表示辞旧迎新,在民间是希望借助"扫尘"以扫除秽气、晦气、穷气。

从腊月二十三到腊月二十九,是筹备春节的重要时刻,人们需要除旧布新打扫房间,购买春节相关的食品、春联、年画等等年货。北京人讲究过了小年就是年,小年已经进入了祥和的春节喜庆氛围之中,而春节则是新的一年的开始。

传统习俗是经过世代积累、演变留下的一种非物质文化遗产。有很多习俗则是和传统的岁时节令密不可分的。这对于研究和传承中华民族的优秀传统文化,有莫大的助益。而移风易俗,守正创新,在继承和发扬优秀的文化传统的同时,我们需要与时俱进,勇敢地接受新的文化,创造与时俱进的新风俗、新习惯,无愧于新的时代。

东城大事年表

元　　代

至元四年（1267 年）

正月，立提点宫城所，营建大都新城。

四月，始筑宫城，翌年十月竣工。

至元八年（1271 年）

十一月，建国号大元。

至元九年（1272 年）

二月，改中都为大都。建钟楼、鼓楼。

至元十一年（1274 年）

正月，大都宫城（大明宫）建成。

至元十三年（1276 年）

三月，宋降帝、后等被押送至大都。

大都皇城建成。

至元十六年（1279 年）

二月，建司天台、太史院，及各种天文仪器。

至元十七年（1280 年）

十二月，建太庙于齐化门（今朝阳门）内路北。

至元十九年（1282 年）

三月，益都千户王著杀权臣阿合马。王著随即被处死。

十二月，南宋大臣文天祥英勇就义。

至元二十年(1283 年)

九月,迁旧城衙署、市肆入大都新城。

至元二十一年(1284 年)

四月,立大都路总管府,二十七年改为大都路都总管府。又立大都留守司。

至元二十二年(1285 年)

大都城建成。设城门十一座,坊里四十九个。迁百姓入新城。

至元二十四年(1287 年)

闰二月,立国子监学。

至元三十年(1293 年)

二月,通惠河开凿完工。

大德七年(1303 年)

建新孔庙,大德十年完工,随后建国子监学。

大德九年(1305 年)

在丽正门与文明门之南建郊坛。

大德十一年(1307 年)

正月,元成宗死于大都玉德殿。二月,元仁宗与皇太后至京师,发动宫廷政变。

至大三年(1310 年)

二月,增设大都二警巡院,分治四隅。

至大四年(1311 年)

十一月,增置京城米肆十所,以赈饥民。

皇庆元年(1312 年)

二月,将周代石鼓置于国子监学。

皇庆二年(1313 年)

六月至七月,京师地震数次。

九月,京师大旱。年底,居民大疫。

延祐二年(1315 年)

二月,会试进士。

三月,廷试进士。

延祐五年(1318 年)

十一月,增置大都南、北两城兵马司指挥使。

至治二年（1322 年）

正月,扩建太庙。

秋,京师连续地震。

泰定二年（1325 年）

五月,罢京师官鬻盐铺十五所。

十二月,京师多盗,立捕盗赏格。

泰定四年（1327 年）

冬,发米赈济京城饥民。

元统元年（1333 年）

夏,大都暴雨成灾,平地水深丈余,饥民四十余万,政府发钞赈之。

元统二年（1334 年）

四月,立盐局于京师南、北城,官自卖盐。

八月,京师地震。

后至元二年（1336 年）

夏,大都大霖雨,修大都至通州道路。

后至元三年（1337 年）

正月,大都南、北两城设赈粜米铺二十处;九月,又增五处,以赈饥民。

六月,大霖雨,大都受灾严重。

八月,京师大地震,民不聊生。

后至元四年（1338 年）

八月,大都地震。

至正七年（1347 年）

始建柏林寺。

至正八年（1348 年）

五月,大霖雨,京城崩坏。

至正十年（1350 年）

十月,置诸路宝泉都提举司于京城。

是年,造清宁殿前山子、月宫诸殿宇。

至正十五年（1355 年）

是年,诏浚皇宫中河道。

至正十八年(1358年)

是夏,大都水灾。民大饥,人相食。

至正十九年(1359年)

三月,京城北兵马司指挥使周哈喇岱起兵反元被诛。

十月,诏京师十一门皆筑瓮城,造吊桥。

至正二十二年(1362年)

四月,大兴工役以修大都宫阙。

至正二十三年(1363年)

七月,京师雹灾。

至正二十七年(1367年)

三月,京师大风,飞沙扬砾成灾。

十月,明军开始北伐。

明　　代

洪武元年(1368年)

八月,徐达攻占大都城,元朝统治者逃亡漠北草原。明朝改大都路为北平府,又将北面城垣向南压缩五里,并在新城垣上开安定、德胜两门。

洪武三年(1370年)

四月,封朱棣为燕王,驻北平府。

洪武四年(1371年)

是岁,改建北平城,废光熙、肃清二门。

洪武六年(1373年)

十月,设北平宝泉局于安定门大街(今交道口南大街)路东。

洪武九年(1376年)

建文天祥祠(今府学胡同)。

洪武十二年(1379年)

十一月,燕王府建成。翌年三月,燕王朱棣至北平。

建文元年(1399年)

七月,燕王朱棣发动"靖难之役"。

永乐元年（1403 年）

正月，改北平为北京。

二月，改北平府为顺天府。

八月，迁江南富民实北京。

是年，改大兴县学为顺天府学。

永乐三年（1405 年）

九月，迁山西富民实北京。

永乐七年（1409 年）

六月，修安定门城楼。

永乐十一年（1413 年）

八月，北京地震。

永乐十三年（1415 年）

在元礼部旧址建贡院。

敕建清真寺于花市大街落成。

永乐十五年（1417 年）

四月，紫禁城西宫建成。

六月，于东安门外东南（今王府井大街东侧）建十王邸。

是年，建皇城正门（承天门），永乐十八年建成。

永乐十七年（1419 年）

京城南城墙南推移一公里许。

永乐十八年（1420 年）

八月，置东厂于东安门北（今东厂胡同）。

十一月，宣布定都北京。

是年，紫禁城建成，按"左祖右社"规制，两侧建太庙和社稷坛。

是年，重建钟楼、鼓楼。

是年，天地坛竣工。

设文明门宣课分司，征收货物通行税。正统四年（1439 年）后，称崇文门税关。

永乐十九年（1421 年）

正月，迁都北京。在奉天殿大宴群臣。

四月，三大殿火灾。

434

永乐二十年（1422 年）

工部于今花市大街建神木厂。

宣德元年（1426 年）

四月，新作公主府三所于十王府之南。

宣德七年（1432 年）

增建仓廒于东直门、朝阳门内。

正统元年（1436 年）

十月，修京城九门城楼。

正统三年（1438 年）

八月，贡院火灾。

建造通惠河大通桥。

正统四年（1439 年）

四月，九门城楼、箭楼、瓮城竣工。改城门名。

是年，京师划分城坊，内城划分为三十三坊，域内中城五坊、东城五坊、北城五坊，共十五坊。

嘉靖年间重新划分为五城三十六坊，其中内城二十九坊，域内十四坊。

正统五年（1440 年）

三月，重建三大殿，翌年九月竣工。

正统七年（1442 年）

二月，建会同馆于御河（玉河）西堤（今东交民巷西北侧），供使臣住留之用。

四月，建宗人府、吏部、兵部、工部、户部、礼部、翰林院、钦天监、太医院于大明门之东，詹事府于御河东堤。

是年，建观星台。

正统九年（1444 年）

二月，新建国子监学成。

建智化寺。

正统十四年（1449 年）

十月，瓦剌军进攻北京，兵部尚书于谦组织北京保卫战，取得胜利。

景泰元年（1450 年）

八月，明英宗回京，入居南内。

景泰四年（1453 年）

三月,建大隆福寺成。

景泰八年、天顺元年（1457 年）

正月,明英宗发动"夺门之变",于谦遇难。

七月,承天门(今天安门)火灾。

天顺五年（1461 年）

七月,太监曹吉祥谋反,率众攻皇城,失败。

天顺七年（1463 年）

二月,贡院大火,烧死举人。

天顺八年（1464 年）

五月,京师大雨雹。

成化元年（1465 年）

二月,元宪宗为于谦昭雪。翌年八月,改于谦故居为祠堂。

三月,修建承天门。

是年,重修顺天府学。

是年,兴修成寿寺。

成化七年（1471 年）

五月,京城疾疫流行,崇文门外设漏泽园一所,收葬尸骨。

成化九年（1473 年）

七月,东直门火灾。

九月,修葺天地坛正殿及东庑、斋宫等。

成化十七年（1481 年）

四月,北京久旱,大风成灾。

成化二十年（1484 年）

正月,京师地震。

成化二十一年（1485 年）

五月,北京地震,十一月又震。赈京城饥民。

弘治元年（1488 年）

闰正月,修北京国子监。

弘治二年（1489 年）

六月,修北京社稷坛,翌年又修之。

弘治四年（1491年）

六月,北京地震。

弘治五年（1492年）

改建北会同馆于澄清坊大街东。改建南会同馆于东江米巷(东交民巷)御河桥西。

弘治六年（1493年）

六月,京畿大旱。

弘治七年（1494年）

七月,北京地震。十一月,复震。

弘治十年（1497年）

正月,京师地震。

弘治十三年（1500年）

九月,修北京四夷馆。

弘治十四年（1501年）

三月,修北京国子监。

五月,修北京会同馆。

七月,修社稷坛及京城九门。

正德九年（1514年）

正月,乾清宫烧毁。十二月,重建乾清宫,十六年十一月竣工。

嘉靖五年（1526年）

正月,京师大饥。

嘉靖九年（1530年）

正月,建先蚕坛于安定门外。

五月,建四郊坛,即圜丘坛(天坛)、方泽坛(地坛)、朝日坛、夕月坛、先蚕坛。翌年三月,四郊坛竣工。四月,改筑先蚕坛于西苑。

嘉靖十年（1531年）

四月,兵部失火,延及工部。

嘉靖十三年（1534年）

二月,圜丘坛改称天坛,方泽坛改称地坛。

七月,兴建神御阁(后更名为皇史宬)。

嘉靖十八年（1539 年）

六月，鼓楼被雷火烧毁。

嘉靖二十一年（1542 年）

正月，北京久旱。夏疫。

十月，宫女杨金英等试图勒死明世宗，未遂，史称"宫婢之变"。

嘉靖三十二年（1553 年）

闰三月，修筑京城外城城墙，全长十四公里，设七门，十月竣工。四十三年（1564 年），七门增筑瓮城。

嘉靖三十四年（1555 年）

九月，修缮京城九门完工。

嘉靖三十六年（1557 年）

四月，紫禁城火灾，二日夜方灭。

嘉靖三十八年（1559 年）

十月，动工重建三大殿，四十二年九月完工。改三大殿名称。

嘉靖四十三年（1564 年）

正月，增筑永定门等七门瓮城。

嘉靖四十四年（1565 年）

八月，重建大明门内千步廊。

隆庆五年（1571 年）

六月，京师地震三次。

万历三年（1575 年）

九月，京师地震。十月，又地震。

万历五年（1577 年）

五月，重修乾清宫成。

万历十五年（1587 年）

四月，京师旱，大瘟疫，地震。六月，京师暴雨成灾。

万历十六年（1588 年）

正月，京师草场大火。

六月，京师地震有声。

万历二十一年（1593 年）

沈应文、谭希思等纂修《顺天府志》，刻本出版。

万历二十四年（1596 年）

三月，坤宁宫、乾清宫大火。

万历二十五年（1597 年）

正月，修乾清宫、坤宁宫。

六月，三大殿火灾。

万历三十年（1602 年）

二月，重建乾清宫、坤宁宫。

万历三十二年（1604 年）

七月，京师大雨，两月不止。

万历三十三年（1605 年）

正月，重修京师外城。

万历三十五年（1607 年）

闰六月，京师大水。

七月，京师久雨，昼夜如倾。

万历三十六年（1608 年）

二月，京师地震。七月，又地震。

万历四十三年（1615 年）

五月，发生"梃击案"。

十月，京师地震两次。

万历四十五年（1617 年）

七月，雷电雨雹，社稷坛门、五凤楼及东华门城楼被毁。

天启三年（1623 年）

十月，京师地震。

天启四年（1624 年）

二月，京师地震。三月，复震。

天启六年（1626 年）

六月，京师地震。

天启七年（1627 年）

八月，修三大殿。

建南药王庙（今东晓市街）。

崇祯二年(1629 年)

十一月,后金军攻打广渠门,袁崇焕率军抵抗。

十二月,后金军攻打永定门,明总兵满桂和孙祖寿战死。

崇祯三年(1630 年)

八月,袁崇焕被明廷处死,葬广渠门内广东义园。后人在此修建袁氏墓、祠等。

崇祯六年(1633 年)

十二月,国子监进二十一史。

崇祯七年(1634 年)

九月,盔甲厂火药局大爆炸。

崇祯十一年(1638 年)

六月,安民厂火药爆炸。

八月,安定门火药局复灾。

崇祯十六年(1643 年)

五月,大雨雷霆。太庙铜器为雷火所击。

崇祯十七年(1644 年)

三月十九日,李自成入承天门,登皇极殿。明朝灭亡。

四月二十九日,李自成在武英殿即皇帝位。

四月三十日,李自成从朝阳门退出北京。

清　　代

顺治元年(1644 年)

五月初二,清军进朝阳门,多尔衮至武英殿,处理政务。

九月十四日,建堂子于御河桥东路南。十九日,清世祖自正阳门进入北京。

十月初一日,清世祖至南郊祭天,即皇帝位。十日,清世祖御皇极门,颁即位诏于天下。规定兵民分城居住,八旗居住内城,汉民等居住外城。

十一月二十六日,设立八旗官学。

顺治二年(1645 年)

五月,改三大殿名称。重建乾清宫成。

顺治四年（1647 年）

十一月,午门五凤楼建成。

顺治五年（1648 年）

六月,重修太庙成。

八月,满汉分城居住。

顺治八年（1651 年）

六月,建西苑白塔成。

九月,重修承天门成,改名为天安门。

顺治九年（1652 年）

七月七日,皇城北门修完,命名为地安门。

十二月,每旗各设宗学所,教授满文。

顺治十二年（1655 年）

六月,景山和瀛台命名。

兴建天主教圣若瑟堂(东堂)于甘雨胡同。

顺治十三年（1656 年）

闰五月,乾清宫、坤宁宫、交泰殿等成。

顺治十四年（1657 年）

十月,顺天乡试科场案发。

顺治十七年（1660 年）

正月,京师孔庙成,清世祖亲祭孔子。

二月,设光禄寺于东安门内。

顺治十八年（1661 年）

是年,定八旗教场。

康熙元年（1662 年）

是年,大学士金之俊等在广渠门内夕照寺西创办育婴堂。

工部尚书吴达礼奉旨重修蟠桃宫后殿。

康熙二年（1663 年）

是年,定京师街道管理条例。外城归街道厅五城司坊官管理。

康熙四年（1665 年）

三月初三,通县地震,波及京师。

康熙六年（1667 年）

七月七日,清圣祖亲政,开始御乾清门听政。

康熙七年（1668 年）

五月初五,京师地震,连续多日。

六月,京师大旱。

七月,久旱后连续大雨。

康熙八年（1669 年）

十一月,修造太和殿、乾清宫告成。

康熙十二年（1673 年）

是年,重建交泰殿、坤宁宫。

康熙十三年（1674 年）

二月,南怀仁设计督造观象台新仪器成。

是年,命步军统领提督九门事务。

康熙十四年（1675 年）

是年,改建寿皇殿于景山中峰之北。

康熙十八年（1679 年）

七月二十八日,地震（《东城区志》记在八月）。

八月二十八日,平谷地震,京师房屋倒塌无数。

是年,建太子宫。

康熙二十二年（1683 年）

是年,重建启祥宫、文华殿等。

康熙二十三年（1684 年）

三月,正阳门外民居失火。

康熙二十四年（1685 年）

是年,建景山官学。

刊刻张茂节等纂修《大兴县志》六卷。

康熙二十八年（1689 年）

建东正教圣尼古拉教堂于东直门内大街路北。

康熙二十九年（1690 年）

重修天安门外汉白玉石桥七座。

康熙三十三年(1694 年)

建胤禛府邸(康熙四十八年改称雍王府,雍正三年改为雍和宫,乾隆九年辟为喇嘛庙)。

在多尔衮府邸旧址建玛哈噶喇庙(乾隆四十年改为普度寺)。

康熙三十四年(1695 年)

二月,太和殿兴工,三十六年七月竣工。

康熙三十九年(1700 年)

顺天府尹钱晋锡创办大兴和宛平义学。翌年,宛平义学并入天坛北侧大兴义学,改建为顺天书院,后称顺天府义学。乾隆十五年(1750 年)改为金台书院。

康熙四十一年(1702 年)

正月,诏修国子监及孔庙等。

康熙四十二年(1703 年)

五月,命修顺天府学。

康熙四十三年(1704 年)

是年,疏浚京师内外河道。

雍正二年(1724 年)

十月,建昭忠祠于崇文门内。

是年,重修八旗营房八千间。

雍正三年(1725 年)

六月,将潜邸命名为雍和宫。

雍正四年(1726 年)

是年,将安定门大街报房胡同设为步军统领衙门。

雍正六年(1728 年)

十一月,设咸安宫官学。

是年,建恩丰仓于东华门内,建内仓于皇城内,丰裕仓、储济仓于东便门外。

国子监设俄罗斯学馆。

曹雪芹随其祖母从江宁返回北京,住崇文门外蒜市口。

雍正七年(1729 年)

四月,敕建云、雨、风、雷坛庙。

十一月,设咸安宫官学于寿康宫长庚门外(乾隆二十五年移至器皿库西)。

雍正八年（1730 年）

建贤良寺于帅府园（乾隆二十年移建于冰盏胡同）。

乾隆元年（1736 年）

是年，增广贡院号舍二千余间。

乾隆三年（1738 年）

三月，疏浚东便门北护城河，以利漕运。

修整各城门外关厢石路，并增建广渠门至广宁门石路。

都一处饭馆于前门大街开业。

乾隆六年（1741 年）

七月，因核减工价，户部宝泉局东、西、南、北铸钱厂工匠停炉罢铸。

乾隆七年（1742 年）

七月，疏浚京城内外水道。

乾隆八年（1743 年）

是年，修理天坛斋宫。

乾隆九年（1744 年）

四月，始建先蚕坛于西苑。

是年，雍和宫正式改为喇嘛庙。

乾隆十年（1745 年）

是年，改建钟楼。

乾隆十二年（1747 年）

是年，重建鼓楼。

修天坛内外垣。

咸安宫官学内设蒙古官学。

乾隆十三年（1748 年）

五月，设会同四译馆于东安门外。

乾隆十六年（1751 年）

是年，景山建五亭成。

乾隆十七年（1752 年）

是年，改建地坛竣工。

于京师空地建房三千九百余间，分给旗人居住。

乾隆二十年（1755 年）

是年，修建日、月坛，工依天坛式。

拆除正阳门至永定门石路，取直划一。

乾隆二十一年（1756 年）

是年，设回缅官学于内务府衙门南。

奏准重修社稷坛。

乾隆二十六年（1761 年）

正月，紫光阁落成。

乾隆三十九年（1774 年）

是年，敕建文渊阁于文华殿之后。

乾隆四十三年（1778 年）

梁国治等撰《国子监志》。

乾隆四十五年（1780 年）

五月，正阳门城楼火灾（《崇文区志》称为五月十一日）。

是年，明末建于正阳门外的戏园"查楼"失火，重建后更名广和查楼，解放后更名为广和剧场。

乾隆四十九年（1784 年）

八月，国子监辟雍建成。

乾隆五十八年（1793 年）

四月，设金奔巴瓶于雍和宫。

乾隆五十九年（1794 年）

建延寿寺（今东直门外西中街）。

嘉庆二年（1797 年）

是年，乾清宫发生火灾，重建。

嘉庆十八年（1813 年）

九月，天理教攻打紫禁城失败。

十二月，疏浚正阳桥一带护城河渠，填平天桥以南河泊六处。

嘉庆二十年（1815 年）

通三益干果海味店于前门大街开业，所制秋梨膏曾获国际博览会金奖。

嘉庆二十一年（1816 年）

六月，工部宝源局工匠罢工被镇压。

道光元年(1821 年)

六月初六,安定门失火。

七月,京城内外疫。

道光十三年(1833 年)

三月,挑挖九城护城河,并内城河道。

道光二十二年(1842 年)

天成斋鞋店在鲜鱼口开业。

道光二十五年(1845 年)

民间消防组织保安水局(又名平安水局)在打磨厂成立。

咸丰三年(1853 年)

九月,在豹房胡同法华寺设立京城巡防处。

内联升鞋店在东交民巷开业。

咸丰五年(1855 年)

便宜坊烤鸭店于正阳门外鲜鱼口路北开业。

咸丰十年(1860 年)

七月,英法联军攻入北京。

九月十一日,签订《中英北京条约》。翌日,签订《中法北京条约》。

十月初二,签订《中俄北京条约》。

是年,设京师同文馆。

十二月,设总理各国事务衙门,翌年建衙署于东堂子胡同。

咸丰十一年(1861 年)

是年,户部大火三日不息。

是年,英、法、俄驻华公使进驻东交民巷。

同治元年(1862 年)

八月,在总理衙门东院设京师同文馆。同文馆正式开馆。

同治三年(1864 年)

全聚德烤鸭店在正阳门外肉市开业。

八月,美国基督教公理会设男蒙馆于灯市口。光绪二十六年改称育英学堂(今二十五中前身)。是年,美国基督教公理会设女子学校。光绪二十一年改称贝满女校(今一六六中前身)。

是年,同文馆增设法文馆和俄文馆。

446

同治四年（1865 年）

是年,总税务司署自上海迁入北京,在东交民巷台基厂办公。

美国基督教长老会设崇实馆,后改为崇实中学(今二十一中前身)。

同治六年（1867 年）

一月,同文馆增设天文算学馆。

五月,允许招收琉球子弟入京师国子监读书。

同治七年（1868 年）

建巴氏觉罗学堂,后改为铁柱宫小学、打磨厂小学,为境内最早的公立小学。

同治九年（1870 年）

在东四牌楼附近开设春华茶轩、景春茶园。

正明斋饽饽铺(东栈)在北桥湾开业。

光绪四年（1878 年）

十一月初十,北新仓火灾。

是年,设送信官局于北京。

光绪五年（1879 年）

王正谊(大刀王五)在西半壁街开办源顺镖局。

光绪八年（1882 年）

七月,整顿八旗官学。

光绪十年（1884 年）

八月,设京师电报局(《崇文区志》称八月二十二日)。

光绪十一年（1885 年）

美国基督教长老会创办女子医院于交道口。1917 年,扩建为道济医院(今北京市第六医院前身)。

光绪十二年（1886 年）

八月,万青藜、张之洞等纂修的《顺天府志》刊行。

是年,吴裕泰茶栈(吴裕泰茶庄前身)在北新桥开业。

是年,美国基督教美以美会于东交民巷以东开办美以美会医院(今同仁医院前身)。

光绪十五年（1889 年）

八月二十四日,天坛祈年殿遭雷击,焚毁。翌年重建,二十二年竣工。

光绪十七年(1891 年)

十二月,海运仓火灾。

光绪二十年(1894 年)

七月,大雷雨,烈风拔木。

是年,设八旗书院于安内郎家胡同。二十三年改为经正书院(今一中前身)。

光绪二十三年(1897 年)

成立大清邮政总局(《崇文区志》称二月在崇外蒜市口设分局)。

是年,京奉铁路津卢段修至永定门,在二郎庙以东建永定门火车站。至二十六年该线延长至正阳门东侧,建正阳门火车站(东站)。

光绪二十四年(1898 年)

七月,建京师大学堂于和嘉公主府(今北京大学前身)。

八月初三,谭嗣同到报房胡同法华寺夜访袁世凯,交付变法机密。

光绪二十五年(1899 年)

德商瑞记洋行创立北京西门子电气灯车公司,向东交民巷一带供电。

龙顺成桌椅铺于东珠市口南侧的大市街开业。

光绪二十六年(1900 年)

四月,义和团进入北京,在于谦祠设第一个"坛口"。

五月二十四日,清军恩海击杀德国公使克林德于西总布胡同西口。

七月三十日,八国联军攻入北京。

八月初四,八国联军在午门外阅兵。

是年,正阳门、崇文门箭楼被烧毁,三十二年正阳门箭楼修复。

是年,英军在崇外珠营(一说大石桥)设军医院。翌年,改为普仁医院。1949 年 7 月,改为市立第四医院。

是年,白魁老号饭庄在隆福寺开业。

光绪二十七年(1901 年)

八月,丹麦商人设立电铃公司,经营市内及长途电话业务。

八月初五,《辛丑条约》签订。

十月,日本人创办中文版《顺天时报》《北京公报》,为外国(非教会)在京办报之始。

十一月,清廷被迫建克林德牌坊于东单北面。

是年,北京饭店开张。

光绪二十八年(1902 年)

东兴楼饭庄在东安门大街开业。

十二月,福寿堂饭庄(位于打磨厂)放电影,为域内放电影之始。

光绪二十九年(1903 年)

三月,读音统一会副会长王照出版《字母书》九种。

十一月,北京译学馆开学。

是年,东安市场开业。

是年,帅府园架设通往颐和园和军营的电话。

是年,喜连成(后改富连成)科班成立。

光绪三十年(1904 年)

开设北京第一个官办电话局。

七月,打磨厂设电话一分局。

光绪三十一年(1905 年)

八月,设外城工巡总局巡捕东分局于手帕胡同,为域内设警察机构之始。

九月,京城警务实行分区制。外城设二十个区,后并为十个区。域内包括外左一区至外左五区及外右五区东部。

九月,废除科举制度。

十二月,设立学部。

是年,于东单大华路开设德国医院(今北京医院前身)。

是年,官商合办的京师丹凤火柴公司在崇外建成。1918 年与天津华昌火柴公司合并,成立丹华火柴股份有限公司。

是年,德国商人办电灯公司,并在前门火车站安装电灯,为域内供电照明之始。

光绪三十二年(1906 年)

开办内城官医院于钱粮胡同。

东来顺粥棚在东安市场开业,1914 年改名为东来顺羊肉馆。

信成银行在前门大街开业,是全国十几家较大的民营银行之一。

金台书院改为公立顺直中学堂,为域内第一所中学。

光绪三十三年(1907 年)

东长安街路北建平安电影院。

449

东交民巷建六国饭店。

金鱼胡同西口建吉祥茶园(吉祥戏院前身)。

光绪三十四年(1908 年)

四月,建北京自来水公司于钱粮胡同,建东直门自来水厂(今水源一厂前身)。

七月,京师学务局在崇外南羊市口设第八阅书报处,为域内有公共阅览设施之始。

宣统元年(1909 年)

七月,设立游美学务处。

宣统二年(1910 年)

京城自来水管线由正阳门、崇文门间穿过城墙、护城河和铁路,至域内北部。

宣统三年(1911 年)

十一月二十九日,陈雄等人发动起义失败。

中华民国

1912 年

1 月 16 日,革命党人张先培等在东华门投弹炸袁世凯末遂,被捕遇难。

2 月 12 日,清帝颁诏逊位。

2 月 29 日,袁世凯密令曹锟发动兵变,放火烧毁东安市场,抢劫商店。

3 月 10 日,袁世凯在石大人胡同(今外交部街)原清政府外务部宣誓任中华民国临时大总统。

5 月 3 日,京师大学堂更名为北京大学。

7 月 7 日,中国回教俱进会在花市清真寺成立。20 世纪 30 年代中叶被迫解散。

8 月,孙中山到北京,住石大人胡同,与袁世凯会谈。

9 月,孙中山出席五族合进会、回教俱进会等召开的欢迎会,并发表演讲。

1913 年

5 月 25 日,华北地区第一届运动会在天坛斋宫北侧体育场举行。

10 月 10 日,袁世凯在故宫太和殿就任正式大总统,并在天安门阅兵。

10 月 21 日,京师通俗图书馆(今首都图书馆)开馆。

是年,北京无线电报局在东便门外设立。1919 年迁至天坛。

1914 年

5 月 21 日,第二届全国运动会在天坛斋宫北侧体育场举行。

8 月 28 日,袁世凯在北京孔庙举行祭孔典礼。

9 月,北京电报南分局(又称南城电报局)在打磨厂设立。

10 月 4 日,顺天府改为京兆地方,辖大兴等二十县。

10 月 10 日,社稷坛改名中央公园,对外开放。

11 月,北京古物陈列所在故宫武英殿开幕,售票参观。

是年,协和医学堂改建为北京协和医学院。

1915 年

12 月 12 日,袁世凯称帝。翌年 3 月被迫取消帝制。

12 月 24 日,北京环城铁路竣工。

是年,北京饭店建成。

正阳门瓮城被拆除。

财政部在打磨厂设立烟酒公卖局。

1916 年

8 月 3 日,京剧女科班崇雅社在天乐园(1950 年改称大众剧场)成立。

该月,前门大街设北京电报分局,收发国际电报。

12 月 26 日,黎元洪大总统任命蔡元培为北京大学校长,翌年初到任。

1917 年

1 月 13 日,陈独秀任北京大学文科学长,《新青年》编辑部迁到北京。

7 月,北京暴雨连日。

12 月,前三门护城河修整工程竣工。

是年,北京饭店(老楼)建成。

1918 年

1 月,丹华火柴股份有限公司成立。

11 月 15 日,天安门前举行庆祝协约国胜利演讲大会。

天坛由皇家祭坛改为天坛公园,对外开放。

1919 年

3 月,北京政府在中央公园举行"公理战胜"纪念牌坊开工典礼。

3月16日,丹华火柴公司工人罢工。

5月4日,域内爆发五四运动。

6月3日,北京学生分赴王府井等地演讲,反对政府媚日卖国。先后有近千人被捕,激起工人及各界民众的更大愤怒,数万人举行集会。

6月11日,陈独秀发布传单,被当局逮捕。

11月29日和12月7日,北京各界在天安门举行大会,声讨日本帝国主义制造的福州惨案。

12月15日,北京公立大中小学校教师索薪,全体罢教。

是年,霍乱自廊坊蔓延至京,当局在天坛西门外设医疗机构救治。

是年,中央防疫处在天坛公园西侧设立。

是年,北京证券交易所在前门大街开业。

1920年

2月4日,北京学生在前门集会,抵制日货,遭镇压。

3月,李大钊主持,高君宇等成立北京大学马克思学说研究会。

5月1日,北京大学五百多人集会,纪念五一劳动节。

6月10日,东安市场大火。

10月,北京共产党小组在北京大学成立。11月,更名为共产党北京支部,李大钊任书记。

11月,北京社会主义青年团在北京大学建立,高君宇当选为书记。

是年,中法大学建立。

是年,德寿堂药铺于南小市口开业。

是年,拆除内城东北角楼。

1921年

3月至6月,北京大学等大学及中小学教职员抗议拖欠经费,宣布罢教,集体辞职。

6月,北京有限电车股份有限公司成立,官商股份各一半。

7月,共产党北京支部派张国焘、刘仁静赴上海参加中共一大。

9月19日,北京协和医院创建。

是年,北京邮政管理局大楼落成。

是年,经纬织布厂在东后河沿开业。

1922 年

1 月,中国社会主义青年团机关刊物《先驱》在北京大学创刊。

7 月,京兆突发大水。

10 月,北京七十多团体在天安门前举行国民裁兵大会。

是年,北京电车股份有限公司在法华寺街兴建电车修造厂,1924 年建成。

是年,五华铁工厂(兼制医疗器械)在五圣庵 5 号建立。

是年,利生体育用品商店开业。

1923 年

5 月 1 日,北京各界在天安门前举行五一纪念大会。

6 月 26 日,故宫大火,损毁严重。

7 月 8 日,南城突降冰雹。

是年,北京自来水股份有限公司组建。

1924 年

3 月,森隆饭庄在东安市场开业。

5 月 7 日,北平各校学生在天安门集会游行,纪念五七国耻日,遭镇压,伤七人,被捕十八人。

5 月下旬,北洋政府在北大搜捕共产党人,先后五人被捕。

6 月 27 日,内务部下令通缉李大钊。

7 月 13 日,北京学生联合会等发起成立反帝大同盟。

11 月 24 日,中华民国临时执政府成立。

12 月 31 日,孙中山扶病入京,住北京饭店。

是年,太庙辟为和平公园。

1925 年

3 月 12 日,孙中山病逝于铁狮子胡同行馆。19 日,灵柩移中央公园拜殿。

4 月 29 日,全国各界妇女联合会在米市大街召开成立大会。

6 月 10 日,二十万人在天安门前集会,声讨英、日帝国主义残杀中国工人。

6 月 25 日,三十万人在天安门前集会,追悼沪、汉死难同胞,并举行游行。

8 月 2 日,地坛开辟为京兆公园(1928 年更名为市民公园)。

8 月 5 日,京畿大水成灾。

10 月 10 日,故宫博物院举行开幕典礼。

10 月 25 日,京城各学校和二百多个团体,在天安门召开国民关税自主运动大会,会后游行。

11 月 28 日,爆发以推翻段祺瑞执政府为目的的"首都革命"。

12 月 31 日,五万学生、市民在天安门召开反日国民大会。

是年,景山公园正式开放。

1926 年

3 月 18 日,发生三一八惨案。

3 月 23 日,在北京大学举行三一八死难烈士追悼会。

是年,基督教天主教会创办的学社,正式改建为辅仁大学。

1927 年

4 月 6 日,奉系军阀张作霖逮捕李大钊等八十余人。23 日,李大钊等十九人就义。

9 月 1 日,北京第一座广播电台建立。

11 月 18 日,王荷波等十八位共产党员被张作霖杀害。

是年,国立医学专门学校更名为北京医科大学。

是年,私立汇文中学成立。

1928 年

6 月 28 日,北京改名北平,划为特别市。(《崇文区志》:大兴县划归河北省,崇文区改由北平特别市管辖。)

8 月,北平国立九校合并为北平大学。

12 月,北平清华学校改建为国立清华大学。

12 月,京师图书馆改为国立北平图书馆(今国家图书馆)。1931 年新馆落成,蔡元培任馆长。

是年,中央公园改名为中山公园。

1929 年

5 月 25 日,孙中山灵柩从碧云寺移往前门火车站,26 日下午移往南京。

6 月 22 日,北大通电全国,恢复北大校名。其后,国民政府被迫认可。

是年,天桥至北新桥有轨电车开通。

1930 年

10 月,市商界发起取消崇文门税关运动。11 月,该税关被裁撤。

是年,佛教团体北京居士林成立,并于 1940 年创办中国佛教学院。

是年,中华戏曲专科学校在东兴隆街成立。

是年,亨得利钟表店在王府井开业。

1931 年

9 月 19 日,北大、清华等校学生成立抗日救亡组织。28 日,各界二十万人在故宫太和殿前举行抗日救国大会,会后游行(因为九一八事变发生)。

1932 年

3 月 13 日,北平市大学教授抗日救国会在南河沿欧美同学会成立。

9 月 18 日,北大学生举行九一八事变一周年纪念,并游行示威。

是年,同升和鞋店在王府井开业。

1933 年

2 月 6 日,故宫首批文物南运。至 5 月,共运走五批。

是年,永仁堂药店在王府井开业。松竹园浴池在东四北大街开业。

1934 年

11 月 24 日,著名抗日将领吉鸿昌在北平就义。

是年,北平市社会局在崇外东大地设戒毒所,可收容八百人。

1935 年

12 月 9 日,一二九运动爆发。16 日,学生和市民三万多人举行游行,反对成立傀儡组织冀察政务委员会,遭到镇压。

是年,公共汽车公司在东华门外开业,有四条线路经过域内。

是年,亿兆棉织百货店在前门大街开业。

1936 年

3 月,中华民族解放先锋队(简称"民先队")东区区队在汇文中学、贝满女中等校建立组织(一说 2 月 1 日成立)。

10 月 29 日,北京大学师生隆重举行鲁迅追悼大会。

1937 年

8 月 8 日,日军占领北平。在沙滩设立宪兵司令部,在煤渣胡同设立宪兵队。

10 月,北京大学南迁,与清华、南开合并,成立西南联大。

是年,国立北京师范大学、北平大学迁往西安。

1938 年

1 月 20 日,日华北驻屯军司令部由天津迁北平,占铁狮子胡同。

是年,日军防疫给水部队总部在天坛神乐署研制细菌武器,以中国人做活体试验。

1939 年

7 月,连日大雨,市内水深没膝,是此地五十年来最大水灾。

是年,中法大学迁往昆明。

1940 年

3 月 7 日,崇外聚永祥杂货店失火,殃及商户五十二家。

5 月,萃华楼饭庄在王府井开业。

1941 年

12 月 5 日,北京人头盖骨化石在运往美国途中失踪。

是年,白氏医院在崇外大街建立,为域内首家私立医院。

是年,育英中学成立细流社。

1942 年

5 月 25 日,北平儿童医院在东堂子胡同开业。

9 月 18 日,长巷头条长春堂药铺发生大火,相邻华乐戏院和富连成科班全部被焚毁。

11 月 9 日,中山公园音乐堂建成。

是年,生产玻璃仪器的工业知行社从灯市口迁入域内卧佛寺。

1943 年

夏季,北平霍乱流行。

是年夏,河北北平中学等成立海燕社。

1945 年

2 月 3 日,东交民巷火灾。

8 月 15 日,日本无条件投降。

8 月 25 日,国民政府军进驻北平。

10 月 10 日,孙连仲在故宫太和殿主持日军签降仪式。

12 月 13 日,蒋介石到北平,安排内战。

是年,兴华行化工染料厂在崇外大街建立。

1946 年

1 月 10 日,中共、国民党、美国组成军调处。

10 月 10 日,北大迁回,正式开学。

12 月 24 日晚,美军水兵强奸北大女生,引众怒。30 日,一万多名学生游行抗议美军暴行。

1947 年

5 月 20 日,北平学生举行"反饥饿、反内战、反迫害"大游行。

6 月 1 日,各校学生赴沙滩参加北大"民主广场"命名典礼。

6 月 2 日,全市学生总罢课。

是年春,设在禄米仓的平津被服厂工人罢工。

1948 年

3 月 28 日,平津学生万余人在北大民主广场集会。

5 月 30 日,各校学生在北大民主广场举行纪念"五卅"惨案大会。

7 月 5 日,城内发生七五惨案。9 日,各校学生举行抗议大会。

8 月 19 日,国民党发行金圆券,物价飞涨,域内粮店被抢购一空。

10 月 27 日,北平电信局职工罢工,使全市通信联络中断。

12 月,域内大专院校、汇文中学等成立护校委员会、应变委员会等组织。

1949 年

1 月 22 日,傅作义接受和平改编。

1 月 31 日,北平和平解放。

2 月 3 日,人民解放军举行入城式。

10 月 1 日,新中国成立。

附录二:

表 1-1:北京城门变迁表

序号	朝　代	名　称	位置及建造年代	备　注
1	元朝—清朝	丽正门—正阳门	都城正南门 元至元年间建。明朝南移重建,改称正阳门	丽正门今已无存 正阳门今存箭楼及城门楼,瓮城及城墙已无存
2	元朝—清朝	文明门—崇文门	都城南面东侧门 元至元年间建。明朝南移重建,改称崇文门	文明门及崇文门今皆已无存
3	元朝—清朝	顺承门—宣武门	属西城	顺承门及宣武门今皆已无存
4	元朝—清朝	齐化门—朝阳门	都城东面东南门 元至元年间建。明朝改称朝阳门	齐化门(朝阳门)今已无存
5	元朝—清朝	崇仁门—东直门	都城东面正东门 元至元年间建。明朝改称东直门	崇仁门(东直门)今已无存
6	元朝	光熙门	都城东面东北门 元至元年间建。明朝洪武年间废除	光熙门今已无存 城墙遗迹尚存,为全国重点文物保护单位
7	元朝—清朝	平则门—阜成门	属西城	平则门(阜城门)今已无存
8	元朝—清朝	和义门—西直门	属西城	和义门(西直门)今已无存
9	元朝	肃清门	属西城	肃清门今已无存
10	元朝	安贞门	都城北面东侧门 元至元年间建。明朝洪武年间废除	安贞门今已无存城墙遗迹尚存,为全国重点文物保护单位
11	元朝	健德门	属西城	健德门今已无存
12	明朝—清朝	安定门	都城北面东侧门 明洪武年间建	安定门今已无存

序号	朝代	名称	位置及建造年代	备注
13	明朝—清朝	德胜门	属西城	德胜门现存箭楼
14	明朝—清朝	永定门	外城正南门 明嘉靖年间建	永定门及箭楼已拆毁,今已复建城楼
15	明朝—清朝	左安门	外城南面东侧门 明嘉靖年间建	左安门今已无存
16	明朝—清朝	右安门	属西城	右安门今已无存
17	明朝—清朝	广渠门	外城东面南侧门 明嘉靖年间建	广渠门今已无存
18	明朝—清朝	广宁门	属西城,后改广安门	广宁门今已无存
19	明朝—清朝	东便门	外城东面北侧门 明嘉靖年间建	东便门今已无存,仅东南角楼尚存
20	明朝—清朝	西便门	属西城	西便门仅存角楼

表 1-2:元大都城坊里表

序号	坊名	位置	补充	※确属东城
1	福田坊	有梵刹	在西白塔寺、平则门内	
2	阜财坊	近库藏	在顺承门内	
3	金城坊		在平则门内、石佛寺西北	
4	玉铉坊	近中书省	在中书省前	
5	保大坊	近枢密院	在枢府北、东安门外	※
6	灵椿坊	坊北有双桥	在都府北	※
7	丹桂坊	窦十郎	在灵椿坊北	※
8	明时坊	近太史院	在太史院东	※
9	凤池坊	近海子、旧省前	在斜街北、钟楼西	

序号	坊名	位　　置	补　　充	※确属东城
10	安富坊		在顺承门羊角市	
11	怀远坊		在西北隅	
12	太平坊	有大天源延圣寺（黑塔寺）		
13	大同坊			
14	文德坊			
15	金台坊			※
16	穆清坊	近太庙		※
17	五福坊	在中地		
18	泰亨坊	东北寅方		※
19	八政坊	近万斯仓		
20	时雍坊			
21	乾宁坊	在西北乾位		
22	咸宁坊			
23	同乐坊			
24	寿域坊			
25	宜民坊			
26	析津坊	近海子		
27	康衢坊			
28	进贤坊			
29	嘉会坊	在南方		
30	平在坊	在北方		
31	和宁坊			
32	智乐坊	地近流水		
33	邻德坊			
34	有庆坊			

序号	坊名	位　　置	补　　充	※确属东城
35	清远坊	在西北隅		
36	日中坊	当市中	有斜街市	
37	寅宾坊	在正东		※
38	西成坊	在正西		
39	由义坊	西方属义		
40	居仁坊	地在东市		※
41	睦亲坊	近诸王府		※
42	仁寿坊	近御药库		※
43	万宝坊	大内前右千步廊		
44	豫顺坊			
45	甘棠坊		在健德门	
46	五云坊	大内前左千步廊	在中书省新省东(内)	※
47	湛露坊	近官酒库	有西祥寺、北为梓潼帝君庙	※
48	乐善坊	近诸王府		※
49	澄清坊	近御史台	东为御史台	※
50	里仁坊		在钟楼西北	
51	发祥坊		在永锡坊西	
52	永锡坊		在发祥坊东	
53	善利坊			
54	乐道坊			
55	好德坊			
56	招贤坊		在翰林院西北	
57	善俗坊		在健德门	
58	昭回坊		在都府南	※
59	居贤坊		在国学东	※

序号	坊名	位　　置	补　　充	※确属东城
60	鸣玉坊		在羊角市北	
61	展亲坊			
62	惠文坊		草市桥西	
63	请茶坊		海子桥北	
64	训礼坊			
65	咸宜坊	有顺天寺、妙善寺	顺承门里倒钞库北	
66	思诚坊	在齐化门内,有干桥	与请茶坊相对,有十方洞阳观	※
67	皇华坊		与训礼坊相对	※
68	明照坊		与咸宜坊相对、与南薰坊相邻	※
69	蓬莱坊	南有烧饭园,有桥	天师宫前	※
70	南薰坊		光禄寺东、与明照坊相邻	※
71	迁善坊		在健德门	
72	可封坊		在健德门	
73	丰储坊		在西仓西	
74	修文坊		坊前有煤市	

(宋体字为《元一统志》所载坊名,仿宋体字为《析津志辑佚》所载坊名)

表 1-3:明朝初年北平坊里表

序号	坊　名	属　县	变　　迁	备　　注
1	五云坊	大兴县	从元大都沿用坊名	凡属大兴县者皆为今东城区
2	保大坊	大兴县	从元大都沿用坊名	同上
3	南薰坊	大兴县	从元大都沿用坊名	同上
4	澄清坊	大兴县	从元大都沿用坊名	同上

序号	坊名	属县	变迁	备注
5	皇华坊	大兴县	从元大都沿用坊名	同上
6	贤良坊	大兴县		同上
7	明时坊	大兴县	从元大都沿用坊名	同上
8	仁寿坊	大兴县	从元大都沿用坊名	同上
9	思诚坊	大兴县	从元大都沿用坊名	同上
10	明照坊	大兴县	从元大都沿用坊名	同上
11	蓬莱坊	大兴县	从元大都沿用坊名	同上
12	湛露坊	大兴县	从元大都沿用坊名	同上
13	昭回坊	大兴县	从元大都沿用坊名	同上
14	靖恭坊	大兴县		同上
15	金台坊	大兴县	从元大都沿用坊名	同上
16	灵椿坊	大兴县	从元大都沿用坊名	同上
17	教忠坊	大兴县		同上
18	居贤坊	大兴县	从元大都沿用坊名	同上
19	寅宾坊	大兴县	从元大都沿用坊名	同上
20	崇教坊	大兴县		同上
21	万宝坊	宛平县		
22	时雍坊	宛平县		
23	阜财坊	宛平县		
24	金城坊	宛平县		
25	咸宜坊	宛平县		
26	安富坊	宛平县		
27	鸣玉坊	宛平县		
28	太平坊	宛平县		
29	丰储坊	宛平县		

序号	坊　名	属县	变　　迁	备　　注
30	发祥坊	宛平县		
31	日中坊	宛平县		
32	西城坊	宛平县		
33	阙一		应是河漕西坊或朝天坊	

（注：北京建都之前）

表1-4：明北京城坊里表

序号	坊　　名	所属城区	与元代坊里关系	今属城区
1	南薰坊	中城	从元大都沿用坊名	东城
2	澄清坊	中城	从元大都沿用坊名	东城
3	仁寿坊	中城	从元大都沿用坊名	东城
4	明照坊	中城	从元大都沿用坊名	东城
5	保泰坊	中城	从元大都沿用坊名	东城
6	大时雍坊	中城	从元大都沿用坊名	
7	小时雍坊（万宝坊）	中城	元大都时称万宝坊	
8	安福坊（安富坊）	中城	从元大都沿用坊名	
9	积庆坊	中城		
10	明时坊	东城	从元大都沿用坊名	东城
11	黄华坊（皇华坊）	东城	从元大都沿用坊名	东城
12	思诚坊	东城	从元大都沿用坊名	东城
13	居贤坊（分南北）	东城	从元大都沿用坊名	东城
14	朝阳坊	东城		东城

序号	坊　　名	所属城区	与元代坊里关系	今属城区
15	正东坊	南城		东城
16	正西坊	南城		
17	正南坊	南城		
18	宣南坊	南城		
19	宣北坊	南城		
20	白纸坊	南城	（《京师五城坊巷胡同集》）	
21	崇南坊	南城		东城
22	崇北坊	南城		东城
23	阜财坊	西城	从元大都沿用坊名	
24	金城坊	西城	从元大都沿用坊名	
25	鸣玉坊	西城	从元大都沿用坊名	
26	朝天坊	西城		
27	河漕西坊（西城坊）	西城		
28	关外坊	西城		
29	崇教坊	北城		东城
30	昭回坊	北城	从元大都沿用坊名	东城
31	靖恭坊	北城	与昭回坊合为一坊	东城
32	灵椿坊（灵春坊）	北城	从元大都沿用坊名	东城
33	发祥坊	北城	从元大都沿用坊名	
34	金台坊	北城	从元大都沿用坊名	东城
35	教忠坊	北城		东城
36	日中坊（日忠坊）	北城		
37	关外坊	北城		

表1-5:清朝五城坊里表

序号	坊名	位置	沿 革	备 注
1	中西坊（包括外城、中城一部分）	中城	原为保大坊、明时坊、仁寿坊、乐善坊、蓬莱坊、思诚坊、昭回坊、时雍坊等地	主体部分在东城
2	中东坊（包括外城、中城一部分）	中城	原为福田坊、阜财坊、咸宜坊、积庆坊、鸣玉坊、河漕西坊、正东坊等地	
3	朝阳坊	东城	原为澄清坊、寅宾坊（思诚坊）、南居贤坊、北居贤坊、崇教坊等地	
4	崇南坊	东城	原为澄清坊、明时坊、明照坊、仁寿坊、黄华坊、思诚坊等地	
5	东南坊	南城	皆为外城各城门关厢之地，包括永定门、左安门、右安门、广渠门、广宁门外之地	
6	正东坊	南城	原阜财坊、咸宜坊、鸣玉坊等地	
7	关外坊	西城	原河漕西坊、鸣玉坊、积庆坊、朝天宫西、金城坊、日中坊等地	
8	宣南坊	西城	原万宝坊、阜财坊、安富坊、咸宜坊、鸣玉坊、白纸坊等地	
9	灵中坊	北城	原日中坊、安富坊、积庆坊、发祥坊、昭回坊、思诚坊、仁寿坊等地	一小部分在东城
10	日南坊	北城	皆为外城北城之地，包括宣武门外一带、白纸坊等地	
11	大时雍坊	内城南城		
12	阜财坊	内城南城		
13	明照坊	内城中城		在东城

序号	坊名	位置	沿革	备注
14	保大坊	内城中城		在东城
15	昭回坊、靖恭坊	内城中城		在东城
16	小时雍坊	内城中城		
17	积庆坊	内城中城		
18	明时坊	内城东城		
19	澄清坊	内城东城		
20	仁寿坊	内城东城		
21	教忠坊	内城东城		
22	黄华坊	内城东城		
23	思诚坊	内城东城	原寅宾坊	
24	南居贤坊	内城东城		
25	金城坊	内城西城		
26	咸宜坊	内城西城		
27	河漕西坊	内城西城		
28	朝天宫西	内城西城		
29	鸣玉坊	内城西城		
30	日中坊	内城西城		
31	发祥坊	内城西城		
32	北居贤坊	内城北城		在东城
33	崇教坊	内城北城		在东城
34	灵椿坊	内城北城		在东城
35	金台坊	内城北城		在东城

序号	坊名	位置	沿　革	备　注
36	日中坊（又见西城）	内城北城		
37	正东坊	外城中城		大部在东城
38	崇北坊	外城东城		
39	崇南坊	外城东城		
40	正东坊（又见中城）	外城东城		
41	无坊，为坛庙	外城南城		
42	宣北坊	外城西城		
43	宣南坊	外城西城		
44	白纸坊	外城西城		
45	正南坊	外城北城		
46	正西坊	外城北城		

表 2-1：东城区主要坛庙一览表

序号	名称	所属街道	始建年代	概　述
1	太庙	东华门街道	明永乐十八年（1420年）	全国重点文物保护单位，是明清两代皇室祖庙，位于紫禁城左前方，与社稷坛相对。1950年改为劳动人民文化宫。
2	社稷坛	东华门街道	明永乐十八年（1420年）	全国重点文物保护单位，是明清两代祭祀土地和五谷神的场所，位于紫禁城右前方，与太庙相对。1928年改为中山公园，有原为克林德牌坊的保卫和平坊。
3	天坛	天坛街道	明永乐十八年（1420年）	全国重点文物保护单位，位于永定门内大街路东，是明清两代祭天、祈雨场所。
4	地坛	和平里街道	明嘉靖九年（1530年）	全国重点文物保护单位，位于安定门外，是明清两代祭祀皇地祇神场所。
5	孔庙	安定门街道	元大德六年（1302年）	全国重点文物保护单位，是元明清三代祭祀孔子场所，位于安定门内国子监街。

表 2-2:东城区坛庙主要建筑一览表

序号	名称	主要建筑	祭祀功能
1	太庙	前殿	又称"享殿",太庙最为重要的建筑,是明清举行"时享"和"祫祭"的场所,殿内按东昭西穆制设有帝后金漆宝座。
2		中殿	又称"寝殿",殿内供奉明清历代帝后神龛,每逢"时享"和"祫祭"时,将帝后神牌安放至前殿受飨。
3		后殿	又称"祧庙",因中殿容纳帝后神牌有限,故修建后殿供奉明清帝王远祖,即所谓"亲尽则祧"。
4	社稷坛	社稷坛	明清祭祀社(土地神)和稷(谷神)的专有建筑。社稷坛是一座台型建筑,坛体高两层,上面另外加筑坛面五色土层。五色土按方位要求铺筑五种颜色的土,象征广袤的国土。
5		拜殿	明代称具服殿,是帝王休息更衣的场所。1925年孙中山逝世后,灵柩停放在拜殿。1928年拜殿改为中山堂,同时中央公园改为中山公园。
6		保卫和平坊	原为克林德牌坊,是清政府为被杀害的德国公使克林德建立,原位于东单北面。1918年改为公理战胜坊,次年移今址。1953年改为保卫和平坊。
7	天坛	祈年殿	祈年殿是举行祈谷礼的神殿,明初为大祀殿,明世宗嘉靖年间改建为大享殿,清乾隆十六年(1751年)又改为祈年殿。祈年殿上屋下坛,屋即祈年殿,坛即三层汉白玉圆台,大殿中心有龙凤石,殿内建筑样式反映了古代的天文观念。
8		圜丘	又称圜丘台、祭天台、拜天台,是明清帝王举行祭天大典的神坛。圜丘为圆形三层石坛,上层中心有天心石,周边用砖均以数字9的倍数排列。圜丘有两重围墙,内、外墙均有棂星门。
9		皇穹宇	又称"天库",供奉昊天上帝神牌等的场所。皇穹宇建筑设计精巧,有回音壁、三音石等声学现象。
10		斋宫	明清帝王在祭祀前举行斋戒仪式的宫殿,守卫森严,原有两道御河。
11		皇乾殿	皇乾殿是贮存祈年殿神板、神牌的殿宇,位于祈年殿砖城北侧,坐北朝南。
12		宰牲亭	又称打牲亭,是准备祭祀所用牺牲的场所。
13		丹陛桥	连接圜丘与祈年殿的砖石平台,北高南低,是天坛建筑群的主轴线。
14		具服台	皇帝祭祀前更换祭祀服场所,殿内皇室用品齐全,又称"小金殿"。

序号	名称	主要建筑	祭祀功能
15	地坛	方泽坛	帝王祭祀皇地祇神的神坛,是汉白玉质地二层方台,方泽坛建筑形制反映了"天圆地方"的地理观念,在建筑中大量采用6、8等数字的倍数。
16		皇祇室	明清供奉皇地祇神,五岳、五镇、四海、四渎、五陵山神位之所。1925年地坛辟为"京兆公园",曾在此设"通俗图书馆",1986年秋改为"地坛文物陈列室"。
17		地坛牌楼	地坛西门外的主要建筑,明代为泰折街牌楼,清代改为广厚街牌楼,现牌楼于1990年重建。
18	孔庙	大成殿	元明清三朝帝王祭孔时行礼的场所,殿内供奉孔子神位,名字取"集古圣先贤之大成"之意。大成殿建筑等级比肩皇家建筑,殿内外有清代帝王所题匾额。
19		崇圣祠	祭祀孔子五代先祖的家庙,与大成殿有崇圣门间隔,是孔庙第三进院落的主体建筑。
20		进士题名碑	位于孔庙院内,共有一百九十八座进士题名碑,记载了元、明、清三代五万一千六百二十四名进士的姓名、籍贯、名次,是考察科举制度发展历程的重要材料。

表3-1:八旗官学域内一览表

校 名	校 址	设立年代
镶黄旗官学	安定门大街圆恩寺胡同	雍正五年(1727年)
正白旗官学	朝阳门内南小街新鲜胡同	雍正五年(1727年)
镶白旗官学	东单观音寺胡同象鼻坑	雍正五年(1727年)
正蓝旗官学	东单牌楼北新开路胡同	雍正五年(1727年)
左翼宗学(左翼八旗中学堂)	灯市口东后迁至史家胡同	雍正二年(1724年)
镶黄旗觉罗学	安定门内香饵胡同	雍正七年(1729年)
正白旗觉罗学	朝阳门内南小街新鲜胡同	雍正七年(1729年)
镶白旗觉罗学	东四十条	雍正七年(1729年)
正蓝旗觉罗学	大阮府胡同	雍正七年(1729年)

校　名	校　址	设立年代
咸安宫官学	紫禁城寿康宫长庚门外	雍正七年(1729年)
景山官学	景山北上门两旁	康熙二十五年(1686年)
八旗经正书院(宗室觉罗八旗高等学堂)	安定门内郎家胡同	光绪十三年(1887年)

表3-2:民国时期域内部分高等及专科院校一览表

校　名	校　址	设立年代及去向
国立北京大学	景山东街和嘉公主府、沙滩汉花园、北河沿	1912—1952年,迁海淀
国立北平大学商学院	东单东总布胡同	1928—1934年,合并
国立北平大学女子文理学院	朝阳门内孚王府	1925—1933年
私立北平协和医学院	东单牌楼三条	1915—1937年
私立中法大学	东皇城根北街	1920—1950年,停办
朝阳学院	朝阳门内海运仓	1913—1949年,停办
燕京大学	崇文门内盔甲厂	1919—1926年,迁海淀
北平铁路学院	干面胡同	1924—1949年,合并
税务学校	大雅宝胡同	1908—1937年,停办
盐务学校	灯市口鄂王府	1920—1937年,停办
警官高等学校	北新桥西	1906—1934年,迁出
陆军军医学校	东四六条胡同	1918—不详
国立第一助产学校	交道口南大街	1929—1938年
军需学校	煤渣胡同	1910—1928年,南迁
陆军兽医学校	朝阳门内富新仓	1912—不详

表 3-3：域内市立私立职业学校一览表

校　　名	校　　址	成立时间
市立高级工业职业学校	东四北什锦花园	清光绪三十三年（1907 年）
私立才正高级商业学校	米市大街金鱼胡同	1914 年
私立中国高级戏曲职业学校	崇外木厂胡同地安门椅子胡同	1930 年
私立同仁高级护士职业学校	崇文门内大街	1918 年
私立人右商业学校	崇文门外上头条	1924 年
市立第一职业补习学校	安定门内东公街	1933 年
市立第三职业补习学校	安定门内琉璃寺	1935 年
私立中央银行簿记补习学校	方巾巷	1924 年
私立声声英文打字补习学校	灯市口西口	1928 年
私立华英打字学校	北新桥褡裢坑	1926 年
私立新亚华文打字科职业学校	北池子南口文书馆	1938 年
私立光华女子职业补习学校	东四十条	1937 年
私立林实馨书画研究班	大佛寺	1932 年
私立耀华打字科职业补习学校	东四北钱粮胡同	1920 年
私立竞存女子职业学校	地安门外南锣鼓巷	1914 年
私立爱华职业补习学校	北锣鼓巷	1932 年
私立竞成补习学校	崇文门外东柳树井	1938 年
私立女子西洋画学校	黄城根小苏州胡同	1926 年
私立民生工读音乐会	北新桥小三条	1931 年
私立华文打字补习学校	东四灯草胡同	1931 年

472

表 3-4：域内市立私立中学校一览表

校　　　名	校　　　址	成立年代
市立第一中学校	安定门内郎家胡同	1912 年
市立第二中学校	内务部街	1912 年
市立第五中学校	安定门内方家胡同	1928 年
私立惠中女子初级中学校	交道口南大街	1925 年
私立慕贞女子中学校	崇文门内后沟胡同	清同治五年(1866 年)
私立两吉女子中学校	后门东黄城根	1922 年
私立辅仁大学附属中学女中分院	东安门河沿	1938 年
私立贝满女子中学校	灯市口同福夹道	清光绪十六年(1890 年)
私立崇慈女子中学校	安定门二条	清光绪二十七年(1901 年)
私立竞存中学校	北新桥南大街	1937 年
私立汇文中学校	崇文门内船板胡同	清同治七年(1868 年)
私立进德中学校	地安门外前鼓楼苑	1927 年
私立育华中学女校	东四九条	1930 年
私立三基初级中学校	内务部街	1928 年
私立大同中学校	东单外交部街	1923 年
私立大中中学校	交道口东	1925 年
私立育英中学校	灯市口	清同治元年(1862 年)
私立崇实中学校	安定门内大三条	清同治三年(1864 年)
私立中法大学附属孔德中学校	东华门大街孔德前巷	1917 年
私立求实中学校	鼓楼东大街及后鼓楼苑	清光绪二十七年(1901 年)
私立中法大学附属高级中学校	东黄城根	1930 年
私立中法大学附属西山温泉女子初级中学校	地安门外东黄城根	1924 年
私立中法大学附属西山温泉初级中学校	南锣鼓巷炒豆胡同	1923 年
私立立达中学校	干面胡同	1931 年

表 3-5:域内市立小学校一览表

校 名	校 址	成立时间
崇内泡子河小学	崇内泡子河	1935 年
大阮府胡同小学	大阮府胡同	1912 年
方家胡同小学	安定门内方家胡同	1912 年
北池子小学	北池子	1930 年
打磨厂小学	打磨厂	1918 年
安内分司厅小学	分司厅胡同	1914 年
地内东板桥小学	东板桥西河沿	1931 年
吉祥胡同小学	东四什锦花园吉祥胡同	清光绪二十七年(1901 年)
东四十二条小学	十二条老君堂	清光绪三十年(1904 年)
东直门外二里庄小学	东直门外二里庄	1935 年
东直门小学	东直门白衣庵	清光绪三十一年(1905 年)
东便门外二道街小学	东便门外二道街	1935 年
东单西观音寺小学	东单西观音寺	清光绪三十一年(1905 年)
东单东观音寺小学	东单东观音寺	1912 年
东单新开路小学	东单新开路	清光绪二十八年(1902 年)
东晓市小学	崇文门外东晓市	1912 年
府学胡同实验小学	东四府学胡同	1912 年
崇外南岗子小学	崇文门外营房宽街	清宣统元年(1909 年)
前外板章路小学	前门外板章路	1933 年
郎家胡同小学	安定门内郎家胡同	1913 年

474

校 名	校 址	成立时间
前圆恩寺小学	前圆恩寺	清光绪二十八年(1902 年)
香饵胡同小学	安定门内香饵胡同	清光绪三十二年(1906 年)
崇外上堂子胡同小学	上堂子胡同	1918 年
崇外手帕胡同小学	手帕胡同	清宣统元年(1909 年)
朝外中街小学	朝外中街	1935 年
象鼻子中坑实验小学	象鼻子中坑	1912 年
新鲜胡同小学	东四新鲜胡同	清光绪二十七年(1901 年)

表 3-6:域内私立小学校一览表

校 名	校 址	成立时间
怀德小学	香饵胡同	1913 年
崇文求智小学	崇文门外抽分厂	清光绪三十二年(1906 年)
育英小学	灯市口油房胡同	清同治元年(1862 年)
九思小学	东四九条	1929 年
作新小学	东四七条石桥胡同	清光绪三十四年(1908 年)
崇实小学	南锣鼓巷	清光绪二十九年(1903 年)
铸新小学	南池子普度寺	1912 年
启蒙小学	崇文门外柳罐胡同	1915 年
怀幼小学	安定门内宽街	1919 年
普励小学	前门外打磨厂贾家花园	1918 年
松鹤小学	东直门大街	1931 年

校　　名	校　　址	成立时间
篯宜小学	东四六条班大人胡同	清光绪三十二年(1906年)
三基小学	内务部街	1928年
树德小学	崇文门内大街	1926年
普育小学	东四五条	1928年
博艺小学	东四六条月牙胡同	1930年
汇文第二小学	前门外大街	1913年
敦本小学	崇文门外中三条	清宣统元年(1909年)
育民小学	香饵胡同	清宣统元年(1909年)
耀华小学	东四钱粮胡同	1912年
汇文第一小学	崇文门内盔甲厂	清同治十年(1871年)
市民第二小学	前门内高碑胡同	1925年
崇正小学	东单方巾巷	1925年
惠我小学	王府井八面槽	1933年
愿学堂小学	前门内顺城街	清光绪三十一年(1905年)
私立西北第二小学	崇文门外手帕胡同	1928年
私立德身小学	崇文门外河泊厂	1912年
德新小学	崇文门内南城根	1915年
明明小学	东单西观音寺	1935年
培元小学	王府大街	清宣统三年(1911年)
文肃小学	北总布胡同	1936年
中法大学附属孔德小学	东华门大街孔德巷	1917年

表 3-7：域内简易小学一览表

校　名	校　址	成立时间
市立崇外下三条简易小学	崇外下三条	1918 年
市立东直门内扁担胡同简易小学	东直门内扁担胡同	1916 年
市立朝内南门仓简易小学	南门仓	1916 年
市立北锣鼓巷天仙庵简易小学	北锣鼓巷	1915 年
市立地内东高房简易小学	地内东高房	1916 年
市立崇外南岗子简易小学	崇外南岗子	1916 年
市立苏州胡同简易小学	崇内三元庵	1920 年
市立崇外东河槽简易小学	崇外东河槽	1916 年
市立东单草厂胡同简易小学	东单草厂胡同	1919 年
市立大佛寺西大街简易小学	内三区大佛寺西大街	1915 年
市立安外蒋宅口简易小学	安外蒋宅口	1930 年
市立磁器口清化寺街简易小学	清化寺街	不详
市立前外灵佑宫简易小学	前外灵佑宫	1912 年
市立三里河东八角胡同简易小学	外一区东八角胡同	1916 年
市立东四报房胡同简易小学	东四报房胡同	1916 年

表 3-8：域内市立短期小学一览表

校　名	校　址	成立时间
象鼻子中坑短期小学	象鼻中坑	1935 年
朝外中街短期小学	朝外中街	1936 年

校　　名	校　　址	成立时间
崇内船板胡同短期小学	崇内盔甲厂	1935 年
东八角胡同短期小学	前外东八角	1935 年
朝阳门大街短期小学	朝内大街	1938 年
地内东板桥短期小学	地内东板桥西河沿	1937 年
东门仓短期小学	东门仓	1936 年
分司厅短期小学	安内分司厅胡同	1936 年
东四十二条短期小学	东四十二条老君堂	1936 年
雍和宫短期小学	雍和宫内	1936 年
府学胡同短期小学	府学胡同	1935 年
雨儿胡同短期小学	地安门外	1936 年
东晓市短期小学	东晓市	1935 年
市立崇外大石桥短期小学	崇外大石桥	1938 年
市立东四报房胡同短期小学	报房胡同	1937 年
市立国子监短期小学	安内国学胡同	1936 年
市立安内千佛寺胡同短期小学	安内千佛寺胡同	1936 年
市立前外草厂十条短期小学	前外草厂十条	1936 年
市立永定门大街短期小学	永定门大街	1936 年
市立地内慈慧殿短期小学	慈慧殿	1938 年
市立方家胡同短期小学	安内方家胡同	1936 年
市立崇外下二条短期小学	崇外下二条	1937 年
市立酒醋局短期小学	地外酒醋局	1936 年
市立鼓楼东草厂短期小学	鼓楼东草厂	1936 年

校　　名	校　　址	成立时间
市立新鲜胡同短期小学	新鲜胡同	1925 年
市立东单新开路短期小学	东单新开路	—
市立内务部街短期小学	东四内务部街西口	1936 年
市立大阮府胡同短期小学	大阮府胡同	1935 年
市立吉祥胡同短期小学	东四什锦花园吉祥胡同	1935 年
市立东柳树井短期小学	崇外东柳树井	1938 年
市立崇内泡子河短期小学	泡子河	1935 年
市立东直门南小街短期小学	东直门南小街	1937 年
市立崇外文昌宫西口短期小学	崇外南岗子	1937 年
市立普度寺前巷短期小学	南池子普度寺	1936 年
市立打磨厂短期小学	打磨厂中街	1936 年
市立崇外上堂子胡同短期小学	崇外上堂子胡同	1935 年
市立崇外清化寺街短期小学	崇外清化寺街	1936 年
前圆恩寺短期小学	安内前圆恩寺	1936 年
东单西观音寺短期小学	东单西观音寺	1933 年
崇外手帕胡同短期小学	崇外手帕胡同	1936 年
崇外中二条短期小学	崇外中二条	1936 年
北池子短期小学	北池子	1935 年
北新桥大二条短期小学	北新桥大二条	1936 年
东单东观音寺短期小学	东单东观音寺	1935 年
郎家胡同短期小学	安内郎家胡同	1936 年
东直门短期小学	东直门内白衣庵	1935 年

校　名	校　址	成立时间
朝内禄米仓短期小学	朝内禄米仓礼拜寺胡同	1936 年
前外板章路短期小学	前外板章路	1936 年
地内东高房短期小学	地内东高房	1936 年

表 3-9：域内市立私立幼稚园一览表

校　名	校　址	成立时间
市立东四十二条幼稚园	东四十二条老君堂	1935 年
市立安内分司厅幼稚园	安定门内分司厅	1925 年
市立东单小牌坊胡同幼稚园	东单小牌坊胡同	1935 年
私立博氏幼稚园	大鹁鸽市	清光绪三十二年(1906 年)
私立中法大学附属孔德幼稚园	东华门大街孔德前巷	1917 年
私立第二蒙养园	东单栖凤楼	1924 年

表 4-1：授时历所用主要仪器简表

名　称	用　途
浑天仪	"浑仪"和"浑象"的总称。浑仪是测量天体球面坐标的一种仪器。浑象是古代用来演示天象的仪表，是天文钟的雏形。
简仪	测量天体坐标的一种仪器。
仰仪	用日影反测太阳真位置的仪器。
圭表	用以测度冬至与夏至时日影的长短，以确定太阳回归年长度的一种仪表。

名　称	用　途
玲珑仪	通体镂空,罗列天象,人可从中窥视天象的浑天仪。
立运仪	附于简仪上的地平仪器装置。共有两个有刻度的环,一为地平环,另一为与地平环中心相垂直的高度环,可绕标志天顶和天底轴线转动。
证理仪	用于演示日、月运动状况的仪器。既证明太阳行于黄道之理,又证明月亮运行并非有九种不同的轨道,而是行于白道之理。
景符	亦称影符。根据小孔成像原理制成的观测仪器,其发明是为了提高立表测影的精度。
窥几	用来测量星、月的"影长",以推算其离地球距离或地平高度的案几。可克服星、月亮度较弱,单用圭表无法观测的缺点。
日月食仪	演示日月交食现象及其原理的仪器。
星晷定时仪	一种能观测太阳和恒星的星晷。星晷是一种双重盘面的观测仪器,观测北天极附近的帝星与勾陈来确定时刻。
候极仪	用于校正仪器极轴方向的辅助仪器。由一个定极环及一穿有小孔的铜片组成。
正方案	用于测定方向的仪器。除用来测定方位外,也可以当测角器使用。

表4-2:授时历测量地点表

观测点	现代对应的地点	元测纬度（古度）	折合现制（°）	现测纬度（北纬°）
南海	西沙及中沙群岛以南或东南	15	14.8	
衡岳	湖南衡阳衡山附近	25	24.6	
岳台	河南开封市区西部宋浚仪县岳台坊	35	34.5	34.8
和林	蒙古国乌兰巴托西南鄂尔浑河上游右岸额尔德尼桑图附近喀拉和林	45	44.4	
铁勒	俄罗斯贝加尔河西部叶尼塞河上游安加拉河一带	55	54.2	

观测点	现代对应的地点	元测纬度（古度）	折合现制（°）	现测纬度（北纬°）
北海	俄罗斯西伯利亚中部通古斯卡河一带	65	64.1	
大都	北京市	40 太强	40.2	39.9
上都	内蒙古自治区正蓝旗闪电河北岸兆乃曼苏默	43 少	42.6	42.4
北京	辽宁宁城西北大明城	42 强	41.5	41.6
益都	山东益都	37 少	36.7	36.7
登州	山东蓬莱	38 少	37.7	37.8
高丽	朝鲜开城	38 少	37.7	
西京	山西大同	40 少	39.7	40.1
太原	山西太原	38 少	37.7	37.8
安西府	陕西西安	34 半强	34.1	34.3
兴元	陕西汉中	33 半强	33.1	33.1
成都	四川成都	31 半强	31.1	30.7
西凉州	甘肃武威	40 强	39.5	
东平	山东东平	35 太	35.2	35.9
大名	河北大名东	36	35.5	36.3
南京	河南开封	34 太强	34.3	34.8
阳城	河南登封告成镇之北	34 太弱	34.2	34.4
扬州	江苏扬州	33	32.5	32.4
鄂州	湖北武汉市武昌	31 半	31.1	30.5
吉州	江西吉安	26 半	26.1	27.1

观测点	现代对应的地点	元测纬度（古度）	折合现制（°）	现测纬度（北纬°）
雷州	广东海康	20 太	20.5	20.9
琼州	广东海口南琼山	19 太	19.5	20

资料来源：刘秋果、谢剑荣编著：《中国古代科技圣人：郭守敬》，方志出版社 2009 年版，第 104—105 页。

表 4-3：元明清时期医学十三科简表

序号	元代十三科	明代十三科	清代十一科	当代	备注
1	大方脉科	大方脉科	大方脉科	内科	
2	小方脉科	小方脉科	小方脉科	内科	
3	杂医科			内科	
4	风科			内科	
5	产科			妇产科	
6	妇人杂病科	妇人科	妇人科	妇科	
7	眼科	眼科	眼科	眼耳鼻喉科	
8	口齿科	口齿科	口齿科	牙科	
9	咽喉科	咽喉科	咽喉科	眼耳鼻喉科	
10	正骨科	接骨科	正骨科	骨科	也属外科
11	金镞科	金镞科		外科	
12	疮肿科	疮疡科	疮疡科	皮肤科	
13	针灸科	针灸科	针灸科	针灸科	也属保健科
14	祝由科（通兼）	咒由科		内科外科等	

序号	元代十三科	明代十三科	清代十一科	当代	备注
15		按摩科		按摩科	也属保健科
16		伤寒科	伤寒科	内科	
17			痘疹科	皮肤科	

表 5-1:乾隆年间的崇文门税收数额一览表

单位:两

年份	税额	关期	备　　注
雍正十三年	304520		
乾隆十四年	155765	1 年 1 个月 8 日	正额银 112961 两,盈余银 42804 两
乾隆十六年	139405	1 年 26 日	正额银 109557 两,盈余银 29848 两
乾隆二十二年	218948	1 年 11 日	正额银 113828 两,盈余银 105120 两
乾隆二十七年	260086		未扣支销银
乾隆二十九年	264569	1 年 2 日	正额银 105860 两,盈余银 158709 两
乾隆三十七年	228686		扣除支销银
乾隆三十八年	309563		扣除支销银后为 264768 两
乾隆三十九年	309339		扣除支销银后为 246568 两
乾隆四十年	255470		扣除支销银
乾隆四十一年	316089		扣除支销银后为 261838 两
乾隆四十二年	259177		扣除支销银
乾隆四十三年	322641		扣除支销银后为 271829 两

年份	税额	关期	备 注
乾隆四十四年	316835		扣除支销银后为265263两
乾隆四十八年	269735		扣除支销银
乾隆五十三年	288129		扣除支销银
乾隆五十六年	285397		扣除支销银
乾隆五十七年	296545		扣除支销银
乾隆五十八年	286893		扣除支销银
乾隆五十九年	293508		扣除支销银

资料来源:根据中国第一历史档案馆藏朱批奏折、户科题本、台湾"中央研究院历史语言研究所"藏明清史料中崇文门税收数据整理。

表5-2:《嘉庆道光两朝上谕档》所见崇文门盈余数额表

单位:两

年份	盈余额(扣除支销)	年份	盈余额(未扣支销)
嘉庆元年	183755.343	嘉庆十三年	211909
嘉庆二年	179004.229	嘉庆十四年※	短少盈余银18000余两
嘉庆三年	182007.297	嘉庆十五年※	短少盈余银6580余两
嘉庆四年	181702.217	嘉庆十六年	212063.548
嘉庆五年	183268.657	嘉庆十七年	183938.000
嘉庆六年	182556.227	嘉庆十八年	194956.000
嘉庆七年※	短少盈余银11329两	嘉庆十九年	194956.000

年份	盈余额(扣除支销)	年份	盈余额(未扣支销)
嘉庆八年	171752.757	嘉庆二十年	212685.000
嘉庆九年	177881.187	嘉庆二十一年	212183.000
嘉庆十年	178003.658	嘉庆二十二年	212685.000
嘉庆十一年	212473.108	嘉庆二十三年	212685.000
嘉庆十二年※	180986.217①	嘉庆二十四年	212184.000
		嘉庆二十五年	212686.000

资料来源:根据《嘉庆道光两朝上谕档》中崇文门盈余数额整理。

表5-3:嘉庆年间崇文门税收定额在全国各地税关中的地位

单位:两

序号	税关名称	税收定额	序号	税关名称	税收定额
1	粤海关	899064	6	崇文门	314855
2	九江关	539281	7	北新、南新关	218300
3	浒墅关	441151	8	龙江西新关	186983
4	芜湖户、工二关	347065	9	闽海关	186549
5	淮安关	326479	10	夔关	183740

资料来源:嘉庆《大清会典事例》卷一八七、一八八《户部·关税》,卷七一〇《工部·关税》。

---

① 嘉庆十二年税收数据在户科题本中记载为:当年共收正额银112180.662两,参税银5.9两,扣除支销后的盈余银为180986.217两。与嘉庆初年所收盈余数额相近。

表 6-1：东城现存宗教文物古迹简表

序号	名　称	位　置	序号	名称	位　置
1	净土寺遗址	净土胡同	24	中华圣经会旧址	东单北大街
2	法通寺遗址	华丰胡同	25	二圣庙	南水关胡同
3	梓潼庙文昌宫遗址	帽儿胡同	26	基督教亚斯立堂	后沟胡同
4	慈隆寺遗址	国兴胡同	27	大慈延福宫遗存	朝阳门内大街
5	福祥寺、宏仁寺遗址	福祥胡同	28	安定门外大关清真寺	安定门外
6	万善寺	大兴胡同	29	宏恩观	豆腐池胡同
7	关帝庙遗址	大兴胡同	30	二里庄清真寺	东直门外察慈小区
8	大兴城隍庙遗址	大兴胡同	31	法华寺"德悟和尚行实碑记"	多富巷胡同
9	雍和宫	雍和宫大街	32	宝和店重修玄帝庙碑	灯市口北巷
10	柏林寺	戏楼胡同	33	隆安寺	广渠门内白桥大街
11	通教寺	针线胡同	34	南药王庙	东晓市街
12	永宁寺	石雀胡同	35	灵佑宫	西打磨厂街
13	地藏禅林	辛寺胡同	36	花市清真寺	西花市大街
14	智化寺	禄米仓胡同	37	火德真君庙	西花市大街
15	报恩寺	北新桥二条	38	天龙寺	天龙东里
16	慧照寺遗址	东四十三条	39	安国寺	安国胡同
17	华严寺遗址	织染局胡同	40	天主教堂	永生巷
18	嵩祝寺	嵩祝院北巷	41	夕照寺	夕照寺中街
19	智珠寺	嵩祝院北巷	42	弥勒庵	民乐巷
20	凝和庙	北池子大街	43	南极庙	幸福北里
21	普胜寺	南河沿大街	44	安乐禅林	安乐林路
22	天主教东堂	王府井大街	45	沙子口清真寺	沙子口东里
23	圣弥厄尔天主教堂	台基厂大街	46	卧佛寺	东花市斜街

序号	名　称	位　置	序号	名称	位　置
47	真武庙	银闸胡同	51	法华寺	法华寺街
48	东四清真寺	东四南大街	52	铁山寺	珠市口东大街
49	大佛寺遗址	美术馆后街	53	中正殿、雨花阁	紫禁城西路
50	天后宫遗址	马大人胡同	54	钦安殿	紫禁城御花园

表 6-2：东城历代寺庙简表

序号	名称	朝代	备　注
1	大天寿万宁寺	元代	在金台坊，位于鼓楼东侧，今已无存
2	大崇恩福元寺	元代	在崇北坊，崇文门外，今已无存
3	柏林寺	元代	在北居贤坊，位于戏楼胡同，今尚存
4	圆恩寺	元代	在昭回坊，位于圆恩寺街，今已无存
5	极乐寺	元代	在柏林寺西侧，今已无存
6	千佛寺	元代	又称吉祥寺，在金台坊，今已无存
7	智化寺	明代	在禄米仓胡同，今尚存
8	隆福寺	明代	在东四，今已无存
9	成寿寺	明代	在澄清坊，位于柏树胡同，今已无存
10	法华寺	明代	在报房胡同，又称法华禅林，今已无存
11	舍饭幡竿寺	明代	在保大坊，今已无存
12	仰山寺	明代	在仁寿坊，今已无存
13	水月寺	明代	在思城坊，今已无存

序号	名称	朝代	备　注
14	正觉寺	明代	在南居贤坊,今已无存
15	慧照寺	明代	在南居贤坊,位于朝阳门内北小街
16	报恩寺	明代	在北居贤坊,今已无存
17	崇兴寺	明代	在正南坊,今已无存
18	卧佛寺	明代	在崇北坊,今已无存
19	地藏寺	明代	在崇南坊,今已无存
20	法藏寺	明代	在幸福大街,今已无存
21	法通寺	明代	在金台坊,今已无存
22	雍和宫	清代	在北居贤坊,位于北新桥北面,今尚存
23	嵩祝寺	清代	在明清皇城内,今尚存
24	智珠寺	清代	在嵩祝寺西侧,今尚存
25	法渊寺	清代	在嵩祝寺东侧,今已无存
26	普度寺	清代	在明清皇城内,今已无存
27	普胜寺	清代	在明清皇城内,今已无存
28	贤良寺	清代	在金鱼胡同附近,曾为怡亲王府邸,今已无存
29	法华寺(又一)	清代	在崇文门外法华寺街,今已无存
30	夕照寺	清代	在广渠门内夕照寺街,今已无存
31	铁山寺	清代	在珠市口东大街,今已无存
32	通教寺	清代	在东直门内针线胡同,今尚存
33	大佛寺	清代	在美术馆后街,今已无存

表 6-3：东城历代道观简表

序号	名称	朝代	备 注
1	崇真万寿宫	元代	在蓬莱坊,今已无存
2	真武庙	明代	在紫禁城东北面,今已无存
3	大慈延福宫	明代	在朝内大街,今已无存
4	天后宫	明清时期	在育群胡同,今已无存
5	宏恩观	明清时期	在钟楼北豆腐池胡同,今尚存
6	大兴城隍庙	明清时期	在大兴胡同,今已无存
7	正阳门关帝庙	明清时期	在正阳门前,今已无存
8	迎禧观	明代	在保大坊,位于王府大街,今已无存
9	五岳观	明代	在北居贤坊,今已无存
10	崇真观	明代	在正东坊,位于崇文门外打磨厂南巷
11	文昌关帝庙	不详	在东单观音寺胡同,今已无存
12	五岳关帝庙	不详	在东四牌楼一带,今已无存
13	双马关帝庙	不详	在朝阳门北水关一带,今已无存
14	双土地庙	不详	在新太仓一带,今已无存
15	财神庙	不详	在鼓楼东大街,今已无存
16	蟠桃宫	明清时期	正名护国太平蟠桃宫,位于崇文门东大街东口,20世纪80年代拆除

表 6-4：东城历代清真寺简表

序号	名称	朝代	备 注
1	东四清真寺	明代	在东四南大街,今尚存
2	法明寺	明代	在安定门内二条,今已无存

序号	名称	朝代	备 注
3	花市清真寺	明代	在崇文门外花市大街,今尚存
4	南豆芽菜清真寺	清代	在朝阳门内南豆芽胡同,已拆迁
5	东直门外清真寺	不详	在东直门外北下关,已拆迁
6	王府大街清真寺	不详	今已无存
7	禄米仓清真寺	不详	今已无存
8	苏州胡同清真寺	不详	今已无存
9	崇外上堂子清真寺	不详	今已无存
10	东直门内南小街清真寺	不详	今已无存
11	安定门内中剪子巷清真寺	不详	今已无存

表 6-5:东城历代教堂简表

序号	名称	朝代	备 注
1	靖恭坊十字寺	元代	在靖恭坊,元代皇宫东北,今已无存
2	王府井教堂	清代	又称东堂,在王府井大街,今尚存
3	俄罗斯北馆教堂	清代	在东直门内东北隅,今已无存
4	俄罗斯南馆教堂	清代	在东江米巷,名"奉献节教堂",又名"圣玛利亚教堂",今已无存
5	崇文门外教堂	清代	又称亚斯立堂,在崇文门内大街后沟胡同,今尚存
6	东交民巷天主堂	清代	又称圣弥厄尔教堂,今尚存

表 7-1:古代婚礼习俗简表

序号	名　称	程　　序
1	求婚	又称说媒、保亲
2	合婚	又称问名、过帖,即互送"门户帖""八字帖"等
3	相亲	与上同
4	订婚(过小节)	又称小定、大定,即互送礼物
5	完聘(过大节)	与上同
6	定婚期	男家定娶期送于女家,又送各种礼物,女家回送礼物
7	迎娶	男家雇轿,至女家迎娶新娘
8	拜堂	新娘至男家,拜天地,行合卺、坐帐、撒帐等礼
9	谢亲	新郎新娘拜望新娘父母
10	婚宴	通常搭彩棚,宴请亲友三日,男女双方吃子孙饽饽、长寿面等
11	归宁	又称回门、回拜,新娘领新郎回娘家

表 7-2:古代丧葬习俗简表

序号	名　称	程　　序
1	报丧	死者之子给亲友送信
2	入殓	又称停灵
3	出殡	送棺柩至墓地
4	发引	送棺柩时的仪式
5	破土	埋棺柩时的仪式
6	下葬	棺柩入墓

序号	名 称	程 序
7	撒纸钱	棺枢入墓路途中的仪式
8	暖墓	死者葬后亲属祭墓的仪式

表 7-3:古代岁时节令简表

时间	名称(俗称)	活动地点	习 俗
腊月三十日/腊月二十九日(小月)	除夕	百姓家中	守岁、贴春联、贴门神、剪纸、挂灯笼、放鞭炮、包饺子、年夜饭
正月初一日	元日(元旦、春节)	全城及隆福寺等寺庙	拜年、给压岁钱、逛庙会
不定时	立春(鞭春)	东直门外春场	打春牛、鞭春、咬春:吃春卷、春饼
正月十五日	元宵节(上元节、灯节)	灯市口	逛灯会、猜灯谜、吃元宵
正月三十日	打鬼节	雍和宫	打鬼,举行盛大法会
四月初五日	清明节(寒食节)		烧包袱(新中国成立前)扫墓、出游
五月初五日	端午节(重午节、端阳节等)		赛龙舟、插菖蒲、戴艾虎、吃粽子、饮雄黄酒
八月十五日	中秋节(八月节、团圆节)		祭月、赏月、团圆、敬老、月饼、螃蟹
九月初九日	重阳节(重九节)	景山等高地	登高、菊花会、吃重阳花糕
不定时	冬至	天坛	皇帝祭天、吃馄饨、羊肉、涮锅、核桃、柿饼、饺子

时间	名称(俗称)	活动地点	习　　俗
腊月初八日	腊八节	各寺庙中	煮腊八粥,供佛、喝腊八粥、吃年糕
腊月二十三日	小年	百姓家中	拜灶王爷、吃关东糖、南糖、糖瓜

图书在版编目（CIP）数据

北京地域文化通览·东城卷／北京市文史研究馆编.
— 北京：中国文史出版社，2023.1
ISBN 978-7-5205-3674-5

Ⅰ．①北… Ⅱ．①北… Ⅲ．①文化史-东城区 Ⅳ.
①K291

中国版本图书馆 CIP 数据核字（2022）第 164719 号

顾　　问：戴　逸
出 品 人：李　昕
主　　编：王　岗
编　　委：张妙弟　杨良志　吴建雍　李宝臣
　　　　　唐晓峰　韩　朴　向旭东　张志勇
执行编辑：刘卫东　杜　习　徐小蕙　徐子枫

责任编辑：卢祥秋
特约编审：曾小丹

出版发行：**中国文史出版社**
社　　址：北京市海淀区西八里庄路 69 号院　邮编：100142
电　　话：010-81136606　81136602　81136603（发行部）
传　　真：010-81136655
印　　装：北京新华印刷有限公司
经　　销：全国新华书店
开　　本：720×1020　1/16
印　　张：32　　　　字数：500 千字
版　　次：2023 年 1 月第 1 版
印　　次：2023 年 1 月第 1 次印刷
定　　价：98.00 元